宋人軼事彙編

彭千帆

國家出版基金資助項目
全國高等院校古籍整理研究工作委員會資助項目
江蘇省高校優勢學科建設工程資助項目
南京大學「中國文學與東亞文明協同創新中心」資助項目
南京大學「九八五工程」資助項目

宋人軼事彙編

一

周勛初　主編

葛渭君　周子來　王華寶　編

上海古籍出版社

圖書在版編目(CIP)數據

宋人軼事彙編／周勛初主編；葛渭君，周子來，王華寶編. —上海：上海古籍出版社，2014.9（2024.1重印）
ISBN 978-7-5325-7129-1

Ⅰ.①宋… Ⅱ.①周… ②葛… ③周… ④王… Ⅲ.①歷史人物—列傳—中國—宋代 Ⅳ.①K820.44

中國版本圖書館CIP數據核字(2013)第268263號

責任編輯：郭時羽 劉賽
校對人員：侯奇偉 等
技術編輯：隗婷婷

宋人軼事彙編
（全五册）
周勛初 主編
葛渭君 周子來 王華寶 編
上海古籍出版社 出版发行
（上海市闵行区号景路159弄1-5号A座5F 邮政编码201101）
(1) 網址：www.guji.com.cn
(2) E-mail：guji1@guji.com.cn
(3) 易文網網址：www.ewen.co
上海中華商務聯合印刷有限公司印刷
開本850×1168 1/32 印張92.5 插頁26 字數2,230,000
2014年9月第1版 2024年1月第9次印刷
印數：7,001—7,800
ISBN 978-7-5325-7129-1
K·1827 定價：480.00元

前　言

周勛初

中國的王權政治前後歷時數千年之久，中間經過了衆多的朝代更迭。有的王朝歷時甚久，如周朝，前後加起來達七八百年，漢朝，前後加起來也有四百年左右； 而有的朝代，歷時數十年甚或僅數年即告覆滅。這就不免引起後人的深思。特别是在一些强大的王朝衰亡之後，更會引起新朝人士的悚懼。他們反覆思考，希望從中汲取經驗教訓，以免新建的王朝重蹈覆轍，歷史上留下了很多有關這一方面的記叙與議論。

漢初賈誼撰《過秦論》三篇，已成史論方面的典範之作，因爲秦朝覆滅時的慘烈狀況太可怕了。原先作爲諸侯之一的秦國，僻處西部地區，國力弱於中原地區的一些强國，然而經過幾代君主的努力，終於憑藉强大的兵力横掃東方各國，完成了統一大業。秦皇嬴政躊躇滿志，自稱始皇，以爲一脈相承，可以傳之無窮，然而僅傳一代，即告覆滅，「一夫作難而七廟隳，身死人手，爲天下笑」。劉邦建立新王朝後，雖欲改弦更張，然而找不到方向。文、景繼起，採用黄老之術，休養生息，然仍沿用嚴刑峻法，踵襲前朝。這種局面，一直要到武帝開始採取「獨尊儒術，罷黜百家」的國策之後才有大的改變； 其後歷經元帝、成帝，才終止了採用「霸王道雜之」的統治之術，漢代的政治格局才算是完成了轉型。

漢末衰亂，三國紛争，歷時數十年後，又統一於晉。歷史爲什麽一次次地循環往復，又引起了學術界的思考，於是有陸機的《辨亡論》等文字出現。《文心雕龍·論説》篇曰：「陸機《辨亡》，效《過秦》而不及。」然而不管後起的文章是好是壞，這類議論總能得到大家的認可，總結前朝經驗教訓的思考始終不斷縈繞在文士的心頭。

宋代不然。這一問題還没有在文士的頭腦中閃現，開國皇帝趙匡胤就以實際行動扭轉了局面。他採取簡捷有效的辦法，逐一實施，開啓了宋朝的一代新風。

一、宋代文治格局的形成

（一）宋太祖趙匡胤開啓了一代新風

前人普遍認爲，唐代之亡，出於三大禍害：宦官、朋黨、藩鎮。趙匡胤本爲一介武夫，深知擁兵稱王的軍閥之禍害，於是他先從消除藩鎮這一禍根下手，然後一一解决其他難題。

趙匡胤的第一妙着就是所謂「杯酒釋兵權」。司馬光《涑水記聞》卷一記此事曰：

上因晚朝，與故人石守信、王審琦等飲酒，酒酣，上屏左右謂曰：「我非爾曹之力不得至此，念爾之德無有窮已。然爲天子亦大艱難，殊不若爲節度使之樂，吾今終夕未嘗敢安枕而卧也。」守信等皆曰：「何故？」上曰：「是不難知之，居此位者，誰不欲爲之？」守信等皆惶恐起，頓首曰：「陛下何爲出此言？今天命已定，誰敢復有異心？」上曰：「不然。汝曹雖無心，其如汝麾下之人欲富貴者何！一旦以黄袍加汝之身，汝雖欲不爲，不可得也。」皆頓首涕泣曰：「臣等愚不及此，唯陛下哀憐，指示以可生之塗。」上曰：「人生如白駒之過隙。所謂好富貴者，不過欲多積金銀，厚自娱樂，使子孫無貧乏耳。汝曹何不釋去兵權，擇便好田宅市之，爲子孫立永久之業；多置歌兒舞女，日飲酒相歡，以終其天年？君臣之間，兩無猜嫌，上下相安，不亦善乎！」皆再拜謝曰：「陛下念臣及此，所謂生死而肉骨也。」明日，皆稱疾，請解軍權。上許之，皆以散官就第，所以慰撫賜賚之甚厚，與結婚姻，更置易制者，使主親軍。

唐初朝廷崇尚武力，宰臣每用武將充當，出將入相，屢見史籍。其時邊境上與其他民族的衝突不斷，故自玄宗時起，即以節度使擁重兵防禦鎮守。安史之亂後，中央政權削弱，擁兵者乃演變成獨霸一方的藩鎮。這一批人既擁兵割據，一些得到軍士擁護的長官又起而推翻原有的首領，即使有一些首領想擁護朝廷，也無法扭轉局面。如魏博節度使田布意欲歸附朝廷，終因無力扭轉局勢而自盡；陸長源任宣武節度使行軍司馬，欲以峻法繩束驕兵悍將，結果自身被殺，還險些殃及前去任職的韓愈。五代殘唐，每一個王朝差不多都由部下起來推翻舊主子的後裔而自立新朝。趙匡胤深知如不改變這種局面，非但政權無法穩固，國家也無從安寧，因此他利用當時衆望所歸的局勢，既依靠掌兵的故舊奪得政權，又曉以利害，讓他們不必再冒什麽風險便可坐享尊榮。就這樣，趙匡胤輕巧地在餐飲之間清除了威脅權位的潛在敵手，將兵權牢牢控制於中央，從而扭轉了時勢發展的方向。日後宋主雖仍沿襲前朝舊規，將昔日的一些同伙分封外地任節度使，但是這些將領已無可能再鬧割據，於是終趙宋一代，没有再次出現藩鎮之禍。

趙匡胤還一改改朝换代時剷除其他割據地區君臣的常用手段，善待各地降王，約束派去攻城掠地的將領，不再燒殺搶掠。隋文帝楊堅史稱賢君，但他攻下南方陳朝之後，竟將六朝金粉肆意毁壞，以爲藉此可以根除地方勢力的抬頭。宋太祖不然，攻取城市後盡力約束人爲的破壞，各地降王也常得到照顧而免除生命威脅，那些舊朝的臣子，很多仍在新朝任職，甚至那些舊朝的後裔，也可提筆記録前朝舊事。例如吴越王錢鏐的孫子錢易，撰有《南部新書》十卷；荆南高季興的部屬孫光憲，撰有《北夢瑣言》三十卷；南唐舊臣鄭文寶，撰有《南唐近事》一卷、《江表志》二卷。這些書中都爲唐宋之交的政局與文壇提供了不少珍貴的史料。

趙匡胤的目的，就在採用種種措施提倡文治，扭轉唐人崇尚事功的定勢。而他最爲有力的措施之一，就是傳下不許殺戮言事者之祖訓。署稱陸游所撰之《避暑漫鈔》引《秘史》曰：

藝祖受命之三年，密鐫一碑，立於太廟寢殿之夾室，謂之誓碑，用銷金黄幔蔽之，門鑰封閉甚嚴。因敕有司，自後時享及新天子即位，謁廟禮畢，奏請恭讀誓詞。是年秋享，禮官奏請如敕。上詣室前，再拜升階，獨小黄門不識字者一人從，餘皆遠立庭中。黄門驗封啓鑰，先入焚香明燭，揭幔，亟走出階下，不敢仰視。上至碑前再拜，跪瞻默誦訖，復再拜而出。群臣及近侍，皆不知所誓何事。自後列聖相承，皆踵故事，歲時伏謁，恭讀如儀，不敢漏泄。……靖康之變，犬戎入廟，悉取禮樂祭祀諸法

> 物而去。門皆洞開，人得縱觀。碑止高七八尺，闊四尺餘，誓詞三行：一云「柴氏子孫有罪，不得加刑。縱犯謀逆，止於獄中賜盡，不得市曹刑戮，亦不得連坐支屬」；一云「不得殺士大夫及上書言事人」；一云「子孫有渝此誓者，天必殛之」。後建炎中，曹勛自虜中回，太上寄語云「祖宗誓碑在太廟，恐今天子不及知」云云。〔一〕

縱觀有宋諸帝，對於太祖的這項祖訓，還是認真執行了的。宋史上，少見因議政而遭殘殺的事例，這無疑會對臣下議政的勇氣與熱情起激勵作用，於是大家常抒發己見，縱論天下大事。臣子秉持儒家仁政愛民的理論，結合現狀，提出自己的看法，這就大大地減少了彼此之間無謂的紛爭，也避免了形成朋黨而滋生的門户之見。唐代官僚集團之間因利益糾結而形成的朋黨，遂不再成形。

宋代臣子的議政言行，一直受到當時和後代的重視。南宋趙汝愚編《諸臣奏議》一百五十卷，明代黄淮、楊士奇編《歷代名臣奏議》三百五十卷，其中大部分爲宋人奏議，從中可以看到其時知識界以天下爲己任的抱負，也可發現他們的關注點往往在於政體的基本建設而非一時的事功。

在宋代歷史上，很少見到帝王擺出一副英明天子乾綱獨斷的樣子。太祖爲了防止庸駑的子孫接位後會影響國運，因而提高了相權，同時又設置了參知政事一職，既與冢宰協力治天下，又相互牽制，防止權力的過分集中。此外還有樞密使等一一分享部分權力，且由各部門相互牽制。因爲宋代帝王能把政權移交外廷處理，從而避免了唐代的宦官之禍。歷代帝王常見的那種寵信身邊侍從而導致小人上下其手的情況，少見於宋代歷史。

每一個朝代，都會面臨千變萬化的情勢。如何處理，在不同人群之間，自會產生不同意見。唐人承貴族執政之餘風，又尚事功，因而時見一些領袖人物唯我獨尊，甚至意氣用事，排斥異己；宋代朝臣崇尚儒者作風，争執之時比較理性，更重是非之争，因而没有重蹈唐人之覆轍，再現朋黨之禍。即使是争執最爲激烈的變法之争，儘管内有蔡京之流的敗類從中漁利，但仍有那麽一點政治鬥争的意味，而不能視之爲朋黨傾軋。這樣，宋太祖的一生，雖無多少豐功偉績，但他定下的方針大計，在後代子孫的執行過程中，未逾規矩，終於剷除了唐代政治的積弊，將一個崇尚武功的前朝，轉變成了推行文治的新朝。

唐宗宋祖，國人喜相提並論，而又常是覺得宋祖無法與唐宗相比。唐太宗於魏晉南北朝長達數百年的戰亂之後，又臨隋代再一次的動亂，從而認真總結歷史上的經驗教訓，推行開放政策，使五胡亂華而入居中原的異族共同承擔責任，加快融合，且使境外的不同民族前來歸附，或與之交往，這就形成了璀燦多姿的唐代文明。在他的努力之下，南北不同文化加速調和，游牧民族的亢爽之氣與南方漢族長期積累下來的精巧技藝溝通融合，逐漸形成了後人引以爲榮的唐代詩文。由太宗開創的唐代文明，國人一直引以爲豪，只是大家往往偏於從國力的强弱上去評判帝王的建樹，而不去全面觀察他們在國運方面的其他貢獻。即以宋太祖而言，由他奠定基礎而形成的宋代文化，也足以照耀千秋，讓國人引以爲榮。

明末王夫之評宋太祖曰：

〔宋祖〕起行間，陟大位，儒術尚淺，異學不亂其心。怵於天命之不恒，感於民勞之已極，其所爲厚柴氏、禮降王、行賑貸、禁淫刑、增俸禄、尚儒素者，一監於夷狄盜賊毒民侮士之習，行其心之所不安，漸損漸除，而蘇其喘息。抑未嘗汲汲然求利以興，求病以去，貿愚氓之愉快於一朝，以不恤其久遠。無機也，無襲也，視力之可行者，從容利導，而不尸自堯自舜之名，以矜其美，而刻責於人。故察其言，無唐太宗之喋喋於仁義也；考其事，無文、景之忍人之所不能忍，容人之所不能容也；而天下絲紛之情，優游而就緒；瓦解之勢，漸次以即安。無他，其有善也，皆因心者也。〔二〕

這種意見值得重視。趙匡胤在歷史上的貢獻，理應予以高度評價。

（二）宋學的先驅者與奠基人

縱觀中國政局，貴族執政的年代，差不多佔到全部時間的一半。魏晉南北朝時，北稱崔、盧，南稱王、謝，一直佔有優越的政治地位。唐代帝王李姓也要聲稱出於隴西李氏，且在編寫《氏族志》時明令列爲天下第一著姓。因此，唐代高居相位的人，仍以所謂「皇姓」或「七姓」中的世家大族中人爲多。

前此學者考察中國政治的變遷，有一種意見認爲，唐代爲貴族統治的結束階段，宋代爲平民參政的開始階段。此説有其參考價值，可以由此進行分析。

趙宋王朝用心建立文官政府，吸收不同階層的士人進入官僚隊伍，因而完善科舉制的考覈，擴大吸收新進士人的規模，於是大批出身於中下層的士子進入了仕途，這就進一步根除了前時貴族政治的餘風，社會上的各式人等漸趨平等相處。宋代科舉制度通過其考覈而進入仕途之易、直接吸收士人之多，不但遠超唐代，即使後起的明清兩代，也未達到這樣的規模。

中古時期的貴族政治，起於東漢。一些家族，憑藉文化上的優勢，既通經術，又據高位，他們大都聚族而居，以共通的家學門風爲標識，在社會上佔有優越地位。到了魏晉南北朝時，由於玄學的興起，家族內部人員之間的學術與作風已經出現很多不同。到了隋唐，政治中心移向中原腹地，那些著姓中人由於仕宦等原因，大都向京城周邊集中，他們脱離本土，宗族的紐帶也就不斷鬆懈。特别是在科舉取士的制度推廣之後，大批中下層家庭的子弟進入仕途，原來的貴族階層爲了順應時勢，也不能不應科舉試，這就進一步加快了摧毁貴族執政的基礎。像李德裕這樣家族意識很强的貴族中人，自己堅持不應科舉試，但也要注意進士階層的動向，從中扶植新興力量了。晚唐五代，盤據各地的軍閥攻戰不歇，貴族豪門往往夾在其中成爲犧牲品，那些綿延數代的大姓也遭到致命的打擊，即使顯赫如趙郡李氏，到宋代之後，也消失在歷史長河中了。〔三〕

如以唐、宋兩代的最高執政者而言，情況即大異。唐代崔氏十房中，前後就有二十三人任相，佔到唐代宰相總數三百六十九人中的十六分之一。其餘像趙郡李氏、隴西李氏、滎陽鄭氏、太原王氏、范陽盧氏等大族，也是高官輩出，一直延續到唐末。《新唐書·宰相世系表》曰：「唐爲國久，傳世多，而諸臣亦各修家法，務以門族相高。其材子賢孫不殞其世德，或父子相繼居相位，或累數世而屢顯，或終唐之世不絶。嗚呼，其亦盛矣！」宋代就無這種某一家族長期執政的情況出現。任相者多出身下層，更無世族豪門世代爲相的情況。即使是像最爲顯赫的吕氏家族：吕蒙正相太宗，侄夷簡相仁宗，吕夷簡四子均居高位，其三子公著則相哲宗，這一家族的先世也無上述世家大族的特徵，只是到了宋代之後，竟由儒學晉

身，故與家世關係甚淺，固難稱爲豪族。而且這在宋代來説，還只能説是個別現象。〔四〕

宋初的一些名人，如范仲淹、歐陽修、富弼、宋庠、宋祁等人，均出身貧寒，後由科舉進入仕途。這一些人，由於時代的丕變，個人成長環境的差異，比之前朝士大夫，在思想作風上也已顯現出很多不同面貌。

范仲淹是宋初的一位名人。他在政治、軍事、思想、文學等方面均有建樹。他的著名語録「先天下之憂而憂，後天下之樂而樂」，已是中國人民耳熟能詳的警句，惠溉後人至深。而他之所以有此抱負，則與其兼資文武和鋭意革新的才能與志向有關。他厲行政治改革，慶曆新政雖告失敗，然其革新精神一直影響着宋代政治的發展；他以文士的資質，出守西北邊疆兩年，總結出來「近攻、堅守」等戰略思想，對防禦西夏入侵起到了重要作用。可以説，他的建樹是多方面的，文治武功二者都有所表現，只是武功方面的成績遠遜於其文治之功。這就是宋人的新貌，也可説是宋代社會一個縮影。他在軍幕中作《漁家傲》詞，詞曰：「塞下秋來風景異，衡陽雁去無留意。四面邊聲連角起。千嶂裏，長煙落日孤城閉。濁酒一杯家萬里，燕然未勒歸無計。羌管悠悠霜滿地。人不寐，將軍白髮征夫淚。」譚獻《詞辨》評曰：「沉雄似張巡五言。」以爲范詞體現出了唐詩的精神，則是可以從中覘知唐宋文脈的遞邅。

錢穆論宋學，稱范仲淹爲「北宋政治上的模範宰相」，與位列《宋元學案》之首的胡瑗這位「北宋公私學校裏的模範教師」並列，以爲二人體現了時代精神，「北宋的學術和政治，終於在此後起了絶大的波瀾」，由此掀起的新思想與新精神是：

他們開始高唱華夷之防，這是五胡北朝以來，直到唐人，不很看重的一件事。又盛唱擁戴中央，這是唐代安史亂後兩百年來急需矯正的一個態度。宋朝王室，只能在政制上稍稍集權中央，至於理論思想上正式的提倡，使人從内心感到中央統一之必需與其尊嚴，則有待於他們。他們重新抬出古代來矯正現實。他們極崇《春秋》，爲「尊王攘夷論」之擁護與發揮。最著如孫復。他們用明白樸質的古文，所謂文以載道，即文道一貫，以今語譯之，即文學與生活或行事（即道）一致之理論也。來推翻當時的文體。最著如柳開、石介，乃至歐陽修。他們因此闢佛老，如石介、歐陽修。尊儒學，尊六經，他們多推崇《易經》，來演繹他們的哲理思想。他們在政制上，幾乎全體有一種革新的要求。他們更進一步看不起唐代，連帶而及於漢。而大呼三代上古。漢唐是現實，三代上古是他們的理想。他們説唐代亂日多，治日少。他們在私生活方面，亦表現出一種嚴肅的制節謹度，適應於那時的社會經濟，以及他們的身世，與唐代貴族氣分之極度豪華者不同。而又帶有一種宗教狂的意味，非此不足有以天下爲己任之自覺精神。與唐代的士大夫恰恰走上相反的路徑，而互相映照。他們對於唐人，只看得起韓愈，而終於連韓愈也覺得不夠，因此想到隋末唐初的文中子王通。因此他們雖則終於要發揮到政治社會的實現問題上來，而他們的精神，要不失爲含有一種哲理的或純學術的意味。〔五〕

若與唐代文士相比，宋代文士思考問題時理論色彩常是顯得更爲濃郁，志趣似乎更爲高遠，但卻顯得有些迂闊；行動的功效，施展的才華，不似唐人那麼多姿多彩。然而宋人在文化上的貢獻，自有其豐富與優勝之處。

歐陽修、司馬光繼起，二人的作用也應予以高度重視。他們體現了宋初帝王在穩定政局之後，意欲樹立正統史觀的努力。歐陽修撰《新唐書》、《五代史記》(《新五代史》),司馬光修《資治通鑑》,宣揚儒家精神,强調《春秋》大義,爲亟欲建立文治政府的宋王朝作思想動員。而他們在修史時廣採稗官野史的做法,所呈現的新史觀,又推動了宋人競相寫作筆記的風氣。

蘇氏父子之出現於宋代歷史,有其特殊的代表意義。蘇軾不但在文學藝術等諸多領域均有其建樹,而且在思想作風上也呈現出新的面貌。他在朝爲官時,持儒家觀點,侃然論政;失意貶官放逐在外時,則以道家與佛家思想自我排解;而他的爲人,又是那麽超越塵俗,不汲汲於功利。我們如將唐人記載李德裕的許多軼聞與宋人記載蘇軾的許多軼聞並讀,就可看出貴族政治下培養出來的人物,與宋代湧現出來的那些傑出的士人之間差别之明顯。

應該説,這是宋代統治者努力擺脱唐人遺風、努力培養新型知識分子的結果。經過幾代人的努力,重文輕武方針貫徹多年,宋代文化終於成型,於是湧現出了像歐陽修這樣多方面努力開拓的人物、蘇軾這樣全面展示文士風貌的人物。由於這些原因,宋代的筆記中,也就少見武人的身影,這就與唐代的情況大不相同了。

宋代文士不但能在唐代文史已趨極盛的情況下,開拓新的局面,在文學創作與史學著述等方面取得新的巨大成就,形成新的風貌,而且在哲學等領域中,也取得累累成果。

一般説來,唐人追求事功的結果,比較重視性情的展現,而在文化内涵方面有所欠缺,在哲學方面的建樹不多,思辨能力最高的人往往見之於高僧大德,他們在宗教哲學上有很多建樹,並且發展出了融合中國固有哲學而形成的禪宗。到了宋代時，終於產生了在儒家文化的基礎上吸收了老莊和禪家義理而形成的理學。早期儒學關注政治社會與倫理道德，不大顧及性與天道，到了韓愈、李翺等人，才從思孟學派中尋找資源，建設心性之學。禪宗的明心見性之説體系完整，思辨性更强，宋代理學大家「出入於老釋」，受此影響，也就建立起了更爲精緻的學術體系，從而產生了深遠的影響，一直支配着後代士人的思想意識。對於宋代在文化建設上取得的巨大成就，後代的有識之士，常是大加讚賞。陳寅恪云：

吾國近年之學術，如考古歷史文藝及思想史等，以世局激蕩及外緣薰習之故，或有顯著之變遷。將來所止之境，今固未敢斷論。惟可一言蔽之曰，宋代學術之復興，或新宋學之建立是已。華夏民族之文化，歷數千載之演進，造極於趙宋之世，後漸衰微，終必復振，譬諸冬季之樹木，雖已凋落，而本根未死，陽春氣暖，萌芽日長，及至盛夏，枝葉扶疏，亭亭如車蓋，又可庇蔭百十人矣。由是言之，宋代之史事，乃今日所亟應致力者。〔六〕

其他學者類似的意見很多，今不一一具引。

（三）宋代文化的發展與國運的變遷

但事情總有它的兩面性。宋代重視文治的結果，必然重文輕武，國力趨於衰弱，陷於不振。宋代朝廷又嚴格控制將領擅自行動，以免危及中央。在宋代歷史上，很少出現行伍出身的優秀將領。只有狄青、郭逵二人，起於基層，屢立戰功，防衛邊疆，鎮壓叛亂，號稱名將。他們在維護中央政權的過程中作出了很大的貢獻，僅因不是進士出身，雖貴至樞密使，還是受到他人的鄙薄與猜忌。

在此形勢下，宋代的官場，不論文職或武職，都充斥着各種各樣的文士，社會風氣當然也會呈現出特有的面貌。

大批文士湧入官僚隊伍之後，導致冗員繁多，行政效率低下，而朝廷爲了優待官員，薪資優厚，罷職或退休後待遇良好，這就更進一步地增加了底層老百姓的負擔，國力也就進一步地削弱。

爲了不斷補充官僚隊伍中的成員，宋王朝在唐代科舉制度的基礎上加以改進，擴大名額，簡化手續，讓大批士子更易進入官員的候補行列。因此，反映在文學作品中，宋代士子的心態一般都比較平和，看不到唐代那些科場失意的士子低沉或憤激的情緒。晚唐政局動亂中，一些失意士人常投身於反叛的隊伍中，據云黄巢就是由此走上造反行列的。

大家或許會認爲，宋代農民的負擔實在太重。宋代農民生活在社會底層，生活確很困苦，但我們若是深入全面地去考察宋代社會的情況，也就可以發現，這時的社會生産力仍在迅速地發展，這又是什麽原因呢？

宋代農村中，出現了很多重要的推動社會前進的因素，其中之一，則是廣泛地實施了租佃制。農民按租約繳納田租，這就進一步解脱了前此農奴制遺留下來的人身依附，個人的生産主動性也大爲提升，還能不受羈絆，外流到其他地方去闖蕩。由於宋代國力衰弱，疆域日蹙，後且僅存半壁江山，於是農民隨之不斷往南方遷移，向人口稀少的地方發展，將丘陵與山區也加以開發。他們深耕細作，在農業技術上也有了很大的提高。宋代出現了好幾種有關農業技術的專著，也從另一側面反映出其時農業生產已取得很大的發展。

自北宋起，由於党項羌在西北邊疆建立起了西夏王朝，内地人民與中亞相聯繫的絲綢之路完全被切斷，迫於形勢，宋人乃向東南方向發展，開闢了海上的絲綢之路。明州、泉州、廣州等商埠，外商不斷前來，促進了全國各大城市的繁榮。而内地的大批農民湧入城市，商業愈益發達，又引發了娱樂業的開展，市民文化隨之興起，中國文學中出現了很多新的題材與文體，顯示出與前迥然不同的面貌，《東京夢華録》、《夢粱録》等著作，對開封、杭州等地區所作的生動記録，至今仍能激發人們的遐思。

自南宋起，中國固有圖籍中又出現了一種新的著作體例——地志。戰國之後，歷代都有介紹全國人文和物産的著作出現，正史中都有《地理志》一類的著述，但卻少見局限於某一地區的記録。到了宋代，由於各個地區得到了深度的開發，一些學者出於對某一地區的關注，或是出於對家鄉地區的熱愛，開始寫作州、縣或某一地區的方志。例如人文薈萃的吴郡，先後就有朱長文《吴郡圖經續記》、范成大《吴郡志》等著作問世。書中往往沿用前人材料，但也時而可見新的介紹。范氏之書有五十卷之多，内如《牧守》、《官吏》等類，可考歷任地方官的治績，《人物》八卷，内多軼事記叙。考宋代方志之存世者三十多種，元代方志之存世者十多種，内涵豐富，均可供人發掘和利用。

如上所言，宋代文明仍在不斷取得迅猛的發展，在其内部，已經孕育着現代社會的好多新鮮因素。可以説，唐代殘留下來的貴族政治遺風，宋代已經基本擺脱其影響。例如唐人講求郡望與姻族等社會關係，宋人已不太予以關注；唐代還有人從事譜牒類的著作，宋代已無繼作之人；唐代士子以參加軍幕和依托藩鎮爲重要出路，宋人也不再踏着同樣的腳步前進了。

歷史的發展，曲折多變，人們從不同角度觀察，常是可以得出不同的結論。唐代最爲英明的君主，一般認爲，前有太宗，後有玄宗。玄宗時的國力，比之前代又有提升，或可說是真正達到了盛唐的巔峰。但盛極則衰，安史之亂後，唐王朝即一蹶不振，逐步走向衰敗，因此唐人最爲痛恨的，也就是處在東北邊境的這些藩鎮。安禄山、史思明是導致唐王朝衰敗的罪魁禍首，其後盤踞於此的魏博等藩鎮，也是拖垮唐王朝的禍根。這些當然是事實。然縱觀全局，史實表明，位處東北的這些藩鎮卻是有效地阻攔住了契丹等異族的入侵，這就爲中原地區傳承的華夏文明建起了一道屏障。〔七〕宋代重文輕武，東北邊疆顯得脆弱不堪，位處中原腹地的朝廷既没有能力將燕雲十六州收入趙宋版圖，更没有能力抵禦一波波游牧民族的入侵。其後契丹、女真、蒙古等族先後入侵，宋王朝自開封南遷臨安，還是難以抵禦其兵鋒。先是遼人入據北方東部地區，後金人入據整個北部，繼起的元人終於滅掉了趙宋王朝，建立起了横貫歐亞的大帝國。從長遠來看，契丹、女真、蒙古等族定居中原之後，與漢人相處，經過數百年的融合，使中華民族不斷壯大，但在這段漫長的歷史中，廣大人民顛沛流離，家破人亡，長期積累下來的華夏文明幾經殘毁。趙宋王朝重文輕武的後果，也是極爲嚴重的。

西北地區的情況也一樣。安史之亂後，西北地區的主要兵力調入中原，邊境上的實力大爲削弱，絲綢之路中斷。其後党項羌崛起，建立起了西夏王朝，於是終趙宋一代，無法再開通這一要道，西域文明乃至歐洲的文明，無法通過這一紐帶與中原腹地連接，於是唐代那種兼容並包、多姿多彩、呈現開放胸懷的文明，終於劃上了句號，再也不見於中國歷史了。其後成吉思汗摧毀了西夏王朝，大肆殘殺，各民族之間的仇恨與政權更迭，使當地人民爲此付出了沉重的代價。唐代文明中斷，宋代文明消退，西北地區也就難以滋長起與中原文明齊步的地域文化，幾乎留下了一片空白，這也是歷史上的一件憾事。

二、唐宋人物軼事的不同風貌

（一）唐宋筆記類著作内容之差異

我在《唐人軼事彙編》的《前言》中曾對編纂目的有所説明，這次編纂《宋人軼事彙編》，用意自然相同。

研究歷史人物，如果僅依正史上的記載進行考察，則往往難以見到人物的個性與諸多側面，也難以了解其複雜的社會關係。由於每一個人物的表現總是多方面的，人們從各種不同角度去觀察，得到的印象往往各不相同。正史中的記録，常是舉其有關政事的犖犖大者，對於這一人物的性格特徵和言談舉止，則每不作具體描述。閲讀正史，了解其中的人物，也就不夠具體，不夠豐滿；而一些筆記或類似文體的著作中，所作的記敘，常是多樣和生動得多。因此，研究歷史上的人物，如能將正史上的記載與民間的私人撰述參互考察，那麽讀者對此人物的理解，也就會更全面，更具體。

民間的這種私人著述，就個人的耳聞目睹隨筆記録，古已有之。儘管「筆記」之名起於宋代，實則唐代已大量湧現。每一個時代的文士，思路與情趣各不相同，因此，唐宋兩代人的記叙也就各有其特色。

唐人承魏晉南北朝人之遺緒，受《世説新語》一類的著作影響甚大，因此這類著作的名字，每以「話」「語」等詞加以點綴，如《大唐新語》、《劉公嘉話録》等。宋代王讜綜合唐人著作而成《唐語林》，明白告示此書即承劉義慶之遺緒而作，但二者風貌顯然有異。《世説新語》以記言爲主，晉人沐浴玄風，談吐風雅，追求一種瀟灑出塵的風貌。評點人物時，關注對方的才性、品格、儀表和懷抱；唐人重事功，即使是在《唐語林》的《品藻》一目中，雖僅列寥寥數則，也僅關注對方政治上成就之大小得失與詩文水準之高下。可見唐人的關注之點，比之前人已有很大的不同。他們的記叙，也就顯示出特有的時代風貌。

如將唐宋兩代人的記叙相比較，也可以發現一些相異之處。

唐人對小説與雜史的理解常持模糊的態度，甚至可以説，他們把正史之外的著述都稱之爲「小説」。這類著作，自魏晉南北朝時起即分從不同方向發展：記録人事者後人每稱之爲志人小説，有人則稱之爲軼事小説；記載神異故事者後人每稱之爲志怪小説，有人則稱之爲神異故事。唐人的記叙，繼承前代傳統而又常不作嚴格區分。如劉餗出生於史官世家，繼承父業，也從事國史的撰述，但他寫作《小説》（一名《國史異纂》，亦稱《隋唐嘉話》），記録士大夫的軼事，中間還夾雜進了洛陽畫工解奉先在壁像前妄誓而轉生爲一騎犢之事。宋人軼事中，軼事與志怪的記叙就大致分途了，志怪類的著作大爲減少。宋代士人一般均奉儒家義理爲主導思想，志人小説中很少羼入道聽途説的志怪類奇聞。

所謂志怪小説，自魏晉南北朝時始告出現，唐代當然也有這類著作，其中時有一些關於高僧的神奇事蹟的記叙，《松窗雜録》中就有一行預言玄宗行幸萬里的記載。不過唐代的神異故事中要以道教神仙的事蹟爲多，因爲李唐王朝自認爲係老子李耳的後裔，所以道教的地位常是高踞於佛、儒之上，一些李氏子孫的筆下，均喜宣揚神奇的鬼神故事。例如中唐名相李德裕，不論在其自撰的《次柳氏舊聞》中，還是在他口述而由韋絢筆記的《戎幕閒談》中，都有很多離奇曲折的神異故事。而且唐人關心政治，這類故事之中每雜歷史恩怨，例如前時武曌改國號爲周，幾乎斷送李氏一脈，故而一些有關武后的記載，每每雜有醜詆武家的故事。《太平廣記》卷一四三引《戎幕閒談》，載文水縣武后父士彠之墓忽失龜頭，所立碑上有「武」字者十一處皆鐫去之。不經半年，武元衡遇害。按趙明誠《金石録》卷二五《跋尾十五·周武士彠碑》，則謂此碑尚存，「武」字刻劃完好，無訛缺者。可知此説純屬道聽途説，也不能排除此事出自李德裕本人的編造。

神仙道化的軼事，遍播朝野，即使是在那些嚴肅的筆記中，也常雜有這類奇聞。如趙璘撰《因話録》，因爲其中的材料大都來自姻屬間的親身聞見，故大致可信，從而得到《四庫全書》編者與近代史學大家岑仲勉等人的高度評價。然而内中也記載了不少有關著名道士田良逸等人的神奇事蹟，遂使這類著作與後起的宋人筆記呈現出不同面貌。

總的看來，唐代筆記的内容往往真真假假，比較駁雜。皇甫枚撰《三水小牘》，内有關於晚唐著名女詩人魚玄機虐斃侍女緑翹而爲京兆尹温璋笞殺的記載，後人常根據此書介紹魚玄機的悲慘身世，然因《三水小牘》中的大部分篇章均屬神奇怪異的故事，因而也影響到了内中一些重要文字的可信程度。

唐代爲傳奇這一文體的繁榮時期。唐人軼事中有些歷史性的記叙，往往又夾雜着傳奇色彩。如《幽閒鼓吹》中記白居易赴京應舉，獻詩顧況，有「咸陽原上草，一歲一枯榮。野火燒不盡，春風吹又生」之句，顧況遂前後態度丕變。又如《明皇雜録》卷下記玄宗命高力士以白羽扇賜張九齡，九齡惶恐，以爲將遭冷遇，遂作《白羽扇賦》獻之。據後人考證，上述二説均不合事實，出於編造。因此，有關這類文人軼事的資料，應當是在傳奇之風風靡一時的影響下産生的。

宋代人物的軼事中，就很少見到真真假假駁雜難明的情況，説明其時文人學士即使是在寫作隨筆式的文字時，也已分清不同文字的體類要求，從而善自抉擇了。

歐陽修爲一代文宗，他在各方面的建樹，對宋代文壇産生過十分巨大的影響。他寫作的《歸田録》，則爲筆記體的寫作導夫先路，且爲這種文體的寫作樹立起了範本的作用。歐陽修自云此書乃依李肇《國史補》而作，而李肇之撰《國史補》，則自云乃仿劉餗《傳記》而作。李氏《序》云：「予自開元至長慶撰《國史補》，慮史氏或闕則補之意，續《傳記》而有不爲。言報應，叙鬼神，徵夢卜，近帷箔，悉去之。紀事實，探物理，辨疑惑，示勸戒，採風俗，助談笑，則書之。」明示其寫作宗旨就在排除鬼神夢幻類無法徵實的傳聞，也不載男女猥褻的情事，這就與志怪和傳奇劃出了界線，宋代筆記一般就是沿着這條道路向前發展的。

由此之故，我在研究唐人軼事時，喜用「筆記小説」一名，因爲其時筆記與小説確是不易區分。例如《四庫全書總目》卷一四〇子部小説家類録《中朝故事》二卷，提要云：「上卷多君臣事蹟及朝廷制度，下卷則雜録神異怪幻之事。」説明此書即由筆記、小説二者組合而成。到了宋代，則二者分列，少見雜亂之作。吾等今日編纂《宋人軼事彙編》，採録的絶大多數材料，出於筆記而非小説。

在此還可附帶討論一下與筆記性質相近的另一種文體。

唐宋兩代，詩歌成就極爲輝煌。自唐代起，産生了「詩話」這一新的體裁。宋詞興起，於是又有「詞話」一端。這類文字實與筆記爲近，只是内容偏於文學鑑賞與文壇掌故，内容較爲單一與明確。《四庫全書總目》集部中有「詩文評」一類，内又分爲五小類，且各舉例以明之。中云「孟棨《本事詩》，旁採故實；劉攽《中山詩話》、歐陽修《六一詩話》，又體兼説部」。這就是説，唐代的詩文評與宋代的詩文評内容上有所區别。區别何在，似乎還可以作些説明。

孟棨一作孟啓，當以作「啓」爲是。《本事詩》者，乃言詩之本事，介紹詩篇産生的背景。這是中國文學的特色，在儒家思想的影響下形成。《孟子·萬章下》曰：「頌其詩，讀其書，不知其人，可乎？是以論其世也，是尚友也。」可知知人論世也是我國史官傳統的一種表現。

唐代首先出現詩話這一體裁，然數量不多，最著者也就是范攄的《雲溪友議》、孟啓的《本事詩》，以及已經散佚的盧瓌《抒情詩》等數種。從這些詩話的内容看，大都具有傳奇的性質，故事曲折離奇，配合著名詩篇，確是引人入勝，但卻未必可信。例如《雲溪友議》卷下《題紅怨》中記宫女題詩於一紅葉上，偶爲書生盧渥所得，後盧氏任職范陽，遇宣宗省卻宫人，許從百官司吏，此題詩宫女適得配盧渥。此一傳説，已成膾炙人口的愛情故事，而未必就是事實。又如《本事詩》中記韓翃與柳氏悲歡離合的故事，亦即著名的《章臺柳》詩本事，許堯佐已寫成傳奇《柳氏傳》，孟啓重又載入書中，又云：「開成中，余罷梧州，有大梁夙將趙唯爲嶺外刺史，年將九十矣，耳目不衰。過梧州，言大梁往事，述之可聽，云此皆目擊之，故録於此也。」則是故事又似可信的了。又如《太平廣記》卷二七九引《抒情詩》，叙韋檢與其鬼妻唱和事，或係盧瓌自編的故事，因爲唐傳奇中常見這類詩人與亡妻唱和的趣聞。這類文字，大都出於作者爲了表現自己的詩才而自擬，自然不能作爲史料看待。

由此可知，唐人詩話内容真真假假，難以判定其可信與否。歐陽修作《六一詩話》，也與唐人詩話面目大異，排除了鬼神夢幻與男女情愛等内容，已是純粹的評論詩篇之作了。即使言及詩之本事，也以如實抒寫爲重。後出的詩話，大體都是同一類型之作。

（二）唐宋兩代文士對待國史的不同態度

在唐代的史料筆記中，「國史」起過很大的作用，前後許多知名與不知名的作者都曾大量引用國史中的材料。唐人筆記中呈現的這一情況，似乎很難解釋：深藏宫廷的國史怎麽會被位處下層的一些作者所利用呢？

這是因爲唐代朝廷對國史的管理並未規定嚴格的保密制度。《唐會要》卷六三《史館上·修國史》曰：

貞觀十七年七月十六日，司空房玄齡、給事中許敬宗、著作郎敬播等上所撰高祖、太宗《實録》各

二十卷。……仍遺編之秘閣，並賜皇太子及諸王各一部，京官三品以上，欲寫者亦聽。

這裏對閱讀者的品位雖有所規定，但此門一開，不難想見，與這些大官員有關係的人也就有其可能接觸到國史。況且中唐之後，戰亂不斷，京師殘破，史館中的材料多次外洩，社會上的各式人等也就有其可能接觸到國史。

李翱在《答皇甫湜書》中説：「近寫得《唐書》，史官才薄，言詞鄙淺。」可知他也讀到過國史。《舊唐書·田弘正傳》曰：「頗好儒書，尤通史氏，《左傳》、《國史》，知其大略。」説明社會上的各式人等已把閲讀國史不再視作難事。

這類國史，還曾遠播海外。日本藤原佐世編纂的《日本國見在書目》中，「雜史家」中著録唐實録三種：「《唐實録》九十卷，司空梁國公房玄齡等撰；《唐實録》九十卷，中書令許敬宗撰；《高宗實録》六十卷，武玄之撰。」這些國史顯然是日本的遣唐使通過各種關係輾轉獲得的。只是這些國史在各種書目上的記載篇幅差距很大，可知唐代國史在輾轉傳播的過程中，歷經多人抄寫，面貌往往會有差異。

《舊唐書·經籍志上》中説：「天寶已後，名公各著文章，儒者多有撰述，或記禮法之沿革，或裁國史之繁略，皆張部類，其徒實繁。」説明唐人撰述時，每引《國史》中的材料爲佐證。後人看到唐人引用《國史》時，自不必多所驚怪。〔八〕

唐代一些筆記的作者，社會地位不高，但書中卻往往大量引用《國史》中的材料，如《新唐書·藝文志》「小説家類」著録胡璩《譚賓録》十卷，注曰：「字子温，文、武時人。」又「雜史類」著録劉肅《大唐新語》

十三卷，注曰：「元和中江都主簿。」而此書前有元和丁亥自序，署銜「登仕郎前守江州潯陽縣主簿」。可知二人社會地位都不高，然而書中卻録入不少出自《國史》的材料。後出之書，如《新唐書·藝文志》「小説家類」著録《芝田録》一卷，不著撰人，《説郛》各本則署丁用晦撰，宋無名氏《新編分門古今類事》卷一八《劉毅齋名》條、《古今合璧事類備要》續集卷三均引，亦作丁用晦撰，其人情況不明，其書則亦引及《國史》，可見唐人不論身處何位，均有可能接觸「國史」，而徑自將之納入己作。

唐代那些勤於著述的文士，有可能會同時看上一些熱門的題材，有的則徑自將前人的同類著作改寫後編入，因此唐人的一些筆記小説中時見有類同的文字出現。如劉肅撰《大唐新語》，很多故事與劉餗的《隋唐嘉話》類同，佚名的《大唐傳載》中的文字則每與《隋唐嘉話》中的文字相混。丁用晦《芝田録》，不但屢引唐代前期産生的文字，而且徵引魏晉南北朝人的文字。李濬的《松窗雜録》，也有不少條目出於前人的著作。至於像孫光憲的《北夢瑣言》、王定保的《唐摭言》等書，徵引前人文字時，則常加以説明，已是比較規範的著作態度了。

相比之下，宋人筆記的體例就要純粹得多，他們一般只録親身聞見之事，不依輾轉傳抄的材料而雜纂成書。因爲宋代筆記的作者均由科舉晉身，社會地位普遍較高，對於筆記的性質偏於史的傳述，比較自覺，因此所用的材料，比之唐人之作，也就可信得多。

宋代筆記作者的身份前後也有差異，由於國勢的强盛與衰微，情況不同，涉筆者的身份隨之有所不同。據張暉統計，「北宋筆記作者大都是官員，佔總數的百分之七十五，其中達官顯宦也較多，僅中央六部以上的官員就有九人。南北宋之間筆記作者是官員的佔總數的百分之五十，南宋筆記作者是官員的約佔總數的百分之五十九點七，都低於北宋的比例。而且這兩個時期的筆記作者的所任官職大多數都較低微。」〔九〕這種情況的出現，或許可以認爲是由南宋之時筆記體的撰述更趨普及，文士染指者益衆而造成的。

作爲宋人軼事來源的大宗之一，筆記的寫作還受到宋初修史之風的影響，司馬光寫作《資治通鑑》的影響尤爲深遠。

司馬光在主持《資治通鑑》的修撰時，先命幾名助手將各種材料彙成長編，而在定稿之時，則又將材料去取過程中所思考的一些問題記録下來，另外編成《考異》三十卷。他在《進書表》中説，他曾「遍閲舊史，旁採小説」，又「參考群書，評其同異，俾歸一塗，爲《考異》三十卷」，這就樹立起了一種操作規範。考察史實時，既要注意官方記録，也要注意民間記載，目的則在最大限度地追求事實真相。

中晚唐時，政治局面混亂，朝廷已無能力正常地纂修國史。歐陽修、宋祁編撰《新唐書》的傳記，只能大量採録筆記類的史料。司馬光編《資治通鑑》時情況類同，而他在考覈各種史料時，發現國史的可信程度，有時反而遜於筆記類著作。《資治通鑑》卷一九〇高祖武德五年（六二二）十一月，帝「待世民浸疎，而建成、元吉日親」下引《高祖實録》與《太宗實録》，歷數二人惡行，而後《考異》曰：

按建成、元吉雖爲頑愚，既爲太宗所誅，史臣不能無抑揚誣諱之辭，今不盡取。

又《通鑑》卷二四七武宗會昌三年（八四三）四月，記「李德裕請討澤潞」事，《考異》按曰：

《舊紀》、《傳》及《實録》所載德裕之語，皆出於《伐叛記》，《伐叛記》繫於四月劉從諫始亡之時，至此君相誅討之意已決，百官集議及宰臣再議，皆備禮耳。德裕之言，當在事初，《實録》置此，誤也。

司馬光的這種著作態度，舊史與小説並重，對史料不抱成見惟求其是的見解，具有很高的史識。影響所及，宋人寫作筆記時已把求真放在首要地位，也激發了文士及時記録時事的熱情。

司馬光還撰有《涑水記聞》等筆記多種。寫作的目的，是爲撰寫《資治通鑑後記》積累資料。此書因故未成，但《記聞》一書卻也爲後人樹立了典範。此書影響所及，在江少虞《宋朝事實類苑》、李燾《續資治通鑑長編》、朱熹《資治通鑑綱目》等書中明晰可見，而對後起者寫作的筆記來説，也有先導作用。

宋太宗趙光義猜忌太祖長子德昭會依歷代帝王繼承的常規繼承皇位，迫使其自盡，司馬光在《涑水記聞》卷二中記曰：

時上以北征不利，久不行河東之賞，議者皆以爲不可，王乘間入言之。上大怒，曰：「待汝自爲之，未晚也！」王皇恐還宫，謂左右曰：「帶刀乎？」左右辭以禁中不敢帶。王因入茶果閤門，拒之，取割果刀自剄。

李燾《續資治通鑑長編》卷二〇太平興國四年（九七九）八月甲戌記此事，採司馬光説，而在注中介紹《國史》中的趙德昭「本傳云：德昭好啖肥豬肉，因而遇疾不起」，顯然，這是史官的曲意掩飾之詞，宜乎李燾棄之「不取」了。由此亦可見到司馬光在筆記體的創闢上貢獻之大、影響之深，而宋代帝王對文士實録時事的寬容態度，也是歷史上所少見的。

由上可知，宋代筆記作者的情況前後各異，其特點卻没有多大變化。總的説來，作者已經擺脱前時風行的志怪與傳奇的影響，史學觀念普遍趨於求真，不再仰求國史之類的特殊史料，而是致力於提供親身聞見的事實，因此顯得平實可信。只是唐人那種絢爛而富有朝氣的風貌也消失不少。宋代詩話與筆記的情況相同，也已成了衡文之作和記載故實的材料，唐人的那種配合詩篇而精心構擬的絢爛故事，都已趨於絶跡了。

（三）唐宋軼聞中典型案例之分析

常言説：「物以類聚，人以群分。」政治紛争中，如有一群人持同一觀點，爲同一圖謀而合力，那在反對者的眼中也就認爲是在結黨營私，而在古人來説，則往往會稱之「朋黨」。西漢時，劉向爲了反對外戚擅權，威脅劉姓皇權，乃上封事，極言「朋黨」之害。東漢桓、靈之世，宦官把持朝政，一群士大夫起而抗争，反而遭到執政者的鎮壓，史稱「黨錮」之禍。可知「朋黨」之説，一直是中國士人關心的話題之一。

唐代李德裕撰《朋黨論》，極言漢代政治的鑑誡作用。他所攻擊的對象，自然是圍繞在牛僧孺周邊的一群人物。對他來説，當然認爲對方是「朋黨」，自己則不存在「朋黨」問題，所以纔能如此義正詞嚴地加以譴責。但歷史上卻一直把他歸爲牛李黨争中李黨的黨魁。孔平仲《續世説》卷一二《仇隙》曰：

牛李之黨皆挾邪取權，兩相傾軋，紛紜傾陷，垂四十年，文宗繩之不能去，嘗謂侍臣曰：「去河北賊非難，去此朋黨實難。」楊嗣復、李珏、鄭覃作相，屢争論於上前。李珏曰：「比來朋黨亦漸消弭。」覃曰：「近有小朋黨生。」覃又曰：「近日事亦漸好，未免些些不公。」然嗣復、珏，牛黨也；覃，李黨也。德裕爲相，指摭僧孺，欲加之深罪，但以僧孺貞方有素，無以伺其隙。德裕南遷，所著《窮愁志》引里俗「犢子」之讖，以斥僧孺。又目爲「太牢公」。其相憎如此。

孔平仲是宋代人。他對牛李二黨的評價，因爲已經隔了一代，不再含有功利的考量，態度趨於公正，但在介紹牛僧孺與李德裕的爲人時，看來還是受到晚唐時期很多筆記作者的影響。

李德裕醜詆牛僧孺的話，因其所撰的《窮愁志》一書已經殘佚，難得確證，但從李德裕周圍一些人的筆記中，還是可以看到不少含有惡意攻擊的文字。

劉軻撰《牛羊日曆》，内云：

太牢早孤。母周氏，冶蕩無檢。鄉里云云，兄弟羞赧，乃令改醮。既與前夫義絶矣，及貴，請以出母追贈。《禮》云：「庶氏之母死，何爲哭於孔氏之廟乎？」又曰：「不爲伋也妻者，是不爲白也母。」而李清心妻配牛幼簡，是夏侯銘所謂「魂而有知，前夫不納於幽壤；殁而可作，後夫必訴於玄穹」。使其母爲失行無適從之鬼，上罔聖朝，下欺先父，得曰忠孝智識者乎？作《周秦行紀》，呼德宗爲「沈婆兒」，謂睿真皇太后爲「沈婆」，此乃無君甚矣。

這種文字，辱及對方母親，可謂不擇手段。而他提及的《周秦行紀》一文，更是編造故事，羅織罪狀，妄圖置之於死地。有關此事，屢見唐宋人的記載，張洎《賈氏譚録》曰：

牛奇章初與李衛公相善，嘗因飲會，僧孺戲曰：「綺紈子，何預斯坐？」衛公銜之。後衛公再居相位，僧孺卒遭譴逐。世傳《周秦行紀》，非僧孺所作，是德裕門人韋瓘所撰。開成中，曾爲憲司所覈，文宗覽之，笑曰：「此必假名。僧孺是貞元中進士，豈敢呼德宗爲沈婆兒也！」事遂寢。

有關韋瓘其人與李德裕的關係，李德裕本人是否曾作《周秦行紀論》攻擊僧孺，學術界頗多争議，殊難論定。〔一〇〕然此事屢見唐末記載，如孫光憲《北夢瑣言》卷一亦曰牛氏「先是撰《周秦行紀》，李德裕切言短之」，可知牛李黨争中的流言蜚語和是是非非，在中晚唐政壇上仍然風波迭起。《周秦行紀》純爲虚構，非紀實之作，這是不難看出的，所以今人稱之爲傳奇。有些學者認爲出於唐末人之手，則尚可再議。小説藉牛僧孺之口稱代宗皇后爲「沈婆」，呼德宗爲「沈婆兒」，唐末距此已久，也就没有多少現實意義，而且從賈黄中、孫光憲等人的年代來看，他們看到的東西，應當出於中晚唐纔合適。由此推斷，《周秦行紀》、《周秦行紀論》等文，一定出於李黨或是擁李者之手。

李德裕是否有黨，近人也有争議。牛黨中人也有持平之論。《東觀奏記》卷上曰：

武宗朝任宰相李德裕，德裕雖丞相子，文學過人，性孤峭，疾朋黨如仇讎。

此書作者裴廷裕的外叔祖李珏爲牛黨要人，書中對牛黨中人時多美言，但對李德裕之爲人的理解，可稱正確，用筆也有分寸。他認爲李德裕没有經營過什麽朋黨。《玉泉子》曰：「李相德裕，抑退浮薄，獎拔孤寒。於時朝貴朋黨，德裕破之，由是結怨。而絶於附會，門無賓客。」所述與《北夢瑣言》卷三相契，亦與裴論符合。

過去研究牛李黨争的專家中有一種意見，以爲李德裕代表的是貴族高門，牛僧孺代表的是新進進士，即下層文士，二者之間還有那麽一點階級矛盾的意思。實則此説没有什麽文獻根據。唐人筆記中大量記載着李德裕獎拔孤寒，亦即爲新進進士階層中人打開仕宦大門的事例。《唐摭言》卷七曰：

李太尉德裕頗爲寒畯開路，及謫官南去，或有詩曰：「八百孤寒齊下淚，一時南望李崖州。」

則是李德裕對下層士人甚爲關心，頗得進士階層的擁護，這些在《雲溪友議》等書中均有詳細記叙。范攄又云：

或問贊皇公之秉鈞衡也，毁譽如之何？削禍亂之堦，開孤寒之路；好奇而不奢，好學而不倦；勳業素高，瑕疵乃顧。是以結怨豪門，取尤群彦。

這種評價，可謂中肯。李德裕功勳卓著，但鋒芒畢露，這就威脅到了宣宗的皇權，再加上宣宗與武宗有宿怨，至是遷怒於前朝寵臣，於是採取不正常的手段，將之遠謫海南，牛黨中人乃紛紛落井下石，發泄私憤。《南部新書》卷丁曰：

大中中，李太尉三貶至朱崖，時在兩制者皆爲擬制，用者乃令狐綯之詞。李虞仲集中此制尤高，未知孰是。往往有俗傳之制，云：「蛇用兩頭，狐摇九尾；鼻不正而身豈正，眼既斜而心亦斜。」此仇家謗也。

閲讀唐宋兩代人物的筆記，有一個明顯的不同，唐人筆記中，多是這種造謡污蔑的文字，尤其到了中晚唐時，更是層見迭出。例如牛黨要人盧言在《盧氏雜説》中引時人所作的二詩，對李德裕大加貶斥，對他的失敗持幸災樂禍的態度，其中則又顯示出作者對李德裕的遭遇所知甚淺，所叙南遷的路線都不符事實。

《賈氏譚録》曰：

李贊皇平上黨，破回鶻，自矜其功，平泉莊置構思亭、伐叛亭。

李德裕的爲人，體現出唐人重事功的特點，而在他這樣一位貴族文人身上，表現得尤爲突出。然因功高不賞，責罰過當，當時就有人爲他鳴冤叫屈，後世也一直有人爲他抱不平。只因李德裕的爲人太豐富多彩了，功業、文章，全面發展，而又個性鮮明，嗜好多端，思想豐富而複雜，發揚蹈厲，頗有一往無前之勢。這樣的人物，宋代很難再睹。

《類説》卷一一引《芝田録》曰：「李太尉性簡儉，在中書，不飲京城水，悉用惠山泉，時有水遞之號。有僧曰：『水遞有損盛德。』公曰：『末俗安有不嗜不欲者？某不求貨殖，不邇聲色，若止以水誅，其聚斂、廣蓄聲樂如何？』」《獨異志》卷下則說：「武宗朝宰相李德裕奢侈極，每食一杯羹，費錢約三萬，雜寶貝、珠玉、雄黄、朱砂，煎汁爲之。至三煎，即棄其滓於溝中。」二説似乎各趨極端，未必是事實。但如韋絢在《戎幕閒談序》中所言「贊皇公博物好奇，尤善語古今異事」，則徵之《酉陽雜俎》等書的記載，可證並非虚構。《北夢瑣言》卷四曰：「唐朱崖李太尉與同列款曲，或有徵其所好者，掌武曰：『喜見未聞言、新書策。』」凡此均可援引唐宋文獻加以證實。

宋代士人，面目迥異，但「朋黨」之説，仍然沿續。仁宗之時，范仲淹因不滿宰相吕夷簡的許多政治措施，對他的爲人也有看法；和范仲淹一起進諫的，先後有其多位友人，内有余靖、尹洙等人，吕夷簡對這些指責一一辯駁，反而控告范仲淹「薦引朋黨，離間君臣」，於是范仲淹被撤職，爲之抱不平的余靖、尹洙等人一起遭貶。

朝廷中出現這麽一件大事，擔任諫官的高若訥卻不主持公道，反而附和上級，於是歐陽修便上書高若訥，罵他「不復知人間有羞恥事爾」，於是歐陽修也一起遭貶。

蔡襄作《四賢一不肖》詩，稱贊范仲淹、余靖、尹洙、歐陽修的忠貞不屈；一不肖即高若訥，以爲他不能堅持正道。其後蘇舜欽又一次上書爲范仲淹辯白，梅堯臣、石介等人則作詩對歐陽修表示聲援，可見宋代那些身爲士大夫的士人，確是表現出了與前不同的面貌，前仆後繼，風骨凜然。知識分子參預政治活動，宋代可謂盛況空前，後來也難再睹。

歐陽修還作有《朋黨論》一文，提出了一種新的觀點，認爲「朋黨」是一個褒義詞，因而一反過去的成説，以爲小人没有朋黨，只有君子有朋黨。他以儒家的義利之辨爲根據，認爲小人見利忘義，利盡則交疏，故不能形成群體活動；君子「所守者道義，所行者忠信，所惜者名節。以之修身，則同道而相益；以之事國，則同心而共濟。終始如一，此君子之朋也」。於是歐陽修要理直氣壯地組織朋黨，參與政治鬥争。這是貴族政治下不可能出現的現象，只有在大批下層文士踏上政治舞臺後纔能出現。

歐陽修對吕夷簡始終持鄙薄的態度，慶曆三年(一〇四三)吕氏罷相致仕，歐陽修上《論吕夷簡劄子》，認爲「十四年間，壞了天下」。但閲讀《宋史·吕夷簡傳》以及宋人筆記中大量有關吕氏的記載，可以看到，時人與後人對他還頗多美言，本書搜集的資料亦有反映。王應麟在《困學紀聞》卷一五中説：「吕文靖爲相，非無一疵可議。」然平心而論，長期擔任政要的人要想做到「無一疵可議」，怕也很難。吕氏爲人，可能比較圓滑，但還説不上狡猾；比較深沉，但還説不上陰毒。因此，《宋史》等傳記中對他均有好評，後世亦然。趙翼《廿二史劄記》卷二六《宋史·繼世爲相》中評曰：「吕氏奕世勳猷，輝映史册，可謂極盛矣。」

哲宗之時，士人中又出現了很多「朋黨」，如以程頤爲首的洛黨，以蘇軾爲首的蜀黨，以劉安世爲首的朔黨。這些宋代著名人物，按照後世的評價，都應稱爲君子，很難稱之爲小人，因而不能純用義利之辨來作區分。即以蘇軾而言，若從政治家的標準來看，難稱卓越，亦難充當黨魁，但從他在文化建設上看，卻是可以作爲宋代文士中湧現出來的一顆明星。

蘇軾在詩文方面的成就，人所共知，毋庸介紹；他在書畫方面的成就，也有劃時代的意義，沾溉後人至深。考索其思想，觀察其爲人，複雜多樣，與前人迥異。如上所言，唐代的李德裕如可作貴族社會文士中的代表人物來看待的話，蘇軾則可作平民社會中士人階層的傑出代表。蘇軾身上，已經看不出舊貴族的那套功架。爲人處世，瀟灑隨意，不汲汲於功利。賈似道《悦生隨鈔》曰：

蘇子瞻泛愛天下士，無賢不肖，歡如也。嘗言：「自上可以陪玉皇大帝，下可以陪卑田院乞兒。」

洛蜀二黨中人的衝突，起因可能就在作風差異太大，彼此看不慣。司馬光死後，如何安葬，在禮制的處理上就發生了矛盾。劉延世《孫公談圃》卷上曰：

司馬温公之薨，當明堂大享，朝臣以致齋不及奠。肆赦畢，蘇子瞻率同輩以往，而程頤固争，引《論語》「子於是日哭則不歌」。子瞻曰：「明堂乃吉禮，不可謂歌則不哭也。」頤又諭司馬諸孤不得受弔，子瞻戲曰：「頤可謂燠糟鄙俚叔孫通。」聞者笑之。

張端義《貴耳集》卷上曰：

元祐初，司馬公薨，東坡欲主喪，遂爲伊川所先，東坡不滿意。伊川以古禮斂，用錦囊囊其尸，東坡見而指之曰：「欠一件物事，當寫作信物一角，送上閻羅大王。」東坡由此與伊川失歡。

神宗之時這種新出現的黨争，並非不可調和的利害衝突，相互之間的攻訐，没有什麽造謡誹謗等卑劣手段。政見雖有不同，但時而還能説些公道話，例如烏臺詩案中，朔黨中人也對蘇軾的身陷文字獄表示同情。

宋代還興起了一種新興的可以歸入筆記類中的文體，即名儒的語録。世稱劉安世爲元城先生，馬永卿《元城語録解》卷下曰：

先生嘗言：「子弟固欲其佳，然不佳者，未必無用處也。元豐二年秋冬之交，東坡下御史獄，天下之士痛之，環視而不敢救。時張安道致仕在南京，乃憤然上書，欲附南京遞，府官不敢受，乃令其子恕持至登聞鼓院投進。恕素愚懦，徘徊不敢投。久之，東坡出獄。其後東坡見其副本，因吐舌色動久之。人問其故，東坡不答。其後子由亦見之，云：『宜吾兄之吐舌也，此時正得張恕力。』或問其故，子由曰：『獨不見鄭崇之救蓋寬饒乎？其疏有云：「上無許、史之屬，下無金、張之托。」此語正是激宣帝之怒爾。且寬饒正以犯許、史輩有此禍，今乃再許之，是益其怒也。且東坡何罪？獨以名太高，與朝廷爭勝耳。今安道之疏乃云：「其實天下之奇材也。」獨不激人主之怒？』時急救之，故爲此言矣。」僕曰：「然則是時救東坡者，宜爲何説？」先生曰：「但言本朝未嘗殺士大夫，今乃開端，則是殺士大夫自陛下始，而後世子孫因而殺賢士大夫，必援陛下以爲例。神宗好名而畏義，疑可以此止之。」

劉安世以爲拯救蘇軾的人如果提出「本朝未嘗殺士大夫」的祖訓，就可以保住他的生命，可見宋太祖的這條祖訓確爲士人的議政提供了良好的保障作用。由此可知，吕夷簡和范仲淹的衝突，洛、蜀、朔的黨爭，雖然鬧得沸沸揚揚，卻並不造成嚴重災難。因爲他們議政之時，不再與宦官、藩鎮等因素糾結在一起，也不會遭到意想不到的生命威脅，士大夫可以暢所欲言，從容論道，這就爲後世平民政治中的民主作風開啓了一條新路，可惜在後來的一些世代中，這種新風没有得到正常的繼承和發展。

參與政争的人物在品德上可以説是都没有什麽根本的缺點，因此彼此還能保持一定的尊重，例如吕夷簡與范仲淹、王安石與蘇軾，争執時雖很激烈，然事過境遷之後，雙方先後均釋放善意，甚至情意綿綿，表示不涉及私憾。這在其他朝代的政治環境中是很難看到的。

綜觀有宋一代，北宋時有元祐黨禁，南宋時有慶元黨禁，也曾牽涉到許多著名人物的宦海沉浮。不同人物之間往往針對某一現象發生争議，大家對此看法分歧或趨激烈，但還不至於憑空捏造，其後果也不至於造成災難，影響到宋王朝的命運。

蘇軾的爲人和成就豐富多彩，以是筆記中大量出現他的身影，他自己也留下了不少筆記性質的文字。

今傳蘇軾寫作的筆記，有《仇池筆記》與《東坡志林》二種。據後人研究，這些著作並非作者生前手定，原先只是一些隨筆，還未正式成書。因此，這些書籍應當出自後人的編纂，只是其中大部分的材料還是可信的。

由於蘇軾名望特別大，幾乎家喻户曉，後代的書商都想利用他的名聲編成各種類型的書籍牟利。例如宛委山堂本《説郛》卷三四中有托名蘇軾的《調謔編》一種，内有一些文字雜出宋人筆記，其真實性很成問題。明代趙開美刊《東坡雜著五種》，内如《漁樵閒話録》等，雖然書名早就見之於宋元人的著述，但其内容的可靠程度卻大成問題。後人如欲依此研究蘇軾其人，還得廣求異説，輾轉互證方是。

蘇軾軼事的内容五花八門，數量龐大，在宋代人物中佔很大比重，這裏可以將搜集蘇軾軼事的著作作一些比較。丁傳靖《宋人軼事彙編》中，三蘇的軼事共二百五十三則，居全書人物之首。顔中其所編的《蘇東坡軼事彙編》，則共收一千零七十五則。〔一二〕雖然各家採録時標準不一，上述統計數字難稱確切，然仍可見蘇氏軼聞之豐富。吾等今日重輯蘇軾軼事，比之丁氏，容量要大得多；比之顔氏，則儘可能遴選其中可信而價值高者，容量介於二者之間。讀者如能適量閲讀蘇軾軼事，對於深切了解這位曠世文豪，可以起到很大的參考作用。

這裏仍應進一步説明，吾等今日編纂《宋人軼事彙編》，明示乃以人物事蹟爲主，有些名人生平中的大事，常是見於多種記載，宋人筆記又極爲紛繁，勢難一一徵引。如「杯酒釋兵權」事，尚見於丁謂《丁晉公談録》、王曾《王文正公筆録》、王闢之《澠水燕談録》（卷一）、邵伯温《邵氏聞見録》（卷一）等書，本書無法遍引。司馬光《涑水記聞》中的記録，首尾周詳，本書即列此文爲首要材料，其他文獻則有待於專家自行多方徵引。

三、宋人軼事的保存和編纂

（一）宋人軼事有關文獻的保存情況

唐人軼事的史料來源，如筆記、雜史、詩話等，時見散亂之病，往往出於後人編纂而非原作。流傳至今者，大都出於明代書賈之手，或自宋元之後的總集或類書中摘引，因而離原貌較遠。這當然與印刷術的發明與使用的情況有關。

自唐代起，中國即已發明印刷術，但要到唐末才逐漸發展起來，因爲刻印技術與經濟條件的限制，首先考慮付印哪些書，只能由具備行政權力、經濟實力的官府、團體或個別文士來決定。他們當然先去刻印正經、正史或宗教典籍，而像筆記類的書籍，一般就很少能顧及了。

而且唐代筆記類書籍的作者，社會地位一般都較爲低下，想來經濟實力有限，更是難以付之刊刻。因此，目下能夠見到的唐人筆記，不見宋版傳世之作，見之清人著述者，只有高彦休的《闕史》一書，清初尚有宋版傳流，御定《全唐詩》的編者還曾從中摘引詩篇，只是其後也已失傳。又如范攄的《雲溪友議》，《天禄琳琅續編》曾有著録，云是宋本，然今已不存。因此絶大部分的唐人筆記類著作，都是到了明清以後才有刻本傳世。

唐人筆記小説中，有幾種著名的著作，如《隋唐嘉話》，顧元慶本書尾注曰：「夷白齋宋版重雕。」則是此書曾在宋代刊刻。《幽閒鼓吹》一書情況類同，詳情不明。而如《劉賓客嘉話録》，顧元慶亦據乾道間海陵卞圜刻於昌化縣學的南宋本刻出，實則内容雜亂，不可信據。〔一二〕《酉陽雜俎》的情況類同，因無宋代傳世之本，内容難以細究。《劇談録》等情況均如此。又如《朝野僉載》、《刊誤》、《中朝故事》、《開元天寶遺事》等書，據云均有影宋鈔本傳世，然均告亡佚，無法判斷其所據者爲何種本子。因爲年代久遠，傳承不明，這些書的傳世者均已很難確定是否完整地保存着著作原貌。

宋代筆記類的著作就要幸運得多。一些北宋名人的著作，如宋祁的《宋景文公筆記》、歐陽修的《歸田録》、蘇軾的《東坡志林》、蘇轍的《龍川雜志》，都有宋本傳世。南宋文士的著作，如陸游的《老學庵筆記》、岳珂的《桯史》等，也有刻印甚佳的本子流傳至今。一些不太知名的文士的筆記，也有機會付之刊刻。我們只要閱讀當今學者整理過的幾種宋人筆記，就可知道這些本子往往有宋本爲基礎，因此流傳有緒，竄亂較少。

其他宋代文獻材料内，如雜史、詩話、類書等内容的著作，情況類同，大多有較爲可信的版本傳世，這就與唐人軼事著作流傳的情況大不相同了。只是自南宋起，類書的編纂趨於草率，如果僅憑類書考索宋人軼事，得加倍小心。

（二）《宋人軼事彙編》丁傳靖本評述

大家知道，民國時期曾有一部丁傳靖編纂的《宋人軼事彙編》傳世。該書是「從宋元明清約五百餘種著述中輯録宋代六百餘人的材料編成的」〔一三〕，幾十年來，曾爲有關宋代文史的學界中人提供過不少助益，可以説是一部學術價值頗高的著作。但外界對丁氏其人與此書的編寫經過，卻知之甚少；有關此書的得失，也未見到過系統的論述。今日吾等新編《宋人軼事彙編》，自應對丁氏之作作些客觀的分析，從而説明吾等何以要重起爐竈，編一本新著起而代之。

丁傳靖（一八七〇—一九三〇），字秀甫，一字岱思，號湘舲、闇公，别號滄桑詞客，又有鶴睫、鬼車子、招隱行腳僧等別號。他是清末民初江蘇鎮江的文史學家，出身於書香門第，家富藏書。他本想由科舉晉身，然屢應鄉試，未能中舉。四十一歲時入都應禮部貢，亦報罷。而他早負才名，詩文俱佳，後乃屢就北洋軍閥時期之幕職，任至大總統馮國璋的總統府秘書兼國史館纂修，負責應酬詩文。晚年在北京與天津等地度過，結交者多清廷遺老與一時名流。其時他除熱衷於參加詩社等活動外，仍筆耕不輟，著述繁多。詞曲以《滄桑艷》、《霜天碧》二傳奇負時譽，長詩有《紅樓夢本事詩》一卷爲世所稱，而在學術著作類中，要以這部《宋人軼事彙編》的影響爲大。

丁氏歿後，陳寶琛作《清副貢丁君閭公墓誌銘》，[一四]裔孫丁永選作《丁閭公傳略》。今易見者，有江慰廬作《丁傳靖年表》，南京師範大學古文獻研究所將此《年表》與其他有關資料一起輯入《文教資料》中，可以由此窺知丁氏生平大略。[一五]

《滄桑艷》傳奇以吴三桂、陳圓圓二人爲中心，叙明末覆亡時叛臣迎清軍入關事，中以男女之間哀感頑艷之情節編織，容易引起一些遺老遺少的共鳴，故繆荃孫、樊增祥等人均交口稱譽。其後丁氏將此劇作送與時稱曲學大師的吴梅，請提意見，吴梅覆書云：「就文而論，無可獻疑，弟敢瀆進一言於左右者，則以足下之才大，若範之以韻律而不逸於先正之規，雖玉茗、百子猶將斂手，而惜乎出之之易也。」[一六]這也就是説，丁氏之作文筆雖佳，然就格律而言，可不能稱爲合乎規範。這或許也可以説是一些才子兼學者常見的弊病。創作上雖頗有華彩，而在文體方面卻往往出現不規範的地方。

《宋人軼事彙編》内常見的一種弊病，則是編者隨意改動原文。

此書卷一「太祖」内引《隨手雜録》曰：

太祖皇帝初入宫，見宫嬪抱一小兒，問之，曰：「世宗子也。」時范質與趙普、潘美等侍側，太祖顧問普等，普等曰：「去之。」潘美與一帥在後，獨不語。太祖問之，美不敢答。太祖曰：「即人之位，殺人之子，朕不忍爲。」美曰：「臣與陛下北面事世宗，勸陛下殺之，即負世宗，勸陛下不殺，則陛下必致疑。」上曰：「與爾爲姪。世宗子不可爲爾子也。」美遂持歸。太祖後亦不問，美亦不復言。後終刺史，名惟吉，潘夙之祖也。

覆核原書，知「不語」上無「獨」字，「問之」上有「召」字，「朕不忍爲」下有「也」字。「太祖後亦不問」爲「其後太祖亦不問」。短短一段文字中，就有這麽多字的出入，可見丁氏隨手塗抹的嚴重。

又如卷八「富弼」内引《老學庵筆記》曰：

宣和初，景華苑成，移植於芳林殿前，畫圖進御。

按此文原出該書卷九，文曰：

凌霄花未有不依木而能生者，惟西京富鄭公園中一株，挺然獨立，高四丈，圍三尺餘，花大如杯，旁無所附。宣和初，景華苑成，移植於芳林殿前，畫圖進御。

兩相比較，可知丁氏删削過甚，幾致文義不明，讀者難以領會。如此撰作，也就有損其書的學術價值。

《宋人軼事彙編》中有好多條文不注出處，如卷二「韋后」內有如下一條，曰：

初，太后與喬貴妃同在鄭皇后殿，相叙爲姊妹，約先遭遇者爲援引。既而貴妃先遭遇，遂薦太后，故二人相得。北狩，二人皆從。及金人歸太后，貴妃乃舉酒以勸曰：「姊姊此歸，見兒即爲皇太后矣。宜善自保重。妹妹永無還期，當死於此。」太后慟哭，貴妃亦哭。太后接杯欲飲，貴妃一手執杯而後縮，以一手止之曰：「未可，妹妹更有一語。」太后曰：「如何？」貴妃曰：「姊姊到快活處莫忘了此間不快活。」太后曰：「不敢忘今日。」貴妃方授杯，太后執杯飲釂，大哭不止。天眷之在旁者皆哭。

其下一無出處，實則此文摘自《三朝北盟會編》卷第二百十一。又如卷三「高宗」下引文曰：

上每侍光堯，必力陳恢復大計以取旨。光堯曰：「大哥俟老者百歲後，爾卻議之。」自此不敢言。

其下亦不注出處，實則此文出於《四朝聞見録》乙集。書中如此情況頗多，丁氏何以如此處理，讀者很難理解。

丁傳靖在《宋人軼事彙編》中的一些條文之內，時或加空格，説明本知出處，而又不便言明。如卷四「石熙載」名下加注曰：「子□□字表臣。」查丁氏年表，知其嗣父名中立，故此處乃避諱而不書。上文其下又有文曰：「楊大年方與客棋，石參政自外至，坐於一隅。」查此文原出《歸田録》卷一，文曰「石中立自外至」，此處亦避父諱而擅改。古人云「詩書不諱，臨文不諱」，作者著述之時確應多爲讀者考慮，不必恪遵古禮而尤過之。書中有些加上空框的地方，原文一時難以查到的，也就會增加讀者的困難，甚至對材料的是否有殘佚也難判斷。

又丁書卷五「陳摶」名下引《後蜀紀事》曰：「孟昶時，舍人劉光祚獻蟠桃核酒杯，云得之華山陳摶。」遍查諸家目録，均不見《後蜀紀事》一書，實則此條見於《類説》卷二十七引《外史檮杌》。

《宋人軼事彙編》中引用的有些書，實爲異稱，引用之時應該把原名標出，如卷六「張詠」名下曰：

> 傅霖嘗與乖崖會於韓城，終夕談話，隣有病瘧者爲之不作。公每有書與傅，傅必先夢，故傅有句云：「劇談驅夜瘧，幽夢得鄉書。」

條文下注出處云《復齋漫録》。案此書即吴曾《能改齋漫録》，部分保存在《詩話總龜》、《苕溪漁隱叢話》等詩文評總集中的文字，則用異稱《復齋漫録》。上面提到的「張詠」一條，即爲《苕溪漁隱叢話》後集卷一九所引。《能改齋漫録》卷一八《神仙鬼怪》中此則原名《談驅夜瘧夢得鄉書》。吴書常見易得，後人自當首先引用，不必由他書轉引。丁書卷十二「黄庭堅」名下第一條文字曰：「無己呼山谷爲金華仙伯。」注出《復齋漫録》，實則此亦自《苕溪漁隱叢話》後集卷三一中引，然今本《能改齋漫録》已佚，或係《苕溪漁隱叢話》誤引，丁氏引用之時應當有所説明。

與此相類，卷九「蔡襄」名下引「《文獻通考》引直齋陳氏語」，有「余嘗官莆」一條，叙蔡襄之孫佃爲蔡京所抑，實則此文出於《直齋書録解題》卷一七《蔡忠惠集》三十六卷之提要。陳振孫書雖曾亡佚，然經四庫館臣從《永樂大典》中輯出後，已不難獲得，逕可根據原書引入，不必再從《文獻通考》中轉引。又此條文字之前有「蔡襄病革」一條，下注：「續同書，不知引何書。」實則此文出自《泊宅編》卷中。書中時見此類失考之處。

至於有些事件，如太祖「杯酒釋兵權」的軼聞，爲影響宋代政局的特大事件，丁氏僅採記載有誤且嫌後出的王鞏《聞見近録》一種，不能不説是一大缺憾。

又此書承清人餘習，引文不注卷數，如《文獻通考》、《三朝北盟會編》等典籍，篇幅巨大，讀者無法查對與覆覈原文，也是嚴重的缺點。

以上列舉《宋人軼事彙編》中的一些不足之處，目的只在説明這類著作的時代局限。如上所言，丁氏綜才人與學者於一身，而此書産生的年代，仍承前代遺風，從現在的眼光來看，在文獻的處理上很不規範，每有任意删削或改動的地方。又加此書篇幅過大，丁氏以垂老之年一人爲之，難免會有很多疏失之處。書中留下的許多缺憾，均可理解。因此，上述種種指正，目的只在説明時代變遷而呈現的不同要求，而絶非責備前賢。

一部著作，在學術界流行了將近一個世紀，推動了宋代文史研究的發展，這樣的成績，總的來説，還是應該予以足夠的估量。

《宋人軼事彙編》卷五「寇準」名下有文曰：

寇忠愍爲執政尚少，上嘗語人曰：「寇準好宰相，但太少耳。」忠愍乃服何首烏，而食三白，鬚髮遂變，於是拜相。

卜注《聞見近録》。丁氏下加案語曰：「靖按：萊公太平興國間登第，年十九，景德元年始拜相，計其時四十餘矣。此條李心傳《舊聞證誤》已辨之。」可證丁氏學識甚佳，章法亦好。

吴梅晚年在金陵大學講學時，也曾提及丁氏編纂此書的一些情事，云是丁氏仿古時學人處理材料的方法，置罈子數十個，然後將積儲的材料分别投入各人名下。然而其時丁氏已進入晚年，或因老眼昏花，或係精力不濟，時有投錯罈子之事。書中有些張冠李戴的情況，就是由此産生的。關於書中提到的書名時見錯誤的情況，我在《唐人軼事彙編》的《前言》中已經提及，此處不再重複。

（三）《宋人軼事彙編》新編的籌劃

全國高等院校古籍整理研究工作委員會成立之後，南京大學古典文獻研究所在其支持下，隨即承擔了《唐人軼事彙編》的編纂任務。此書一九九五年正式出版後，得到廣大讀者的歡迎和好評，並於一九九九年獲得了第二屆全國古籍整理優秀圖書獎一等獎的榮譽。其時繼唐代文史研究的高峰之後，宋代文史研究也已進入佳境，程千帆先生隨即與我商議，希望我所再接再厲，繼續編寫《宋人軼事彙編》一書，貢獻於宋代文史學界。

程千帆先生是宋代文史學界的權威學者，他在使用丁傳靖《宋人軼事彙編》的過程中，深感此書已經不能滿足學術界的要求，以爲我們可將編纂《唐人軼事彙編》的成功經驗，應用到宋代文史研究中去，爲學術界提供一種嶄新的《宋人軼事彙編》。上海古籍出版社亦頗以《唐人軼事彙編》的成功協作爲可行之舉，立即與我聯繫，希望繼續合作。只是《唐人軼事彙編》的三位編者，均爲我古籍所内教學與科研上的骨幹人員，此時任務日重，勢難再花數年功夫來承擔編纂任務，於是我與各界反覆商議，決定重新組織隊伍，從事這項新的工作。

最後落實，這一著作的具體編纂工作也由三人承擔。其中葛渭君先生的情況較特殊，並不任職於文教單位，但他出身於平湖葛氏，乃一書香世家，因而精熟文史類的典籍，有《詞話叢編》補編、續編、外編共一千萬字行世。周子來先生爲南京師範大學的教授，長期擔任宋代文學的教學，於此自然研究有素。王華寶先生原爲江蘇鳳凰出版社的編審，自二〇一二年起，調任東南大學教授，對於古代典籍有廣博的知識，且有埋頭苦幹的精神。三人先行積累資料，分別纂集，後由葛渭君集中纂成長編。自一九九八年起，這項工作持續達十五年之久。在這過程中，葛渭君承擔的部分分量最大，付出的勞力最多，貢獻尤爲突出。周子來對初稿反覆審讀，寫出了詳細的審讀意見，並負責「凡例」與「引用書目」的編纂。爲了防止底本上文字的訛誤和材料上的缺失，我又請南京大學文學院古典文獻專業的博士生馬培潔、趙庶洋、王東、温志拔、孫建峰等人與原書一一核對，發現問題後再行改正。王華寶則在全書的目録與引用書目的增補與考訂上下功夫。我則負責人員分工，制訂體例，規劃工作進程，審讀樣稿，且向古委會申報立項，最後由我定稿。然我因年邁體衰，已不能一一躬親細務，遂又請南京大學古典文獻研究所嚴杰教授磨勘一過，多方加工，而在人物的年代先後與一些重要人物自身事迹的編排上，用力尤多。由此可知，此書之成，實賴衆力。《唐人軼事彙編》、《宋人軼事彙編》二書的編纂，前後達二三十年之久，嚴杰均在其中出了大力。我自上世紀八十年代起籌劃這一系列的編纂，今以耄耋之年看到二書之成，有益於傳統文化的發揚與傳承，不勝欣慰之至。

〔一〕參看劉浦江《祖宗之法：再論宋太祖誓約及誓碑》，載《文史》二〇一〇年第三輯。
〔二〕載《宋論》卷一「太祖」，舒士彦點校本，中華書局一九六四年版。
〔三〕參看詹森著、耿立群譯《世家大族的没落——唐末宋初的趙郡李氏》，載《唐史論文選集》，臺灣幼獅文化事業公司一九九〇年印行。
〔四〕參看吕茂東《吕氏一門三相家世考》，載《東岳論壇》第三十一卷第四期，二〇一〇年四月。吕氏此文多據宗譜與地方志立説，後人尚可多方求證，更求精密，然亦可知吕氏本非一系相承詩禮傳家之世族。
〔五〕錢穆《國史大綱》第六編《兩宋之部》，第三十二章《士大夫的自覺與政治革新運動》一《學術思想之新曙光》，商務印書館一九四七年上海新一版。
〔六〕《鄧廣銘宋史職官志考證序》，載《金明館叢稿二編》，上海古籍出版社一九八〇年版。
〔七〕參看黄永年《唐代河北藩鎮與奚契丹》，原載福建人民出版社《中國古代史論叢》一九八二年第二輯，此處據其自選集《文史探微》中的文本，中華書局二〇〇四年版。
〔八〕參看李南暉《唐人所見國史考索》，載莫礪鋒編《周勛初先生八十壽辰紀念文集》，中華書局二〇〇八年版。

〔九〕　張暉《宋代筆記研究》，華中師範大學出版社一九九三年版。
〔一〇〕　參看王夢鷗《牛羊日曆及其相關的作品與作家辨》，載《唐人小説研究四集》，臺灣藝文印書館一九七八年版。
〔一一〕　顔中其編注《蘇東坡軼事彙編》，嶽麓書社一九八四年版。
〔一二〕　參看拙著《唐代筆記小説叙録》内該書叙録，鳳凰出版社二〇〇八年版。
〔一三〕　中華書局一九八〇年版的《出版説明》中語。
〔一四〕　載錢仲聯主編《廣清碑傳集》卷一九，蘇州大學出版社一九九九年版。
〔一五〕　載《文教資料》一九九二年第六期（總第二〇四期）。
〔一六〕　載錢基博《現代中國文學史》上編《古文學》四《曲·吴梅》，世界書局一九三六年版。

凡　例

一、本書所收人物，上起自五代十國入宋而主要事迹在宋代者，下至入元而主要事迹在宋亡以前者。酌收極少數元初重要涉宋人物事迹。全書收入二千二百餘人。

二、本書人物編排參古史體例，首列宋代諸帝及后妃、宗室等，次列宋代各朝人物。各卷所收人物，以身份地位、活動時代先後爲序。末列不易確定具體時代者，則以所出資料之年代爲序。

三、本書以人爲目，每一條目均加以編號，主要事迹依時間先後爲序排列，年代不詳者則大體按類編排。

四、本書所收資料，一事而涉及數人者，悉列于主要人物名下，其他人物處則酌情以參見法提示。有事相近而不同史料中歸於不同人物所爲者，亦酌情於相關條目下注明參見某人某條。

五、本書不録正史，蒐採範圍以宋、元、明人撰雜史、傳記、故事、小説爲主。與正史記載類同之資料，其成書在正史之前者録入，以見正史來源；其成書在正史之後而顯係採自正史者則不收。清以來資料，除真實可信、未見更早記載者外，一般不再收入。類書從嚴。

六、本書不録志怪、傳奇或語涉迷信、荒誕不經之記載；其記録名人佳話與反映社會風氣者，則酌情採用。

七、本書於每條後均注明史料出處。記載相近者，僅録其首出文字或記述較完備者，其他則將書名卷次附後。

八、本書酌量採録有關宋代制度、掌故、習俗、異聞之記載，目之爲「雜録」，殿於書末。

九、本書採録書籍，選較好版本一種爲主。一般僅録原文，不作校勘。原文附有小字夾注者，視其與原文關係緊密程度，酌情採録。遇有顯誤或冷僻之異體字、避諱字等則徑改。改正或補足文義之字加六角括號〔〕。偶有考辨則附於後。

十、書後附引用書目表。凡原書已佚、佚文僅見於他書引録而未單行者，則不列入。

宋人軼事彙編目録

卷三

卷四

卷五

卷六

卷七

卷八

卷　九

卷　十

卷十一

卷十二

卷十三

卷十四

卷十五

卷十六

卷十七

卷十八

卷十九

卷二十

卷二十一

卷二十二

卷二十三

卷二十四

卷二十五

卷二十六

卷二十七

卷二十八

卷二十九

卷三十

卷三十一

卷三十二

卷三十三

卷三十四

卷三十五

卷三十六

卷三十七

卷三十八

卷三十九

卷四十

宋人軼事彙編卷一

宋太祖

1 今章奏不當名趙廣漢，按國史、《會要》，本朝廣漢之後也。《邵氏聞見後録》卷七。《茶香室三鈔》卷八。

2 隋開汴河，其勢正衝今南京，至城外，迂其勢以避之，古老相傳爲「留趙灣」。至藝祖以宋州節度使即帝位，乃其讖也。《孫公談圃》卷中。

3 梁沙門寶志銅牌記，多讖未來事，云：「有一真人在冀川，開口張弓在左邊，子子孫孫萬萬年。」江南中主名其子曰弘冀，吴越錢鏐諸子皆連弘字，期以應之，而宣祖諱正當之也。《楊文公談苑》。

4 宣祖初自河朔南來，至杜家莊院，雪甚，避於門下，久之，看莊院人私竊飯之。數日，見其狀貌奇偉兼勤謹，乃白主人，主人出見，而亦愛之，遂留於莊院。累月，家人商議，欲以爲四娘子舍居之婿。四娘子即昭憲皇太后也。《東齋記事》卷一。

5 宣祖微時，道出杜家莊，避雪門外。莊丁見狀貌英偉，延款飲食。久之，主人愛其勤謹，贅爲第四女婿，遂生太祖、太宗。莊前故有窪，名雙龍潭，至是始驗。《燼餘録》甲編。

6〔太祖〕以後唐天成二年二月十六日生於洛陽夾馬營，母昭憲皇后嘗夢日入懷而娠。生之夕，光照室中，胞衣如菡萏，體被金色，三日不變。《東都事略》卷一。

7 藝祖載誕營中，三日香，人莫不驚異。至今洛中人呼應天禪院爲香孩兒營。《孔氏談苑》卷一。

8 後唐天成二年，明宗每夕於宫中焚香祝天曰：「某胡人，因亂爲衆所推，願天早生聖人，爲生民主。」是歲丁亥，宋藝祖皇帝趙氏生於洛陽夾馬營，是時神光滿室，照耀人影，異香馥郁，經月不散，人因號曰「香孩兒營」。《湖海新聞夷堅續志》前集卷一。

9 初，兵紛時，太祖之母挑太祖、太宗於籃以避亂。陳希夷遇之，即吟曰：「莫道當今無天子，都將天子上擔挑。」《古謡諺》卷七十二引《繡像列仙傳》。

10 見趙普2。

11 藝祖生西京夾馬營。營前陳學究聚生徒爲學，宣祖遣藝祖從之。上微時，尤嫉惡不容人過，陳時時開諭。後得趙學究，即館于汴第。杜后録陳之舊，召至門下，與趙俱爲門客。然藝祖獨與趙計事，陳不與也。其後藝祖踐祚，而陳居陳州村舍，聚生徒如故。逮太宗判南衙，使人召之。居無何，有言開封之政，皆出於陳，藝祖怒，問狀。太宗懼，遂遣之，且以白金贈行。陳歸，半道盡爲盗掠。居陳村舍，生徒日衰，饑寒無與從者。太宗即位，以左司諫召之，官吏大集其門。館于驛舍，一夕醉飽而死。趙學究，即趙普也。《孫公談圃》卷上。《堅瓠餘集》卷三。

12 清河縣西十里，龍王堂右，有古槐一枝似龍形，枝幹拳曲，下垂至地，若龍爪狀，時人謂之龍爪樹。

太祖微時，避暑其下，解衣覆其上，性遂下生。有利其材而伐之，斧斤方加，疾作而止。《樵書》初編卷一。

13 太祖皇帝微時，嘗被酒入南京高辛廟，香案有竹桮筊，因取以占己之名位。俗以一俯一仰爲聖筊。自小校而上至節度使，一一擲之，皆不應。忽曰：「過是則爲天子乎？」一擲而得聖筊。天命豈不素定矣哉！晏元獻爲留守，題廟中詩，所謂「庚庚大横兆，謦欬如有聞」，蓋記是也。《石林燕語》卷一。《湖海新聞夷堅續志》前集卷一。

14 太祖皇帝草昧日，客游睢陽，醉卧閼伯廟，夢中覺有異。既醒，焚香殿上，取木珓以卜平生，自裨將至大帥皆不應，遂以九五占之，珓盤旋空中，已而大契。太祖益以自負。後以歸德軍節度使，建國號大宋，升府曰應天。晏元獻爲留守，以詩題廟中。《揮麈後録》卷一。

15 東坡言：普安禪院，初，在五代時，有一僧曰某者，卓庵道左，藝蔬丐錢，以奉佛事。一日於庵中晝寢，夢一金色黄龍來食所藝萵苣數畦，僧寤，驚曰：「是必有異人至此。」已而見一偉丈夫於所夢地取萵苣食之。僧視其貌，神色凛然，遂攝衣迎之，延於庵中，饋食甚勤，復取數鐶餞之，曰：「富貴無相忘。」因以所夢告之，且曰：「公他日得志，願爲老僧只於此地建一大寺，幸甚！」偉丈夫，乃藝祖也。既即位，求其僧，尚存，遂命建寺，賜名曰普安。都人至今稱爲道者院。《師友談記》。《清波雜志》卷一。《蓼花洲閒録》。

16 太祖微時，游渭州潘原縣，過涇州長武鎮。寺僧守嚴者，異其骨相，陰使畫工圖於寺壁，青巾褐裘，天人之相也，今易以冠服矣。自長武至鳳翔，節度使王彦超不留，復入洛。枕長壽寺大佛殿西南角柱礎晝寢，有藏經院主僧見赤蛇出入帝鼻中，異之。帝寤，僧問所向，帝曰：「欲見柴太尉於澶州，無以爲資。」僧曰：「某有一驢子可乘。」又以錢幣爲獻，帝遂行。柴太尉一見奇之，留幕府。未幾，太尉爲天子，是謂周世宗。《邵氏聞見録》卷一。

17 太祖微時多游關中，雖甚窘乏，未嘗干投人。或周之，必擇而後納。有佰錢之餘，必有與人。人頗異之。長武城寺僧嚴者常周之，往來無倦，陰異其骨氣，使工人貌之。今置神御，過者朝謁。其繪事本褐衫青巾，據地六博，後易靴袍矣。《畫墁録》。

18 太祖微時，往鳳翔謁節度使王彥才，得錢數千。遂過原州，卧於田間，而樹陰覆之不移，至今猶存，謂之「龍潛木」。至潘原，與市人博，大勝。邑人欺其客也，毆而奪之。及即位亡幾，欲遷廢此縣。《雞肋編》卷上。《樵書》初編卷二。案：王彥才，爲「王彥超」之誤。

19 〔藝祖皇帝〕方潛隱時，自鳳翔道過原州，嘗息棠木之陰，日已轉而蔭不移。至今其木枝條皆有龍角之狀，其所寢之地，草獨不生。此《實録》之所遺者。余作倅臨涇，嘗親至其下，爲築垣以護。《雞肋編》卷下。

20 藝祖微時《日》詩云：「欲出未出光辣撻，千山萬山如火發。須臾走向天上來，逐却殘星趕却月。」國史潤飾之，乃云：「未離海嶠千山黑，才到天心萬國明。」文氣卑弱，大不如元作辭意慷慨，規模遠大，凜凜乎已有萬世帝王氣象也。《藏一話腴》甲集卷上。

21 藝祖皇帝嘗有《詠月》詩曰：「未離海底千山暗，纔到天中萬國明。」大哉言乎！撥亂世反之正，見于此詩矣。又竊聞上微時，客有《詠初日》詩者，語雖工而意淺陋，上所不喜，其人請上詠之，即應聲曰：「太陽初出光赫赫，千山萬山如火發。一輪頃刻上天衢，逐退群星與殘月。」蓋本朝以火德王天下，及上登極，僭竊之國以次削平，混一之志，先形於言，規模宏遠矣。《庚溪詩話》卷上。《堯山堂外紀》卷四十二。《宋詩紀事》卷一。

22 見宋徽宗24。

23 見董遵誨1。

24 見張永德4。

25 山陽郡城有金子巷，莫曉其得名之意。予見郡人，言父老相傳，太祖皇帝從周世宗取楚州，州人力抗周師，踰時不下。既克，世宗命屠其城。太祖至此巷，適見一婦人斷首在道卧，而身下兒猶持其乳吮之。太祖惻然爲返，命收其兒，置乳媪鞠養。巷中居人因此獲免，乃號因子巷。歲久語譌，遂以爲金，而少有知者。《曲洧舊聞》卷一。

26 見趙普4。

27 太祖提周師甚寡，當李景十五萬衆，陣於清流山下，士卒恐懼。太祖令曰：「明日午，當破敵。」人心遂安。翌日正午，太祖果臨陣，親斬僞驍將皇甫暉，以覆其衆。是時，環滁僧寺皆鳴鐘而應之。既平，鳴鐘因爲定制。《國老談苑》卷一。案：《默記》卷上：「至今滁人一日五時鳴鐘，以資薦暉云。」

28 周世宗壽春之役，太祖爲將，太宗亦在軍中，是時壽春久不下，世宗決淮水灌其城。一日，藝祖、太宗及節度使武行德共乘小艇，游於城下。艇中惟有一卒司鐐爐，世謂之茶酒司，一矢而斃，太祖、太宗安座以至迴舟，矢石終不能及。《東軒筆録》卷一。

29 五代割據，干戈相尋，不勝其苦。有一僧雖佯狂，而言多奇中，嘗謂人曰：「汝等望太平甚切，若要太平，須待定光佛出世始得。」至太祖一天下，皆以爲定光佛後身者，蓋用此僧之語也。《曲洧舊聞》卷一。

30 周恭帝幼冲，軍政多決於韓通。通愚愎，太祖英武有度量，多智略，屢立戰功，由是將士皆愛服歸心焉。及將北征，京師間諠言：「出軍之日，當立點檢爲天子。」富室或挈家逃匿於外州，獨宫中不之知。太祖聞之懼，密以告家人曰：「外間訩訩如此，將若之何？」太祖姊或云即魏國長公主，面如鐵色，方在厨，引麪杖逐太祖擊之，曰：「大丈夫臨大事，可否當自決胸懷，乃來家間恐怖婦女何爲邪！」太祖默然而出。《涑水記聞》卷一。《邵氏聞見録》卷一。

31 建隆元年正月辛丑朔，鎮、定奏契丹與北漢合勢入寇，太祖時爲歸德軍節度使、殿前都點檢，受周恭帝詔，將宿衛諸軍禦之。癸卯，發師，宿陳橋，將士陰相與謀曰：「主上幼弱，未能親政。今我輩出死力爲國家破賊，誰則知之？不若先立點檢爲天子，然後北征，未晚也。」甲辰將旦，將士皆擐甲執兵仗，集於驛門，讙譟突入驛中。太祖尚未起，太宗時爲内殿祇候供奉官都知，入白太祖，太祖驚起，出視之。諸將露刃羅立於庭，曰：「諸軍無主，願奉太尉爲天子。」太祖未及答，或以黄袍加太祖之身，衆皆拜於庭下，大呼稱萬歲，聲聞數里。太祖固拒之，衆不聽，扶太祖上馬，擁逼南行。太祖度不能免，乃擥轡駐馬謂將士曰：「汝輩自貪富貴，强立我爲天子，能從我命則可，不然，我不能爲若主也。」衆皆下馬聽命。太祖曰：「主上及太后，我平日北面事之，公卿大臣，皆我比肩之人也，汝曹今毋得輒加不逞。近世帝王初舉兵入京城，皆縱兵大掠，謂之『夯市』。汝曹今毋得夯市及犯府庫，事定之日，當厚賚汝；不然，當誅汝。如此可乎？」衆皆曰：「諾。」乃整飭隊伍而行，入自仁和門，市里皆安堵，無所驚擾，不終日而帝業成焉。《涑水記聞》卷一。

32 太祖明聖慈惠，歷代創業之主不可比也。初，陳橋爲三軍擁迫而回，不獲已而徇其衆懇，乃先與三軍約曰：「汝等入城，不得驚動府庫，不得殺害人民，不得取奪財物。能從吾令，則吾不違汝之推戴。」於是三軍皆曰：「不敢違命。」《丁晉公談録》。

33 自唐末五代，每至傳禪，部下分擾剽劫，莫能禁止，謂之靖市。雖至王公，不免剽劫。太祖陳橋之變，即與衆誓約不得驚動都人。入城之日，市不改肆。靈長之祐，良以此乎？《畫墁録》。

34 陳橋驛，在京師陳橋、封丘二門之間。……始，藝祖推戴之初，陳橋守門者距而不納，遂如封丘門，抱關吏望風啓鑰。逮即帝位，斬封丘而官陳橋者，以旌其忠於所事焉。《玉照新志》卷四。

35 太祖自陳橋驛擁兵入覲，長入祇候班，喬、陸二卒長率衆拒于南門。乃入自北，解衣折箭，誓不殺。咸義不臣，自縊。太祖親至直舍，歎曰：「忠義孩兒！」賜廟曰忠義，易班曰孩兒。至今孩兒班於帽子後垂頭髻二條，粉青者爲世宗持服，紅者賀太祖登極。直舍正門，護以黄羅，傍穿小門出入，旌忠也。《隨隱漫録》卷二。

36 見范質4。

37 太祖皇帝初入宫，見宫嬪抱一小兒，問之，曰：「世宗子也。」時范質與趙普、潘美等侍側，太祖顧問普等，普等曰：「去之。」潘美與一帥在後不語。太祖召問之，美不敢答。太祖曰：「即人之位，殺人之子，朕不忍爲也。」美曰：「臣與陛下北面事世宗，勸陛下殺之，即負世宗，勸陛下不殺，則陛下必致疑。」太祖曰：「與爾爲姪。世宗子不可爲爾子也。」美遂持歸。其後太祖亦不問，美亦不復言。後終刺史，名惟吉，潘夙之祖也。《隨手雜録》。

38 藝祖初自陳橋推戴入城，周恭帝即衣白襴，乘轎子出居天清寺。天清，世宗節名；而寺，其功德院也。藝祖與諸將同入内，六宫迎拜。有二小兒丱角者，宫人抱之亦拜。詢之，乃世宗二子，紀王、蘄王也。顧諸將曰：「此復何待？」左右即提去，惟潘美在後以手掐殿柱，低頭不語。藝祖云：「汝以爲不可耶？」美對曰：「臣豈敢以爲不可，但於理未安。」藝祖即命追還，以其一人賜美。美即收之以爲子，而藝祖後亦不復問。其後名惟正者是也。每供三代，惟以美爲父，而不及其他。故獨此房不與美子孫連名。名夙者，乃其後也。夙爲文官，子孫亦然。夙有才，爲名帥，其英明有自云。《默記》卷上。

39 太祖之自陳橋還也，太夫人杜氏、夫人王氏方設齋於定力院。聞變，王夫人懼，杜太夫人曰：「吾兒平生奇異，人皆言當極貴，何憂也！」言笑自若。《涑水記聞》卷一。《汴京遺蹟志》卷十一引《江行雜録》。

40 太祖皇帝在周朝受命北討，至陳橋，爲三軍推戴。時杜太后眷屬以下盡在定力院，有司將搜捕，主僧悉令登閣，而固其扃鐍。俄而大搜索，主僧紿云：「皆散走不知所之矣。」甲士入寺陞梯，且發鑰，見蛛網絲布滿其上，而塵埃凝積，若累年不曾開者，乃相告曰：「是安得有人？」遂皆返去。有頃，太祖已踐祚矣。《曲洧舊聞》卷一。《行營雜録》。《汴京遺蹟志》卷十一。《宋稗類鈔》卷一。

41 太祖仕周，受命北伐，以杜太后而下寄于封禪寺。抵陳橋，推戴，韓通聞亂，亟走寺中訪尋，欲加害焉。主僧守能者以身蔽之，遂免。太祖德之，即位後，極眷寵之。年八十餘，臨終語其弟子曰：「吾即澤州明馬兒也。」馬兒，五代之巨寇也。《揮麈後録》卷五。

42 太祖陳橋時，杜太后方飯僧於寺，懼不測。寺主僧誓以身蔽，上受禪，賜的乳三神仙。《清異録》卷上。

43 見陳摶6。

44 太祖征李筠，河東遣其宰相衛融將兵助筠，融兵敗，生獲之。上面責其助亂，因謂曰：「朕今赦汝，汝能爲我用乎？」對曰：「臣家四十口，皆受劉氏温衣飽食，何忍負之！陛下雖不殺臣，臣終不爲陛下用，得間則走河東耳。」上怒，命以鐵檛檛其首，曳出。融曰：「人誰不死？得死君事，臣之福也。」上曰：「忠臣也！」召之於御座前，傅以良藥，賜襲衣、金帶及鞍勒，拜太府卿。《涑水記聞》卷一。《宋朝事實類苑》卷一。

45 太祖將親征，軍校有獻手檛者，上問曰：「此何以異於常檛而獻之？」軍校密言曰：「陛下試引檛首視之。檛首，即劍柄也。有刃韜於中，平居可以爲杖，緩急以備不虞。」上笑，投之於地，曰：「使我親用此物，事將何如？且當是時，此物固足恃乎？」《涑水記聞》卷一。《宋朝事實類苑》卷一。

46 太祖皇帝即位後，車駕初出，過大溪橋，飛矢中黄繖，禁衛驚駭。帝披其胸，笑曰：「教射！教射！」既還内，左右密啓捕賊，帝不聽。久之，亦無事。《曲洧舊聞》卷一。

47 宋太祖初即位，駕偶出，忽有飛矢至輦前，幾爲所中。衆皆驚愕，請急索捕。太祖不許，但舉首四望，徐曰：「即使射殺我，亦未見得便是你做。」《堅瓠廣集》卷六。

48 太祖初即位，亟出微行，或諫曰：「陛下新得天下，人心未安，今數輕出，萬一有不虞之變，其可悔乎！」上笑曰：「帝王之興，自有天命，求之亦不能得，拒之亦不能止。萬一有不虞之變，其可免乎！周世宗見諸將方面大耳者皆殺之，然我終日侍側，不能害我。若應爲天下主，誰能圖之？不應爲天下主，雖閉門深居，何益也？」由是微行愈數，曰：「有天命者，任自爲之，我不汝禁也。」於是衆心懼服，中外大安。《涑水記聞》卷一。

49 太祖初即位，頗好畋獵，嘗因獵墜馬，怒，自拔佩刀刺馬殺之。既而嘆曰：「我耽於逸樂，乘危走險，自取顛越，馬何罪焉？」自是遂不復獵。《涑水記聞》卷一。《宋朝事實類苑》卷一。《邵氏聞見録》卷一。《遵堯録》卷一。

50 太祖初臨御，欲知外事，有史珪者，嘗爲隊長，掌衛殿，廉事入白，頗得實。後有德州刺史郭貴知邢州，貴之親吏在德爲姦，知州國子丞梁夢昇以法繩之。貴素與珪善，以事告珪，圖去夢昇。珪記於紙，伺便言之。一日，探懷中所記進曰：「祇如德州梁夢昇欺蔑刺史郭貴幾至死。」上曰：「此必貴所爲不法，夢昇真清强吏。」取記紙，召黄門付中書，以夢昇爲贊善大夫。既行，又曰：「與左贊善。」珪慙怏而退。俄坐漏禁中語，黜官。《宋朝事實類苑》卷一。

51 太祖嘗彈雀於後園，有群臣稱有急事請見，太祖亟見之，其所奏乃常事耳。上怒，詰其故，對曰：「臣以爲尚急於彈雀。」上愈怒，舉柱斧柄撞其口，墮兩齒，其人徐俯拾齒置懷中。上罵曰：「汝懷齒欲訟我邪？」對曰：「臣不能訟陛下，自當有史官書之。」上悦，賜金帛慰勞之。《涑水記聞》卷一。《群書類編故事》卷九。

《類説》卷十九引《三朝聖政録》。《識小録》卷一。《昨非庵日纂》一集卷十六。參見雷德驤4。

52 太祖嘗曲宴翰林學士王著，御宴既罷，著乘醉喧譁，太祖以前朝學士，優容之，令扶以出。著不肯退，即趍近屏風，掩袂慟哭，左右拽之而去。明日，或奏曰：「王著逼宫門大慟，思念世宗。」太祖曰：「此酒徒也。在世宗幕府，吾所素諳。況一書生，雖哭世宗，能何爲也？」《國老談苑》卷一。

53 太祖初即位，朝太廟，見其所陳籩豆簠簋，則曰：「此何等物也？」侍臣以禮器爲對。帝曰：「我之祖宗寧曾識此！」命撤去。亟令進常膳，親亨畢，顧近臣曰：「却令設向來禮器，俾儒士輩行事。」至今太廟先進牙盤，後行禮。康節先生常曰：「太祖皇帝其於禮也，可謂達古今之宜矣。」《邵氏聞見録》卷一。

54 太祖嘗罷朝，坐便殿，不樂者久之。内侍行首王繼恩請其故，上曰：「爾謂天子爲容易邪？早來吾乘快指揮一事而誤，故不樂耳。」《涑水記聞》卷一。《宋朝事實類苑》卷一。《類説》卷十九引《三朝聖政録》。《昨非庵日纂》一集卷十六。

55 自唐以來，大臣見君，則列坐殿上，然後議所進呈事，蓋坐而論道之義。藝祖即位之一日，宰執范質等猶坐，藝祖曰：「吾目昏，可自持文書來看。」質等起進呈罷，欲復位，已密令中使去其坐矣。《邵氏聞見後録》卷一。

56 藝祖受命元年秋，三佛齊來貢，時尚不知皇宋受禪也。貢物有通天犀，中有形如龍擎一蓋，其龍形騰上而尾少左向，宋其文，即宋字也。真主受命，豈偶然哉！藝祖即以此犀爲帶，每郊廟則繫之。《楓窗小牘》卷上。《宋稗類鈔》卷一。

57 太祖登寶位日，有司捕得契丹二人。帝曰：「汝等皆何人耶？」曰：「契丹遣來探事耳。」帝曰：「汝探國事，不過甲兵、糧草、百官數目而已。若朕腹中事，汝可探乎？」特赦而遣之，二人叩頭感泣而去。《遵堯録》卷一。

58 前世陋儒，謂秦璽所在爲正統，故契丹自謂得傳國璽，欲以歸太祖，太祖不受，曰：「吾無秦璽，不害爲國。且亡國之餘，又何足貴乎！」契丹畏服。《後山談叢》卷五。

59 東京，唐汴州。梁太祖因宣武府置建昌宫，晉改曰大寧宫，周世宗雖加營繕，猶未如王者之制。太祖皇帝受天命之初，即遣使圖西京大内，按以改作。既成，帝坐萬歲殿，洞開諸門，端直如引繩，則歎曰：「此如吾心，小有邪曲，人皆見矣。」帝一日登明德門，指其榜問趙普曰：「『明德之門』，安用『之』字？」普曰：「語助。」帝曰：「之乎者也，助得甚事？」普無言。《邵氏聞見録》卷一。《涑水記聞》卷一。《遵堯録》卷一。《宋朝事實類苑》卷一。《古今事文類聚》續集卷五。《類説》卷十九引《三朝聖政録》。

60 太祖建隆初，以大内制度草創，乃詔圖洛陽宫殿，展皇城東北隅，以鐵騎都尉李懷義與中貴人董役，按圖營建。初命懷義等，凡諸門與殿須相望，無得輒差。……惟大慶殿與端門少差爾。宫成，太祖坐福寧寢殿，令闢門前後，召近臣入觀。諭曰：「我心端直正如此，有少偏曲處，汝曹必見之矣！」群臣皆再拜。《石林燕語》卷一。

61 太祖皇帝將展外城，幸朱雀門，親自規畫，獨趙韓王普時從幸。上指門額問普曰：「何不祗書『朱雀門』，須著『之』字安用？」普對曰：「語助。」太祖大笑曰：「之乎者也，助得甚事？」《湘山野録》卷中。《宋朝事實類苑》卷一。《蓼花洲閒録》。《堯山堂外紀》卷四十二。《宋稗類鈔》卷六。

62 藝祖時，新丹鳳門，梁周翰獻《丹鳳門賦》。帝問左右：「何也？」對曰：「周翰儒臣，在文字職。國家有所興建，即爲歌頌。」帝曰：「人家蓋一箇門樓，措大家又獻言語。」即擲於地。《東原録》。

63 昌陵初即位，誓不殺大臣，不殺功臣，不殺諫臣，折三矢藏之太廟，俾子孫世守之。《佩韋齋輯聞》卷一。

64 藝祖受命之三年，密鐫一碑，立於太廟寢殿之夾室，謂之誓碑，用銷金黄幔蔽之，門鑰封閉甚嚴。因勅有司，自後時享及新天子即位，謁廟禮畢，奏請恭讀誓詞。是年秋享，禮官奏請如敕。上詣室前，再拜升階，獨小黄門不識字者一人從，餘皆遠立庭中。黄門驗封啓鑰，先入焚香明燭，揭幔，亟走出階下，不敢仰視。上至碑前再拜，跪瞻默誦訖，復再拜而出。群臣及近侍，皆不知所誓何事。自後列聖相承，皆踵故事，歲時伏謁，恭讀如儀，不敢漏泄。……靖康之變，犬戎入廟，悉取禮樂祭祀諸法物而去。門皆洞開，人得縱觀。碑止高七八尺，闊四尺餘，誓詞三行：一云「柴氏子孫有罪，不得加刑。縱犯謀逆，止於獄中賜盡，不得市曹刑戮，亦不得連坐支屬」；一云「不得殺士大夫及上書言事人」；一云「子孫有渝此誓者，天必殛之」。後建炎中，曹勛自虜中回，太上寄語云「祖宗誓碑在太廟，恐今天子不及知」云云。《避暑漫鈔》引《秘史》。《蓬窗日録》卷五。《昨非庵日纂》二集卷五。《宋稗類鈔》卷一。

65 太祖親寫「南人不得坐吾此堂」，刻石政事堂上。或云自王文穆大拜後，吏輩故壞壁，因移石於他處，後寢不知所在。既而王安石、章惇相繼用事，爲人竊去。《道山清話》。《宋稗類鈔》卷一。

66 祖宗開國所用將相皆北人，太祖刻石禁中曰：「後世子孫無用南士作相，内臣主兵。」至真宗朝始用閩人，其刻不存矣。《邵氏聞見録》卷一。

67 藝祖御筆：「用南人爲相、殺諫官，非吾子孫。」其後王荆公首變法，吕惠卿實爲謀主，章子厚、蔡京、蔡卞繼之，卒致大亂，聖言可謂如日矣。《雲麓漫鈔》卷十。《宋稗類鈔》卷一。

68 太祖初登極時，杜太后尚康寧，常與上議軍國事，猶呼趙普爲書記，嘗撫勞之曰：「趙書記且爲盡心，吾兒未更事也。」太祖寵待趙韓王如左右手。御史中丞雷德驤劾奏趙普强市人第宅，聚斂財賄，上怒，叱之曰：「鼎鐺尚有耳，汝不聞趙普吾之社稷臣乎？」命左右曳於庭數匝，徐使復冠，召升殿，曰：「今後不宜爾，且赦汝，勿令外人知也。」《涑水記聞》卷一。《邵氏聞見録》卷一。《宋朝事實類苑》卷六。《宋名臣言行録》前集卷一。

69 藝祖嘗留王仁贍語。趙普奏曰：「仁贍姦邪，陛下昨日召與語。此人傾毀臣。」藝祖於奏劄後親翰，大略言：「我留王仁贍説話，見我教誰去喚來？你莫腸肚兒窄，妒他。我又不見是證見。只教外人笑我君臣不和睦，你莫殛惱官家。」《東原録》。

70 見趙普14。

71 昭憲太后聰明有智度，嘗與太祖參決大政，及疾篤，太祖侍藥餌，不離左右。太后曰：「汝自知所以得天下乎？」太祖曰：「此皆祖考與太后之餘慶也。」太后笑曰：「不然，正由柴氏使幼兒主天下耳。」因敕戒太祖曰：「汝萬歲後，當以次傳之二弟，則并汝之子亦獲安耳。」太祖頓首泣曰：「敢不如母教！」太后因召趙普於榻前，爲約誓書，普於紙尾自署名云：「臣普書。」藏之金匱，命謹密宮人掌之。及太宗即位，趙普爲盧多遜所譖，出守河陽，日夕憂不測。上一旦發金匱，得書，大寤，遂遣使急召之，普惶恐，爲遺書與家人別而後行。既至，復爲相。《涑水記聞》卷一。《宋名臣言行録》前集卷一。

72 太祖登極未久，杜太后上僊。初從宣祖葬國門之南奉先寺，後命宰相范質爲使改卜，未得地。質罷，更命太宗爲使，遷奉於永安陵。又欲遷遠祖於西京之鞏水，蓋宣祖微時葬也。相並兩冢，開壙皆白骨，不知辨，遂即壙爲園，歲遣官並祭，洛人謂之一寢二位云。伊川先生程頤曰：「爲並葬擇地者，可以謂之智矣。」《邵氏聞見録》卷一。

73 見范質5。

74 見趙普16。

75 太祖微時，嘗游鳳翔，王彦超遣十千遺之。後即位，悉徵藩侯入覲，宴苑中，縱酒爲樂。諸師競論疇昔功勳，惟彦超獨言：「久忝藩寄，無功能可紀，願納符節，入備宿衛。」上喜曰：「前朝異世事安足論？彦超之言是也。」後從容語彦超曰：「卿當日不留我，何也？」對曰：「蹄涔之水，安可容神龍？萬一留止，又豈有今日之事？帝王受命，非細事也。」上益喜，曰：「當復遣卿還鎮一政以爲報。」《楊文公談苑》。《邵氏聞見録》卷一。案：據《宋史》卷二百五十五，太祖微時曾往復州，欲依王彦超，非鳳翔。

76 太祖即位，方鎮多偃蹇，所謂十兄弟者是也。上一日召諸方鎮，授以弓劍，人馳一騎，與上私出固子門大林中，下馬酌酒。上語方鎮曰：「此處無人，爾輩要作官家者，可煞我而爲之。」方鎮伏地戰恐。上再三喻之，伏地不敢對。上曰：「爾輩是真欲我爲主耶！」方鎮皆再拜稱萬歲。上曰：「爾輩既欲我爲天下主，爾輩當盡臣節，今後無或偃蹇。」方鎮復再拜呼萬歲，與飲盡醉而歸。《聞見近録》。

77 太祖即位，諸藩鎮皆罷歸，多居京師，待遇甚厚。一日從幸金明池，置酒舟中，道舊甚歡。帝指其坐曰：「此位有天命者得之。朕偶爲人推戴至此，汝輩欲爲者，朕當避席。」諸節度皆伏地汗下，不敢起。帝命近臣掖之，歡飲如初。《邵氏聞見録》卷一。

78 見趙普10。

79 見趙普11。

80 見王祐1。

81 太祖既得天下，誅李筠、李重進，召趙普問曰：「天下自唐季以來，數十年間，帝王凡易十姓，兵革不息，蒼生塗地，其故何也？吾欲息天下之兵，爲國家建長久之計，其道何如？」普曰：「陛下之言及此，天地人神之福也。唐季以來，戰鬬不息、國家不安者，其故非他，節鎮太重，君弱臣强而已矣。今所以治之，無他奇巧也，惟稍奪其權，制其錢穀，收其精兵，則天下自安矣。」語未畢，上曰：「卿勿復言，吾已諭矣。」頃之，上因晚朝，與故人石守信、王審琦等飲酒，酒酣，上屏左右謂曰：「我非爾曹之力不得至此，念爾之德無有窮已。然爲天子亦大艱難，殊不若爲節度使之樂，吾今終夕未嘗敢安枕而卧也。」守信等皆曰：「何故？」上曰：「是不難知之，居此位者，誰不欲爲之？」守信等皆惶恐起，頓首曰：「陛下何爲出此言？今天命已定，誰敢復有異心？」上曰：「不然。汝曹雖無心，其如汝麾下之人欲富貴者何！一旦以黄袍加汝之身，汝雖欲不爲，不可得也。」皆頓首涕泣曰：「臣等愚不及此，唯陛下哀憐，指示以可生之塗。」上曰：「人生如白駒之過隙。所謂好富貴者，不過欲多積金銀，厚自娱樂，使子孫無貧乏耳。

汝曹何不釋去兵權，擇便好田宅市之，爲子孫立永久之業；多置歌兒舞女，日飲酒相歡，以終其天年？君臣之間，兩無猜嫌，上下相安，不亦善乎！」皆再拜謝曰：「陛下念臣及此，所謂生死而肉骨也。」明日，皆稱疾，請解軍權。上許之，皆以散官就第，所以慰撫賜賚之甚厚，與結婚姻，更置易制者，使主親軍。《涑水記聞》卷一。《邵氏聞見録》卷一。《宋名臣言行録》前集卷一。

82 太祖既納韓王之謀，數遣使者分詣諸道，選擇精兵。凡其才力伎藝有過人者，皆收補禁軍，聚之京師，以備宿衛。厚其糧賜，居常躬自按閲訓練，皆一以當百。諸鎮皆自知兵力精鋭非京師之敵，莫敢有異心者，由我太祖能强幹弱支，致治於未亂故也。《涑水記聞》卷一。《宋朝事實類苑》卷一。《宋名臣言行録》前集卷一。

83 太祖招軍格，不全取長人，要琵琶腿、車軸身，取多力。《畫墁録》。

84 太祖建隆初，邊郡民有出塞外盜馬至者，官給其直。帝曰：「安邊示信，其若此耶？」亟命止之，還所盜馬，自是戎人畏服，不敢犯塞。《遵堯録》卷一。

85 李漢超將勁兵五千，駐高陽關以捍北戎。漢超常患兵少，因遣其子奉章詣闕求益兵。太祖逆謂之曰：「汝父使汝來求益兵耶？」乃賜其子食，已而謂曰：「汝父不能辨吾事，則伺契丹斬汝父頭，吾當別用能辦吾事者耳。兵則吾不益也。」遂解寶帶及以金幣厚賜焉。漢超乃自奮勵，終能北禦彊寇，不內侵軼。《儒林公議》。

86 太祖時，以李漢超爲關南巡檢使捍北虜，與兵三千而已。然其齊州賦税最多，乃以爲齊州防禦使，悉與一州之賦，俾之養士。而漢超武人，所爲多不法。久之，關南百姓詣闕訟漢超貸民錢不還及掠其女以爲妾。太祖召百姓入見便殿，賜以酒食慰勞之，徐問曰：「自漢超在關南，契丹入寇者幾？」百姓曰：「無也。」太祖曰：「往時契丹入寇，邊將不能禦，河北之民，歲遭刦虜，汝於此時能保全其貲財婦女乎？今漢超所取，孰與契丹之多？」又問訟女者曰：「汝家幾女，所嫁何人？」百姓具以對。太祖曰：「然則所嫁皆村夫也。若漢超者，吾之貴臣也，以愛汝女則取之，得之必不使失所，與其嫁村夫，孰若處漢超家富貴？」於是百姓皆感悦而去。太祖使人語漢超曰：「汝須錢何不告我，而取於民乎！」乃賜以銀數百兩，曰：「汝自還之，使其感汝也。」漢超感泣，誓以死報。《歸田録》卷一。《宋朝事實類苑》卷六。

87 張美爲滄州節度使，民有上書告美强取其女爲妾，及受取民財四千緡。太祖召上書者諭之曰：「汝滄州，昔張美未來時，民間安否？」對曰：「不安。」曰：「既來則何如？」對曰：「既來，則無復兵寇。」帝曰：「然則張美全汝滄州百姓之命，其賜大矣，雖取汝女，汝安得怨？今汝欲貶此人，殺此人，吾何愛焉，但愛汝滄州之人耳。吾今戒勑美，美宜不復敢。汝女直錢幾何？」對曰：「直錢伍百緡。」帝即命官給美所取民錢，并其女直，而遣之。乃召美母，告以美所爲，母叩頭謝罪，曰：「妾在闕下，不知也。」乃賜其母錢萬緡，令遺美，使還所略民家，謂之曰：「語汝兒，乏錢欲錢，當從我求，無爲取於民也。」善遇民女，歲時贈遺其家，數慰撫之。」美惶恐，折節爲廉謹。頃之，以政績聞。美在滄州十年，故世謂之滄州張氏。《涑水記聞》卷一。

88 見郭進3、4。

89 太祖時，宋白知舉疑爲陶穀，多受金銀，取捨不公，恐牓出，群議沸騰，迺先具姓名以白上，欲託上指以自重。上怒曰：「吾委汝知舉，取捨汝當自決，何爲白我？我安能知其可否？若牓出別致人言，當斫汝頭以謝衆。」白大懼而悉改其牓，使協公議而出之。《涑水記聞》卷一。案：據《宋史》卷四百三十九，太祖時宋白未曾知貢舉。

90 太祖採聽明遠，每邊閫之事，纖悉必知。有間者自蜀還，上問曰：「劍外有何事？」間者曰：「但聞成都滿城誦朱長山《苦熱》詩曰：『煩暑鬱蒸無處避，涼風清冷幾時來？』」上曰：「此蜀民思吾之來伐也。」時雖已下荆楚，孟昶有脣亡齒寒之懼，而討之無名。昶欲朝貢，王昭遠固止之。乾德三年，昶遣諜者孫遇賫蠟丸帛書，間道往太原結劉鈞爲援，爲朝廷所獲。太祖喜曰：「興師有名矣。」執間者，命王全斌率禁旅三萬，分路討之。《玉壺清話》卷六。《宋朝事實類苑》卷一引《涑水記聞》。《古今詩話》。

91 太祖皇帝采聽明遠，每邊事纖悉必皆知之。有間者自蜀還，上問：「劍外有何事？」間者曰：「但聞成都滿城人皆誦朱長山《苦熱》詩，云：『煩暑鬱蒸無處避，涼風清冷幾時來。』」上曰：「此蜀民思吾來也。」由是有弔伐之意。一日夢異僧號須菩提曰：「已令田小哥進玉抱肚，用贖兩川人性命。然此子分不合得官，乞以錢與之。」其後果有田小哥者，以玉抱肚進。上驗夢中之語，果不血刃而蜀平。《新編分門古今類事》卷十三。《宋稗類鈔》卷五。

92 王全斌伐蜀之歲，是時大寒，太祖著帽絮被裘，御講武殿氈帳曰：「此中寒尚不能禦，況伐蜀將士乎？」即脱所服裘帽，遣使持賜全斌。其伐江南也，曹彬、李漢瓊、田欽祚入辭，以匣劍授彬曰：「副將而下，不用命，斬之。」漢瓊等皆股栗畏懾。《楊文公談苑》。《宋朝事實類苑》卷一。

93 王師既平蜀，詔昶赴闕，曹武肅王密奏曰：「孟昶王蜀三十年，而蜀道千餘里，請族孟氏而赦其臣，以防變。」太祖批其後曰：「你好雀兒腸肚。」《後山談叢》卷五。

94 見曹彬3。

95 太祖平蜀，孟昶宮中物有寶裝溺器，遽命碎之，曰：「自奉如此，欲求無亡，得乎？」見諸侯大臣侈靡之物，皆遺焚之。《涑水記聞》卷一。《楊文公談苑》。《宋朝事實類苑》卷一。《類説》卷十九引《三朝聖政録》。《昨非庵日纂》一集卷九。

96 太祖閱蜀宮畫圖，問其所用，曰：「以奉人主爾。」太祖曰：「獨覽孰若使衆觀邪！」於是以賜東華門外茶肆。《後山談叢》卷五。

97 初，李氏隨孟昶至京師，太祖數命肩輿入宮，謂之曰：「母善自愛，無戚戚懷鄉土，異日當送母歸。」李氏曰：「使妾安往？」太祖曰：「歸蜀耳。」李氏曰：「妾家本太原，倘得歸老并土，妾之願也。」時晉陽未平，太祖聞其言大喜，曰：「俟平劉鈞，即如母願。」《悦生隨抄》。

98 太祖平蜀，擇其親兵驍勇者百餘人，補内殿直，别立班院，號川殿直。南郊賞給，比本班減五千，遂相率撃登聞鼓訴其事。上大怒曰：「朝廷給賜，自我而出，安有例哉？」盡捕連狀者四十餘人，斬於市，餘悉配隸下軍，遂廢其班。一日，内酒坊火，悉以監官而下數十人棄市，詰得遺火卒，縛於火中，自是内司諸署，莫不整肅。《楊文公談苑》。《宋朝事實類苑》卷一。

99 太祖欲改元，謂宰相等曰：「今改年號，須古來未有者。」時宰相以乾德爲請，且言前代所無。三年正月平蜀，蜀宮人有入掖庭者，太祖因閲其奩具，得鑑背字云：「乾德四年鑄。」大驚曰：「安得四年所鑄乎？」出鑑以示宰相，皆不能對，乃召學士陶穀、竇儀，奏曰：「蜀少主曾有此號，鑑必蜀中所鑄。」太祖大喜，因歎曰：「作宰相須是讀書人。」自是大重儒臣矣。《宋朝事實類苑》卷六十一引《劉貢父詩話》。《歸田録》卷一。《舊聞證誤》卷一。《西塘集耆舊續聞》卷八。《新編分門古今類事》卷二。《陔餘叢考》卷二十五。

100 見盧多遜[5]。

101 劉鋹性絶巧，自結真珠鞍勒，爲戲龍之狀，獻太祖，太祖以示尚方工，皆駭伏，償以錢三百索。上謂左右曰：「移此心以勤民政，不亦善乎？」鋹在國中，多置酖以毒臣下。太祖幸講武池，從官未集，鋹先至，詔賜卮酒，鋹心疑之，捧杯泣曰：「臣承父祖基業，違拒朝廷，煩王師致討，罪在不赦。陛下既待臣以不死，願爲大梁布衣，觀太平之盛，未敢飲此酒。」太祖笑謂之曰：「朕推赤心於人腹中，安有此事？」即取鋹酒自飲，別酌以賜鋹，鋹慚謝。《楊文公談苑》。《宋朝事實類苑》卷一。《五總志》。

102 太祖即位之初，數出微行，以偵伺人情，或過功臣之家，不可測。趙普每退朝，不敢脱衣冠。一日大雪，向夜，普謂帝不復出矣。久之，聞叩門聲，普出，帝立風雪中。普惶懼迎拜，帝曰：「已約晉王矣。」已而太宗至，共於普堂中設重裀地坐，熾炭燒肉。普妻行酒，帝以嫂呼之。普從容問曰：「夜久寒甚，陛下何以出？」帝曰：「吾睡不能著，一榻之外皆他人家也，故來見卿。」普曰：「陛下小天下耶？南征北伐，今其時也。願聞成算所向。」帝曰：「吾欲下太原。」普嘿然久之，曰：「非臣所知也。」帝問其故，普曰：「太原當西北二邊，使一舉而下，則二邊之患我獨當之。何不姑留以俟削平諸國，則彈丸黑誌之地，將無所逃。」帝笑曰：「吾意正如此，特試卿耳。」遂定下江南之議。《邵氏聞見録》卷一。《宋名臣言行録》前集卷一。《自警編》卷八。《名賢氏族言行類稿》卷三十八。

103 太祖征河東，圍太原，久之不拔，宿衛之士皆自奮告曰：「蕞爾小城而久不拔者，士不致力故也。臣等請自往力攻，必取之。」上止之曰：「吾蒐簡訓練汝曹，比至於成，心盡力竭矣。汝曹天下精兵之髓，而吾之股肱牙爪也，吾寧不得太原，豈可糜滅汝曹於此城之下哉！」遂引兵而還。軍士聞之，無不感激，往往有出涕者。《涑水記聞》卷一。《宋朝事實類苑》卷一。

104 太祖聖性至仁，雖用兵，亦戒殺戮。親征太原，道經潞州麻衣和尚院，躬禱於佛前曰：「此行止以弔伐爲意，誓不殺一人。」開寶中，遣將平金陵，親召曹彬、潘美戒之曰：「城陷之日，慎無殺戮。設若困鬭，則李煜一門，不可加害。」故彬於江南，得王師弔伐之體，由聖訓丁寧也。《東軒筆録》卷一。《宋朝事實類苑》卷一。

105 太祖天表神偉，紫黶而豐頤，見者不敢正視。李煜據江南，有寫御容至僞國者，煜見之，日益憂懼，知真人之在御也。《儒林公議》。

106 周世宗已得淮南，李後主令侍中林仁肇出鎮武昌。太祖欲先取上游，兵帥多憚仁肇，未即遣之。於時後主弟齊王逵質於闕下，太祖嘗密令親信行班武昌僧院，竊取仁肇全身真容。既至，掛於便殿，召齊王觀之，曰：「卿識此人否？」對曰：「臣不識，然有類臣江南林仁肇。」上曰：「正是耳。近有表，并進此像，言相次歸朝，將遣使迎之。」齊不省其謀，亟使人間行歸白其事。由是君臣猜惑，仁肇不明而卒。《野說》。

107 開寶中，趙普猶秉政，江南後主以銀五萬兩遺普，普白太祖，太祖曰：「此不可不受，但以書答謝，少賂其來使可也。」普叩頭辭讓，上曰：「大國之體，不可自爲寢弱，當使之勿測。」既而後主遣其弟從善入貢，常賜外，密賫白金如遺普之數，江南君臣始震駭，服上之偉度。《楊文公談苑》。《宋朝事實類苑》卷一。《類説》卷五十三。《宋名臣言行録》前集卷一。

108 國初三徐，名著江左，皆以博洽聞中朝，而騎省鉉，又其白眉者也。會修述職之貢，騎省寔來，及境，例差官押伴。朝臣皆以辭令不及爲憚，宰相亦囏其選，請於藝祖。玉音曰：「姑退朝，朕自擇之。」有頃，左璫傳宣殿前司，具殿侍中不識字者十人，以名入。宸筆點其中一人，曰：「此人可。」在廷皆驚，中書不敢請，趣使行，殿侍者慌不知所繇，薄弗獲已，竟往渡江。始燕，騎省詞鋒如雲，旁觀駭愕。其人不能答，徒唯唯。騎省叵測，强聒而與之言。居數日，既無與之醻復者，亦勸且默矣。《程史》卷一。《宋稗類鈔》卷一。

109 王師圍金陵，唐使徐鉉來朝。鉉伐其能，欲以口舌解圍，謂太祖不文，盛稱其主博學多藝，有聖人之能。使誦其詩。曰，《秋月》之篇，天下傳誦之，其句云云。太祖大笑曰：「寒士語爾，我不道也！」鉉內不服，謂大言無實，可窮也。遂以請。殿上驚懼相目。太祖曰：「吾微時自秦中歸，道華山下，醉卧田間，覺而月出，有句曰：『未離海底千山黑，纔到天中萬國明。』」鉉大驚，殿上稱壽。《後山詩話》。《宋詩紀事》卷一。

110 開寶中，王師圍金陵。李後主遣徐鉉入朝，對于便殿，懇述江南事大之禮甚恭，徒以被病未任朝謁，非敢拒詔。太祖曰：「不須多言，江南有何罪？但天下一家，卧榻之側，豈可許他人鼾睡？」鉉復命，未幾城陷。《類説》卷五十三引《談苑》。《程史》卷一。

111 江南徐鉉奉王命至中朝，便殿見藝祖升殿，端笏緩頰而言曰：「江南李煜無罪，陛下師出無名。」久之，藝祖再令敷奏，乃曰：「李煜如地，陛下如天；李煜如子，陛下如父。天乃能蓋地，父乃能庇子。」藝祖應聲答曰：「既是父子，安得兩處喫飯？」鉉無以對。《談淵》。

112 太祖皇帝龍潛時，雖屢以善兵立奇功，而天性不好殺。故受命之後，其取江南也，戒曹秦王、潘鄭王曰：「江南本無罪，但以朕欲大一統，容他不得。卿等至彼，慎勿殺人。」曹、潘兵臨城，久之不下，乃草奏曰：「兵久無功，不殺無以立威。」太祖覽之，赫然批還其奏曰：「朕寧不得江南，不可輒殺人也。」逮批詔到，而城已破。契勘城破，乃批奏狀之日也。天人相感之理，不亦異哉！其後革輅至太原，亦徇於師曰：「朕今取河東，誓不殺一人。」大哉仁乎。《曲洧舊聞》卷一。《虛谷閒鈔》。《昨非庵日纂》二集卷十一。《宋稗類鈔》卷一。

113 太祖初命曹武惠彬下江南，潘美副之。將行，賜燕於講武殿。酒三行，彬等起跪於榻前，乞面授處分。上懷中出一實封文字，付彬曰：「處分在其間。自潘美以下有罪，但開此，徑斬之，不須奏稟。」二臣股栗而退。訖江南平，無一犯律者。比還，復賜燕講武殿。酒三行，二臣起跪於榻前：「臣等幸無敗事，昨面授文字不敢藏於家。」即納於上前。上徐自發封示之，乃白紙一張也。上神武機權如此。初特以是申命令，使果犯而發封，見爲白紙，則必入稟；及歸而視之，又將以見初無輕斬之意。恩威兩得，故雖彬等無不折服。《石林燕語》卷五。《宋稗類鈔》卷一。

114 上命曹彬、潘美、曹翰收江南，以沈倫爲判官，臨行朝辭，赴小殿燕餞。酒半，出一黄帕文字，顧彬曰：「汝實儒將，潘美、曹翰桀悍，恐不能制。不用命者，望朕所在，焚香啟之，自有處置。」諸人惶恐汗下。沿路或欲攻劫，及江南城破，李主出降，二人皆欲面縛之，曹王以所授勑欲宣讀，事遂解。如此者數四。功成還朝，曹王面奏沿路及至軍前將佐皆用命一心，乞納所降特敕。後有旨宣赴後苑，酒半，諸人起納敕，上令潘美啟封，曹翰執讀，執政環立。展示，乃一張白紙，衆皆失色。上笑，再命飲，極歡而退。《舊聞證誤》卷一引《建隆遺事》。李心傳曰：「按此一事諸雜記多言之，互有不同。然以史考之，有可疑者……意者太祖此旨爲曹翰、田欽祚輩設，而傳者失之，不可不辨。」

115 太祖遣曹彬伐江南，臨行謂之曰：「克之還，必以使相爲賞。」彬平江南而還，上曰：「今方隅未平者尚多，汝爲使相，品位極矣，豈肯復力戰邪！且徐之，更爲我取太原。」因密賜錢五十萬。彬怏怏而退，至家，見布錢滿室，乃歎曰：「好官亦不過多得錢耳，何必使相也。」太祖重惜爵位，不肯妄與人如此。孔子稱：「惟器與名，不可以假人，君之所司也。」《涑水記聞》卷一。《王文正公筆録》。《邵氏聞見録》卷一。

116 太祖一日小宴，顧江南國主李煜曰：「聞卿能詩，可舉一聯。」煜思久之，乃舉《詠扇》詩云：「揖讓月在手，摇動風滿懷。」太祖曰：「滿懷之風何足尚。」從官無不歎服。《談淵》。《養痾漫筆》。《堯山堂外紀》卷四十一。

117 見趙普18。

118 見周廣1。

119 錢俶進寶帶，太祖曰：「朕有三條帶，與此不同。」俶請宣示，上曰：「汴河一條，惠民河一條，五丈河一條。」俶大媿服。《東齋記事》補遺。《孔氏談苑》卷三。《宋朝事實類苑》卷一。《西湖游覽志餘》卷一。

120 吴越後王來朝，太祖爲置宴，出内妓彈琵琶。王獻詞曰：「金鳳欲飛遭掣搦，情脈脈，看取玉樓雲雨隔。」太祖起，拊其背曰：「誓不殺錢王。」《後山詩話》。

121 錢俶入朝，太祖眷禮甚厚，然自宰相以下，皆有章疏，乞留俶而取其地。太祖不從。及賜還本國，復宴餞於便殿，屢勸以巨觥，陛辭之日，感泣再三。太祖命於殿内取一黄複，封識甚密，以賜俶，且戒以途中密觀。暨歸途啓之，凡數十軸，皆群臣所上章疏，俶自是益感懼，江南平，遂乞納土。《東軒筆録》卷一。《宋朝事實類苑》卷一。

122 錢俶初入朝，既而賜歸國，群臣多請留俶，而使之獻地。太祖曰：「吾方征江南，俾俶歸治兵以攻其後，則吾之兵力可減半。江南若下，俶敢不歸乎？」既而皆如所處。《東軒筆録》卷一。《宋朝事實類苑》卷一。

123 吴越錢俶初來朝，將歸，朝臣上疏請留勿遣者數十人。太祖皆不納，曰：「無慮，俶若不欲歸我，必不肯來，放去適可結其心。」及俶辭，力陳願奉藩之意。太祖曰：「盡我一世，盡你一世。」乃出御封一匣付之，曰：「到國開視，道中勿發也。」俶載之而歸，日焚香拜之。既至錢塘，發視，乃群臣請留章疏。《石林燕語》卷四。《蠡勺編》卷十四。

124 見王嗣宗2。

125 見張齊賢5。

126 太祖生洛陽夾馬營，樂其風土，國初營繕宫室，有遷都之志。九年西幸郊祀，而宫殿宿衛多不安處，或見怪異，遂東歸。歎曰：「我生不得居此，死當葬於此。」登闕發鳴鏑，指其所曰：「後當葬此。」永昌陵即其地也。《楊文公談苑》。

127 太祖生于西京夾馬營，至九年西幸，還其廬駐蹕，以鞭指其巷曰：「朕憶昔得一石馬兒爲戲，群兒屢竊之，朕埋於此，不知在否？」斸之，果得。然太祖愛其山川形勝，樂其風土，有遷都之意。李懷忠爲雲騎指揮使，諫曰：「京師正得皇居之中，黄、汴環流，漕運儲廩，可仰億萬，不煩飛輓。况國帑重兵，宗廟禁掖，若泰山之安，根本不可輕動也。」遂寢議。拜安陵，奠哭爲别，曰：「此生不得再朝于此也。」即更衣，取弧矢，登闕臺，望西北鳴弦發矢以定之，矢委處，謂左右曰：「即此乃朕之皇堂也。」以向得石馬埋於中。又曰：「朕自爲陵名曰永昌。」是歲果晏駕。《玉壺清話》卷七。《雲谷雜紀》。

128 祖、宗潛耀日，嘗與一道士游於關河，無定姓名，自曰混沌，或又曰真無。每有乏則探囊金，愈探愈出。三人者每劇飲爛醉。生善歌《步虚》爲戲，能引其喉於杳冥間作清徵之聲，時或一二句，隨天風飄下，惟祖、宗聞之，曰：「金猴虎頭四，真龍得真位。」至醒詰之，則曰：「醉夢語，豈足憑耶？」至膺圖受禪之日，乃庚申正月初四也。自御極，不再見，下詔草澤遍訪之，或見於轘轅道中，或嵩、洛間。後十六載，乃開寶乙亥歲也，上巳祓禊，駕幸西沼，生醉坐於岸木陰下，笑揖太祖曰：「别來喜安。」上大喜，亟遣中人密引至後掖，恐其遁，急回蹕與見之，一如平時，抵掌浩飲。上謂生曰：「我久欲見汝決尅一事，無他，我壽還得幾多在？」生曰：「但今年十月廿日夜，晴，則可延一紀。不爾，則當速措置。」上酷留之，俾泊後苑。苑吏或見宿於木末鳥巢中，止數日不見。帝切切記其語。至所期之夕，上御太清閣四望氣。是夕果晴，星斗明燦，上心方喜。俄而陰霾四起，天氣陡變，雪雹驟降。移仗下閣，急傳宫鑰開端門，召開封王，即太宗也。延入大寢，酌酒對飲。宦官、宮妾悉屏之，但遥見燭影下，太宗時或避席，有不可勝之狀。飲訖，禁漏三鼓，殿雪已數寸，帝引柱斧戳雪，顧太宗曰：「好做，好做！」遂解帶就寢，鼻息如雷霆。是夕，太宗留宿禁内，將五鼓，周廬者寂無所聞，帝已崩矣。太宗受遺詔於柩前即位。逮曉，登明堂，宣遺詔罷，聲慟，引近臣環玉衣以瞻聖體，玉色温瑩，如出湯沐。《續湘山野録》。《雲谷雜記》。《行營雜録》。

129 太祖初晏駕，時已四鼓，孝章宋后使内侍都知王繼隆召秦王德芳，繼隆以太祖傳位晉王之志素定，乃不詣德芳，而以親事一人徑趨開封府召晉王。見醫官賈德玄先坐於府門，問其故，德玄曰：「去夜二鼓，有呼我門者，曰『晉王召』，出視則無人，如是者三。吾恐晉王有疾，故來。」繼隆異之，乃告以故，叩門，與之俱入見王，且召之。王大驚，猶豫不敢行，曰：「吾當與家人議之。」入久不出，繼隆趣之，曰：「事久將爲他人有矣。」遂與王雪中步行至宮門，呼而入。繼隆使王且止其直廬，曰：「王且待於此，繼隆當先入言之。」德玄曰：「便應直前，何待之有？」遂與俱進。至寢殿，宋后聞繼隆至，問曰：「德芳來邪？」繼隆曰：「晉王至矣。」后見王，愕然，遽呼「官家」，曰：「吾母子之命，皆託官家。」王泣曰：「共保富貴，無憂也。」《涑水記聞》卷一。參見《續資治通鑑長編》卷十七，注云：《記聞》「誤以王繼恩爲繼隆，程德玄爲賈德玄」。

130 藝祖皇帝以開寶九年十月二十日癸丑上僊，其夕有雲物之異。自是每歲忌辰必有雨雪風冽之變。至紹興九年，凡一百六十五年，威靈如在。《雞肋編》卷下。

131 太祖廟諱匡胤，語訛近香印，故今世賣香印者不敢斥呼，鳴鑼而已。《青箱雜記》卷二。

132 藝祖始受命，久之陰計：「釋氏何神靈，而患苦天下？今我抑嘗之，不然廢其教也。」日且暮則微行出，徐入大相國寺。將昏黑，俄至一小院户旁，則望見一髡大醉，吐穢於道左右，方惡駡不可聞。藝祖陰怒，適從旁過，忽不覺爲醉髡攔胸腹抱定，曰：「莫發惡心。且夜矣，懼有人害汝，汝宜歸内。可亟去也。」藝祖動心，默以手加額而禮焉。髡乃捨之去。藝祖得促步還，密召忠謹小璫：「爾行往某所，覘此髡爲在否，且以其所吐物狀來。」及至，則已不見。小璫獨爬取地上遺吐狼籍，至御前視之，悉御香也。釋氏教因不廢。《鐵圍山叢談》卷五。《堅瓠辛集》卷四。

133 見釋贊寧1。

134 太祖晚年，自西洛駐蹕白馬寺而生信心，洎回京闕，寫《金剛經》讀之。趙普因奏事見上，上曰：「不欲洩于甲胄之士。或有見者，止謂朕讀兵書可也。」《見聞録》。

135 太祖嘗與趙中令普議事有所不合，太祖曰：「安得宰相如桑維翰者與之謀乎？」普對曰：「使維翰在，陛下亦不用。」蓋維翰愛錢。太祖曰：「苟用其長，亦當護其短，措大眼孔小，賜與十萬貫，則塞破屋子矣。」《東軒筆録》卷一。《宋朝事實類苑》卷一。《捫蝨新話》卷七。

136 太祖無事時，常召潘美輩禁中議政，或與之縱飲，至令宫女解衣，無復君臣之禮。一日召美入，而太祖冠帶，不樂，久之不語。美皇恐，趨拜殿下，請罪。太祖曰：「非爾也，上來，語爾。前朝民間積欠甚多，早來三司乞因赦蠲放，適問二府，二府請督索。朕謂三司主國財，乃要蠲放；二府主德政，却要督索。近臣如此，天下何緣太平？朕所以不樂。」美贊曰：「陛下用心如此，何緣不太平。」遂解顔如常時。《隨手雜録》。

137 太祖嘗曰：「貴家子弟，唯知飲酒彈琵琶耳，安知民間疾苦！」由是詔：「凡以資蔭出身者，皆先使之監當場務，未得親民。」《涑水記聞》卷一。

138 陶尚書穀爲學士，嘗晚召對。太祖御便殿，陶至，望見上，將前而復却者數四，左右催宣甚急，穀終彷徨不進。太祖笑曰：「此措大索事分！」顧左右取袍帶來。上已束帶，穀遽趨入。《歸田録》卷一。《宋朝事實類苑》卷八。《宋稗類鈔》卷三。《何氏語林》卷十三。

139 太祖嘗暑月納涼於後苑，召翰林學士竇儀草詔，處分邊事。儀至苑門，見太祖岸幘跣足而坐，儀即退立，閤門使督趣，儀曰：「官家方取便，未敢進。」閤門使怒而奏之。太祖自視微笑，遽索御衣，而後召入。未及宣詔意，儀奏曰：「陛下新即大位，四方瞻望，宜以禮示天下。臣即不才，不足動聖顧，臣恐賢傑之徒聞而解體。」太祖斂容謝之。自後對近臣未嘗不冠帶也。《國老談苑》卷一。《類説》卷五十二引《國老閒談》。

140 太祖嘗晚坐崇政殿，召學士竇儼對。上時宴服，儼至屏樹間見之，不進，中使促，不應。上訝其久不出，笑曰：「豎儒以我燕服爾。」遽命袍帶，儼遂趨出。《宋名臣言行録》前集卷一引《沂公筆録》。《王文正公筆録》「太祖」誤作「太宗」。

141 太祖一日御後殿慮囚，内有一囚告：「念臣是官家鄰人。」太祖以爲燕薊鄰人，遣問之。乃云：「臣住東華門外。」太祖笑而宥之。《東齋記事》卷一。

142 太祖時，宮人不滿三百人，猶以爲多，因久雨不止，故又出其數十人。《涑水記聞》卷一。

143 本朝自祖宗以儉德垂世，故藝祖之訓曰：「嘗思在甲馬營時可也。」其所用幃簾，有青布緣者。《邵氏聞見録》卷三。

144 魏咸信言：故魏國長公主在太祖朝，嘗衣貼繡鋪翠襦入宮中，太祖見之，謂主曰：「汝當以此與我，自今勿復爲此飾。」主笑曰：「此所用翠羽幾何？」太祖曰：「不然。主家服此，宮闈戚里皆相効，京城翠羽價高，小民逐利，展轉販易，傷生寖廣，實汝之由。汝生長富貴，當念惜福，豈可造此惡業之端？」主慚謝。主因侍坐，與孝章皇后同言曰：「官家作天子日久，豈不能用黄金裝肩舁，乘以出入？」太祖笑曰：「我以四海之富，宮殿悉以金銀爲飾，力亦可辦，但念我爲天下守財耳，豈可妄用？古稱以一人治天下，不以天下奉一人。苟以自奉養爲意，使天下之人何仰哉？當勿復言。」《楊文公談苑》。《宋朝事實類苑》卷一。《五總志》。

145 太祖一日祖裼幸翰林院，時學士盧多遜獨直，上行與語，引入寢殿，因指所御青縑帳、紫綾褥，謂多遜曰：「爾在外，意朕豐侈耶？朕用此猶常愧之。」《國老談苑》卷一。《昨非庵日纂》二集卷九。

146 太祖性節儉，寢殿設布緣葦簾，嘗出麻屨布衫以示左右，曰：「此吾故時所服也。」《涑水記聞》卷一。《宋朝事實類苑》卷一。《類説》卷十九引《三朝聖政録》。

147 太祖服用儉素，退朝常衣絁袴麻鞵，寢殿門懸青布緣簾，殿中設青布縵。《楊文公談苑》。《宋朝事實類苑》卷一。

148 太祖朝，晉邸内臣奏請木場大木一章造器用。帝怒，批其奏曰：「破大爲小，何若斬汝之頭也！」其木至今在，半枯朽，不敢動。《邵氏聞見録》卷一。

149 禁中殿梁當易，而材無適中者，三司奏有大枋可截用之。太祖皇帝批其狀曰：「截你爺頭，截你娘頭。」其愛物如此。《清虚雜著補闕》。

150 太祖嘗見小黄門損畫殿壁者，怒之，曰：「豎子可斬也。此乃天子廨舍耳，汝豈得敗之邪！」《涑水記聞》卷一。《宋朝事實類苑》卷一。

151 太祖嘗謂左右曰：「朕每因宴會，乘懽至醉，經宿，未嘗不自悔也。」《涑水記聞》卷一。《宋朝事實類苑》卷一。

152 内中酒，蓋用蒲中酒法也。太祖微時，喜飲之。即位後，令蒲中進其方，至今用而不改。《曲洧舊聞》卷一。

153 太祖極好讀書，每夜於寢殿中看歷代史，或至夜分，但人不知，口不言耳。《元城語録》卷上。

154 太祖晚年好讀書，嘗曰：「堯、舜四凶之罪，止從投竄，何近代法網之密哉？」蓋有意措刑矣。《宋朝事實類苑》卷一。

155 太祖嘗謂趙普曰：「卿苦不讀書。今學臣角立，雋軌高駕，卿得無愧乎？」普由是手不釋卷，然太祖亦因是廣閱經史。《玉壺清話》卷二。

156 太祖聞國子監集諸生講書，喜，遣使賜之酒果，曰：「今之武臣，亦當使其讀經書，欲其知爲治之道也。」《涑水記聞》卷一。《宋朝事實類苑》卷一。

157 太祖以柏爲界尺，謂之隔筆簡。《姚氏殘語》。《研北雜志》卷下。參見宋太宗61。

158 太祖書札有類顔字，多帶晚唐氣味，時時作數行經子語。又間有小詩三四章，皆雄偉豪傑，動人耳目，宛見萬乘氣度。往往跋云「鐵衣士書」，似仄微時游戲翰墨也。《鐵圍山叢談》卷一。

159 太祖左右内侍數十人，皆善武藝，伉健，人敵數夫，騎上下山如飛，其慰撫養育，無所不至，然未嘗假其威權。泗州檻生虎來獻，上令以全羊臂與之，虎得全肉，決裂而食，氣甚猛悍，欲觀之也。俄口呿不合，視之，有骨橫鯁喉中，上目左右，内侍李承訓即引手探取，無所傷。嘗因御五鳳樓，有風禽罥東南角樓鴟尾上，上顧左右曰：「有能取之否？」一内侍，失其姓名，攝衣攀屋桷以登緣，歷危險，取之以獻。《楊文公談苑》。《宋朝事實類苑》卷一。

160 陳瑩中爲予言：神宗皇帝一日行後苑，見牧豭豘者，問何所用，牧者對曰：「自祖宗以來，長令畜之，自稚養以至大，則殺之，又養稚者。前朝不敢易，亦不知果安用？」神宗沉思久之，詔付所司，禁中自今不得復畜。數月，衛士忽獲妖人，急欲血澆之，禁中卒不能致。神宗方悟太祖遠略亦及此。《冷齋夜話》卷一。《墨客揮犀》卷四。《後山談叢》卷三。《行營雜録》。《宋稗類鈔》卷一。

161 熙寧中，作坊以門巷委狹，請直而寬廣之，神宗以太祖創始，當有遠慮，不許。既而衆工作苦，持兵奪門，欲出爲亂，一老卒閉而拒之，遂不得出，捕之皆獲。《後山談叢》卷三。《宋稗類鈔》卷一。

162 太祖一日幸後苑觀牡丹，召宮嬪，將置酒，得幸者以疾辭。再召，復不至。上乃親折一枝，過其舍而簪于髻上。上還，輒取花擲于地上，顧之曰：「我艱勤得天下，乃欲以一婦人敗之耶？」即引佩刀截其腕而去。《聞見近録》。

163 見韓琦28。

164 金城夫人得幸太祖，頗恃寵。一日宴射後苑，上酌巨觥以勸太宗。太宗固辭，上復勸之，太宗顧庭下曰：「金城夫人親折此花來，乃飲。」上遂命之。太宗引射而殺之，即再拜而泣，抱太祖足曰：「陛下方得天下，宜爲社稷自重。」而上飲射如故。《聞見近録》。

165 國朝降下西蜀，而花蘂夫人又隨昶歸中國。昶至且十日，則召花蘂夫人入宫中，而昶遂死。昌陵後亦惑之。嘗進毒，屢爲患，不能禁。太宗在晉邸時，數數諫昌陵，而未果去。一日兄弟相與獵苑中，花蘂夫人在側，晉邸方調弓矢引滿，政擬射走獸，忽回射花蘂夫人，一箭而死。《鐵圍山叢談》卷六。

166 太宗屢於上前盛稱花蕊夫人費氏才，未匝月蜀主暴卒。太祖異之，亟召花蕊入宫，留侍掖庭者十載，有盛寵。太祖寢疾，中夜太宗呼之不應，乘間挑費氏。太祖覺，遽以玉斧斫地。皇后、太子至，太祖氣屬纊，太宗惶窘歸邸。翌夕，太祖崩。《燼餘録》甲編。

167 靖康後，本朝諸陵遭金人發掘殆盡，獨索藝祖昌陵不得。金人登隣山高望本朝諸陵，儼然七堆，下即其地而求，只見六堆。累歲求發掘昌陵，竟不可得。又昌陵林木間，至寒食必掛白銀紙，金人聞而疑，亦累歲。數萬軍馬先寒食屯駐昌陵左右，密伺之，至寒食掛白如舊，殆神矣。此屢聞於北人者。《鄭思肖集・心史・因山爲墳説》。《識小録》卷二。

168 趙太祖山陵，金之末年，河南朱漆臉等發掘，取其寶器，又欲取其玉帶，重不可得，乃以繩穿其背，扎於自己，坐而枰起之，帶始可解。爲口中物噴於臉上，洗之不去，人因呼朱漆臉。後貨帶於汴，識者知爲陵寢中物，敗露，皆杖死。《庶齋老學叢談》卷二。

169 斡離不陷汴京，殺太宗子孫幾盡。宋臣有詣其營者，觀其貌絶類藝祖。伯顔下臨安，有識之者。

後於帝王廟見周世宗像，分毫不爽。《宋稗類鈔》卷一。《樵書》二編卷十。《堅瓠餘集》卷三。

170　宋太祖以庚申即位，聞陳希夷「只怕五更頭」之言，命宮中於四更末即轉六更，方鼓嚴鳴鐘。太祖之意，恐有不軌之徒，竊發於五更之時，故終宋之世，宮中無五更，而不知「更」之爲「庚」也。歷真宗天禧四年一庚，神宗元豐三年二庚，高宗紹興元年三庚，寧宗慶元六年四庚，至理宗景定元年爲五庚，而元世祖以是年即位，希夷所謂「怕聽五更頭」也。越十七年，遂以亡國。乃從世祖至元元年，歷仁宗延祐七年，又得庚申，則六庚也。而庚申君適以是生。《鮚埼亭集》外編卷四十二。

宋太宗

1　見張永德4。

2　見宋太祖28。

3　太祖征李筠，以太宗爲大内都點檢。汴民驚曰：「點檢作天子矣，更爲一天子地邪！」《楓窗小牘》卷上。《宋稗類鈔》卷一。

4　宋太宗未登極時，嘗與趙普同坐，而己處其下。陳希夷至，執普手起曰：「爾紫微垣小星，豈可壓帝座邪！」先是藝祖嘗召希夷赴闕，一日使往相晉王，即太宗，先封晉王，希夷及門，不見晉王而返。太祖曰：「汝見晉王乎？」對曰：「未也。」上曰：「何爲遽返？」對曰：「臣至晉王之門，見王之厮役皆侯王將相也，以是知王當他日必爲太平天子，又何必見王而後始返耶！」《湖海新聞夷堅續志》前集卷一。

5 見宋太祖164。

6 見宋太祖165。

7 見宋太祖166。

8 見宋太祖128。

9 見宋太祖129。

10 太宗初即位，幸左藏庫，視其儲積，語宰相曰：「此金帛如山，用何能盡？先皇居常焦心勞慮，以經費爲念，何其過也！」薛居正等聞上言，皆喜。其後征晉陽，討幽薊，歲遣戍邊，用度寖廣，鹽鐵榷酤，關市礬茗之禁彌峻。太宗嘗語近臣曰：「俟天下無事，當盡蠲百姓租稅。」終以多故，不果。《楊文公談苑》。《宋朝事實類苑》卷二。

11 太宗始嗣位，思有以帖服中外。一日，輦下諸肆有爲丐者不得乞，因倚門大罵爲無賴者。主人遜謝，久不得解。即有數十百衆，方擁門聚觀，中忽一人躍出，以刀刺丐者死，且遺其刀而去。會日已暮，追捕莫獲。翌日奏聞，太宗大怒，謂是猶習五季亂，乃敢中都白晝殺人。即嚴索捕，期在必得。有司懼罪，久之，迹其事，是乃主人不勝其忿而殺之耳。獄將具，太宗喜曰：「卿能用心若是，雖然，第爲朕更一覆，毋枉焉。且攜其刀來。」不數日，尹再登對，以獄詞并刀上。太宗問：「審乎？」曰：「審矣。」於是太宗顧旁小内侍：「取吾鞘來。」小内侍唯命，即奉刀内鞘中。因拂袖而起入，曰：「如此，寧不妄殺人？」《鐵圍山叢談》卷一。《宋稗類鈔》卷一。

12 太宗將討太原，選軍中驍勇趫捷者數百人，教以舞劍，皆能擲劍高丈餘，袒裼跳躍，以身左右承之，妙絶無比，見者莫不震懼。會北戎使至，宴便殿，因令劍舞者數百人，科頭露股，揮劍而入，跳擲承接，霜鋒雪刃，飛舞滿空。戎使懼形於色，淮海國王錢俶等驚懼不敢仰視。俶言於上曰：「此《尚書》所謂『如熊如羆，如虎如貔』者也。」上甚悦，及親征，每巡城督戰，必令前導逞技，賊乘城望之，破膽。《楊文公談苑》。《宋朝事實類苑》卷二。

13 太宗征太原，行次澶淵，有太僕寺丞宋捷者，掌出納行在軍儲，迎謁道左。太宗見其姓名，喜，以爲我師有必捷之兆。車駕將至，令語攻城諸將曰：「我端午日當置酒高會於太原城中。」至癸未，繼元降，乃五月五日也。《宋朝事實類苑》卷二。

14 太宗親征北虜，師還，途中御製詩有「鑾輿臨紫塞，朔野凍雲飛」。遂令何蒙進《鑾輿臨塞賦》、《朔雲飛》詩，召對嘉賞，授贊善。詩有「塞日穿痕斷，邊雲背影飛。縹緲隨黄屋，陰沈護御衣」。俄一縣尉宋捷者，庸督護輦道，倚其姓名之讖，旋搆一官。因而章疏歌頌，雜進不已，諸科亦扣行在，乞免文解，其表面籤題云：「進上官家趙。」浼瀆旒扆，有司亟請隨駕至銀臺。應奏御文字，先經本臺封駁，方進，因而少戢。《玉壺清話》卷八。《宋朝事實類苑》卷三十九。

15〔神宗〕一日語及北虜事，曰：「太宗自燕京城下軍潰，北虜追之，僅得脱。凡行在服御寶器盡爲所奪，從人宫嬪盡陷没。股上中兩箭，歲歲必發。其棄天下，竟以箭瘡發云。」《默記》卷中。

16 見寶㑩1。

17 太宗鋭意文史，太平興國中，詔李昉、扈蒙、徐鉉、張洎等門類群書爲一千卷，賜名《太平御覽》。又詔昉等撰集野史爲《太平廣記》五百卷；類選前代文章爲一千卷，曰《文苑英華》。太宗日閲《御覽》三卷，因事有闕，暇日追補之，嘗曰：「開卷有益，朕不以爲勞也。」《澠水燕談録》卷六。《宋朝事實類苑》卷二。

18 太宗詔諸儒編故事一千卷，曰《太平總類》；文章一千卷，曰《文苑英華》；小説五百卷，曰《太平廣記》；醫方一千卷，曰《神醫普救》。《總類》成，帝日覽三卷，一年而讀周，賜名曰《太平御覽》。《楊文公談苑》。《春明退朝録》卷下。《宋朝事實類苑》卷二。

19 太平興國中，諸降王死。其舊臣或宣怨言，太宗盡收用之，寘之館閣，使修群書，如《册府元龜》、《文苑英華》、《太平廣記》之類，廣其卷帙，厚其廪禄贍給，以役其心，多卒老於文字之間云。《揮麈後録》卷一。《宋稗類鈔》卷一。

20 帝語宰相曰：「史館所修《太平總類》，自今日進三卷，朕當親覽。」宋琪曰：「陛下好古不倦，觀書爲樂，然日閲三卷，恐至罷倦。」帝曰：「朕性喜讀書，開卷有益，每見前代興廢，以爲鑑戒，雖未能盡記其未聞未見之事，固以多矣。此書千卷，朕欲一年讀徧，因思好學之士，讀萬卷書，亦不爲難。大凡讀書，須性所好，若其不好，讀亦不入。昨日讀書從巳至申，有鸛飛上殿砌，至罷方去。」左右曰：「昔楊震講學，有鸛銜鱣墜堂下，亦此類也。」《宋朝事實類苑》卷二引《帝學》。《樵書》二編卷十。

21 見田錫2。

22 見寇準12。

23 見寇準17。

24 兖王宫翊善姚坦，好直諫。王嘗作假山，所費甚廣，既成，召其屬置酒共觀之，衆皆褒歎其美，坦獨俛首不觀。王强使視之，坦曰：「但見血山耳，安得假山？」王驚問其故。坦曰：「在田舍時，見州縣督税，上下相驅峻急，里胥臨門捕人父子兄弟，送縣鞭笞，血流身，愁苦不聊生。此假山皆民租税所爲，非血山而何？」是時太宗亦爲假山，亟命毁之。王每有過失，坦未嘗不盡言規正，宫中自王以下，皆不喜。左右乃教王詐稱疾不朝，太宗日使視之，逾月不瘳，上甚憂之，召王乳母入宫，問王疾增損狀，乳母曰：「王本無疾，徒以翊善姚坦檢束，王居曾不得自便，王不樂，故成疾耳。」上怒曰：「吾選端士爲王僚屬者，固爲輔佐王爲善耳。今王不能用規諫，而又詐疾，欲使朕逐去正人以自便，何可得也！且王年少，未知出此，必爾輩爲之謀耳。」因命捽至後園，杖之數十。召坦，慰諭之曰：「卿居王宫，爲群小所嫉，大爲不易。卿但能如此，毋患讒言，朕必不聽。」田錫好直諫，太宗或時不能堪，錫從容奏曰：「陛下日往月來，養成聖性。」上説，益重之。《宋朝事實類苑》卷二引《三朝聖政録》。《涑水記聞》卷二。參見宋真宗7。

25 見張齊賢7。

26 登州海岸林中，常有鶻，自高麗一夕飛度海岸，未明至者絶俊，號曰「海東青」。淳化中，夏帥趙保忠得獻上，上報曰：「朕久罷畋游，盡放鷹犬，無所事此，今却以賜卿，當領之也。」《楊文公談苑》。《宋朝事實類苑》卷二。

27 見蘇易簡7。

28 孫何榜，太宗皇帝自出試題《巵言日出賦》，顧謂侍臣曰：「比來舉子浮薄，不求義理，務以敏捷相尚，今此題淵奥，故使研窮意義，庶澆薄之風可漸革也。」語未已，錢易進卷子，太宗大怒，叱出之，自是科場不開者十年。《東軒筆録》卷一。

29 淳化三年九月，太宗幸新修秘閣，帝登閣觀群書整齊，喜形于色，謂侍臣曰：「喪亂以來，經籍散失，周孔之教，將墜于地，朕即位之後，多方收拾，抄寫購募，今方及數萬卷，千古治亂之道，並在其中矣。」即召侍臣，賜坐命酒，仍召三館學士預焉。日晚還宫，顧昭宣使王繼恩曰：「亦可召傅潛、戴興，令至閣下恣觀書籍，給御酒，諸將飲宴。」潛等皆典禁兵，帝欲其知文儒之盛故也。《宋朝事實類苑》卷二引《蓬山志》。

30 淳化四年五月，命張洎、錢若水爲學士，赴之日，太宗謂近臣曰：「學士之職，清切貴重，非它官可比，朕嘗重此官。」《宋朝事實類苑》卷二十九。

31 太宗留心政事，淳化五年，自署一幅云：「勤公潔己，奉法除姦，惠愛臨民，始可稱良吏。本官有俸，並給見緡。」凡手札三十餘通。命有司擇京朝官之有課最者賜之。殿中丞李虚己以循良清白預其選，得知遂州。虚己作叙感詩以獻，自陳祖母年八十餘，喜聞其孫中循吏之目。上喜甚，批紙尾云：「吾真得良二千石矣。」賜錢五十萬以遺祖母。翌日對宰相言及之，云：「已與五十緡。」宰相曰：「前日所賜蓋五百緡。」上曰：「此誤也，不可以追改。」虚己父寅，舉進士，年六十餘，以母老，求致仕，得著作佐郎，有詞學，清苦。虚己亦純學篤慎，家極貧，雖至尊之誤筆，乃天之所賜，如郭巨得金、黄尋飛錢之比歟？然自是詔閤門，不得受群臣詩賦雜文之獻，欲自薦者，授文于中書，宰臣第其臧否上之。《楊文公談苑》。《宋朝事實類苑》卷二。

32 太宗淳化五年《日曆》載，上謂侍臣曰：「聽斷天下事，直須耐煩，方盡臣下之情。昔莊宗可謂百戰得中原之地，然而守文之道，可謂懵然矣。終日湛飲，聽鄭衛之聲，與胡家樂合奏，自昏徹旦，謂之聒帳。半酣之後，置畎酒篦，沈醉射弓，至夜不已，招箭者但以物擊其銀器，聲言中的。與俳優輩結十弟兄，每略與近臣商議事，必傳語伶人，敘相見遲晚之由。縱兵出獵，涉旬不返。於優倡猱雜之中，復自矜寫《春秋》，不知當時刑政如何也！」蘇易簡書於《時政》曰：「上自潛躍以來，多詳延故老，問以前代興廢之由，銘之於心，以爲鑑戒。」上來數事，皆史傳不載，秉筆之臣，以記録焉。《楊文公談苑》。《宋朝事實類苑》卷二。

33 見寇準 21、22。

34 至道初，李繼遷遣其大校張浦入貢。上御便殿，召衛士數百輩，習射御前，所挽弓皆一石五斗以上。先是，賜繼遷一弓，皆一石六斗，繼遷但以朝廷威示戎虜，謂非人力所能挽，至是，衛士皆引滿平射，有餘力。上問浦：「戎人敢敵否？」浦曰：「蕃部弓弱矢短，但見此長大，固已逃遁，豈敢拒敵？」上悦，後以浦爲鄭州防禦使，留京師。《楊文公談苑》。《宋朝事實類苑》卷二。

35 至道二年夏，大旱，遣中使分詣五嶽祈雨，學士草祝，上自書名，隨其方設香，再拜而遣之。王禹偁時在翰林，上言：「五嶽視三公，從前祝版御署，已踰禮典，固無君上親書之理。」上署之紙尾云：「昔成湯剪爪斷髮，禱桑林之社，尚無愛，矧爲百姓請命，豈於筆札而有所惜哉？」《楊文公談苑》。《宋朝事實類苑》卷二。

36 見張洎 5。

37 見張洎9。

38 見錢若水11。

39 故錢侯若水言，至道中，嘗知樞密，太宗嘗召至玉華殿議邊事，議既定，向敏中取紙筆將批之，上曰：「卿大臣，不當自作文。李揆在外否？」即召入，授其意，令具草之。揆，副承旨也。《楊文公談苑》。《宋朝事實類苑》卷二。

40 真宗在儲貳時，忽一日，因乘馬出至朱雀門外。方辰時，有大星落于馬前，迸裂有聲。真宗回東宮，驚懼，時召司天監明天之文者詢之，云：「不干皇太子事，不煩憂慮，自是國家災，五年方應。」至第五年，果太宗晏駕。《丁晉公談録》。

41 太宗改元太平興國，識者謂「太平」字，「一人六十」也，太宗壽六十九，中間歲内改元，亦叶其數。《楊文公談苑》。

42 太宗御厩一馬號「碧雲霞」，折德扆獲之於燕澗，因貢焉。口角有紋如碧霞，夾於雙勒。圉人飼秣，稍跛倚失恭，則蹄齧吼噴，怒不可解。從征太原，上下岡阪，其平如砥，下則伸前而屈後，登高則能反之。太宗甚愛，上樽餘瀝，時或令飲，則嘶鳴喜躍。後聞宴駕，悲顇骨立，真宗遣從皇轝於熙陵，數月遂斃。詔令以敝幃埋桃花犬之旁。《玉壺清話》卷八。

43 淳化中，合州貢桃花犬，甚小而性急，常馴擾於御榻之側。每坐朝，犬必掉尾先吠，人乃肅然。太宗不豫，此犬不食。及上仙，號呼涕泗瘦瘠。章聖初即位，左右引令前導，嗚吠徘徊，意若不忍。章聖令諭以奉陵，即揺尾飲食如故。詔造大鐵籠施素裀，置鹵簿中，行路見者流涕。《古今詩話》。《詩話總龜》前集卷一。《宋詩紀事》卷二。

44 太宗一日謂宰輔曰：「朕如何唐太宗？」衆人皆曰：「陛下堯、舜也，何太宗可比？」丞相文正公李昉獨無言，徐誦白樂天詩云：「怨女三千放出宮，死囚八百來歸獄。」太宗俯躬曰：「朕不如也。」《邵氏聞見録》卷六。《東都事略》卷三十二。《宋名臣言行録》前集卷一引《掇遺》。《何氏語林》卷十三。《堯山堂外紀》卷四十二。《宋稗類鈔》卷三。

45 太宗游金明池，令村田老婦數十輩，升殿布席而坐，因問民間疾苦。婦人直盡説田家所苦，民里所患。上采納，皆賜金退。《類説》卷十九引《三朝聖政録》。

46 見謝泌1。

47 太宗志奉釋老，崇飾宫廟。建開寶寺靈感塔以藏佛舍利，臨瘞爲之悲涕。興國寺搆二閣，高與塔侔，以安大像。遠都城數十里已在望，登六七級方見佛腰腹，佛指大皆合抱，觀者無不駭愕。兩閣之間通飛樓爲御道。麗景門内創上清宫，以尊道教，殿閣排空，金碧照耀，皆一時之盛觀。自景祐初至慶曆中，不十年間，相繼災燬，畧無遺焉。有爲之福，如是其效乎？《儒林公議》。

48 太宗詔作上清宫，謂左右曰：「朕在藩時，太祖特鍾友愛，賞賚不可勝紀，今悉貿易以作一宫，爲百姓請福，不令費庫物。」王沔曰：「土木之作，必有勞費，不免取百姓脂膏耳。」上嘿然。既營繕，命中人董役，役夫常不滿三千人，三司率多移撥三五百人給它作。中人言於上，上曰：「有司所須之人，皆要切，汝當自與計議圓融，勿令有妨。」既而數年功不就，言事者多指之，遂令罷役。歲餘，内道場與道流言及之，上即令出南宫舊金銀器數萬兩，鬻於市以給工錢，訖其役。宫成，常服一詣，焚香而已。《楊文公談苑》。《宋朝事實類苑》卷二。

49 太宗皇帝一日幸相國寺，見僧看經，問曰：「是甚麽經？」僧曰：「《仁王經》。」帝曰：「既是寡人經，因甚却在卿手裏？」僧無對。幸開寶塔，問僧：「卿是甚人？」對曰：「塔主。」帝曰：「朕之塔，爲甚麽卿作主？」僧無對。《五燈會元》卷六。

50 江東有僧詣闕，乞修天台國清寺，且言，如寺成，願焚身以報。太宗從之，命中使衛紹欽督役，戒之曰：「了事了來。」紹欽即與俱往，不日告成。紹欽積薪如山，驅使入火，僧哀鳴，乞回闕下面謝皇帝，而後自焚。紹欽怒，以叉叉入烈焰，僧宛轉悲號而絶。歸奏太宗曰：「臣已了事。」太宗頷之。《燕翼詒謀録》卷二。

51 太宗崇尚節儉，退朝，服華陽巾，布褐細修，内服惟絁。嘗取金銀器皿奇巧者悉毁之，主藏吏曰：「製作精妙，留以供御。」上曰：「汝以奇巧爲貴，我以慈儉爲寶。」《類説》卷十九引《三朝聖政録》。

52 宋太宗服麻縷布裳，不用黄金裝肩輿。《古事比》卷四十二。

53 太宗志遵儉謹，每居内，服澣濯之衣，或有穿者，則命紉補以進。《國老談苑》卷一。

54 太宗嘗冬月命徹獸炭，左右或啓曰：「今日苦寒。」上曰：「天下民困，是寒者衆矣，朕何獨温愉哉？」《國老談苑》卷一。《昨非庵日纂》二集卷十一。

55 太宗一日寫書，筆滯，思欲滌硯中宿墨。顧左右咸不在，因自俯銅池滌之。既畢，左右方至，上徐顧曰：「爾輩何處來？」《國老談苑》卷一。《昨非庵日纂》二集卷十。

56 〔太宗〕知人，不但灼見其賢否，其榮悴、壽夭皆莫逃于一目。嘗顧錢若水，謂左右曰：「若水風骨秀邁，神仙姿格，苟用之則才力有餘，朕只疑其算部促隘，若至大用，恐愈迫之。」至道初，爲同知樞密院事，後知并州，薨年方四十四。賈黃中罷參知政事，知襄州，上言母老乞留京師。太宗謂侍臣曰：「朕念黃中憂畏，必先其母老矣。」因曰：「蘇易簡之母亦如之。」暨黃中卒，母果無恙。《雲谷雜紀》卷三。

57 賈黃中，字媧民，滄州人，耽之四代孫。太宗時，以給事中參知政事，召見其母王氏，命坐，與語曰：「教子如此，今之孟母矣。」因賦詩美之。未幾，罷知澶州，太宗戒之曰：「小心翼翼，君臣皆當如此，太過則失大臣之禮。」太宗謂其母有賢德，年七十餘未衰，與之語甚明敏，因謂近臣曰：「黃中多憂畏，必先其母死。」及其卒，母尚無恙。《宋朝事實類苑》卷二引《范蜀公蒙求》。

58 見蘇易簡14。

59 賈黃中爲禮部侍郎兼起居監察，中風眩卒。太宗悼惜之，切責諸醫，大搜京城醫工，凡通《神農本草》、《黃帝難經》、《素問》及善針灸藥餌者，校其能否，以補翰林醫學及醫官院祗候。《宋朝事實類苑》卷四十八。

60 太宗善望氣。一歲春晚，幸金明，回蹕至州北合懽拱聖營，雨大下。時有司供擬無雨仗，因駐蹕幬門以避之，謂左右曰：「此營他日當出節度使二人。」蓋二夏昆仲守恩、守贇在營方丱，後侍真廟於藩邸，當龍飛，二公俱崇高。後守恩爲節度使，守贇知樞密院事，終於宣徽南、北院使。《湘山野録》卷中。

61 太宗退朝，常以經籍自娱，所閱之策，以帕裹，小黃門持之。巡行殿籞，畢以爲從，藥糊之須，率皆副焉。又以柏爲界尺，長數寸，謂之隔筆簡。每御製，或飛宸翰，則用以鎮所臨之紙。《國老談苑》卷一。參見宋太祖157。

62 太宗皇帝既輔藝祖皇帝創業垂統，暨登寶位，尤留意斯文。每進士及第，賜聞喜宴，必製詩賜之，其後累朝遵爲故事。宰相李昉，年老罷政居家，每曲宴，必宣赴坐。昉獻詩曰：「微臣自愧頭如雪，也向鈞天侍玉皇。」上俯和曰：「珍重老臣純不已，我慚寡昧繼三皇。」時皆榮之。蘇易簡在翰林，一日，上召對賜酒，謂之曰：「君臣千載遇。」易簡應聲曰：「忠孝一生心。」吕端參知政事，上日宴後苑釣魚，賜之詩，斷句曰：「欲餌金鈎殊未達，磻溪須問釣魚人。」端賡以進曰：「愚臣鈎直難堪用，宜問濠梁結網人。」既而端遂拜相。君臣會遇，形於賡詠，此與唐虞賡載，事雖異而同也。《庚溪詩話》卷上。《中山詩話》。《古今詩話》。《宋詩紀事》卷一。

63 太宗朝，趙昌國者，自陳乞應百篇舉。帝親出五言四句爲題，云：「秋風雪月天，花竹鶴雲煙。詩酒春池雨，山僧道柳泉。」凡二十字，字爲五篇，篇四韻。至晚，僅能成數篇，辭意無足取，亦賜及第，用勸學者。《澠水燕談録》卷六。

64 太宗朝，有王著學右軍書，深得其法，侍書翰林。帝聽政之餘，留心筆札，數遣内侍持書示著，著每以爲未善，太宗益刻意臨學。又以問著，對如初。或詢其意，著曰：「書固佳矣，若遽稱善，恐帝不復用意。」其後，帝筆法精絶，超越前古，世以爲由著之規益也。《澠水燕談録》卷七。《宋朝事實類苑》卷十七。參見王著1。

65 太宗善飛白，其字大者方數尺，善書者皆伏其妙。又小草特工，語近臣曰：「朕君臨天下，亦何事筆硯？但心好之，不能捨耳。江東人多稱能草書，累召詰之，殊未知向背，但填行塞白，裝成卷帙而已。

小草字學難究，飛白筆勢難工，吾亦恐自此廢絶矣。」以數十軸藏於秘府。《楊文公談苑》。《宋朝事實類苑》卷二。

66 太宗訪鍾、王之迹，御筆飛動，乃召書史之有格性者置於便殿，授以筆法，覘其有成，各賜銀章象笏，令入翰林院充待詔書詔。自是，四海之内，咸識禁中之墨妙焉。《錦繡萬花谷》前集卷十一引《澠水燕談録》。

67 太宗每當暑月，御書團扇，賜館閣學士。《宋朝事實類苑》卷二十四引《蓬山志》。

68 見蘇易簡5。

69 太宗留意字書。淳化中，嘗出内府及士大夫家所藏漢、晉以下古帖，集爲十卷，刻石於祕閣，世傳爲「閣帖」是也。中間晉、宋帖多出王貽永家。《石林燕語》卷三。

70 見宋真宗61。

71 太宗當天下無事，留意藝文，而琴棋亦皆造極品。時從臣應制賦詩皆用險韻，往往不能成篇；而賜兩制棋勢，亦多莫究所以，故不得已，則相率上表乞免和，訴不曉而已。王元之嘗有詩云：「分題宣險韻，翻勢得仙棋。」又云：「恨無才應副，空有表虔祈。」蓋當時事也。《石林燕語》卷八。《宋詩紀事》卷一。

72 太宗萬幾之暇，留心弈棋，自製三勢。一曰對面千里勢，二曰天鵝獨飛勢，三曰海底取明珠勢。一時近臣，例以棋圖頒賜。故王元之詩云：「太宗多材復多藝，萬幾餘暇翻棋勢。對面千里爲第一，獨飛天鵝爲第二。第三海底取明珠，三陣堂堂皆御製。中使宣來賜近臣，天機祕密通鬼神。」所以紀其事也。《能改齋漫録》卷十一。《宋稗類鈔》卷七。

73 太宗作弈棋三勢，使内侍裴愈持以示館閣學士，莫能曉者。其一曰獨飛天鵝勢，其二曰對面千里勢，其三曰大海取明珠勢，皆上所製。上親指授，諸學士始能曉之，皆歎伏神妙。前後待詔等衆對弈，多能覆局，爲圖于祕閣。《楊文公談苑》。《宋朝事實類苑》卷二。

74　太宗棋品至第一，待詔有賈玄者，臻于絶格，時人以爲王積薪之比也。楊希紫、蔣元吉、李應昌、朱懷璧亦皆國手，然非玄之敵。玄嗜酒，病死，上痛惜之。末年得洪州人李仲玄，年甚小，而棋格絶勝，可侔於玄，歲餘亦卒。朝臣有潘慎修、蔣居才，亦善棋，至三品。内侍陳好玄至第四品，多得侍棋。自玄而下，皆受三道，慎修受四道，好玄受五道。慎修嘗獻詩云：「如今樂得仙翁術，也怯君王四路饒。」又作《棋説》千餘言以獻，上喜歎之，皆涉治道。《楊文公談苑》。《宋朝事實類苑》卷五十。

75　太宗喜弈棋，諫臣有乞編竄棋待詔賈玄於南州者。且言玄每進新圖妙勢，悦惑明主，而萬機聽斷，大致壅遏，復恐坐馳睿襟，神氣鬱滯。上謂言者曰：「朕非不知，聊避六宫之惑耳。卿等不須上言。」《湘山野録》卷中。《宋朝事實類苑》卷二。《孔氏談苑》卷四。

76　太宗作九絃琴、七絃阮。嘗聞其琴，蓋以宫絃加廿絲，號爲大武，宫絃減廿絲，號爲小武；其大絃下宫徽之一徽定其聲，小絃上宫徽之一徽定其聲。太宗嘗酷愛宫詞中十小調子，乃隋賀若弼所撰，其聲與意及用指取聲之法，古今無能加者。十調者：一曰《不博金》；二曰《不換玉》；三曰《夾泛》；四曰《越溪吟》；五曰《越江吟》；六曰《孤猿吟》；七曰《清夜吟》；八曰《葉下聞蟬》；九曰《三清》；外一調最優古，忘其名，琴家祗命曰《賀若》。太宗嘗謂《不博金》、《不換玉》二調之名頗俗，御改《不博金》爲《楚澤涵秋》，《不換玉》爲《塞門積雪》。命近臣十人各探一調撰一辭，蘇翰林易簡探得《越江吟》，曰：

「神仙神仙瑶池宴。片片。碧桃零落春風晚。翠雲開處，隱隱金輦挽。玉鱗背冷清風遠。」文瑩京師遍尋琴、阮，待詔皆云七絃阮、九絃琴藏秘府，不得見。《續湘山野録》。《宋朝事實類苑》卷二。

77 太宗時得巧匠，因親督視於紫雲樓下，造金帶，得三十條，匠者爲之神耗而死。於是獨以一賜曹武穆彬，其一太宗自御，其後隨入熙陵，而曹氏所賜帶，則莫知何往也。餘二十八條，命貯之庫，號鎮庫帶焉。後人第徒傳其名，而宗戚群璫閒一有服金帶異花精緻者，人往往輒指曰：「此紫雲樓帶。」其實非也。《鐵圍山叢談》卷六。

78 宋人畫《熙陵幸小周后圖》，太宗頭戴幞頭，面黔色而體肥，器具甚偉。周后肢體纖弱，數宫人抱持之，周作蹙額不能勝之狀。……有元人馮海粟學士題云：「江南剩得李花開，也被君王强折來。怪底金風衝地起，御園紅紫滿龍堆。」蓋指靖康之辱，以寓無往不復之旨。《萬曆野獲編》卷二十七。

79 姚叔祥《見只編》云：余嘗見吾鹽名手張紀臨元人宋太宗强幸小周后粉本。后戴花冠，兩足穿紅襪，襪僅至半脛耳。裸身憑五侍女，兩人承腋，兩人承股，一人擁臂後，身在空中。太宗以身當后，后閉目轉頭，以手拒太宗頰。有元人題上云：「江南剩得李花開，也被君王强折來。怪底金風衝地起，禁園紅紫滿龍堆。」蓋以靖康爲報也。《樵書》二編卷九。

宋真宗

1 太宗八子，真宗爲第三，已封壽王。詔一異僧忘其名入禁中，遍相諸王，已見七王矣，惟真廟時方寢息，未得見之。僧奏曰：「遍觀諸邸，皆不及壽王者。」上曰：「卿未見，安得知？」僧曰：「見三僕立其門，皆將相材器，其僕既爾，主可知矣。」三僕者，乃張相耆、楊相崇勳、郭太尉承祐。《宋朝事實類苑》卷四十八。《孔氏談苑》卷四。

2 太宗以元良未立，雖意在真宗，尚欲遍知諸子，遂命陳摶歷抵王宮，以相諸王。摶回奏曰：「壽王真他日天下主也。臣始至壽邸，見二人坐於門，問其姓氏，則曰張旻、楊崇勳，皆王左右之使令者。然臣觀二人，他日皆至將相，即其主可知矣。」太宗大喜，是時真宗爲壽王。異日，張旻侍中，楊崇勳使相，皆如摶之相也。《東軒筆録》卷一。參見陳摶7。

3 見寇準21、22。

4 見李至1。

5 真宗居藩邸，升儲宮，命侍講邢昺説《尚書》凡八席，《詩》、《禮》、《論語》、《孝經》皆數四。既即位，咸平辛丑至天禧辛酉二十一年之間，雖車輅巡封，遍舉曠世闊典，其間講席歲未嘗輟。至末年，詔直閣馮公元講《周易》，止終六十四卦，未及《繫辭》，以元使虜，遂罷。及元歸，清軀漸不豫。後仁宗即位半年，侍臣以崇政殿閣所講遺編進呈，方册之上，手澤凝籤，及細筆所記異義，歷歷盡在，兩宫抱泣於靈幄數日，命侍臣撰講席記。《湘山野録》卷中。

6 真宗在東宮，一日，太宗勗令學草書，乃再拜曰：「臣聞王者事業，功侔日月，一照使隱微盡曉。草書之蹟，誠爲祕妙，然達者蓋寡。儻臨事或誤，則罪有歸焉，豈一照之心哉！謹願罷之。」太宗大喜，顧謂之曰：「他日之英主也。」《國老談苑》卷一。

7 真宗在朱邸，時諸王競營假山。兖王山成，合宴以賞，真宗豫焉。酒方洽，王指謂侍讀姚坦曰：「是山崇麗乎？」坦曰：「聚血爾，何山之謂也？昔年夏侯嶠爲宛丘令，田賦充而遷，督刑之血，日沃于庭。此山之工，實倍彼賦，非聚血而何？」上不懌而輟宴，還第，乃去山爲壁，寫《儒行篇》。他日，對而命宴，坦叩頭謝曰：「非英賢何能及此！」太宗聞之，意有屬焉。《國老談苑》卷一。《紺珠集》卷十二。《類説》卷五十二。參見宋太宗24。

8 真宗判開封府，楊礪爲府寮；及登儲貳，因爲東宮官；即位，爲樞密副使。病甚，真宗幸其第問疾，所居在隘巷中，輦不能進。左右請還，上不許，因降輦，步至其第，存勞甚至。《涑水記聞》卷七。《宋朝事實類苑》卷七。

9 宋真宗方登極，有拆字者多驗，乃書一「朝」字，潛使人問之。其人曰：「十月十日生，恐是主上，便當朝也。」《湖海新聞夷堅續志》補遺。

10 真宗即位，每旦御前殿，中書、樞密院、三司、開封府、審刑院及請對官以次奏事。辰後入宫，上食。少時，出坐後殿，閲武事，至日中罷。夜則召侍讀、侍講學士詢問政事，或至夜分還宫。其後率以爲常。《涑水記聞》卷六。《宋朝事實類苑》卷三。

11 真宗初即位，以工部侍郎郭贄知天雄軍，贄自陳戀闕，泣下不肯去。真宗曰：「全魏重地，委任於卿，亦非輕也，宜亟去。」贄退，召輔臣問之，輔臣對以近例亦有已受命而復留者。曰：「朕初嗣位，命贄知大藩而不行，則何以使人？」卒遣之，群臣皆畏服。《宋朝事實類苑》卷三。《涑水記聞》卷六。

12 咸平初，修《太宗實録》，命錢若水主其事。若水舉給事中柴成務、起居舍人李宗諤、侍御史宗度洎予及職方員外郎吴淑。上指宗諤曰：「自太平興國八年已後，昉皆在中書日事。史策本憑直筆，儻子爲父隱，何以傳信於後代乎？」除宗諤不許，餘悉可之。《楊文公談苑》。《宋朝事實類苑》卷三。

13 見种放12。

14 見种放13。

15 見錢若水14。

16 石熙政知寧州，上言：「昨清遠軍失守，蓋朝廷素不留意。」因請兵三五萬。真宗曰：「西邊事，吾未嘗敢忘之，蓋熙政遠，不知耳。」周瑩等曰：「清遠失守，將帥不才也，而熙政敢如此不遜，必罪之。」上曰：「群臣敢言者亦甚難得。苟其言可用，用之；不可用，置之。若必加罪，後復誰有敢言者？」因賜詔書褒嘉焉。《涑水記聞》卷六。《宋朝事實類苑》卷三。

17 景德初，匈奴寇澶，車駕議幸。時曹武公瑋及秦翰爲澶駐泊，詔許便宜軍馬事，不由中覆。一將議曰：「威輅不過河則已，萬一渡橋，奈北澶州素不設備？」遂督士卒，深闊渠以遶城，遂開，旋以枯蒿雜草覆渠面，使虜不測其深淺。駕至澶，臣僚乞駐蹕澶南，宣靈誅以滅之可也。唯高殿前瓊力挽鑾駕以進，揚其聲曰：「儒人之言多二三，願陛下勿遲疑，不渡河無以安六軍之心。」御駕方渡橋，時士卒不山呼，左右頗異之。瓊曰：「乞急張黄屋，使遠邇認之。」既而果齊聲呼「萬歲」！士氣歡振。是夕，車駕次北澶，匈奴毳帳前一里，星殞如巨石，其聲嗚吼，移刻殆盡，此最爲澶淵之先吉也。《續湘山野録》。《宋朝事實類苑》卷三。

18 見寇準39。

19 樞密直學士劉綜出鎮并門，兩制、館閣皆以詩寵其行，因進呈。真宗深究詩雅，時方競務西崑體，磔裂雕篆，親以御筆選其平淡者，止得八聯。晁迥云：「夙駕都門曉，微涼苑樹秋。」楊億止選斷句：「關榆漸落邊鴻過，誰勸劉郎酒十分。」朱巽云：「塞垣古木含秋色，祖帳行塵起夕陽。」李維云：「秋聲和暮角，膏雨逐行軒。」孫僅云：「汾水冷光摇畫戟，蒙山秋色鎖層樓。」錢惟演云：「置酒軍中樂，聞笳塞上情。」都尉王貽永云：「河朔雪深思愛日，并門春暖詠甘棠。」劉筠云：「極目關山高倚漢，順風雕鶚遠凌秋。」上謂綜曰：「并門在唐世皆將相出鎮，凡抵治，遣從事者以題詠述懷寵行之句多寫於佛宫道院，纂集成編，目《太原事蹟》，後不聞其作也。」綜後寫御選句圖立於晉祠。《玉壺清話》卷一。《宋朝事實類苑》卷三十七。《詩話總龜》前集卷四十三。《宋詩紀事》卷六。

20 真宗景德年間，朝謁山陵，因詔異人，左右以賀蘭歸真聞。乃詔對，問曰：「知卿有點化術，可以言之。」奏曰：「臣請言帝王點化術，願以堯舜之道點化天下，以致太平。惟陛下用之。」《席上腐談》卷下。

21 見王欽若15。

22 見王欽若22。

23 見王欽若23。

24 真宗東封，命樞密使陳公堯叟爲東京留守，馬公知節爲大內都巡檢使。駕未行，宣入後苑亭中賜宴，出宫人爲侍。真宗與二公，皆戴牡丹而行。續有旨，令陳盡去所戴者。召近御座，真宗親取頭上一朵爲陳簪之，陳跪受拜舞謝。宴罷，二公出。風吹陳花一葉墮地，陳急呼從者拾來，此乃官家所賜，不可棄。置懷袖中。馬乃戲陳云：「今日之宴，本爲大内都巡檢使。」陳云：「若爲大内都巡檢使，則上何不親爲太尉戴花也？」二公各大笑。寇萊公爲參政，侍宴，上賜異花。上曰：「寇準年少，正是戴花喫酒時。」衆皆榮之。《能改齋漫録》卷十三。《宋稗類鈔》卷一。

25　大中祥符間，章聖祀汾陰，至泰山下，聚觀者幾數萬人，闐擁道路，警蹕不能進。上以詢左右，或云：「村民所畏者尉曹也，俾彈壓之。」即命亟召之。少焉，一緑衣少年躍馬疾馳而前，群氓大呼：「官人來矣！」奔走辟易而散。上笑云：「我不是官人邪？」《揮麈後録》卷五。

26　真宗皇帝祀汾而還，駕過伊闕，親灑宸翰，爲銘勒石。文不加點，群臣皆呼萬歲。《楓窗小牘》卷下。

27　真宗西祀回，召臣僚赴後苑，宣示御製《太清樓聚書記》、《朝拜諸陵因幸西京記》、《西京内東門彈丸壁記》，皆新製也。笑謂近臣曰：「雖不至精優，却盡是朕親撰，不假手於人。」語蓋旨在楊大年也。《歸田録》述之。《湘山野録》卷上。參見楊億30。

28　祥符中，封禪事竣，宰執對于後殿，真宗曰：「治平無事，久欲與卿等至一二處未能，今日可矣。」遂引群公及内侍數人入一小殿。殿後有假山甚高，而山面有洞，上既先入，復招群公從行。初覺暗甚，行數十步，則天宇豁然，千峰百嶂，雜花流水，盡天下之偉觀。少焉，至一所，重樓複閣，金碧照耀。有二道士，貌亦奇古，來揖上，執禮甚恭。上亦答之良厚。邀上主席，上再三遜讓，然後坐。群臣再拜，居道士之次。所論皆玄妙之旨，而肴醴之屬，又非人間所見也。鸞鵲舞于堂，笙簫振林木，至夕而罷。道士送上出門而别，曰：「萬機之暇，毋惜與諸公頻見過也。」復由舊路以歸。臣下因以請于上，上曰：「此道家所謂蓬萊三山者。」群臣惘然自失者累日，後亦不復再往。《投轄録》。《堅瓠餘集》卷三。

29 真宗皇帝東封西祀，禮成，海内晏然。一日，開太清樓宴親王、宰執，用仙韶女樂數百人。有司以宫嬪不可視外，於樓前起彩山幛之。樂聲若出於雲霄間者。李文定公、丁晉公坐席相對，文定公令行酒黄門密語晉公曰：「如何得倒了假山？」晉公微笑。上見之，問其故，晉公以實對。上亦笑，即令女樂列樓下，臨軒觀之，宣勸益頻，文定至霑醉。《邵氏聞見録》卷一。

30 陳文忠爲樞密，一日，日欲没時，忽有中人宣召，既入右掖，已昏黑，遂引入禁中，屈曲行甚久，時見有簾幃、燈燭，皆莫知何處。已而到一小殿，殿前有兩花檻，已有數人先至，皆立廷中，殿上垂簾，蠟燭十餘炬而已，相繼而至者凡七人。中使乃奏班齊，唯記文忠、丁謂、杜鎬三人，其四人忘之。杜鎬時尚爲館職。良久，乘輿自宫中出，燈燭亦不過數十而已。宴具甚盛，捲簾，令不拜，升殿就坐，御座設於席東，設文忠之坐于席西，如常人賓主之位，堯叟等皆惶恐不敢就位，上宣諭不已，堯叟懇陳自古未有君臣齊列之禮，至于再三。上作色曰：「本爲天下太平，朝廷無事，思與卿等共樂之。若如此，何如就外朝開宴？今日只是宫中供辦，未嘗命有司，亦不召中書輔臣，以卿等機密及文館職任侍臣無嫌，且欲促坐語笑，不須多辭。」堯叟等皆趨下稱謝。上急止之曰：「此等禮數，且皆置之。」堯叟悚慄危坐，上語笑極歡。酒五六行，膳具中各出兩絳囊置群臣之前，皆大珠也。上曰：「時和歲豐，中外康富，恨不得與卿等日夕相會。太平難遇，此物助卿等燕集之費。」群臣欲起謝。上云：「且坐，更有。」如是酒三行，皆有所賜，悉良金重寶。酒罷已四鼓，時人謂之「天子請客」。《夢溪筆談》卷二十五。《宋稗類鈔》卷一。

31 見王旦68。

32 祥符中，真宗卧疾，夢焦隱君而愈，詔封明應公。《樊榭山房集》卷六。

33 真宗晚年不豫，嘗對宰相盛怒曰：「昨夜皇后以下皆云，劉氏獨置朕於宮中。」衆知上眊亂誤言，皆不應。李迪曰：「果如是，何不以法治之？」良久，上寤，曰：「無是事也。」章獻在帷下聞之，由是惡迪。《涑水記聞》卷六。《宋名臣言行録》前集卷五。

34 真宗上仙，王文正公曾當國，建議以「天書本爲先帝而降，不當留在人間」。於是盡以葬於永定陵，無一字留者，文正之識慮微密皆如此。《東軒筆録》卷一。

35 章聖時，煉丹一爐，在翰林司金丹閣，日供炭五秤。至熙寧元年，猶養火不絶，劉袞延仲之父被旨裁減百司，此一項在經費之數，有旨罷之。《墨莊漫録》卷三。

36 真宗嘗謂李宗諤曰：「聞卿能敦睦宗族，不隕家聲，朕今保守祖宗基業，亦猶卿之治家也。」《涑水記聞》卷六。

37 見向敏中6。

38 真宗嘗諭宰臣一外補郎官，稱其才行甚美，俟罷郡還朝，與除監司。及還，帝又語及之。執政擬奏，將以次日上之，晚歸里第，其人來謁。明日，只以名薦奏，上默然不許。察所以，乃知已爲伺察密報矣。終真宗朝，其人不復進用。真宗惡人奔競如此。《澠水燕談録》卷一。《宋朝事實類苑》卷三。

39 秦國長公主嘗爲子六宅使世隆求正刺史，真宗曰：「正刺史繫朝廷公議，不可。」魯國長公主爲翰林醫官使趙自化求尚食使兼醫官院事，上謂王繼英曰：「雍王元份亦嘗爲自化求遥郡，朕以遥郡非醫官所領，此固不可也。」駙馬都尉石保吉自求見上，言僕夫盗財，乞特加重罪。上曰：「有司自有常法，豈肯以卿故亂天下法也？」又請於私第決罰，亦不許。《涑水記聞》卷六。《宋朝事實類苑》卷三。

40 見陳堯咨1。

41 真宗好文，雖以文辭取士，然必視其器識。每御崇政賜進士及第，必召其高第三四人並列於庭，更察其形神磊落者，始賜第一人及第。或取其所試文辭有理趣者。徐奭《鑄鼎象物賦》云：「足惟下正，詎聞公餗之欹傾；鉉乃上居，實取王臣之威重。」遂以爲第一。蔡齊《置器賦》云：「安天下於覆盂，其功可大。」遂以爲第一人。《歸田録》卷一。《宋朝事實類苑》卷三。《宋名臣言行録》前集卷五。《新編分門古今類事》卷七。

42 真宗好文，待遇學士尤重，王欽若召見最頻，其後晁迥、李宗諤、陳彭年、王曾、李維數人，皆被恩遇。惟演再入院，天禧四年間，屢蒙召對，或龍圖閣、滋福殿、承明殿，洎宣和門之北閣子，皆從容賜坐，移刻而出。其言議及奏對，此略而不書。又常令中使密至院門，詢吏云：「今日誰直？」然後召之。《宋朝事實類苑》卷七引《金坡遺事》。

43 真宗一日晚坐承明殿，召學士對，既退，中人就院宣諭曰：「朕適忘御袍帶，卿無訝焉。」學士將降謝，中人止之云：「上深自愧責，有旨放謝。」真宗禮遇詞臣厚矣。《澠水燕談録》卷一。《宋朝事實類苑》卷三。

44 見杜鎬7。

45 李侍讀仲容魁梧善飲，兩禁號爲「李萬回」。真廟飲量近臣無擬者，欲敵飲，則召公。公居常寡談，頗無記論，酒至酣，則應答如流。一夕，真宗命巨觥俾滿飲，欲劇觀其量，引數大醉，起，固辭曰：「告官家撤巨器。」上乘醉問之：「何故謂天子爲官家？」遽對曰：「臣嘗記蔣濟《萬機論》言三皇官天下，五帝家天下，兼三、五之德，故曰『官家』。」上甚喜。從容數杯，上又曰：「正所謂『君臣千載遇』也。」李亟曰：「臣惟有『忠孝一生心』。」縱冥搜不及於此。《湘山野録》卷下。《孔氏談苑》卷四。《青瑣高議》後集卷一。參見蘇易簡6。

46 晉公嘗云：居帝王左右，奏覆公事，慎不可觸機，繫於宸斷。所貴行事歸功恩於主上耳。嘗有一臣僚，判審刑院，因進呈一官員犯贓罪案。真宗方讀案，遲回間欲寬貸次，未有聖語。其判院輒便奏云：「此是魏振男。」因玆，真宗便赫怒云：「是魏振男便得受贓？便得爲不法？」拂下其案云：「依法正行。」遂處死。後來有一知院，因覩前車覆轍，每奏事，兢懼取進止。忽復有詞科臣僚犯贓罪案進呈，真宗問云：「如何？」遂奏云：「此人悉以當辜，聞説涕泣云：『玷陛下之與科名，孤陛下之所任使，更無面得見陛下，更無面得見朝廷。唯俟一死而已。』」真宗聞之，云：「特與貸罪安置。」《丁晉公談録》。

47 真宗禁銷金，自東封回，杜婕妤者，昭憲太后姪女，迎駕服之。真宗見之怒，送太和宮，令出家爲道士。是以天下無敢犯禁者。《説郛》卷二引《江鄰幾雜志》。

48 真宗時，京師民家子有與人鬬者，其母追而呼之，不從，母顛躓而死。會疏決，法官處其罪，當笞。上曰：「母言不從，違犯教令，當徒二年，何謂笞也？」群臣無不驚服。《涑水記聞》卷六。《宋朝事實類苑》卷三。

49 天禧中，有二人犯罪，法當死，真宗皇帝惻然憐之，曰：「此等安知法？殺之則不忍，捨之無以勵衆。」乃使人持去，笞而遣之，以斬訖奏。又祀汾陰日，見一羊自擲道左，怪問之，曰：「今日尚食殺其羔。」真宗慘然不樂，自是不殺羊羔。《東坡志林》卷二。《昨非庵日纂》一集卷十一。

50 真宗朝，嘗有兵士作過，於法合死，特貸命，於横門决脊杖二十改配。其兵士聲高叫喚乞劍，不伏决杖。從人把捉不得，遂奏取進止，傳宣云：「須决杖二十後，別取進止處斬。」尋决訖，取旨，真宗云：「此只是怕見喫杖後如此，既已決了，便送配所，更莫與問。」其寬恤如此。《丁晉公談録》。《昨非庵日纂》二集卷十一。

51 真宗朝，因宴，有一親事官失却金楪子一片。左右奏云：「且與決責。」上云：「不可。且令尋訪。」又奏云：「只與決小杖。」上云：「自有一百日限，若百日内尋得，只小杖亦不可行也。」《丁晉公談録》。

52 真宗深念稼穡，聞占城稻耐旱，西天菉豆子多而粒大，各遣使以珍貨求其種。占城得種二十石，至今在處播之。西天中印土得菉豆種二石，不知今之菉豆是否。始植於後苑，秋成日宣近臣嘗之，仍賜占稻及西天菉豆御詩。《湘山野録》卷下。

53 真宗天縱睿明，博綜文學，尤重儒術，凡侍從之臣每因賜對，未始不從容顧問。真宗善談論，雖造次應答，皆典雅有倫。當時儒學之士，擢爲侍從，則有終身不爲外官者。杜鎬以博學，尤承眷禮，晚年苦肺疾，累乞閑地，真宗不允，至數年加劇，又於便坐懇述。真宗曰：「卿自擇一人學術可以代卿者。」鎬於是薦戚綸以代，又逾年，未及得請而卒。《東軒筆録》卷一。

54 真宗喜談經，一日，命馮元談《易》，非經筵之常講也。謂元曰：「朕不欲煩近侍久立，欲於便齋亭閣選純孝之士數人，上直司人，便衮頂帽，橫經並坐，暇則薦茗果，盡笑談，削去進説之儀，遇疲則罷。」元薦查道、李虚己、李行簡三人者預焉。奏曰：「道，歙州人。母病，嘗思鱖羹，方冬無有市者，道泣禱河神，鑿冰脱巾，取得鱖魚果尺餘，以饋母。後舉賢良，入第四等。虚己母喪明，醫者曰：『浮翳泊睛，但舌舐千日，勿藥自瘳。』虚己舐睛三年，遂明。行簡父患癰極痛楚，以口吮其敗膏，不唾於地，父疾遂平。」真宗立召之，日俾陪侍，喜曰：「朕得朋矣。」《玉壺清話》卷二。《宋朝事實類苑》卷三。《仕學規範》卷六引《皇朝名臣四科事實》。

55 真宗聽政之暇，唯務觀書，每觀畢一書，即有篇詠，使近臣賡和，故有御製《看尚書詩》三章、《看春秋》三章、《看周禮》三章、《看毛詩》三章、《看禮記》三章、《看孝經》三章。復有御製《讀史記》三章、《讀前漢書》三首、《讀後漢書》三首、《讀三國志》三首、《讀晉書》三首、《讀宋書》二首、《讀陳書》二首、《讀魏書》三首、《讀北齊書》二首、《讀後周書》三首、《讀隋書》三首、《讀唐書》三首、《讀五代梁史》三首、《讀五代後唐史》三首、《讀五代晉史》二首、《讀五代漢史》二首、《讀五代周史》二首，可謂近代好文之主也。《青箱雜記》卷二。《宋朝事實類苑》卷三。《庚溪詩話》卷上。《宋詩紀事》卷一。

56 真宗忽一日於龍圖閣，諸侍讀、侍講學士、待制、直閣環侍，以問九經書並疏共多少卷數，侍講邢昺尚書而下俱不能對。《丁晉公談録》。

57 章聖講《周禮》，至典瑞有琀玉，問之何義。講官答曰：「人臣卒，給之琀玉，欲使骨不朽耳。」章聖曰：「人臣但要名不朽，何用骨爲？」《貴耳集》卷上。

58 張侍中耆與楊太尉崇勳、夏太尉守贇，俱緣藩邸致位使相。嘗因侍立，真宗謂曰：「知汝等好學，文筆甚善，吾當親爲教授。」張耆等拜于庭下，曰：「實臣等之幸也。」乃命張耆爲學長，張景宗觀察爲副學長，楊崇勳、夏守贇爲學察，安守中團練而下爲學生。帝授以《孝經》、《論語》，又教以虞世南字法，時以爲榮。《能改齋漫録》卷十三。

59 真宗詔諸儒編君臣事迹一千卷，曰《册府元龜》，不欲以后妃婦人等事廁其間，别有纂《彤管懿範》七十卷。又命陳文僖公裒歷代帝王文章爲《宸章集》二十五卷。復集婦人文章爲十五卷，亦世不傳。《春明退朝録》卷下。《宋朝事實類苑》卷三。

60 見丁謂70。

61 太宗善草、隸、行、八分、篆、飛白六體，皆極其妙，而草書尤奇絶。今上悉賂求編次，凡三十餘卷，以于闐玉、水晶、檀香爲軸，青紫綾摽文綿條，黄綃帕，金漆櫃，作龍圖閣於含元殿之西南隅以藏之。頻召近臣觀覽稱歎，上自作《太宗聖文神筆頌》，親書刻碑，以美其事。碑陰列其部袟名題，以墨本賜近臣焉。《楊文公談苑》。《宋朝事實類苑》卷三。

62 真宗宴近臣禁中，語及《莊子》，忽命呼秋水至，則翠環緑衣小女童也，誦《秋水》之篇，聞者莫不悚異。《江隣幾雜志》。《貴耳集》卷下。《東山談苑》卷六。

63 真廟朝寢殿側有古檜，秀茂不群，名「御愛檜」。然横礙殿簷，真皇意欲去之。一夕風雷轉摺其枝，因以爲瑞。《藏一話腴》甲集卷下。《樵書》初編卷一。

劉后

1 章獻明肅太后，成都華陽人。少隨父下峽至玉泉寺，有長老者善相人，謂其父曰：「君，貴人也。」及見后，則大驚曰：「君之貴以此女也。」又曰：「遠方不足留，盍游京師乎？」父以貧爲辭，長老者贈以中金百兩。后之家至京師，真宗判南衙，因張耆納后宫中。帝即位，爲才人，進宸妃，至正位宫闈，聲勢動天下。仁宗即位，以太皇太后垂簾聽政。玉泉長老者，已居長蘆矣。后屢召不至，遣使就問所須，則曰：「道人無所須也。玉泉寺無僧堂，長蘆寺無山門，后其念之。」后以本閣服用物下兩寺爲錢，以建長蘆寺臨江門，起水中。……今《玉泉寺僧堂梁記》曰后所建云。《邵氏聞見録》卷一。《群書類編故事》卷四。

2 宋章獻明肅皇后本成都之華陽人，家以播鼗爲業。隨父龔美游汴，過荆門，止玉泉寺，慕容禪師夜夢金剛報云：「明日女中天子過此。」因厚遇之，贈以金。時真宗尚爲壽王，居潛邸，知客張耆引后見王，王悦，遂納之。《湧幢小品》卷二十八。

3 章獻劉后本蜀人，善播鼗。蜀人宫美攜之入京。美以鍛銀爲業，時真宗爲皇太子，尹開封，美因鍛得見，太子語之曰：「蜀婦人多材慧，汝爲我求一蜀姬。」美因納后於太子，見之，大悦，寵幸專房。太子乳母惡之。太宗嘗問乳母：「太子近日容貌癯瘠，左右有何人？」乳母以后對，上命去之。太子不得已，置於殿侍張耆之家。耆避嫌，爲之不敢下直。未幾，太宗宴駕，太子即帝位，復召入宫。《涑水記聞》卷五。

4 宫美以鍛銀爲業，納鄰倡婦劉氏爲妻，善播鼗。既而家貧，復售之。張耆時爲襄王宫指使，言於王，得召入宫，大有寵。王乳母秦國夫人性嚴整，惡之，固令王斥去。王不得已，置於張耆家，以銀五挺與之，使築館居於外。徐使人請於秦國夫人，乃許復召入宫。美由是得爲開封府通引官，給事王宫。及王即帝位，劉氏爲美人，以其無宗族，更以美爲弟，改姓劉云。樂道父與張耆俱爲襄王宫指使，故得詳耳。《涑水記聞》卷六。

5 錢思公嫁女，令銀匠龔美打造裝奩器皿。既而美拜官，思公即取美爲妹婿，向所打造器皿歸美家。《東軒筆録》卷十五。《野客叢書》卷十一。《宋稗類鈔》卷一。

6 章獻明肅初自蜀中泛江而下，舟過真州之長蘆，有閩僧法燈者，築茅庵岸旁。燈一見，聽其歌聲，許以必貴，倒囊津置入京，繼遂遭際。及位長樂，燈尚在，后捐奩中百萬緡，命淮南、兩浙、江南三路轉運使創建大刹，工巧雄麗，甲于南北。俾燈住持，賜予不絶。李邯鄲爲之碑，至今存焉。《揮麈餘話》卷一。

7 見吕夷簡13。

8 章獻太后智聰過人。其垂簾之時，一日，泣語大臣曰：「國家多難如此，向非宰執同心協力，何以至此？今山陵了畢，皇親外戚各已遷轉推恩，惟宰執臣寮親戚無有恩澤。卿等可盡具子孫内外親族姓名來，當例外一一盡數推恩。」宰執不悟，于是盡具三族親戚姓名以奏聞。明肅得之，遂各畫成圖，粘之寢殿壁間。每有進擬，必先觀圖上，非兩府親戚姓名中所有者方除之。《默記》卷上。

9 明肅太后臨朝，襲真宗故事，留心庶獄，日遣中使至軍巡院、御史臺，體問鞫囚情節。又好問外事，每中使出入，必委曲詢究，故百官細微，無不知者。有孫良孺爲軍巡判官，喜詐僞，能爲朴野之狀。一日，市布數十端，雜染五色，陳於庭下。中使怪而問之，良孺曰：「家有一女，出適在近，與之作少衣物也。」

中使大駭，回爲太后言之，太后歎其清苦，即命厚賜金帛。京師人多賃馬出入，馭者先許其直，必問曰：「一去耶？却來耶？」苟乘以往來，則其價倍於一去也。良孺以貧，不養馬，每出，必賃之。一日將押大辟囚棄市，而賃馬以往，其馭者問曰：「官人將何之？」良孺曰：「至法場頭。」馭者曰：「一去耶？却來耶？」聞者駭笑。《東軒筆録》卷九。《宋朝事實類苑》卷六十五。

10 仁宗即位方十歲，章獻明肅太后臨朝。章獻素多智謀，分命儒臣馮章靖元、孫宣公奭、宋宣獻綬等采摭歷代君臣事迹，爲《觀文覽古》一書，祖宗故事爲《三朝寶訓》十卷，每卷十事。又纂郊祀儀仗爲《鹵簿圖》三十卷，詔翰林待詔高克明等繪畫之，極爲精妙，叙事於左，令傅姆輩日夕侍上展玩之，解釋誘進，鏤板於禁中。《揮麈後録》卷一。

11 〔劉〕燁登進士第，爲龍圖閣直學士、權開封府。明肅太后朝獨召對，后曰：「知卿名族十數世，欲一見卿家譜，恐與吾同宗也。」燁曰：「不敢。」后數問之，度不可免，因陛對，爲風眩仆而出。乞出知河南府。《邵氏聞見録》卷十六。

12 某公在章獻明肅后垂箔日，密進《唐武氏七廟圖》，后怒，抵之地曰：「我不作負祖宗事。」仁皇帝解之曰：「某欲但爲忠耳。」后既上賓，仁皇帝每曰：「某心行不佳。」後竟除平章事。《邵氏聞見後録》卷二十二。

13 明肅太后欲謁太廟，詔禮官草儀。時學臣皆以《周官》后服進議，佞者密請曰：「陛下垂簾聽大政，號兩宫，尊稱、山呼及輿御，皆王者制度，入太室豈當以后服見祖宗邪？」遂下詔服衮冕。諫疏交上，復宰臣執議，俱不之聽。不得已將誕告，賴薛簡肅公以關右人語氣明直，不文其談，簾外口奏曰：「陛下大謁之日，還作漢兒拜邪，女兒拜邪？」明肅無答，是夕報罷。《續湘山野録》。

14 見呂夷簡15。

15 章獻既没，或疑章懿之喪。仁皇遣李用和發其葬視之，容貌如生。使者馳入奏，仁皇於章獻神御前，焚香泣告曰：「自今大孃孃平生分明矣。」仁宗謂劉氏大孃孃，謂楊氏小孃孃。《龍川别志》卷上。《宋名臣言行録》前集卷六。

16 章獻屬疾，語于仁宗曰：「願與祖宗同日爲忌。」三月二十九日上仙，乃太宗大忌。後仁宗亦同。前爲翁婦，後爲母子，此亦國朝之異事。《貴耳集》卷中。

楊淑妃

1 上幼冲即位，章獻性嚴，動以禮法禁約之，未嘗假以顏色，章惠以恩撫之。上多苦風痰，章獻禁蝦蟹海物不得進御，章惠常藏弆以食之，曰：「太后何苦虐吾兒如此。」上由是怨章獻而親章惠，謂章獻爲大孃，章惠爲小孃。及章獻崩，尊章惠爲太后，所以奉事曲盡恩意。景祐中，薨，神主祔於奉慈廟。《涑水記聞》卷八。

李宸妃

1 章懿李后初在側微，事章獻明肅。章聖偶過閣中，欲盥手，后捧洗而前，上悦其膚色玉耀，與之言。

后奏：「昨夕忽夢一羽衣之士跣足從空而下云：『來爲汝子。』」時上未有嗣，聞之，大喜云：「當爲汝成之。」是夕召幸，有娠。明年誕育昭陵。昭陵幼年，每穿履襪，即亟令脱去，常徒步禁掖，宫中皆呼爲赤脚仙人。赤脚仙人，蓋古之得道李君也。《揮麈後録》卷一。《群書類編故事》卷四。

2 李太后始入掖庭，纔十餘歲，惟有一弟七歲，太后臨别，手結刻絲鞶囊與之，拍其背泣曰：「汝雖淪落顛沛，不可棄此囊，異時我若遭遇，必訪汝，以此爲物色也。」言訖，不勝嗚咽而去。後其弟傭於鑿紙錢家，然常以囊懸於胸臆間，未嘗斯須去身也。一日苦下痢，勢將不救，爲紙家棄於道左。有入内院子者，見而憐之，收養於家。恠其衣服百結，而胸懸鞶囊，因問之，具以告院子。院子愍然驚異，蓋嘗受旨於太后，令物色訪其弟也。復問其姓氏、小字、世系甚悉，遂解其囊。明日，持入示太后，及具道本末。是時太后封宸妃，時真宗已生仁宗皇帝矣，聞之悲喜，遽以其事白真宗，遂官之，爲右班殿直，即所謂李用和也。及仁宗立，太后上仙，謚曰章懿，召用和擢以顯官，後至殿前都指揮使，領節鉞，贈隴西郡王，世所謂李國舅者是也。《東軒筆録》卷二。《宋稗類鈔》卷三。

3 章懿李太后生昭陵，而終章獻之世，不知章懿爲母也。章懿卒，先殯奉先寺。昭陵以章獻之崩，號泣過度。章惠太后勸帝曰：「此非帝母，帝自有母宸妃李氏，已卒，在奉先寺殯之。」仁宗即以犢車亟走奉先寺。撤殯觀之，在一大井，上四鐵索維之。既啓棺，而形容如生，略不壞也。時已遣兵圍章獻之第矣，既啓棺，知非鴆死，乃罷遣之。《默記》卷上。

4 晏元獻公撰《章懿太后神道碑》，破題云：「五嶽峥嶸，崑山出玉；四溟浩渺，麗水生金。」蓋言誕育聖躬，實繫懿后。奈仁宗夙以母儀事明肅劉太后，膺先帝擁祐之託，難爲直致，然才者則愛其善比也。獨仁宗不悦，謂晏曰：「何不直言誕育朕躬，使天下知之？」晏公具以前意奏之。上曰：「此等事卿宜置之，區區不足較，當更别改。」晏曰：「已焚草於神寢。」上終不悦。迨升祔，二后赦文孫承旨抃當筆，協聖意直叙曰：「章懿太后丕擁慶羡，實生眇冲，顧復之恩深，保綏之念重。神馭既往，仙游斯邈。嗟乎！爲天下之母，育天下之君，不逮乎九重之承顔，不及乎四海之致養，念言一至，追慕增結。」上覽之，感泣彌月。明賜之外，悉以東宫舊玩密賚之。歲餘，參大政。《湘山野録》卷上。《西塘集耆舊續聞》卷五。

5 孫文懿公爲翰林學士，撰《進祔李太后赦文》曰：「章懿太后丕擁慶羡，實生眇冲，顧復之恩深，保綏之念重。神馭既往，仙游斯邈。嗟乎！爲天下之母，育天下之君，不逮乎九重之承顔，不及乎四海之致養，念言一至，追慕增結。」仁宗皇帝覽之，感泣彌月。公自此遂參大政。帝問文懿曰：「卿何故能道朕心中事？」公曰：「臣少以庶子不齒於兄弟，不及養母，以此知陛下聖心中事。」上爲之流涕。先是晏元獻公撰《章懿太后神道碑》曰：「五嶽峥嶸，崑山出玉；四溟浩渺，麗水生金。」蓋以明肅太后爲尊也。學士大夫嘉其善比，獨仁宗不悦。《邵氏聞見録》卷二。

宋人軼事彙編卷二

宋仁宗

1　仁皇帝誕降，章懿后榻下生靈芝，一本四十二葉，以應享國四十二年之瑞云。《邵氏聞見後録》卷一。《能改齋漫録》卷十八。《堯山堂外紀》卷四十五。《玉芝堂談薈》卷一。《堅瓠己集》卷四。

2　真宗久無嗣，用方士拜章至上帝所，有赤脚大仙微笑，上帝即遣大仙爲嗣。大仙辭之，帝曰：「當遣個好人去相輔贊。」仁宗在禁中未嘗鞋，惟坐殿方御鞋襪，下扆即去之。《養痾漫筆》。《貴耳集》卷中。

3　宋真宗無子，嘗於宫中祝天求嗣。上帝以問諸真，唯赤脚大仙一笑。既而宫人李氏誕生仁宗，既生，哭不止。真宗揭榜通衢，有能止太子啼哭者厚賞之。有道士至闕，言能止兒啼。真宗召入，以手撫之曰：「莫叫，莫叫，何似當初莫笑。」哭遂止。少時在宫中，所著鞋襪悉去之，禁中皆呼爲「赤脚仙人」。《堅瓠己集》卷四。《堯山堂外紀》卷四十五。

4　見李宸妃1。

5　仁宗在春宫，乘閑時畫馬爲戲，内臣多乞之。張文懿爲太子諭德，亦從乞之。上曰：「師父豈可與馬也？」乃大書「寅亮天地弼予一人」八字以遺之。文懿奏聞，内中交賀。要璫周懷政，上嘗戲爲哥哥，懷政走詣上乞書，上大書曰：「周家哥哥斬斬。」時以爲戲也。其後退傅三入中書爲相，懷政竟處極刑。《清虚雜著補闕》。

6 見楊淑妃1。

7 見程琳3。

8 仁宗嘗賜及第進士王堯臣等聞喜宴於瓊林苑，遣内侍賜以御詩，又各人賜《中庸》書一軸，自後遂以爲常。初，帝將以《中庸》賜進士，命輔臣録本，既上，使宰相張知白讀之，至修身治人之道，必命反復陳之，帝傾聽終篇，始罷。《遵堯録》卷四。

9 天聖七年，曹侍中利用因姪汭聚無賴不軌，獄既具，有司欲盡劾交結利用者。時憸人幸其便，陰以文武四十餘人諷之，俾深治。仁宗察之，急出手詔：「其文武臣僚，内有先曾與曹利用交結往還，曾被薦舉及嘗親暱之人，並不得節外根問。其中雖有涉汭之事者，恐或詿誤，亦不得深行鍛鍊。」其仁卹至此。是年，聖算方二十。《湘山野録》卷上。《宋朝事實類苑》卷五。

10 明道二年二月十一日，仁宗行籍田禮。就耕位，侍中奉耒進御，上搢圭秉耒三推，禮儀使奏禮成，上曰：「朕既躬耕，不必泥古，願終畝以勸天下。」禮儀使復奏，上遂耕十有二畦。翌日，作《籍田禮畢》詩賜宰臣已下和進，尋詔吕文靖公編爲《籍田記》。時許開封國學舉人陪位，因得免解。《澠水燕談録》卷一。《宋朝事實類苑》卷四。

11 見呂夷簡15。

12 見李宸妃4、5。

13 見晏殊15。

14 仁宗初即位，燕恭肅王以親尊自居，上時遣使傳詔，王坐不拜。使還以聞，上曰：「燕王朕叔父，毋妄言！」久而王聞之，稍自屈，奉藩臣禮。《後山談叢》卷四。

15 燕恭肅王輕施厚費，不計有無，常預借料錢，多至數歲，仁宗常詔有司復給，如是數矣。御史沈邈以謂「不可以國之常入而奉無厭之求，願使諭意」，上曰：「御史誤矣！太宗之子八人，今惟王爾。先帝之弟，朕之叔父也，每恨不能盡天下以爲養，數歲之禄，不足計也。」《後山談叢》卷四。《邵氏聞見後録》卷一。

16 仁宗初選郭氏爲皇后，甚有姿色，然剛妬無子，又嘗與向美人争毆，帝以爲不可母天下，廢爲庶人。右司諫范仲淹諫曰：「后者所以長陰教而母萬國，不宜以過失輕廢之，且人孰無過，陛下當諭后失，置之別館，擇嬪妃老者勸導之，俟其悔而復宫。」書奏不納，明日又率其屬伏閤論列，帝遣中人押送中書商量。宰相以漢唐有廢后故事，仲淹曰：「上天姿堯舜，相公奈何以前世弊法累盛德？」御史中丞孔道輔又極論其不可。明日留班與宰相廷辨是非，仲淹等得罪，后遂廢居瑶華宫。《遵堯録》卷四。

17 見郭后4。

18 郭后既廢，京師富民號陳子城者，因保慶楊太后納女入宫，太后許以爲后也。已至掖庭，將進御，勾當御藥院閻士良聞之，遽見上。上方披《百葉圖》擇日，士良曰：「陛下讀此何爲？」上曰：「汝何問焉？」士良曰：「臣聞陛下欲納陳氏女爲后，信否？」上曰：「然。」士良曰：「陛下知子城使何官？」上曰：「不知也。」士良曰：「子城使，大臣家奴僕之官也。陛下若納奴僕之女爲后，豈不愧見公卿大夫邪？」上遽命出之。《涑水記聞》卷十。

19 尚、楊二美人方有寵，每夕並侍上寢，上體爲之弊，或累日不進食。中外憂懼，皆歸罪二美人。保慶楊太后亟以爲言，上未能去。入内内寺省都知閻文應日夕侍上，言之不已，上不勝煩，乃許。文應即召氈車載之出，二美人涕泣，辭説云云，不肯行，文應搏其頰，罵曰：「宮婢尚復何云！」即載送别宮。明日，下詔以尚氏爲女冠，楊氏爲尼，立曹后。《涑水記聞》卷三。

20 見滕宗諒1。

21 見柳永2。

22 見柳永4。

23 見柳永6。

24 仁宗聖性好學，博通古今，自即位，常開邇英講筵，使侍講、侍讀日進經史，孜孜聽覽，中昃忘倦。有林瑀者，自言於《周易》得聖人秘義，每當人君即位之始，則以日辰支干配成一卦，以其象繇爲人君所行之事，其説支離詭駁，不近人情。及爲侍讀，遽奏仁宗曰：「陛下即位，於卦得《需》，象曰『雲上於天』，是陛下體天而變化也。其下曰『君子以飲食宴樂』，故臣願陛下頻宴游，務娱樂，窮水陸之奉，極玩好之美，則合卦體，當天心，而天下治矣。」仁宗駭其言。翌日，問賈魏公昌朝，魏公對曰：「此乃誣經籍以文姦言，真小人也。」仁宗大以爲然，於是逐瑀，終身不齒録矣。《東軒筆録》卷三。《宋朝事實類苑》卷七十。

25 仁宗初逐林瑀，一日執政奏事罷，因談時政，而共美上以聰明睿智洞察小人之情者。仁宗曰：「卿等謂林瑀去，而朝廷遂無小人耶？」執政曰：「未諭聖旨，不識小人爲誰？」仁宗從容曰：「蘇紳可侍讀學士，知河陽。」《東軒筆録》卷九。《宋朝事實類苑》卷四。

26 先鑑堂《朝野遺事》云：「王文正公曾相真宗，吕許公夷簡爲參知政事。仁宗朝，吕爲首相，王再入，議論多不合，王求去甚力。一日，上留許公，問所以處王公者。吕皇恐不敢當。上再三問之。曰：『王某先朝舊臣，當得使相，或洛或許，惟聖裁！』再問其次。曰：『無已，則大資政，或青或鄆。』上首肯。吕甚喜，出省與宋宣獻綬分路，忘相揖。晚報鎖學士院，諸子問，皆不答。夜深，獨語晦叔曰：『次輔均勞矣。』明日，盛服入朝，則兩麻也，吕判許州，王知鄆州。仁宗聖斷如此。」《賓退録》卷四。

27 見石延年7。

28 寶元、康定間，西方用兵，急於邊用，言利者多捃摭細微，頗傷大體。仁宗厭之，乃詔曰：「議者並須究知本末，審可施用，若事已上而驗白無狀、事效不著者，當施重罰。」於是，輕肆者知畏而不敢妄言利害也。《澠水燕談録》卷一。《宋朝事實類苑》卷四。

29 富鄭公弼，慶曆中以知制誥使北虜還，仁宗嘉其有勞，命爲樞密副使，鄭公力辭不拜，乃改資政殿學士。一日，王拱辰言於上曰：「富弼亦何功之有？但能添金帛之數，厚夷狄而弊中國耳。」仁宗曰：「不然。朕所愛者士宇生民耳，財物非所惜也。」拱辰曰：「財物豈不出於生民耶？」仁宗曰：「國家經費，取之非一日之積，歲出以賜夷狄，亦未至困民。若兵興調發，歲出不貲，非若今之緩取也。」拱辰曰：「犬戎無厭，好窺中國之隙。且陛下只有一女，萬一欲請和親，則如之何？」仁宗憫然動色曰：「苟利社稷，朕亦豈愛一女耶？」拱辰言塞，且知譖之不行也，遽曰：「臣不知陛下能屈己愛民如此，真堯舜之主也。」洒泣再拜而出。《東軒筆録》卷九。《宋朝事實類苑》卷四。

30 慶曆壬午歲，王師失律於西河好水川，亡没數巨將劉平、葛懷敏、任福等，石元孫陷虜。急奏入，已旬餘，大臣固緩之。仁宗因御化成殿，一寬衣老卒擁帚掃木陰下，忽厲聲長歎曰：「可惜劉太尉。」上怪問：「何故獨語此？」老卒曰：「官家豈不知劉太尉與五六大將一時殺了？」上驚問：「汝何聞此？」老卒因捨帚，解衣帶書進呈曰：「臣知營州西虎翼一營盡折，臣婿亦物故於西陣，此書乃家中人急報也。」上以書急召執政視之，大臣始具奏：「臣實得報，恐未審，候旦夕得其詳，方議奏聞，乞自寬聖慮。」上厲聲曰：「事至如此，猶言自寬聖慮，卿忍人也！」冢宰因謝病，乞骸骨。《玉壺清話》卷六。

31 慶曆中，滕子京守慶州，屬羌數千人内附，滕厚加勞遺，以結其心。御史梁堅言滕妄費公庫錢，仁宗曰：「邊帥以財利啗蕃部，此李牧故事，安可加罪！」《澠水燕談録》卷一。《宋朝事實類苑》卷四。

32 仁宗聖度深遠，臨事不懼。當寶元、康定之時，西夏元昊始叛，而劉平敗死，京師爲雨血。及報敗聞，上喜曰：「天下平安久，故兵將不知戰。今既衄，必自警。宜少須之，當有人出矣。」後果勝，而元昊請服。上又曰：「國家竭力事西陲，累數年，海内不無勞弊。今幸甫定，然宜防盗發，可詔天下爲預防也。」會山東有王倫者焱起，轉鬬千餘里，至淮南，郡縣既多預備，故即得以殺捕矣。《鐵圍山叢談》卷一。

33 慶曆三年五月旱，丁亥夜雨。戊子，宰相章得象等入賀，上曰：「昨夜朕忽聞微雷，因起，露立於庭，仰天百拜以禱。須臾雨至，朕及嬪御衣皆沾濕，不敢避去，移刻雨霽，再拜而謝，方敢升階。」得象對曰：「非陛下至誠，何以感動天地！」上曰：「比欲下詔罪己，避寢撤膳，又恐近於崇飾虛名，不若夙夜精心密禱爲佳耳。」《涑水記聞》卷八。《宋朝事實類苑》卷四。

34 仁皇帝慶曆年，京師夏旱。諫官王公素乞親行禱雨，帝曰：「太史言月二日當雨，一日欲出禱。」公曰：「臣非太史，是日不雨。」帝問故，公曰：「陛下幸其當雨以禱，不誠也。不誠不可動天，臣故知不雨。」帝曰：「明日禱雨醴泉觀。」公曰：「醴泉之近，猶外朝也，豈憚暑不遠出耶？」帝每意動則耳赤，耳已盡赤，厲聲曰：「當禱西太乙宫。」公曰：「乞傳旨。」帝曰：「車駕出郊不預告，卿不知典故。」公曰：「國初以虞非常，今久太平，預告使百姓瞻望清光者衆耳，無虞也。」諫官故不扈從，明日，特召王公以從。日色甚熾，埃霧漲天，帝玉色不怡。至瓊林苑，回望西太乙宫，上有雲氣如香煙以起，少時，雷電雨甚至，帝卻道遥輦，御平輦，徹蓋還宫。又明日，召公對，帝喜曰：「朕自卿得雨，幸甚。」又曰：「昨即殿庭雨立百拜，焚生龍腦香十七斤，至中夜，舉體盡濕。」公曰：「陛下事天當恭畏，然陰氣足以致疾，亦當慎。」帝曰：「念不雨，欲自以身爲犧牲，何慎也。」《邵氏聞見後録》卷一。《清虚雜著補闕》。

35 先公爲諫官，論王德用進女口，仁宗初詰之，曰：「此宫禁事，卿何從知？」先公曰：「臣職在風聞，有之則陛下當改，無之則爲妄傳，何至詰其從來也。」仁宗笑曰：「朕真宗子，卿王某子，與他人不同，自有世契。德用所進女口，實有之，在朕左右，亦甚親近，且留之如何？」先公曰：「若在疎遠，雖留可也。臣之所論，正恐親近。」仁宗色動，呼近璫曰：「王德用所進女口，各支錢三百貫，即今令出内東門，了急來奏。」遂涕下。先公曰：「陛下既以臣奏爲然，亦不須如此之遽，且入禁中，徐遣之。」上曰：「朕雖爲帝王，然人情同耳。苟見其泣涕不忍去，則恐朕亦不能出之。卿且留此以待報。」先公曰：「陛下從諫，古之哲王所未有，天下社稷幸甚！」久之，中使奏：「宫女已出東門。」上復動容而起。《聞見近録》。《邵氏聞見後録》卷一。《宋稗類鈔》卷一。案：此「先公」指王素，《道山清話》以爲王文正（曾）事，誤。

36 慶曆中，河北大水，仁宗憂形於色。有走馬承受公事使臣到闕，即時召對，問河北水災何如。使臣對曰：「懷山襄陵。」又問百姓如何，對曰：「如喪考妣。」上默然。既退，即詔閤門：「今後武臣上殿奏事，並須直説，不得過爲文飾。」至今閤門有此條，遇有合奏事人，即預先告示。《夢溪筆談》卷二十五。《續墨客揮犀》卷八。

37 王君貺爲三司使，乞更河北鹽法，條約頗精密。仁廟批曰：「朕不忍河北軍民頓食貴鹽。」三司即時寢罷。後刻詔於北京望宸閣。《墨客揮犀》卷二。

38 見陳執中9、10。

39 慶曆中，郎官吕覺者勘公事已回，登對自陳衣緋已久，乞改章服。仁宗曰：「待別差遣，與卿换章服。朕不欲因鞫獄與人恩澤，慮刻薄之徒，望風希進，加人深罪耳。」帝寬厚欽恤之德如此，廟號曰仁，不亦宜乎！《澠水燕談録》卷一。《宋朝事實類苑》卷四。

40 仁宗皇帝時，學士書詔，未嘗有所增損。慶曆七年春，旱，楊億再當制，降詔中書門下，既進草，上以爲罪己之辭未至也，令更撰之。其辭有「乃自去冬，時雪不降，今春大旱，赤地千里，天威震動，以戒朕躬。茲用屈己，以謝愆歸誠而上叩，冀高穹之降監，閔下民之無辜，與其降疾於人，不若移災於朕」。自三月十九日避殿減膳，許中外實封言事。後三日，賈魏相，吴春卿罷樞密副使。又詔罷出獵。明日又詔南郊毋得上尊號。二十七日幸西太一宫祈雨，日色方熾，上命撤蓋，既還，乃雨。又明日，宰相、參知政事降官，是日遂大雨，上作《喜雨》詩，賜二府。《宋朝事實類苑》卷四。案：楊億，當是「楊察」或「楊偉」之誤。

41 慈聖光獻皇后養女范觀音得幸仁宗，温成患之。一歲大旱，仁宗祈雨甚切，至燃臂香以禱，宫人内璫皆右左燃之，祈雨之術備盡。天意弗答，上心憂懼。温成養母賈氏，宫中謂之賈婆婆，威動六宫，時相認之以爲其姑，乃陰謂丞相請出宫人以弭災變，上從之。温成乃白上，非出所親厚者，莫能感天意。首出其養女以率六宫，范氏遂被出而雨未應。上問臺官李柬之，曰：「惟册免議未行耳。」是夕鎖院，賈氏營救不獲，時相從工部侍郎拜武鎮軍節度使同中書門下平章事，判北京，雨遂霔。《聞見近録》。

42 皇祐二年，有狂人冷青言，母王氏本宫人，因禁中火，出外。已嘗得幸有娠，嫁冷緒而後生青，爲藥鋪役人。與高繼安者謀之，詣府自陳，并妄以神宗與其母繡抱肚爲驗。知府錢明逸見其姿狀魁傑，驚愕起立。後明逸以狂人置不問，止送汝州編管。推官韓絳上言：「青留外非便，宜按正其罪，以絶群疑。」翰林學士趙槩亦言：「青果然，豈宜出外？若其妄言，則匹夫而希天子之位，法所當誅。」遂命槩并包拯按得姦狀，與繼安皆處死。錢明逸落翰林學士，以大龍圖知蔡州，府推張式、李舜元皆補外。世妄以宰相陳執中希温成旨爲此，故誅青時，京師昏霧四塞。殊不知執中已罷，是時宰相乃文、富二賢相，處大事豈有誤哉？《默記》卷下。

43 皇祐初，名僧谷全號全大道，以道行價重禪林，住廬山圓通寺。忽一男子貨藥入山，自云帝子。全見其狀貌頗異，厚資其行，使往京師自陳。鞫治得其妄，迺都人冷緒之男青也，誅之。全坐黥配郴州，郡中令荷築城之土。經歲，當盛暑，忽弛擔市中，作頌云：「今朝六月六，老全受罪足。若不登天堂，定是入地獄。」言訖，趺坐而化。郡人即其地建塔焉。《揮麈餘話》卷一。

44 仁宗以廣源蠻儂智高寇嶺外，陷數州，乃遣狄武襄出督戰。用延州蕃落騎兵，一鼓而破。捷至，帝愀然無喜色，曰：「殺人多乎？」《能改齋漫録》卷十二。

45 見張貴妃3。

46 見張貴妃4。

47 至和初，京師疫，太醫進方，有用犀者，内出二株解之，其一株乃通天犀。内侍李舜舉謂以爲御所服帶，上謂曰：「豈重於服御而不以療民乎？」命工碎之。《宋朝事實類苑》卷四。《遵堯録》卷四。《昨非庵日纂》一集卷十一。

48 見陳執中15、16。

49 見文彦博28。

50 仁宗皇帝至和間不豫，昏不知人者三日。既愈，自言夢行荆棘中，周章失路，有神人被金甲自天而下，謂帝曰：「天以陛下有仁心，錫一紀之壽。」帝曰：「吾何以歸？」神人曰：「請以臣之車輅相送。」

帝登車，問神何人，曰：「臣所謂葛將軍者。」帝寤，令檢案《道藏》，果有葛將軍主天門事，因增其位號於大醮儀中，立廟京師。帝自此御朝，即拱嘿不言。大臣奏事，可即肯首，不即搖首。《邵氏聞見録》卷二。《春明退朝録》卷下。

51 至和中，仁宗不豫，諸公議及嗣事，王德用時爲樞密，輒合兩手掌向額曰：「奈此一尊菩薩何？」《侍講日記》。

52 嘉祐元年正月甲寅朔，上御大慶殿，立仗朝會。……既捲簾，上暴感風眩，冠冕欹側，左右復下簾。或以指抉上口出涎，乃小愈。復捲簾，趣行禮而罷。戊午，宴契丹使者於紫宸殿，平章事文彦博奉觴詣御榻上壽，上顧曰：「不樂邪？」彦博知上有疾，猝愕無以對。然尚能終宴。己未，契丹使者入辭，置酒紫宸殿，使者入至庭中，上疾呼曰：「趣召使者升殿，朕幾不相見。」語言無次。左右知上疾作，遽扶入禁中。……庚申，兩府詣内東門小殿門起居。上自禁中大呼而出曰：「皇后與張茂則謀大逆！」語極紛錯。宫人扶侍者皆隨上而出，謂宰相曰：「相公且爲天子肆赦消災。」兩府退，始議下赦。茂則，内侍也，上素不之喜，聞上語即自縊，左右救解，得不死。文彦博召茂則，責之曰：「天子有疾，譫言耳，汝何遽如是？汝若死，使中宫何所自容邪？」戒令常侍上左右，毋得輒離。曹后以是亦不敢輒近上左右。……戊辰以後，上神思寖清寧，然終不語，群臣奏事，大抵首肯而已。《涑水記聞》卷五。

53 嘉祐初，仁宗寢疾，藥未驗。間召草澤，始用鍼，自腦後刺入，鍼方出，開眼曰：「好惺惺。」翌日，聖體良已。自爾以其穴目爲「惺惺穴」。《鍼經》初無此名，或曰即風府也。《畫墁録》。

54 仁宗嘗患腰疼，李公主薦一黥卒，即召見。用針刺腰，針才出，即奏云：「官家起行。」上如其言，行步如故，遂賜號興龍穴。《孫公談圃》卷上。

55 嘉祐二年秋，北虜求仁皇帝御容。議者慮有厭勝之術，帝曰：「吾待虜厚，必不然。」遣御史中丞張昪遺之，虜主盛儀衛親出迎，一見驚肅，再拜。語其下曰：「真聖主也。我若生中國，不過與之執鞭捧蓋，爲一都虞候耳。」其畏服如此。《邵氏聞見後録》卷一。

56 劉沆爲集賢相，欲以刁約爲三司判官，與首台陳恭公議不合，劉再三言之，恭公始允。一日，劉作奏劄子，懷之，與恭公上殿，未及有言，而仁宗曰：「益州重地，誰可守者？」二相未對，仁宗曰：「知定州宋祁，其人也。」陳恭公曰：「益俗奢侈，宋喜游宴，恐非所宜。」仁宗曰：「至如刁約荒飲無度，猶在館，宋祁有何不可知益州也？」劉公惘然驚懼，於是宋知成都，而不敢以約薦焉。《東軒筆録》卷十三。《宋朝事實類苑》卷四。

57 見蘇轍5。

58 嘉祐六年三月，仁皇帝幸後苑，召宰執、侍從、臺諫、館閣以下賞花釣魚，中觴，上賦詩：「晴旭暉暉花盡開，氤氳花氣好風來。游絲罥絮縈行仗，墮蘂飄香入酒杯。魚躍紋波時潑剌，鶯流深樹久徘徊。青春朝野方無事，故許歡游近侍陪。」宰相韓琦，樞密曾公亮，參政張昪、孫抃，副樞歐陽修、陳旭以下皆和，帝獨稱賞韓琦「輕陰閣雨迎天步，寒色留春送壽杯」之句。時翰林學士承旨宋祁久疾在告，明日和詩來上，帝覽之已悵然。不數日祁薨，益加震悼云。《邵氏聞見後録》卷十七。

59 先朝春月，多召兩府、兩制、三館于後苑賞花、釣魚、賦詩。自趙元昊背誕，西陲用兵，廢缺甚久。嘉祐末，仁宗始復修故事，群臣和御製詩。是日，微陰寒，韓魏公時爲首相，詩卒章云：「輕雲閣雨迎天仗，寒色留春入壽杯。二十年前曾侍宴，台司今日喜重陪。」時内侍都知任守忠，嘗以滑稽侍上，從容言曰：「韓琦詩譏陛下。」上愕然，問其故。守忠曰：「譏陛下游宴太頻。」上爲之笑。《温公續詩話》。《堯山堂外紀》卷四十七。

60 見王安石33。

61 嘉祐末，帝復修賞花釣魚故事，御製詩云：「晴旭輝輝苑蘌開，氤氳花氣好風來。游絲罥絮縈行仗，墮蕊飄香入酒杯。魚躍文波時潑剌，鶯留深樹久徘徊。青春朝野方無事，故許游觀近侍陪。」詩中「徘徊」二字别無他義，而群臣屬和篇篇用之。及詩罷，再就座。教坊中進雜戲，爲數人尋訪税第者，詣一宅觀之，至前堂，徘徊不去。又至後堂東西序，復徘徊不去。其一人笑曰：「可則可矣，但未免徘徊太多耳。」《堯山堂外紀》卷四十五。《宋詩紀事》卷一引《蘇魏公語録》。

62 仁宗嘉祐中，宴近臣于群玉殿，嘗以墨賜之，其文曰「新安香墨」。其後翰林諸君承賜者，皆雙脊龍樣，尤爲佳品。《澠水燕談録》卷八。《宋朝事實類苑》卷五十。

63 王迥遇女仙周瑶英事，……盛傳天下，禁中亦知。是時，皇嗣屢夭。晏元獻爲相，一日，遣人請召迥之父郎官王璐至私第，款密久之。王璐不測其意。忽問曰：「賢郎與神仙游，其人名在帝所，果否？」王璐驚惶，不知所對，徐曰：「此子心疾，爲妖鬼所憑，爲家中之害，所不勝言。」晏曰：「無深諱。不知每與賢郎言未來之事，有驗否？」王璐對曰：「間有後驗，而未嘗問也。」晏曰：「此上旨也。上令殊呼郎中密託令似，以皇子屢夭，深軫上心，試于帝所問早晚之期，與後來皇子還得定否。」王璐曰：「不敢辭。」後數日，來云：「密言謾令小子問之。小子言，其人親到九天，見主典簿籍者，言聖上若以族從爲嗣，即聖祚綿久，未見誕育之期也。雖其言若此，願相公勿以爲信，以保家族。」晏公默然。其後聞所奏者，亦不敢盡言。《默記》卷上。

64　許相文節張公，嘉祐中長憲臺，言事無所避。一日，仁宗慰之曰：「卿孤寒，凡言照管。」公再拜，對曰：「臣非孤寒，陛下乃孤寒。」上曰：「何也？」曰：「臣家有妻孥，外有親戚友。陛下惟中宫二人而已，豈非孤寒？」上罷入内，光獻覺上色不怡，進早膳躊躇。光獻啓問，以公語道之，光獻揮灑，上亦隨睫。自爾立賢之意遂決。《畫墁録》。

65　見張昪6。

66　韓忠獻當國，召王翰林珪至中書，受立英宗爲皇子詔。王曰：「此事須面得旨。」中書以爲得體。及對，乃曰：「事出陛下耶，大臣耶？今宫中有將臨月者，姑俟之可乎？」上曰：「事出朕意，天使朕有子，則豫王不夭矣。立之以慰人心。」又曰：「爲誰之子而立之？」上曰：「天知地聞，濮王子也。」遂退。草詔，詔有「濮安懿王之子，猶朕子也」之句。《聞見近録》。

67　仁廟皇嗣未立，群臣多言，獨韓魏公有力。一日，殿上陳宗廟大計。上不得已，頷之，遂降詔立濮邸。比車駕還宫，不食者再，左右問安否，上垂涕曰：「汝不知，我今日已有交代。」宫人有數某妃將入閣者曰：「何遽使他人爲？」上曰：「是他韓琦，已處置了。」復泣下。晚年每遇真廟諱日，群臣拜慰，必聞上慟哭，其聲哀咽。《孫公談圃》卷中。

68 仁宗時，苑中親作一亭，甚華，仁宗自名之曰迎曙亭。已而寤，乃英宗名也，改之曰迎旭亭。仁宗以「旭」字未安，又改之曰迎煦亭。皆默符英皇之名，神宗嫌名，今上御名也。天命符瑞之驗，預有定哉！《師友談記》。《癸辛雜識》前集。

69 仁廟晚未得嗣，天意頗無聊，稍事燕游。一日於後苑龍翔池南作兩小亭，東一亭曰迎曙。未幾，立皇姪爲皇子，而賜名適與亭名合。不一年即位，是爲英宗。《鐵圍山叢談》卷一。

70 仁宗晚年久不豫，漸復康平，御朝。忽一日，命宮嬪妃主游後苑。乘小輦東向，欲登城堞。遥見一小亭，榜曰「迎曙」。仁宗不悦，即時回輦。翌日上仙，而英宗登極。《能改齋漫録》卷十八。《癸辛雜識》前集。《宋稗類鈔》卷一。

71 昭陵上賓前一月，每夜太廟中有哭聲，不敢奏。一日，太宗神御前香案自壞。《道山清話》。《行營雜録》。

72 仁宗皇帝初升遐，禁中永昌郡夫人翁氏位有私身韓蟲者，自言嘗汲水，仁宗見龍繞其身，因幸之，留其釧。復遺以物爲驗，遂稱有娠。既踰期不産，按驗，皆蟲之詐。得其釧於佛閣土中，乃蟲自埋也。翁氏削一資，杖韓蟲，配尼寺爲童。初，執政請誅之，光獻太后曰：「置蟲於尼寺，欲令外人盡知其詐。若殺之，則必謂蟲實生子也。」《邵氏聞見録》卷二。

73 仁宗皇帝嘉祐八年三月二十九日升遐，遺詔到洛，伯温時年七歲，尚記城中軍民以至婦人孺子，朝夕東向號泣，紙煙蔽空，天日無光。時舅氏王元修自京師過洛，爲先公言京師罷市巷哭，數日不絶，雖乞丐者與小兒皆焚紙錢，哭於大内之前。又有周長孺都官赴劍州普安知縣，行亂山中，見汲水婦人，亦載白紙行哭。《邵氏聞見録》卷二。

74 仁宗在位四十年，邊奏不入御閣。每大事，賜宴二府，合議以聞。仁宗崩，訃於契丹，所過聚哭。既訃，其主號慟執使者手曰：「四十二年不識兵矣！」葬而來祭，以黄白羅爲錢，他亦稱是。仁宗崩，天下喪之如親，余時爲童，與同僚聚哭，不自知其哀也。仁宗既疾，京師小兒會闕下，然首臂以祈福，日數百人，有司不能禁。將葬，無老幼男女，哭哀以過喪。《後山談叢》卷三。

75 仁皇帝崩，遣使訃於契丹，燕境之人無遠近皆聚哭。虜主執使者手號慟曰：「四十二年不識兵革矣。」其後北朝葬仁皇帝所賜御衣，嚴事之，如其祖宗陵墓云。《邵氏聞見後録》卷一。《後山談叢》卷三。

76 虜主爲太子時，雜入國使人中，雄州密以聞。仁宗召入禁中，俾見皇后，待以厚禮。臨歸，撫之曰：「吾與汝一家也，異日惟盟好是念，唯生靈是愛。」故虜主感之。《邵氏聞見録》卷二。

77 仁宗御馬有名玉逍遥者，馬色白，其乘之安如輿輦也。圉人云：「馬行步有尺度，徐疾皆中節。馭者行速，則以足攔之。」一日，燕王借乘，即長鳴不行。王怒，還之。帝以叔父事王甚恭，配南城馬鋪。久之復奉御，其行如初。帝升遐，從葬至陵下，悲鳴不食而斃。《邵氏聞見録》卷二。

78 「農桑不擾歲常登，邊將無功吏不能。四十二年如夢覺，春風吹淚過昭陵。」韓子蒼云：「此詩題于寢宫，不著名氏。宜表而出之。」《能改齋漫録》卷十一。《歸田詩話》卷上。《堯山堂外記》卷四十五。

79 仁宗皇帝暑月不揮扇，鎮侍邇英閣，常見左右以拂子驅蚊蠅而已。冬月不御鑪，御殿則於朵殿設爐以禦寒氣，甚則於殿之兩隅設之。醫者云：體備中和之氣則然。《東齋記事》卷一。《宋朝事實類苑》卷五引《東軒筆録》。《邵氏聞見後録》卷一。《孔氏談苑》卷三。《後山談叢》卷五。

80 宋鄭公庠初爲翰林學士，仁宗嘗對執政稱其文學才望可大任者，候兩府有闕，進名。是時曾魯公公亮爲館職，在京師，傳聞上有此言，遽過鄭公而賀之。鄭公蹙額曰：「審有是言，免禍幸矣。」魯公惘然不測而退。明年，樞副闕，執政進名，仁宗熟視久之，徐曰：「召張觀。」執政曰：「去歲得旨欲用宋庠。」仁宗曰：「觀是先朝狀元，合先用也。」又嘗對執政言三司使楊察、判開封府王拱辰才望履歷，將來兩府有闕，進此二人。既而梁莊肅公適罷相，兩府次遷，執政以二人名聞，仁宗曰：「可召程戡。」執政復以異時上語奏陳，仁宗曰：「若遂用察等，是二人之策得行也。」執政遂不敢言。蓋梁公之出，或云察等所擠，上之英鑒，皆類此也。《東軒筆録》卷十。《宋朝事實類苑》卷四。

81 諫官韓絳面奏仁皇帝曰：「劉獻可遺其子以書抵臣，多斥中外大臣過失，不敢不聞。」帝曰：「朕不欲留人過失於心中，卿持歸焚之。」《邵氏聞見後録》卷一。

82 張伯玉皇祐間爲侍御史，時陳恭公當國。伯玉首言天下未治，未得真相故也，由是忤恭公。仁宗時眷恭公厚，不得已出伯玉知太平州，然亦惜其去，密使小黄門諭旨勞之，曰：「聞卿貧，無慮，朕當爲卿治裝。」翌日，中旨三司賜錢五萬，恭公猶執以爲無例。上曰：「吾業已許之矣。」卒賜之。祖宗愛惜財用如此，又見所以奬勵言官之意也。《石林燕語》卷一。

83 仁宗朝，流内銓引改京官人李師錫，上覽其薦者三十餘人，問其族系，乃知使相王德用甥婿。上曰：「保任之法，欲以盡天下之才，今但薦勢要，使孤寒何以進？」止與師錫循資。後翰林學士胡宿子宗堯磨勘，以保官亦令循資。帝之照見物情、抑權勢、進孤寒，聖矣。《澠水燕談録》卷一。《宋朝事實類苑》卷四。

84 昭陵謹惜名器，而於改官之法尤軫聖慮。胡宗炎以應格引見，上驚其年少，舉官踰三倍。最後閲其家狀，云：父宿，見任翰林學士。乃歎曰：「寒畯安得不沉滯！」遂降指揮，令更候一任，與改合入官。《曲洧舊聞》卷一。《清波雜志》卷一。案：胡宗炎，《清波雜志》誤作胡宗英。

85 范諷知開封府日，有富民自陳爲子娶婦，已三日矣，禁中有指揮，令入見，今半月無消息。諷曰：「汝不妄乎？如實有茲事，可只在此等候也。」諷即乞對，具以民言聞奏，且曰：「陛下不邇聲色，中外共知，豈宜有此？况民婦既成禮，而强取之，何以示天下！」仁宗曰：「皇后曾言，近有進一女，姿色頗得，朕猶未見也。」諷曰：「果如此，願即付臣，無爲近習所欺，而怨謗歸陛下也。臣乞於榻前交割此女，歸府面授訴者，不然，陛下之謗，難户曉也。且臣適以許之矣。」仁宗乃降旨取其女與諷，諷遂下殿。或言諷在當時，初不以直聲聞，而能如此，蓋遇好時節，人人争做好事，不以爲難也。《曲洧舊聞》卷一。

86 仁宗皇帝至誠納諫，自古帝王無可比者。一日，朝退至寢殿，不脱御袍，去幞頭，曰：「頭痒甚矣。」疾唤梳頭者來。及内夫人至，方理髪次，見御懷中有文字，問曰：「官家，是何文字？」帝曰：「乃臺諫章疏也。」問：「所言何事？」曰：「霖淫久，恐陰盛之罰，嬪御太多，宜少裁減。」掌梳頭者曰：「兩府、兩制，家中各有歌舞，官職稍如意，往往增置不已。官家根底剩有一兩人，則言陰盛須待減去，只教渠輩取快活。」帝不語。久之，又問曰：「所言必行乎？」曰：「臺諫之言，豈敢不行？」又曰：「若果行，請以奴奴爲首。」蓋恃帝寵也。帝起，遂呼老中貴及夫人掌宫籍者，攜籍過後苑，有旨戒閤者，云：「雖皇后不得過此門來。」良久，降指揮，自某人以下三十人盡放出宫，房卧所有，各隨身，不得隱落，仍取内東門出盡，文字回奏。時迫進膳，慈聖慮帝御匕箸後時，亟遣，莫敢少稽滯。既而奏到，帝方就食，終食慈聖不敢發問。食罷進茶，慈聖云：「掌梳頭者，是官家常所嬖愛，奈何作第一名遣之？」帝曰：「此人勸我拒諫，豈宜置左右。」慈聖由是密戒嬪侍勿妄言，無預外事：「汝見掌梳頭者乎？官家不汝容也。」《曲洧舊聞》卷一。《邵氏聞見録》卷二。

87 宋官制載：嬪御久不得遷，屢有干請，上答以無典故，朝廷不肯行。或對曰：「聖人出口爲敕，誰敢不從？」上笑曰：「汝不信，試爲降旨政府。」政府奏無法，上收以示嬪御曰：「凡事必與大臣僉議，方爲詔敕。」或有只請御筆進官者，上取彩箋書某宫某氏特轉某官。衆忻謝而退。至給俸時，各出御書請增俸，有司不用，退還。復訴於上前，上笑曰：「果如是。」諸嬪對上毁其御書曰：「元來使不得！」上笑而遣之，時咸服仁宗之聖斷。《庶齋老學叢談》卷二。

88 仁宗皇帝守成，皆遵先朝法度。時久無嫁公主事，晚年止一公主，欲厚遣之，恐踰舊章，乃詢皇姑魏國大長公主當年下嫁體例。公主以帝止有一女，不可以己爲比，言多則實無，言少則恐沮帝意，乃答以歲月之久，皆忘記。帝始加厚其禮以遣焉。《能改齋漫録》卷十二。

89 仁宗朝，程文簡公判大名府時，府兵有肉生於背，蜿蜒若龍伏者，文簡收禁之，以其事聞。仁宗語宰輔曰：「此何罪也？」令釋之。後府兵以病死。《邵氏聞見録》卷二。

90 仁宗時，蜀中一舉子獻詩於成都府某人，忘其姓名，云：「把斷劍門燒棧閣，成都別是一乾坤。」知府械其人付獄。表上其事，仁宗曰：「此乃老秀才急於仕宦而爲之，不足治也。可授以司户參軍，不釐事務，處於遠小郡。」其人到任不一年，慙恧而死。《曲洧舊聞》卷一。《識小録》卷四。《宋稗類鈔》卷一。

91 李良定公幼以國戚侍仁宗研席，帝尤篤中外之愛。公帥鄆，帝以詩送行曰：「魯館名臣子，皇家外弟親。詩書謀帥舊，金竹剖符新。九郡提封遠，一圻甘澤均。純誠宜報國，撫士愛吾民。」識者以爲真王言。《能改齋漫録》卷十一。

92 仁宗朝，南劍州上言：石碑等銀鑛可發。上謂三司使曰：「但不害民，則爲國利；或於民有害，豈可行也？」上之恤愛元元至矣。《澠水燕談録》卷一。《宋朝事實類苑》卷四。

93 仁宗嘗與宫人博，才出錢千，既輸却，即提其半走，宫人皆笑曰：「官家太窮相。輸又不肯盡與。」仁宗曰：「汝知此錢爲誰錢也？此非我錢，乃百姓者也。我今日已妄用百姓千錢。」又一夜，在宫中聞絲竹歌笑之聲，問曰：「此何處作樂？」宫人曰：「此民間酒樓作樂處。」宫人因曰：「官家且聽外間如此快活，都不似我宫中如此冷冷落落地。」仁宗曰：「汝知否，因我如此冷落，故得渠如此快活。我若爲渠，渠便冷落矣。」《北窗炙輠録》卷下。

94 仁宗一夕既寢，聞樂聲，命燭輿坐，使内侍審之，曰：「礬樓百姓飲酒樂聲也。」帝欣然曰：「朕爲天下父母，得百姓長如此，足矣！」聽徹，乃就寢。《遵堯録》卷四。

95 仁宗退朝，常命侍臣講讀於邇英閣。賈侍中昌朝時爲侍講，講《春秋左氏傳》，每至諸侯淫亂事，則略而不説。上問其故，賈以實對。上曰：「《六經》載此，所以爲後王鑒戒，何必諱？」《歸田録》卷一。《遵堯録》卷四。《宋朝事實類苑》卷四。

96 仁宗讀《五代史》至「周高祖幸南莊，臨水亭，見雙鳧戲于池，出没可愛，帝引弓射之，一發疊貫，從臣稱賀」，仁宗掩卷謂左右曰：「逞藝傷生，非朕所喜也。」《玉壺清話》卷五。《宋朝事實類苑》卷四。

97 仁宗嘗春日步苑中，屢回顧，皆莫測聖意。及還宫中，顧嬪御曰：「渴甚，可速進熟水。」嬪御進水，且曰：「大家何不外面取水而致久渴耶？」仁宗曰：「吾屢顧不見鐐子，苟問之，即有抵罪者，故忍渴而歸。」左右皆稽顙動容，呼萬歲者久之。《東軒筆録》卷十一。《宋朝事實類苑》卷四。《讀書鏡》卷一。《昨非庵日纂》一集卷十。《宋稗類鈔》卷一。

98 禁中進膳，飯中有砂石，含以密示嬪御曰：「切勿語人，朕曾食之，此死罪也。」又一日思生荔枝，有司言已供盡。近侍曰：「市有鬻者，請買之。」上曰：「不可，今買之，來歲必增上供之數，流禍百姓無窮。」《二程外書》卷十二引《和靖先生語録》。

99 〔仁宗〕一日晨興，語近臣曰：「昨夕因不寐而甚饑，思食燒羊。」侍臣曰：「何不降旨取索？」仁宗曰：「比聞禁中每有取索，外面遂以爲例。誠恐自此逐夜宰殺，以備非時供應，則歲月之久，害物多矣。豈可不忍一夕之餒，而啓無窮之殺也？」時左右皆呼萬歲，至有感泣者。《東軒筆録》卷三。《宋朝事實類苑》卷四。《昨非庵日纂》一集卷九。《宋稗類鈔》卷一。

100 仁宗一日視朝，色不豫。大臣進曰：「今日天顔若有不豫然，何也？」上曰：「偶不快。」大臣疑之。乃進言宫掖事，以謂陛下當保養聖躬。上笑曰：「寧有此！夜來偶失饑耳。」大臣皆驚曰：「何謂也？」上曰：「夜來微餒，偶思食燒羊，既無之，乃不復食，由此失饑。」大臣曰：「何不令供之？」上曰：「朕思之，於祖宗法中無夜供燒羊例，朕一啓其端，後世子孫或踵之爲故事，不知夜當殺幾羊矣，故不欲也。」《北窗炙輠録》卷下。

101 本朝自祖宗以儉德垂世，故藝祖之訓曰：「嘗思在甲馬營時可也。」其所用幃簾，有青布緣者。仁宗生長太平，尤節儉。京城南慇賢寺，温成張妃墳院也。寺中有温成宫中故物：素朱漆牀，黄絹緣席，黄隔織褥。帝御飛白書温成影帳牌，纔二尺許，朱漆金字而已。以温成寵冠六宫，服用止於此，故帝寢疾，大臣入問，見所御皆黄紬。《邵氏聞見録》卷三。

102 仁宗儉德，殆本於天性，尤好服浣濯之衣。當未明求衣之時，嬪御私易新衣以進，聞其聲輒推去之。遇浣濯，隨破隨補，將徧猶不肯易。左右指以相告，或以爲笑，不恤也。當時不惟化行六宫，凡命婦入見，皆以盛飾爲恥，風動四方，民日以富。比之崇儉之詔屢挂墻壁而汰侈不少衰，蓋有間也。《曲洧舊聞》卷一。

103 仁宗聖性恭儉。至和二年春，不豫，兩府大臣日至寢閣問聖體，見上器服簡質，用素漆唾壺盂子，素甆進藥，御榻上衾褥皆黄絁，色已故暗，宫人遽取新衾覆其上，亦黄絁也。然外人無知者，惟兩府侍疾，因見之爾。《歸田録》卷一。《宋朝事實類苑》卷四。

104 仁宗嘗服美玉帶，侍臣皆注目。上還宫，〔問〕内侍曰：「侍臣目帶不已，何耶？」對曰：「未嘗見此奇異者。」上曰：「當以遺虜主。」左右皆曰：「此天下至寶，賜外夷可惜。」上曰：「中國以人安爲寶，此何足惜。」臣下皆呼萬歲。《揮麈録》卷一引《李和文遺事》。《誠齋揮麈録》卷上。《樵書》初編卷二。

105 仁宗每私宴，十閣分獻熟食。是歲秋初，蛤蜊初至都，或以爲獻，仁宗問曰：「安得已有此邪！其價幾何？」曰：「每枚千錢，一獻凡二十八枚。」上不樂，曰：「我常戒爾輩勿爲侈靡，今一下箸費二十八千，吾不堪也。」遂不食。《後山談叢》卷六。《邵氏聞見後録》卷一。

106 仁宗皇帝時，一日，天大雷震，帝衣冠焚香再拜，退坐静思所以致變者，不可得。偶後苑作匠進一七寶枕屏，遽取碎之。《邵氏聞見録》卷二。

107 仁宗皇帝恭儉節用，常服練素，不御珍奇。臨天下四十年，未嘗妄用一錢。嘗云：平生無所好，惟修《唐書》及製雅樂。官吏廪稍增秩、賜金，紙札、雌黄、金石絲竹之費，不過數十萬緡，爲異時一日宴樂之費爾。《魏公譚訓》卷一。

108 老僧海妙者言：仁宗朝，因赴内道場，夜聞樂聲，久出雲霄間。帝忽來臨觀，久之，顧左右曰：「衆僧各賜紫羅一疋。」僧致謝，帝曰：「來日出東華門，以羅置懷中，勿令人見，恐臺諫有文字論列。」……海妙又言：嘗觀仁宗二十許歲時，祀南郊回，坐金輦中，日初出，面色與金光相射，真天人也。《邵氏聞見録》卷二。

109 仁宗嘗御便殿，有二近侍争辯，聲聞御前。仁宗召問之，甲言貴賤在命，乙言貴賤由至尊。帝默然，即以二小金合，各書數字藏于中，曰：「先到者，保奏給事有勞推恩。」封祕甚嚴。先命乙攜一，往內東門司。約及半道，命甲攜一繼往。無何，內東門司保奏甲推恩。仁宗怪問之，乃是乙至半道，足跌傷甚，莫能行，甲遂先到。《能改齋漫録》卷十二。《賓退録》卷四。《獨醒雜志》卷二。《湖海新聞夷堅續志》前集卷一。《宋稗類鈔》卷一。

110 仁宗萬機之暇，無所翫好，惟親翰墨，而飛白尤爲神妙。凡飛白以點畫象物形，而點最難工。至和中，有書待詔李唐卿撰飛白三百點以進，自謂窮盡物象，上亦頗佳之，乃特爲「清浄」二字以賜之，其六點尤爲奇絶，又出三百點外。《歸田録》卷一。《宋朝事實類苑》卷五。《宋稗類鈔》卷八。

111 李處度藏仁皇帝飛白「四民安樂」四字，旁題「化成殿醉書，賜貴妃」。《邵氏聞見後録》卷一。

112 仁宗摹太宗御書大相國寺額於石，即寺爲殿而藏之，御飛白名曰「寶奎殿」。紹興庚辰宏辭，以《寶奎殿太宗皇帝御書贊》命題，唐説齋中選。《困學紀聞》卷二十。

113 仁宗皇帝慶曆中嘗賜遼使劉六符飛白書八字，曰：「南北兩朝，永通和好。」會六符知貢舉，乃以「兩朝永通和好」爲賦題，而以「南北兩朝永通和好」爲韻，云：「出南朝皇帝御飛白書。」《老學庵筆記》卷七。

114 仁宗天縱多能，尤精書學，凡宮殿門觀，多帝飛白題榜，勳賢神道，率賜篆螭首。王曾之碑曰「旌賢」，寇準曰「旌忠」，李迪曰「遺直」，晏殊曰「舊學」，丁度曰「崇儒」，王旦曰「全德元老」，文彦博父均曰「教忠積慶」，李用和曰「親賢」，范仲淹曰「褒賢」，曹利用曰「旌功」，吕夷簡曰「懷忠」，張士遜曰「舊德」，狄青曰「旌忠元勳」，其餘不可悉紀。或云：初，王子融守河中，模唐明皇題裴耀卿碑額獻之，仁宗乃賜文正碑曰「旌賢」。大臣碑額賜篆，蓋始於此。《澠水燕談録》卷九。《宋朝事實類苑》卷七。

115 皇祐中，仁宗命待詔高克明輩畫三朝聖迹一百事，人物纔寸餘，宫殿、山川、車駕、儀衛咸具。詔學士李淑譔次序贊，爲十卷，曰《三朝訓鑑圖》，鏤板印貽大臣宗室。《澠水燕談録》卷七。

116 仁宗每著歌詩，間命輔臣、宗室、兩制、館閣官屬繼和。天聖四年四月乙卯，内出《後苑雙頭牡丹芍藥花圖》以示輔臣，仍令館閣官爲詩賦以獻。《麟臺故事》輯本卷五。

117 太宗好文，每進士及第，賜聞喜宴，常作詩賜之，累朝以爲故事。仁宗在位四十二年，賜詩尤多，然不必盡上所自作。景祐初，賜詩落句云：「寒儒逢景運，報德合如何？」論者以謂質厚宏壯，真詔旨也。《中山詩話》。《宋朝事實類苑》卷四。

118 魯人李廷臣頃官瓊管，一日過市，有獠子持錦臂韝鬻于市者，織成詩，取而視之，仁廟景祐五年賜新進士詩也，云：「恩袍草色動，仙籍桂香浮。」仁祖天章掞麗，固足以流播荒服，蓋亦仁德醲厚，有以深浹夷獠之心，故使愛服之如此也。廷臣以千文易得之，帖之小屏，致几席間，以爲朝夕之玩。《澠水燕談録》卷一。《宋朝事實類苑》卷五。《庚溪詩話》卷上。《堯山堂外紀》卷四十五。《宋詩紀事》卷一。

119 仁宗廟諱禎，語訛近蒸，今内庭上下皆呼蒸餅爲炊餅。《青箱雜記》卷二。

120 元豐中，神宗倣漢原廟之制，增築景靈宫。先於寺觀迎諸帝后御容奉安禁中。涓日以次備法駕，羽衛前導赴宫，觀者夾路，鼓吹振作。教坊使丁仙現舞，望仁宗御像引袖障面，若揮淚者，都人父老皆泣下。《邵氏聞見録》卷二。

郭后

1 康定二年，富文忠爲知制誥。先是昭陵聘后，蜀中有王氏女，姿色冠世，入京備選。章獻一見，以爲妖艷太甚，恐不利於少主，乃以嫁其姪從德，而擇郭后位中宫。上終不樂之。王氏之父蒙正，由劉氏媚黨屢典名藩。未幾，從德卒。至是，中批王氏封遂國夫人，許入禁中。文忠適當草制，封還，抗章甚力，遂併寢其旨。外制繳詞頭，蓋自此始。《揮麈後録》卷二。

2 先朝命郭后觀奉宸庫，后辭曰：「奉宸國之寶庫，非婦人所當入。陛下欲惠賜六宫，願量頒之，妾不敢奉詔。」上爲之止。《涑水記聞》卷六。

3 莊獻初崩，上與吕夷簡謀，以夏竦等皆莊獻太后之黨，悉罷之。退告郭后，郭后曰：「夷簡獨不附太后邪？但多機巧，善應變耳。」由是并夷簡罷之。是日，夷簡押班，聞唱其名，大駭，不知其故。夷簡素與内侍副都知閻文應等相結，使爲中詗，久之，乃知事由郭后。夷簡由是惡郭后。《涑水記聞》卷五。《宋名臣言行録》前集卷九。

4 〔郭〕后之獲罪也，上直以一時之忿，且爲吕夷簡、閻文應所譖，故廢之。既而悔之。后出居瑶華宫，章惠太后亦逐楊、尚二美人，而立曹后。久之，上游後園，見郭后故肩輿，悽然傷之，作《慶金枝》詞，遣小黄門賜之，且曰：「當復召汝。」夷簡、文應聞之，大懼。會后有小疾，文應使醫官故以藥發其疾。疾甚，未絶，文應以不救聞，遽以棺斂之。王伯庸時爲諫官，上言：「郭后未卒，數日先具棺器，請推按其起居狀。」上不從，但以后禮葬於佛舍而已。《涑水記聞》卷五。《宋名臣言行録》前集卷九。

曹后

1 天聖中，童謡云：「曹門好，有好好；曹門高，有高高。」其後，今太皇太后爲皇后，太皇太后姓曹氏。英宗皇帝即位，而高太后爲皇后。高后，曹氏之所出。《東齋記事》卷一。

2 天聖、明道間，京師盛歌一曲曰《曹門高》。未幾，慈聖太后受册中宮，人以爲驗矣。其後宣仁與慈聖皆垂箔攝政，而宣仁實慈聖之甥，以故選配英廟，則徵兆之意若曰：「曹門之高，當相繼而起也。」《老學庵筆記》卷七。

3 慈聖太后在女家時，嘗因寒食與家人戲擲錢。一錢盤旋久之，遂側立不仆，未幾被選。《石林燕語》卷七。《避暑漫鈔》。

4 京兆李植，字化光，觀察使士衡之孫。自少年好道，不樂婚宦。初，爲侍禁，約婚慈聖。既娶，迎入門，見鬼神千萬在其前。植驚走，踰牆避之。后時即還父母家，俄選爲后焉。《默記》卷中。《甲申雜記》。《玉芝堂談薈》卷一。

5 慶曆中，親事官乘醉入禁中，仁宗皇帝遺諭：「皇后貴妃閉閤勿出。」后謹聽命，貴妃直趨上前。明日，上對輔臣泣下，輔臣亦泣，首相陳恭公毅然無改容。上謂：「貴妃冒不測而來，斯可寵也。」樞相乘間啓廢立之議。張文定得其説，即詣恭公，以爲不可。恭公持議甚堅。久而上復問之，梁相適進曰：

「一之已甚，其可再乎？」聲甚厲。既退，上留適曰：「朕止欲稍加妃禮，本無他意，卿可安心。」群論遂止。《聞見近録》。《道山清話》。

6 温成有寵，慈聖光獻嘗以事忤旨。仁宗一日語宰相梁適曰：「廢后之事如何？」適進曰：「閭巷小人尚不忍爲，陛下萬乘之主，豈可再乎？」謂前已廢郭后也。帝意解，因閒語光獻曰：「我嘗欲廢汝，賴梁適諫我，汝乃得免。汝之不廢，適之力也。」後適死，光獻常感之。忽一日，出五百萬作醮，帝適見其事，問之，光獻以實告。帝歎息。自後歲率爲之，至光獻上仙乃止。《曲洧舊聞》卷二。

7 慈聖識慮，過人遠甚。仁宗一夕飲酒温成閣中，極懽，而酒告竭。夜漏向晨矣，求酒不已。慈聖云：「此間亦無有。」左右曰：「酒尚有，而云無，何也？」答曰：「上飲懽，必過度。萬一以過度而致疾，歸咎於我，我何以自明？」翼日，果服藥。言者乃歎服。《曲洧舊聞》卷一。

8 子瞻嘗言韓莊敏對客稱：仁宗時，一夜，三更以來，有中使於慈聖殿傳宣。慈聖起，著背子不開門，但於門縫中問云：「傳宣有甚事？」中使云：「皇帝起飲酒盡，問皇后殿有酒否？」慈聖云：「此中便有酒，亦不敢將去。夜已深，奏知官家，且歇息去。」更不肯開門納中使。《道山清話》。

9 慈聖曹后，嘉祐中幸相國寺燒香。后有百寶念珠價直千萬，掛領間，登殿之次忽不見。仁宗大怒，命盡繫從衛之人，大索都下。捕吏惶懼，物色不可得。因念寺前常有小兒數人嬉戲自若，而不知其所從來，漫往問之。中一丫髻女子，年十二三，忽笑謂吏曰：「前日偶取之，忘記還去，今見掛寺塔之顛火珠上，當自往取之。」吏知其異人也，再拜以請，女子還，遂入塔中。吏輩仰視，見第十三級窗中出一手，與相輪等，觀者萬人，恐怖毛豎，須臾不見。而女子手提數珠而下，授吏。復請曰：「中旨嚴急，願俱往以取信。」兒亦不辭。行數十步，立化通衢。開封尹上其事，上嗟異久之，凡坐累者皆獲赦云。《投轄録》。

10 見宋仁宗72。

11 臺官論濮王事甚急。……是〔正〕月二十間，天章閣賞小桃，因以勸太后。太后有酒，所卧閣中，内臣高居簡、蘇利涉從上至太后榻前拜，以書一封進太后，求一押字。太后酒未解，不知書所言何事，遂從之。既而書出，乃太后命中書尊濮王爲皇等事。明日遂奉行，太后始知。京師諠然，下至閭巷，亦以爲不可。太后力争不已。二十二日乃下詔罷濮王稱皇等事。《宋名臣言行録》後集卷五引《南豐雜識》。

12 見韓琦66。

13 見韓琦67。

14 見韓琦68。

15 曹后稱制日，韓琦欲還政天子，而御寶在太后閣，皇帝行幸即隨駕，琦因請具素仗祈雨。比乘輿還，御寶更不入太后閣，即於簾前具述皇帝聖德，都人瞻仰，無不歡慰，且言天下事久煩聖慮。太后怒曰：「教做也由相公，不教做也由相公。」琦獨立簾外不去。及得一言，有允意，即再拜。駕起，遂促儀鸞司拆簾。上自此親政。《孫公談圃》卷中。

16 韓魏公薨，其子孫倣郭汾陽著《家傳》十卷，具載魏公功業。至英宗即位之初，乃云光獻信讒，屢有不平之語，魏公以危言感動曰：「若官家失照管，太后亦未得安穩。」又言：太后曾問漢昌邑王事如何。

又云：太后言：「昨夕夢甚異，見這孩兒却在慶寧宮。謂英宗復在舊邸。」魏公曰：「却在慶寧宮，乃是聖躬復舊之兆，此是好夢。」又言：英宗不豫，魏公奏曰：「大王長立，且與照管。謂神宗。」后怒曰：「尚欲舊窠中求免耶？」又言：太后對大臣泣訴英宗語曰：「富弼意主太后。」又云：太后欲御前殿，魏公論奏云云，乃止。又云：臺諫有章，乞早還政，太后泣曰：「若放下，更豈見眼道耶！」如此等事尚多，皆誕妄不恭，非所宜言。韓氏子孫，販賣松櫝，張大勳業，以希進用，殊不知陷其父祖於不義也。王巖叟者，父子爲魏公之客，亦著《魏公遺事》一編，其記魏公言行甚詳。至論光獻權同聽政事，亦爲欺誕。謂太后還政之後，魏公勸英宗加儀衛，帝曰：「相公休奬縱母后。」又謂魏公對太后曰：「自家無子，不得不認。」察其意，以謂英宗非魏公不得立，既立，非魏公不得安也。《邵氏聞見録》卷三。

17 神廟當宁，慨然興大有爲之志，思欲問西北二境罪。一日被金甲詣慈壽宮，見太皇太后曰：「娘娘，臣著此好否？」曹后迎笑曰：「汝被甲甚好。雖然，使汝至衣此等物，則國家何堪矣。」神廟默然心服，遂卸金甲。《鐵圍山叢談》卷一。

18 神宗初，欲破夏國。……一日，帝衣黄金甲以見光獻太后，后曰：「官家着此，天下人如何？脱去，不祥。」又欲京城安樓櫓，后亦不許，但以庫貯於諸門。《邵氏聞見録》卷三。

19 見宋神宗9。

20 禁中近清明節，神宗侍曹太皇，因語：「自來却無人做珠子鞍韂。雖云太華，然亦好也。」太皇聞此語，已密令人描様矣。不數日，實促就珠子鞍韂，傳宣索玉鞍韂一副。神宗莫測所欲用，亦莫敢問，依旨進入。太后令送後苑拆修，遂施珠鞴焉，其上作小紅羅銷金坐子，劣可容體，甫近上巳，以鞍架載之送神宗。神宗大感悦，取小烏馬于福寧殿親試之。……光獻太皇太后疾病稍間，神宗親製一小輦，極爲輕巧，以珠玉黄金飾之，進于太皇云：「娘娘試乘此輦，往涼殿散心。」太皇曰：「今日意思無事，天氣亦好。」遂載而之涼殿。太后扶其左，神宗扶其右，太皇下輦曰：「官家、太后親自扶輦，當時在曹家作女時，安知有今日之盛！」喜見顔色。王正仲進光獻挽詞云：「珠鞴錫御恩猶在，玉輦親扶事已空。」蓋用此兩事也。《孔氏談苑》卷一。《宋詩紀事》卷十七。

21 東坡既就逮下御史府，一日，慈聖曹太皇語上曰：「官家何事數日不懌？」對曰：「更張數事未就緒，有蘇軾者，輒加謗訕，至形於文字。」太皇曰：「得非軾、轍乎？」上驚曰：「娘娘何以聞之？」曰：「吾嘗記仁宗皇帝策試制舉人罷歸，喜而言曰：『朕今日得二文士，謂蘇軾、轍也。然吾老矣，慮不能用，將以遺後人，不亦可乎？』」因泣問二人安在，上對以軾方繫獄，則又泣下，上亦感動，始有貸軾意。《泊宅編》三卷本卷上、又十卷本卷一。《貴耳集》卷上。

22 慈聖光獻大漸，上純孝，欲肆赦。后曰：「不須赦天下凶惡，但放了蘇軾足矣。」時子瞻對吏也。后又言：「昔仁宗策賢良歸，喜甚，曰：『吾今日又爲子孫得太平宰相兩人。』蓋軾、轍也，而殺之，可乎！」上悟，即有黄州之貶。《西塘集耆舊續聞》卷二。

23 光獻太皇太后，元豐四年春感疾，以文字一函封鐍甚嚴，付神宗曰：「俟吾死開之，唯不可因此罪人。」帝泣受。后疾愈，帝復納此函。后曰：「姑收之。」是年七月，后上仙。帝開函，皆仁宗欲立英宗爲皇嗣時，臣僚異議之書也。神宗執書慟哭，以太皇太后遺訓，不敢追咎其人。故帝宫中服三年之喪。《邵氏聞見録》卷三。

24〔慈聖〕晚歲疾，病急，顧左右，問此爲何日。左右對以十月二十日，實太祖大忌日也。后頷之，迺自語曰：「只此日去，只此日去，免煩他百官。」蓋謂不欲別日立忌，使百官有司有奉慰行香之勞，就是日則免。於是二十日崩。《鐵圍山叢談》卷一。《避暑漫鈔》。

25慈聖曹太后工飛白，蓋習觀昭陵落筆也。先人舊藏一「美」字，徑二尺許，筆勢飛動，用慈壽宫寶。今不知何在矣。《老學庵筆記》卷二。

張貴妃

1西京留臺李建中，博雅多藝，其子宗魯善相人。一年春榜之京師，命擇婿。行次任村逆旅，方就食，有丈夫荷布囊，從驢驢，亦就食于逆旅。宗魯一見，前揖寒温，延之共案，詢其所自，曰：「今春不第，將還洛也。」宗魯不復之京師，與之同歸洛中。其父詰之，曰：「今既得貴婿，可復回矣。此人生不出選調，死封真王。」于是婿之，乃張堯封也。實生温成皇后，天聖中登進士第，終亳州軍事推官，後封清河郡王。《畫墁録》。《歸田録》卷二。《新編分門古今類事》卷十。《宋稗類鈔》卷七。

2吴越王子太師雅之女適張氏，生子名堯封，與堯佐爲宗表兄弟。堯封游學南京，遂娶曹氏女。堯封俊邁，從學山東孫明復，至其舍，執事皆堯封妻女，如事親焉。時文異倅南京，子彦博、彦若竝師明復，明復遂薦堯封于文氏爲門客，張、文之好，始于此矣。堯封就舉，與張文定同保，將引試，語文定曰：「宗表兄自無錫宰歸，當往求舉資。」及還，堯佐但與錢五百文。後堯封舉進士第，任石州推官卒。其女入宮中爲婕妤沈氏養女，是爲温成皇后。久之，得幸仁宗，貴寵日盛。時相乃爲訪其族氏，會堯佐以太常博士知開州還，時相因以白上。……潞公召自蜀，將至闕下，貴妃親視供帳以待，其夫人入謝。衆論諠然。時貝州王則叛，仁宗北顧。妃乃陰喻潞公貝州事，明鎬將有成績，可請行。潞公既行，貝州平，潞公以功拜相，群論漸息。曹氏後封越國夫人。《聞見近録》。

3 慶曆中，廣州有死蕃商没官珍珠，有司賤估其直，十分價中纔及一分，令郡官分買之，爲本路監司按劾，計贓并珍珠赴京師具案。既上，仁宗時於禁中聞之，且命取所估珍珠，上與宫官同閲，愛其珍異。張貴妃在側，意欲得之，上依所估價，出禁中錢易之以賜貴妃。時禁中同列因是有於上乞旨和買，緣此京師珠價騰踴，上頗知之。一日，上於別殿賞牡丹，妃嬪畢集，貴妃最後至，乃以前日珍珠爲首飾，以誇同輩，欲至上前。上望見，以袖掩面曰：「滿頭白紛紛的，都没些忌諱。」貴妃慙赧，起易之。乃大悦，使人各簪牡丹一枝，自是禁中更不戴珍珠，價大減。《元城語録》卷中。《苕溪漁隱叢話》後集卷十九。

4 仁宗一日幸張貴妃閣，見定州紅甆器，帝堅問曰：「安得此物？」妃以王拱辰所獻爲對，帝怒曰：「嘗戒汝勿通臣僚饋遺，不聽何也？」因以所持柱斧碎之。妃愧謝，久之乃已。妃又嘗侍上元宴於端門，服所謂燈籠錦者，上亦怪問。妃曰：「文彦博以陛下眷妾，故有此獻。」上終不樂。後潞公入爲宰相，臺官唐介言其過，及燈籠錦事，介雖以對上失禮遠謫，潞公尋亦出判許州，蓋上兩罷之也。或云燈籠錦者，潞公夫人遺張貴妃，公不知也。唐公之章與梅聖俞書竄之詩，過矣。《邵氏聞見録》卷二。《宋名臣言行録》後集卷五。

5　見文彦博16。

6　見宋祁20。

7　張堯佐除宣徽使，以廷論未諧，遂止。久之，上以温成故，欲申前命。一日，將御朝，温成送至殿門，撫背曰：「官家今日不要忘了宣徽使。」上曰：「得，得！」既降旨，包拯乞對，大陳其不可，反覆數百言，音吐憤激，唾濺帝面，帝卒爲罷之。温成遣小黄門次第探伺，知拯犯顔切直，迎拜謝過。帝舉袖拭面曰：「中丞向前説話，直唾我面。汝只管要宣徽使、宣徽使，汝豈不知包拯是御史中丞乎？」《曲洧舊聞》卷一。

8　金橘産於江西，以遠難致，都人初不識。明道、景祐初，始與竹子俱至京師。竹子味酸，人不甚喜，後遂不至。而金橘香清味美，置之罇俎間，光彩灼爍如金彈丸，誠珍果也。都人初亦不甚貴，其後因温成皇后尤好食之，由是價重京師。《歸田録》卷二。《游宦紀聞》卷二。

宋英宗

1　英宗皇帝未生，濮安懿王夢二龍戲日旁，俄與日俱墜，以衣承之，大纔寸許。將納於佩囊，忽失所在，久乃見於雲中。一龍人言曰：「我非汝所有。」生之夕，又見黄龍數四出入卧内。《東齋記事》卷五。

2　真宗皇帝聖嗣未立，以緑車旄節召濮安懿王養之宫禁中。仁宗皇帝生，以簫韶部樂，送歸邸。仁宗方盛年而嗣未立，以故事請楊太后選濮安懿王諸子以入禁中。英宗皇帝甚幼，初不在進名，楊后見之，抱之以歸。《聞見近録》。《邵氏聞見後録》卷一。

3 英宗皇帝，濮王十三子也，故本宫謂之「十三使」。母曰仙游縣君任氏，或言幼時父兄不以爲子弟數。仁宗晚年無子，遣内夫人至濮宫選擇諸子，欲養之禁中。英宗初不預選，選者無一可。既晚，内夫人將登車矣，英宗匍匐屏間，見之驚曰：「獨此兒可耳。」衆皆笑。内夫人獨異之，抱之登車，遂養於慈聖殿中。《龍川别志》卷下。

4 英宗在藩邸，多隱德。宗婦既寡，不能自存者，密使人賙之，不令兄弟知也。壁書韓退之《師説》及吴仲卿宗英《六箴》以自戒。《能改齋漫録》卷十三。

5 見宋仁宗63—65。

6 仁宗晚年，京師染紫，變其色而加重，先染作青，徐以紫草加染，謂之油紫。後人指爲英宗紹統之讖。《雲麓漫鈔》卷十。

7 英宗即位之初，有著作佐郎甄履獻《繼聖圖》，其序大略曰：「昔景德戊申歲，天書降，後二十四年，陛下降生之日，復是天慶節，是天書於二紀已前，爲陛下降聖之兆也。又邇來市民染帛，以油漬紫色，謂之油紫，油紫者，猶子也，陛下濮安懿王之子，視仁宗爲諸父，此猶子之義也。」又云：「京師自二年來，里巷間多云『着箇羊』。陛下生於辛未，羊爲未神，此又語瑞也。」又以御名拆其點畫，使兩日相並，爲離明繼照之義，其言詭誕不經。英宗聖性高明，尤惡諛諂，書奏，怒其妖妄，御批送中書令，削官停任。天下服其神鑒。《東軒筆録》卷四。《宋朝事實類苑》卷七十。

8 見韓琦62。

9 見韓琦63。

10 見韓琦64。

11 見韓琦65。

12 見韓琦66。

13 見韓琦67。

14 治平元年，詔葬皇后乳母永嘉郡夫人賈氏，而開封府言，徙堀民墓，不便。上曰：「豈宜以此擾民邪？」命勿徙。《宋朝事實類苑》卷五。

15 宋英宗治平元年駕幸太乙宫，道傍耕桑者皆以茶絹賜之。時耕者叱牛聲甚厲，駕前衛士皆以爲笑，韓魏公作詩有云：「蠶女舍籠驚法從，耕夫投耒目天光。」紀其實也。《小草齋詩話》卷四。

16 治平二年八月三日，大雨一夕，都城水深數尺，上降詔責躬求直言，學士草詔，有「大臣惕思天變」之語，上夜批出云：「淫雨爲災，專戒不德。」遽令除去「大臣思變」之言。上之恭己畏天，自勵如此。《歸田録》卷二。

17 見沈遘7。

18 英宗内無嬪御。王廣淵以濮邸舊僚進待制，貧不能辦儀物，韓魏公爲言，帝曰：「無名以賜，不可。」後數日，有旨令廣淵書《無逸》篇於御屏，賜白金百兩。《邵氏聞見録》卷三。

19 見蔡襄13。

20 故事，建儲皆大臣議定，召學士鎖院。英宗皇帝大漸，學士王禹玉當制，上遣御藥院供奉官高居簡就第召張文定至寢幄，文定時在告也。英宗冠白角冠，被黃服，憑几語文定曰：「久不見學士。」意慘然。榻上有紙一幅，上有「明日降詔，立皇太子」八字，而未有主名。張公曰：「必潁王也。」盛言潁王身居嫡長，而無失德，上頷之。文定乃進紙筆，請其名。上力弱，字疑似，不可辨，再請書，乃大書「大大王」三字，遂歸院草制。明日，大臣始知潁王爲皇太子。神宗皇帝每謂文定曰：「國朝以來，卿可謂顧命矣。」《聞見近録》。

21 見李遵勗1。

高后

1 英宗於仁宗爲姪，宣仁后於光獻爲甥，自幼同養禁中。温成張妃有寵，英宗還本宮，宣仁還本宅。温成薨而竟無子。一日，帝謂光獻曰：「吾夫婦老無子，舊養十三英宗行第、滔滔宣仁小字，各已長立。朕爲十三，后爲滔滔主婚，使相娶嫁。」時宫中謂天子取婦，皇后嫁女云。《邵氏聞見録》卷三。《賓退録》卷三。

2 宣仁聖烈皇后，亦以慈聖光獻皇后甥養之宫閣，宫中號英宗爲官家兒，宣仁爲皇后女。仁宗每戲英宗曰：「皇后女可以爲婦乎？」英宗謝之。由是宫中每以爲戲。《聞見近録》。

3 見曹后1。

4　在治平時，英宗疾既瘉，猶不得近嬪御。慈聖一日使親近密以情鐫諭之：「官家即位已久，今聖躬又痊平，豈得左右無一侍御者耶？」宣仁不樂，曰：「奏知娘娘，新婦嫁十三團練爾，即不曾嫁他官家。」時多傳於外朝。《鐵圍山叢談》卷一。

5　自熙寧後，始貴密雲龍，每歲頭綱修貢，奉宗廟及供玉食外，賚及臣下無幾。戚里貴近，丐賜尤繁。宣仁一日慨歎曰：「令建州今後不得造密雲龍，受他人煎炒不得也。出來道我要密雲龍，不要團茶。揀好茶喫了，生得甚意智？」此語既傳播于縉紳間，由是密雲龍之名益著。《清波雜志》卷四。

6　熙寧末，神宗有旨，建州製密雲龍，其品又加于小團矣。然密雲之出，則二團少粗，以不能兩好也。……宣仁一日歎曰：「指揮建州，今後更不許造密雲龍，亦不要團茶，揀好茶吃了，生得甚好意智？」《畫墁録》。

7　熙寧中上元，宣仁太后御樓觀燈，召外族悉集樓上。神宗皇帝數遣黃門稟曰：「外家有合推恩，乞疏示姓名，即降處分。」宣仁答曰：「此自有所處，不煩聖慮。」明日上問：「何以處之？」宣仁答曰：「大者各與絹兩疋，小者各與乳餹獅子兩個。」時內外已歎仰后德爲不可及也。《高齋漫録》。

8　裕陵彌留之際，宣仁呼小黃門出紅羅一段，密諭之曰：「汝見郡王身材長短大小乎？持以歸家，製袍一領，見我親分付，勿令人知也。」後數日，哲宗於梓宮前即位，左右進袍，皆長大不可御。近侍以不素備，皆倉皇失色。宣仁遣宮嬪取以授之。或曰：小黃門即邵成章也。岐邸之謗大喧，成章不平之，嘗明此事於巨璫，巨璫呵之曰：「無妄言，滅爾族矣。」《曲洧舊聞》卷二。

9 神宗疾大漸，太母諭梁惟簡曰：「令你新婦做一領黄褙子，十來歲孫兒着得者，不得令人知。」次日惟簡袖進。哲宗即位柩前，衣此褙子也。《晁氏客語》。

10 明肅太后上徽號，初欲御天安殿，即今大慶殿也。王沂公争之，乃改御文德殿。元祐初，宣仁太后受册，有司援文德故事爲請，宣仁不許，令學士院降詔。蘇子瞻當制，頗斥天聖之制，猶以御文德爲非是。既進本，宣仁批出曰：「如此是彰先姑之失。可别作一意，但言吾德薄，不敢比方前人。」聞者無不畏服。《石林燕語》卷一。

11 哲宗御講筵，誦讀畢，賜坐，例賜扇。潞公見帝手中獨用紙扇，率群臣降堦稱賀。宣仁聞之，喜曰：「老成大臣用心，終是與人不同。」是日晚，問哲宗曰：「官家知大臣稱賀之意乎？用紙扇，是人君儉德。君儉則國豐，國豐則民富而壽。大臣不獨賀官家，又爲百姓賀也。」《曲洧舊聞》卷二。《昨非庵日纂》二集卷九。

12 宣仁同聽政日，以内外臣僚所上章疏，令御藥院繕寫，各爲一大册，用黄綾裝背，標題姓名。置在哲宗御座左右，欲其時時省覽。或曰此事出於簾幃獨斷，外廷初不知也。《曲洧舊聞》卷二。

13 宣仁同聽政日，御厨進羊乳房及羔兒肉，宣仁蹙然動容曰：「羊方羔而無乳，則餒矣。」又曰：「方羔而烹之，傷夭折也。」卻而不食。有旨不得宰羊羔以爲膳。《甲申雜記》。

14 元祐五年季秋二日，忠宣、吕汲公、安厚卿秉政。宣仁聖烈皇后寢疾，中外憂惶。三公詣閤門，乞入問疾，詔許之。至御榻前，障以黄幔，哲廟黄袍幞頭，立榻左，三臣立右。汲公進問曰：「太皇太后聖躬萬福。」后曰：「老婆待死也。累年保佑聖躬，粗究心力，區區之心，只欲不墜先烈，措世平泰，不知官家知之否！相公及天下知之否！」辭氣憤鬱。吕公未及對，哲廟作色叱曰：「大防等出。」三公趨退，相顧曰：「吾曹不知死所矣。」《過庭録》。

15 元祐癸酉九月一日夜，開寶寺塔表裏通明徹旦，禁中夜遣中使賚降御香，寺門已閉。既開，寺僧皆不知也。寺中望之無所見，去寺漸明。後二日，宣仁上仙。《行營雜録》。

16 紹聖改元九月，禁中爲宣仁作小祥道場，宣隆報長老陞座……既而有僧問話云：「太皇今居何處？」答云：「身居佛法龍天上，心在兒孫社稷中。」當時傳播，人莫不稱歎。於戲！太皇之聖，華夷稱爲女堯舜。方其垂簾，每有號令，天下人謂之快活條貫。《道山清話》。《宋稗類鈔》卷二十八。

17 文思院奉上之私，無物不集。宣仁后同聽政九年，不取一物。《邵氏聞見後録》卷一。《後山談叢》卷三。

宋神宗

1 裕陵年十三，居于濮邸。一日正晝甛便寢，英祖忽顧問何在，左右褰帳，方見偃卧，有紫氣自鼻中出，盤旋如香篆，大駭，亟以聞。英祖笑曰：「勿視也。」後三年，亦以在寢寤驚，欽聖請其故，曰：「方熟寐，忽覺身在雲表，有二神人捧足以登天，是以嘑耳！」既而果登大寶。《桯史》卷九。《東南紀聞》卷二。《堯山堂外紀》卷十。《玉芝堂談薈》卷一。

2 神宗皇帝在春宫時，極冲幼。孫思恭爲侍讀，一日，講《孟子》，至「多助之至，天下順之。寡助之至，親戚畔之」。思恭泛引古今助順之事，而不及親戚畔之者。主上顧曰：「微子，紂之諸父也，抱祭器而入周，非親戚畔之耶？」思恭釋然駭服。《東軒筆録》卷四。《宋朝事實類苑》卷五。

3　見宋英宗20。

4　見歐陽修125。

5　見王安石46。

6　見司馬光33。

7　見王安禮1。

8〔神宗〕方即位初時，深欲相富弼，弼辭以疾，退居洛陽。弼在洛陽多以手疏論天下大利害，皆大臣之所不敢言者。神宗欣然開納，賜以手札曰：「義忠言親，理正文直，苟非意在愛君，志在王室，何以臻此？敢不置之枕席，銘諸肺腑，終老是戒！更願公不替今日之志，則天災不難弭，太平可立俟也。」嘗因王安石有所建明，而卻之曰：「若如此，則富弼手疏稱『老臣無處告訴，但仰屋竊嘆』者，即當至矣。」弼之薨，神宗躬製祭文，有曰：「言人所難，議定大策，謀施廊廟，澤被四方，他人莫得而預也。」《邵氏聞見後録》卷二十四。

9　神宗既退司馬温公，一時正人皆引去，獨用王荆公，盡變更祖宗法度，用兵興利，天下始紛然矣。帝一日侍太后，同祁王至太皇太后宫。……太皇太后曰：「吾聞民間甚苦青苗、助役錢，宜因赦罷之。」帝不懌，曰：「以利民，非苦之也。」太皇太后曰：「王安石誠有才學，然怨之者甚衆。帝欲愛惜保全，不若暫出之於外，歲餘復召用可也。」帝曰：「群臣中惟安石能横身爲國家當事耳。」祁王曰：「太皇太后之言，至言也。陛下不可不思。」帝因發怒，曰：「是我敗壞天下耶？汝自爲之。」祁王泣曰：「何至是也。」皆不樂而罷。《邵氏聞見録》卷三。

10 見曹后17。

11 見曹后18。

12 熙寧二年，上曰：「朕每思祖宗百戰得天下，今以一州生靈，付一庸人，嘗痛心疾首。」《宋朝事實類苑》卷五。

13 熙寧四年，王荆公當國，欲以朱柬之監左藏庫，柬之辭曰：「左帑有火禁，而年高，宿直非便。」聞欲除某人勾當進奏院忘其人名，實願易之。」荆公許諾。翌日，於上前進某人監左藏庫，上曰：「不用朱柬之監左藏庫，何也？」荆公震駭，莫測其由。上之神機臨下，多知外事，雖纖微，莫可隱也。《東軒筆録》卷五。《宋朝事實類苑》卷五。

14 上以外事問介甫，介甫曰：「陛下從誰得之？」上曰：「卿何必問所從來？」介甫曰：「陛下與他人爲密，而獨隱於臣，豈君臣推心之道乎？」上曰：「得之李評。」介甫由是惡評，竟擠而逐之。他日，介甫復以密事質於上，上問於誰得之，介甫不肯對，上曰：「朕無隱於卿，卿獨有隱於朕乎？」介甫不得已，曰：「朱明之爲臣言之。」上由是惡明之。明之，介甫妹夫也。及介甫出鎮金陵，吉甫欲引介甫親暱置之左右，薦明之爲侍講，上不許，曰：「安石更有妹夫爲誰？」吉甫以直講沈季長對，上即召季長爲侍講。吉甫又引弟升卿爲侍講。升卿素無學術，每進講，多捨經而談財穀利害、營繕等事。上時問以經義，升卿不能對，輒目季長從旁代對。上問難甚苦，季長辭屢屈，上問從誰受此義，對曰：「受之王安石。」上笑曰：「然則且爾。」《涑水記聞》卷十六。《宋名臣言行録》後集卷六。

15 見王安石81。

16 見王安石92。

17 見蔡挺4。

18 見王珪10。

19 見王珪13。

20 熙寧七年旱，神宗遣御藥吴有方詣集禧觀設醮，且諭以「久旱，齋心致禱，庶有感應，汝宜前期檢視醮科」。有方奏曰：「臣固當檢視醮科，陛下亦宜檢視政事。」帝不悦。翌日，帝笑曰：「吾昨夜三復汝言，甚當，足見汝之用心。吾已修政事，答天戒。汝更宜爲吾嚴設。」有方再拜，往庀事焉。《能改齋漫録》卷十三。

21 熙寧末年旱，詔議改元。執政初擬大成，神宗曰：「不可！成字於文，一人負戈。」繼又擬豐亨，復曰：「不可！亨字爲子不成，惟豐字可用。」改元豐。《石林燕語》卷一。

22 高麗自太宗後，久不入貢，至元豐初，始遣使來朝。神宗以張誠一館伴，令問其復朝之意。云：其國與契丹爲鄰，每因契丹誅求，藉不能堪，國主王徽常誦《華嚴經》，祈生中國。一夕，忽夢至京師，備見城邑宮闕之盛，覺而慕之，乃爲詩以記曰：「惡業因緣近契丹，一年朝貢幾多般。移身忽到京華地，可惜中宵漏滴殘。」《石林詩話》卷中。

23 見蘇軾67。

24 見蘇軾71。

25 神宗皇帝天性儉約，奉慈壽宫尤盡孝道。慈聖太后嘗以乘輿服物未備，因同天節作珠子鞍轡爲壽。神宗一御于禁中，後藏去不復用。一日，與兩宫幸後苑賞花，慈聖輦至，神宗即降步親扶慈聖出輦，屢卻不從，聞者太息。慈聖上仙，李奉世時爲侍郎，進挽詩，有云「珠韉昔御恩猶在，玉輦親扶事已非」，蓋記此二事，神宗覽之泣下。《石林詩話》卷上。

26 神宗天性至孝，事慈聖光獻太后尤謹。升遐之夕，王禹玉爲相入慰，執手號慟，因引至斂所，發視御容，左右皆感絶。將斂，復召侍臣觀入梓宫物，親舉一玉椀及玉絃曰：「此太后常所御也。」又慟幾欲仆。禹玉爲輓辭云：「誰知老臣淚，曾及見珠襦。」又云：「冰絃湘水急，玉椀漢陵深。」皆紀實也。《石林燕語》卷九。

27 慈聖光獻皇后薨，上悲慕之甚。有姜識者，自言神術可使死者復生。上命以其術置壇於外苑，凡數旬，無效。乃曰：「臣見太皇太后與仁宗宴，臨白玉欄干，賞牡丹，無意復來人間也。」上知誕妄，亦不深罪，止斥於郴州。蔡承禧進輓詞曰：「天上玉欄花已折，人間方士術何施。」蓋謂是也。《東軒筆録》卷十一。《孔氏談苑》卷四。

28 神宗遵太祖遺意，聚積金帛成帑，自製四言詩一章云：「五季失圖，玁狁孔熾。藝祖造邦，思有懲艾。爰設内府，基以募士。曾孫保之，敢忘厥志。」每庫以一字目之。又别置詩二十字分揭其上曰：「每虔夕惕心，忘意遵遺業。顧予不武資，何以成戎捷。」後來所謂御前封椿庫者是也。上意用此以爲開拓西北境土之資。始命王韶克青唐，然後欲經理銀、夏，復取燕、雲。元豐五年徐禧永洛衄師之後，帝心弛矣。《揮麈後録》卷一。

29 朝廷問罪西夏，五路舉兵，秦鳳路圖上師行營憩形便之次，至關嶺，有秦時柏一株，雖質幹不枯，而枝葉略無存者。既標圖間，裕陵披圖顧問左右，偶以御筆點其枝，而歎其閲歲之久也。後郡奏秦朝柏忽復，一枝再榮。《春渚紀聞》卷一。《樵書》初編卷一。

30 元豐間，嘗久旱不雨，裕陵禁中齋禱甚力。一日，夢有僧乘馬馳空中，口吐雲霧，既覺而雨大作。翌日，遣中貴人道夢中所見，物色於相國寺三門五百羅漢中，第十三尊略仿彿，即迎入内視之，正所夢也。王丞相禹玉作《喜雨詩》云：「良弼爲霖辜宿望，神僧作霧應精求。」元參政厚之云：「仙驥籋雲穿仗下，佛花吹雨匝天流。」蓋記此。《石林詩話》卷中。《墨莊漫録》卷九。《東軒筆録》卷四。《堯山堂外紀》卷五十一。《宋詩紀事》卷十三。

31 元豐中，屢失皇子，有承議郎吴處厚詣閤門上書云：「昔程嬰、公孫杵臼二人嘗因下宫之難而全趙氏之孤，最有功於社稷，而皆死忠義，逮今千有餘歲，廟食弗顯，魂無所依，疑有祟厲者。願遣使尋訪塚墓，飾祠加封，使血食有歸，庶或變厲爲福。」是時鄆王疾亟，主上即命尋訪，未數月，得土塚於絳州太平縣之趙村。詔封嬰爲成信侯、杵臼爲忠智侯，大建廟貌，以時致祭。《東軒筆録》卷十二。

32 熙寧七年，嘉興僧道親，號通照大師，爲秀州副僧正。因游温州雁蕩山，自大龍湫回，欲至瑞鹿苑，見一人衣布襦行澗邊，身輕若飛，履木葉而過，葉皆不動。心疑其異人，乃下澗中揖之，遂相與坐於石上。問其氏族、閭里、年齒，皆不答，鬚髮皓白，面色如少年，謂道親曰：「今宋朝第六帝也，更後九年當有疾，汝可持吾藥獻天子。此藥人臣不可服，服之有大責，宜善保守。」乃探囊出一丸，指端大，紫色，重如金錫，以授道親，曰：「龍壽丹也。」欲去，又謂道親曰：「明年歲當大疫，吴越尤甚，汝名已在死籍，今食吾藥，勉脩善業，當免此患。」探囊中取一柏葉與之，道親即時食之。老人曰：「定免矣，慎守吾藥，至癸亥歲，自詣闕獻之。」言訖遂去。南方大疫，兩浙無貧富皆病，死者十有五六，道親殊無恙。至元豐六年夏，夢老人趣之曰：「時至矣，何不速詣闕獻藥？」夢中爲雷電驅逐，惶懼而起，徑詣秀州，具述本末，謁假入京，詣尚書省獻之。執政親問，以爲狂人，不受其獻。明日，因對奏知，上急使人追尋，付内侍省問狀，以所遇對。未數日，先帝果不豫，乃使勾當御藥院梁從政持御香，賜裝錢百千，同道親乘驛詣雁蕩山求訪老人，不復見，乃於初遇處焚香而還。先帝尋康復，謂輔臣曰：「此但預示服藥兆耳。」聞其藥至今在彰善閣，當時不曾進御。《夢溪筆談》卷二十。

33 元豐六年冬祀，中書舍人朱服導駕，既進輦，忘設扆褥。遽取未至，上覺之，乃指顧問他事。少選褥至，乃登輦，以故官吏無被罪者。又一日，群臣方奏事垂拱殿，見御衣有蝨自襟沿至御巾，上既拂之至地，視之乃行蝨，其蝨善入人耳。上亟曰：「此飛蝨也。」蓋慮治及執侍者。《清波雜志》卷十二。

34 元豐七年秋宴，神廟舉御觴示丞相王岐公以下，忽暴得風疾，手弱觴側，餘酒霑汙御袍。是時京師方盛歌《側金盞》，皇城司中官以爲不祥，有歌者輒收繫之，由是遂絶。先楚公進裕陵挽詞有云：「輅從元朔朝時破，花是高秋宴後萎。」二句皆當時實事也。《老學庵筆記》卷七。《家世舊聞》卷上。

35 神宗病甚，不能言，宣仁謂曰「我欲爲汝改某事」。凡二十餘條，神宗皆點頭，獨至青苗法，再三問，終不應。《紫薇雜記》。《宋稗類鈔》卷一。

36 神廟博涉多識，聞一該十，每發疑難，迥出衆人意表。故講官每以進講爲難，退而相語曰：「今日又言行過也。」黄履見蘇子由，以手捫其腹曰：「予腹每趨講，未嘗不汗出也。」《畫墁録》。

37 神宗皇帝聖學淵遠，莫窺涯涘。黄安中履任崇政説書，講《詩》至《噫嘻》、《振鷺》、《豐年》。上問曰：「有祈則有報，問之以《振鷺》，何也？」黄曰：「得四海之歡心以奉先王，維其如此，乃獲豐年之應。」一日，又講至《祈父》之篇，其卒章「祈父，亶不聰」，上問曰：「獨言聰而不言明，何也？」黄曰：「臣未之思也。」上曰：「豈非軍事尚謀，聰作謀故耶？」侍臣莫不歎服。《麈史》卷上。《茶香室叢鈔》卷一。

38 神宗御邇英閣，問近臣：「《子衿》之詩，何以在鄭詩之末？」皆莫能對。帝曰：「此無他，虐政虐世，然後知聖人之爲郛郭也。」衆再拜，呼萬歲。《能改齋漫録》卷十三。

39 熙寧中，神宗問鄧綰云：「西漢張良如何？」綰以班、馬所論對，上曰：「體道。」綰以未喻聖訓，請於上，上又曰：「不唱。」綰退，因取《子房傳》考之，自從沛公入秦宫闕，至召四皓侍太子，凡所運籌，未有一事自其唱之。始知天縱之學，非人所及。《揮麈後録》卷一。

40 神宗惡《後漢書》范曄姓名，欲更修之。求《東觀漢記》，久之不得，後高麗以其本附醫官某人來上，神宗已厭代矣。《邵氏聞見後録》卷九。

41 熙寧元年，狀元吕公溱爲京尹，上殿進劄子，時府推官郎中周約隨趨于後。今上忽問吕曰：「卿體中無恙否？」吕對曰：「臣無事。」斯須又問：「卿果覺安否？」吕又對曰：「臣不敢强。」時吕公神采氣焰略無少虧。將退，又問周曰：「卿見吕溱如何？」周對曰：「以臣觀，溱似亦無事。」吕出殿門，深疑之，整巾拂面，索鏡自照，問周曰：「足下果見溱如何？」周曰：「龍圖無自疑，容采安静。」果數日感疾，迤邐不起。《玉壺清話》卷一。《雲谷雜紀》卷三。

42 神宗天資節儉，因得老宫人言：祖宗時，妃嬪、公主，月俸至微。歎其不可及。《邵氏聞見録》卷四。

43 見陳師錫2。

44 見韓縝5。

45 神廟朝，御馬有曰玉逍遥者，蓋赭白也。嘗幸金明池，歸乘之。《墨莊漫録》卷五。

向　后

1 向文簡公父，爲母求葬地。時開封城外有地，讖曰：「綿綿之岡，勢如奔羊。稍前其穴，后妃之祥。」術者以穴在一小民菜園中，向恐民不肯與，因夜葬其地。民以向横訴于府，府尹令重與之價，仍不廢其菜。次年，向遂生文簡公。欽聖后，文簡孫也。《能改齋漫録》卷十三。《宋稗類鈔》卷七。《宋詩紀事》卷一百。

2 〔孫〕敬之曰：吕相夫人，乃中表親也，爲某言禁中禮數甚詳，曰：御宴，惟五人，上居中，寶慈在東，長樂在西，皆南向，太妃暨中宫皆西向。寶慈暨長樂皆白角團冠，前後惟白玉龍簪而已，衣黄背子，衣無華彩。太妃暨中宫，皆縷金雲月冠，前後亦白玉龍簪，而飾以北珠，珠甚大，衣紅背子，皆用珠爲飾。中宫雖預坐，而婦禮甚謹，惟内顧寶慈，坐不敢安，雖廣樂在廷，未嘗一視也。上前後供侍固多女使，皆天下奇色，唯有四人一樣妝梳，衣服之類無少異。俄至上側，未移刻，又忽四人至，凡十有六番。其服飾珠翠之盛，信天下之所未覩。《師友談記》。

3 曾文肅《奏對録》：……布云：「皇太后自正位號，更不曾生子。神宗嬪御非不多，未聞有争競之意。在尊位，豈可與下争寵？」太母云：「自家那裏更惹他煩惱，然是他神宗亦會做得，於夫婦間極周旋，二十年夫婦不曾面赤。」《揮麈後録》卷一。

4 錢忱伯誠妻瀛國夫人唐氏，質肅公介之孫。既歸錢氏，隨其姑長公主入謝欽聖向后于禁中，時紹聖初也。先有戚里婦數人在焉，俱從后步過受釐殿。同行者皆仰視，讀「釐」爲「離」，夫人笑于旁曰：「受禧也。蓋取『宣室受釐』之義耳。」后喜，回顧主曰：「好人家男女終是别。」蓋后亦以自謂也。《揮麈後録》卷七。

宋哲宗

1 神宗當宁，已負疾。一日，後苑池水忽沸，且久不已。神宗爲睥睨而不樂。有抱延安郡王從旁過者，池沸輒止，莫不駭異。未幾，延安郡王即位，是爲哲宗。《鐵圍山叢談》卷一。

2 哲宗初即位，契丹弔哀使入見。蔡持正以虜大使衣服與在廷異，上春秋少，恐升殿驟見或懼，前一日奏事罷，從容言其儀狀，請上勿以爲異，重複數十語皆不答。徐俟語畢，忽正色問：「此亦人否？」確言：「固是人類，但夷狄耳。」上曰：「既是人，怕他則甚？」持正竦然而退。《石林燕語》卷九。

3 周穜言：垂簾時，一日早朝，執政因理會事，太皇太后命一黄門於内中取案上文字來，黄門倉卒取至，悮觸上幞頭墜地，時上未著巾也，但見新鬀頭撮數小角兒。黄門者震懼，幾不能立，旁有黄門，取幞頭以進，上凝然端坐，亦不怒，亦不問。既退，押班具其事取旨，上曰：「只是錯。」太后命押班只是就本班量行遣。《道山清話》。

4 哲宗常使一舊桌子，不好。宣仁令换之，又只如此在。問之，云：「是爹爹用底。」宣仁大慟，知其有紹述意也。《朱子語類》卷一百二十七。

5 見程頤12、13。

6 哲宗元祐初，春秋尚少，淵嘿未嘗語。一日經筵，司馬康講《洪範》，至「乂用三德」。忽問：「只此三德，爲更有德？」群臣聳然。康言：「三德雖少，然推而廣之，天下事無不皆在。」上曰：「然。」《石林燕語》卷三。

7 上好與兩府議論天下事，嘗謂晦叔曰：「民間不知有役矣。」對曰：「然。上户昔以役多破家，今則飽食安居，誠幸矣。下户昔無役，今率錢，則苦矣。」上曰：「然則法亦當更矣。」《涑水記聞》卷十四。

8 見蘇軾240。

9 元祐初，哲宗將納后，得狄諮女，宣仁意向之，而庶出過房，以問宰執。或曰：「勳臣門閥可成。」王彦霖爲簽事樞密院，曰：「在禮問名，女家答曰『臣女夫婦所生』，及列外氏官諱，今以狄氏爲可，將使何辭以對？」宣仁默然，遂罷議。《石林燕語》卷五。

10 哲宗即位甫十歲，於是宣仁高后垂簾而聽斷焉。及寖長，未嘗有一言。宣仁在宫中，每語上曰：「彼大臣奏事，乃胸中且謂何，奈無一語耶？」上但曰：「娘娘已處分，俾臣道何語？」如是益恭默不言者九年。……宣仁登仙，上始親政焉。上所以銜諸大臣者，匪獨坐變更，後數數與臣僚論昔垂簾事，曰：「朕只見臀背。」《鐵圍山叢談》卷一。

11 紹聖元年，咸陽縣民段吉，夏日凌曉雨後，粥菜村落中，立何人門，足陷地，得玉璽一、玉檢。玉璽方四寸，篆文如鳳鳥魚龍之形，曰「受命于天，既受永昌」。……有司來上，庭議以爲瑞，改元元符，命段吉以官。《邵氏聞見後録》卷二十六。

12 宋宗室有滔大使者，善作俳笑詩。哲宗末年，多躁怒不怡，左右無以娱悦，嘗往來大使家求詩。一日雪作，問有何句，大使遂吟云：「誰把鵝毛滿處焬，玉皇大帝販私鹽。歸來緊把門兒閉，一個開封拖麪煎。」急持以奏，哲宗大笑。《堅瓠癸集》卷二。《七修類稿》卷四十九。

13 高宗南渡，有將水晶注碗在搉場交易，高宗得之，泣下，云：「此哲廟陵寢中物也。」《貴耳集》卷中。

孟后

1 元祐七年，哲廟納后，用五月十六日法駕出宣德門行親迎之禮。初，道家以五月十六日爲天地合日，夫婦當異寢，違犯者必夭死，故世以爲忌。當時太史選定，乃謂人主與后猶天地也，故特用此日。將降詔矣，皇太妃持以爲不可，上亦疑之。宣仁獨以爲此語俗忌耳，非典禮所載，遂用之。其後詔獄既興，宦者復謂：「若廢后可弭此禍。」上意亦不可回矣。《老學庵筆記》卷八。

2 元祐大婚，吕正獻公當國，執議不用樂。宣仁云：「尋常人家，娶箇新婦，尚點幾箇樂人，如何官家却不得用？」欽聖云：「更休與他濨宰執理會，但自安排着！」遂令教坊、鈞容伏宣德門裏。皇后乘翟車甫入，兩部闌門，衆樂具舉。久之，伶官輩出賞物，語人曰：「不可似得這箇科第相公，却不教用。」《清波雜志》卷一。

3 元祐末，哲宗方擇后，京師里巷作打毬獻戲，以一擊入窠者爲勝，謂之「孟入」。於是孟在女應入宮之選。至紹聖間，禁掖造纈，有匠者姓孟，獻樣，兩大蝴蝶相對，綰以纈帶，曰「孟家蟬」。民間競服之。未幾，后廢處瑶華宮，號華陽教主、玉清妙静仙師。議者皆以爲讖，蟬者禪也，出家之兆也。……今上踐祚，迎后至睢陽，上尊號曰隆祐太后。建炎三年，車駕渡江，至餘杭，有苗、劉二賊之變，后復垂簾以平内難。二十五日復辟，又上尊號曰隆祐皇太后。紹興元年，崩於會稽。……至是，前讖乃驗焉。孟入者，兩復入也；蟬者禪也，兩御簾帷之應也。《三朝北盟會編》卷一百四十六引《秀水閒居録》。《宋詩紀事》卷三十六。

4 孟氏作后，京師衣飾畫作雙蟬，目爲「孟家蟬」，識者謂「蟬」有禪意，久之后竟廢。《萍洲可談》卷一。《南宋雜事詩》卷六。

5 先公在紹聖初識孟在，蓋皇后父也。時泰陵未有嗣，常因景陵宫行香，諸人聚首，孟在忽太息。或詢其故，孟曰：「中宫蓐月，滿望一皇嗣，乃誕公主！」先公歸語所親曰：「孟在非長守富貴者也！」果如言，后竟廢。《萍洲可談》卷三。

6 京師凡賣熟食者，必爲詭異標表語言，然後所售益廣。嘗有貨環餅者，不言何物，但長歎曰：「虧便虧我也！」謂價廉不稱耳。紹聖中，昭慈被廢，居瑶華宫。而其人每至宫前，必置擔太息大言。遂爲開封捕而究之，無他，猶斷杖一百罷。自是改曰：「待我放下歇則箇。」《雞肋編》卷上。

7 曾文肅《奏對録》：……初，議復瑶華，布首白上：「不知處之何地？」上云：「西宫可處。」布云：「如此甚便。緣既復位，則於太母有婦姑之禮，豈可處之於外？」上亦云然，太母仍云：「須令元符先拜，元祐答拜乃順。」又云：「將來須令元祐從靈駕，元符只令迎虞主可也。患無人迎虞主，今得此甚便。」又諭密院云：「先帝既立元符，尋便悔，但云『不直！不直！』」又云：「郝隨嘗取宣仁所衣后服以披元符，先帝見之，甚駭，却笑云：『不知稱否？』」又云：「元祐本出士族，不同。」又稱其母亦曉事，二府皆云：「王廣淵之女也。神宗嘗以爲參知政事，命下而卒。」又云：「初聘納時，常教他婦禮，以至倒行、側行皆親指教。其他舉措，非元符比也。」……太母又對二府云：「元符、元祐俱有性氣，今猶恐其不相下。」布云：「皇太后更當訓敕，使不至於有過，乃爲盡善。皇太后在上，度亦不敢如此。」……太后又云：「他兩人與今上叔嫂亦難數相見。今後除大禮聖節宴會可赴，餘皆不須預。他又與今皇后不同也。」三省亦皆稱善。《揮麈後録》卷一。

8 靖康初，京師失守，徽宗、淵聖皇族、近屬皆詣虜營。虜中議亦取〔孟〕后，淵聖意張邦昌必不能久僭，欲留孟后以爲興復基本，因遣人入城取物，紙尾批虜辭與府尹徐秉哲云：「趙氏註《孟子》相度分付。」會虜人以后廢歲久，無預時事，不復取。《三朝北盟會編》卷一百四十六引《秀水閑居録》。

9 昭慈孟后，紹聖三年以使令爲禳禬之法，九月二十日，詔徙處道宫。……靖康末，金人犯闕，六宫皆北，后獨不預，逃匿於其家。張邦昌知之，遣人迎后垂簾，儀從忽突入第中，后惶恐不知所以，避之不免。及思陵中興，尊爲隆祐太后，蓋后之祖名元，易「元」爲「隆」字。建炎間，皇輿小駐會稽，后微覺風痃，本閣有宫人，自言善用符水咒疾可瘳。或以啓后，后吐舌曰：「又是此語，吾其敢復聞也。此等人豈可留禁中邪？」立命出之。《揮麈後録》卷一。

10 吉州吉水縣江濱有石材廟，隆祐太后避虜，御舟泊廟下。一夕，夢神告曰：「速行，虜至矣！」太后驚寤，即命發舟指章貢。虜果躡其後，追至造口，不及而還。事定，特封廟神剛應侯。《鶴林玉露》甲編卷三。《堯山堂外紀》卷五十七。

11 紹興初，昭慈聖憲皇后升遐，外祖曾公公卷以江東漕兼攝二浙應辦，用元符末京西漕陳向故事也。朝論欲建山陵，外祖議以謂：「帝后陵寢今存伊、洛，不日復中原，即歸祔矣，宜以攢宫爲名。」僉以爲當，遂用之。《揮麈録》卷一。《舊聞證誤》卷四。

12 一村翁於孟后陵得一髻，其髮長六尺餘，其色紺碧，髻根有短金釵，遂取以歸，以其爲帝后之遺物，庋置聖堂中，奉事之，自此家道漸豐。其後凡得金錢之家，非病即死，翁恐甚，遂送之龍洞中。聞此翁今爲富家矣。《癸辛雜識》别集卷上。《南村輟耕録》卷四。

劉后

1 〔孟〕后朝謁景靈宫，訖事就坐，諸嬪御皆立侍，劉婕妤獨背立簾下，后閤中人陳迎兒喝曰：「綽開。」婕妤背立如故。迎兒退歸，有不平語，由此閤中皆忿。冬至日會朝隆祐宫，俟見於他所。后所御坐朱髹金飾，宫中之制，惟后乃得之。劉婕妤在他坐，意象頗愠，其從行者爲易坐，制與后等。衆皆側目，不能平者，故傳唱曰：「皇太后去所。」婕妤亦起立，尋各復所。或已徹婕妤坐，頓于地，懟不復朝，泣而去，且訴于哲宗。内侍郝隨謂婕妤曰：「毋以此戚戚，願早爲大家生子。此坐正當爲婕妤有耳。」《東都事略》卷十四。

2 泰陵時，蔡元長爲學士。故事，供貼子，皇太后、皇帝、皇后閤各有詞，諸妃閤同用四首而已。時昭懷劉太后充貴妃，元長特撰四首以供之，有「三十六宫人第一，玉樓深處夢熊羆」。《墨莊漫録》卷四。

張夫人

1 曾文肅熙寧初爲海州懷仁令，有監酒使臣張者，小女甫六七歲，甚爲惠黠，文肅之室魏夫人憐之，教以誦詩書，頗通解。其後南北睽隔。紹聖初，文肅柄事樞時，張氏女已入禁中，雖無名位，以善筆札，掌命令之出入，忽與夫人相聞。夫人以夫貴，疏封瀛國，稱壽禁庭，始相見叙舊。自後歲時遺問。夫人没，張作詩以哭云：「香散簾幃寂，塵生翰墨閑。空傳三壼譽，無復内朝班。」從此絶迹矣。後四十年，靖康之變，張從昭慈聖獻南渡，至錢塘。朱忠靖《筆録》所記昭慈遺其傳導反正之議張夫人者，即其人也，年八十餘終。《揮麈三録》卷二。

宋徽宗

1　神祖幸祕書省，閱江南李主像，見其人物儼雅，再三歎訝。而徽宗生時，夢李主來謁，所以文彩風流過李主百倍。及北狩，女真用江南李主見藝祖故事。《養疴漫筆》。《貴耳集》卷中。《玉芝堂談薈》卷十。《宋稗類鈔》卷一。《古事比》卷十一。

2　〔徽宗〕前身是玉堂天子，因不聽玉皇説法，故謫降，今在人間。《宣和遺事》後集。《南宋雜事詩》卷六引《外史》。

3　五月五日生子，俗忌之。……徽宗亦以五月五日生，以俗忌，改作十月十日爲天寧節。《癸辛雜識》後集。《齊東野語》卷十一。

4　徽廟在襁褓時，晝卧，忽卧處屋棟中折，欲墮復續，其聲達前殿。乳媪急抱徽廟起，梁即墮所卧榻上。《北狩見聞録》。

5　國朝諸王弟多嗜富貴，獨祐陵在藩時玩好不凡，所事者惟筆研、丹青、圖史、射御而已。當紹聖、元符間，年始十六七，於是盛名聖譽，布在人間，識者已疑其當璧矣。初與王晉卿侁、宗室大年令穰往來。二人者，皆喜作文詞，妙圖畫，而大年又善黄庭堅。故祐陵作庭堅書體，後自成一法也。時亦就端邸内知客吴元瑜弄丹青。元瑜者，畫學崔白，書學薛稷，而青出於藍者也。後人不知，往往謂祐陵畫本崔白，書學薛稷。凡斯失其源派矣。《鐵圍山叢談》卷一。

6 徽宗居藩邸，已潛心詞藝。即位之初，知南京曾肇上所奉敕撰《東嶽碑》，得旨送京東立石。上稱其文，且云：「兄弟皆有文名，又一人尤著。」左相韓師朴云：「肇也。」《揮麈後録》卷一。

7 哲宗朝常創一堂，退繹萬幾，學士進名皆不可意，乃自制曰「迎端」，意謂迎事端而治之。未幾，徽宗由端邸即大位。《癸辛雜識》前集。《宋稗類鈔》卷一。

8 哲宗皇帝即位既久，而皇嗣未立。密遣中貴往泰州天慶觀問徐神公，公但書「吉人」二字授之。既還奏呈，左右皆無知其説者。又元符已來，殿庭朝會及常起居，看班舍人必秉笏巡視班列，懼有不盡恭者，連聲云：「端笏立。」繼而哲宗升遐，徽宗即位，自端邸入承大統。而「吉人」二字，合成潛藩之名，無小差。《春渚紀聞》卷一。《鐵圍山叢談》卷一。《宋稗類鈔》卷二。

9 太上自即位以來，尤深考慎，雖九重至密，亦不得預知，獨自語學士以姓名而命之也。及晚歲，雖倦萬幾，然命相每猶自擇日，在宣和殿親札其姓名於小幅紙，緘封垂於玉柱斧子上，俾小璫持之導駕於前，自内中出至小殿子，見學士始啓封焉。《鐵圍山叢談》卷一。

10 徽祖居端邸時，藝文之暇，頗好馴養禽獸以供玩。及即位，貂璫奉承，羅致稍廣。江公望在諫省聞之，亟諫，上大悦，即日詔内籞盡縱勿復留。殿中有一鷴，蓄久而馴，不肯去，上親以麈尾逐之，迄不離左右。乃刻公望姓名于麈柄，曰：「朕以旌直也。」及江去國，享上之論興，浸淫及于艮嶽矣。都城廣莫，秋風夜静，禽獸之聲四徹，宛如郊野，識者以爲不祥，益思江之忠焉。《桯史》卷十。

11 徽宗嘗出玉盞、玉巵，以示輔臣，曰：「欲用此於大宴，恐人以爲太華。」〔蔡〕京曰：「臣昔使虜，見有玉盤盞，皆石晉時物。指以示臣，謂南朝無此。今用之上壽，於理毋嫌。」徽宗曰：「先帝作一小臺，財數尺，上封者甚衆，朕甚嘉之。此器已就久矣，懼人言復興。」京曰：「事苟當於理，人言不足卹也。陛下當享天下之養，區區玉器，何足道哉！」其不能納忠，大率如此。《清波雜志》卷二。

12 崇寧初，范致虚上言：「十二宮神，狗居戌位，爲陛下本命。今京師有以屠狗爲業者，宜行禁止。」因降指揮禁天下殺狗，賞錢至二萬。太學生初聞之，有宣言於衆曰：「朝廷事事紹述熙、豐。神宗生戊子年，當年未聞禁畜猫也。」其間有善議論者，密相語曰：「狗在五行，其取類自有所在。今以忌器諱言，使之貴重若此，審如《洪範傳》所云，則其憂有不勝言者矣。」《曲洧舊聞》卷七。

13 本朝年號，或者皆曰有讖緯于其間。……徽宗崇寧錢上字，蔡京書「崇」字，自山字一筆下，「寧」字去心，當時有云：「有意破宗，無心寧國。」《貴耳集》卷中。

14 崇觀以來，天下珍異悉歸禁中，四方梯航，殆無虚日，大則寵以爵禄，其次錫賚稱是。宣和五年，平江府朱勔造巨艦，載太湖石一塊至京，以千人舁進。是日，役夫各賜銀椀，并官其四僕，皆承節郎及金帶，勔遂爲威遠軍節度使，而封石爲槃固侯。《泊宅編》十卷本卷三。

15 元符末，掖廷訛言祟出。有茅山道士劉混康者，以法籙符水爲人祈禳，且善捕逐鬼物。上聞，得出入禁中，頗有驗。……祐陵登極之初，皇嗣未廣，混康言京城東北隅地叶堪輿，倘形勢加以少高，當有多男之祥，始命爲數仞崗阜。已而後宮占熊不絶，上甚以爲喜，繇是崇信道教，土木之工興矣。一時佞倖，因而逢迎，遂竭國力而經營之，是爲艮嶽。宣和壬寅歲始告成，御製爲記。《揮麈後録》卷二。

16 見王老志2。

17 見張虚白1。

18 太上皇受命，灼爲天人，蓋多有祥兆，繇是善道家者流事。晚建上清寶籙宫，延接方士。一日簾前有劉棟者，上其所遇韓真人丹，以獻天子。其狀如蠟，以手指揭取而服之，翌日則又生無窮也。上曰：「汝師賜汝長年丹，而朕奪之，非朕志也。」當簾前還之。《鐵圍山叢談》卷一。

19 宋徽宗政和間有事南郊，出南薰門，見雲間人物隊仗，以謂天神所享，蓋方士所爲也。乃詔諭天下建道觀，以「迎真」名之。後淵聖門南門見虜酋，正應「迎真」之讖。自政和之來，崇奉道教，京師宫觀多以「真」字爲名，如通真、會真、集真之類，乃女真犯闕之讖。《湖海新聞夷堅續志》前集卷一。

20 大晟樂……當宋徽廟時，有魏漢津者，以一蜀黥卒爲造此樂，且以帝皇製樂，實自其身得之，請以徽廟中指三節三寸，定黄鐘之律。蔡京亦從更其説，即使範金裁石，用之郊廟，至頒其樂於天下。然徽廟指寸，視人加長，而樂律遂高。雖漢津亦私謂其弟子任宗堯曰：「律高則聲過哀，而國亂無日矣。當今聖人，其身出而身遘之乎？」未幾，遂有靖康之禍。《樂郊私語》。參見魏漢津2。

21 見李師師1。

22 見周邦彦5。

23 政和五年四月，燕輔臣於宣和殿。先御崇政殿，閲子弟五百餘人馳射，挽强精鋭，畢事賜坐，出宫人列于殿下，鳴鼓擊柝，躍馬飛射，翦柳枝，射繡毬，擊丸，據鞍開神臂弓，妙絶無倫。衛士皆有愧色。上曰：「雖非婦事，然女子能之，則天下豈無可教？」臣京等進曰：「士能挽强，女能騎射。安不忘危，天下幸甚。」《清波雜志》卷八。

24 太上以政和六七年間，始講漢武帝期門故事。初，出侍左右宦者必攜從二物，以備不虞。其一玉拳，一則鐵棒也。玉拳真于闐玉，大倍常人手拳，紅錦爲組以繫之。鐵棒者，乃藝祖仄微時以至受命後，所持鐵桿棒也。棒純鐵爾，生平持握既久，而爪痕宛然。《鐵圍山叢談》卷一。

25 本朝廢后入道，謂之「教主」。郭后曰金庭教主，孟后曰華陽教主，其實乃一師號耳。政和後，群黄冠乃敢上道君尊號曰教主，不祥甚矣。孟后在瑶華宫，遂去教主之稱，以避尊號。吁，可怪也！《老學庵筆記》卷二。

26 政和間，大臣有不能爲詩者，因建言，詩爲元祐學術，不可行。……何丞相伯通適領修勑令，因爲科云：「諸士庶傳習詩賦者杖一百。」是歲冬，初雪，太上皇意喜，吴門下居厚首作詩三篇以獻，謂之口號。上和賜之。自是聖作時出，訖不能禁，詩遂盛行於宣和之末。《石林避暑録話》卷三。《齊東野語》卷十六。《宋詩紀事》卷一。

27 壽山艮嶽，在汴城東北隅，徽宗所築。……宣和五年，朱勔於太湖取石，高廣數丈，載以大舟，挽以千夫，鑿河斷橋，毀堰拆牐，數月乃至。會初得燕山之地，因賜號「敷慶神運石」。石傍植兩檜，一夭矯者名「朝日升龍之檜」，一偃蹇者名「卧雲伏龍之檜」，皆玉牌金字書之。徽宗御題云：「拔翠琪樹林，雙檜植靈囿。上稍蟠木枝，下拂龍髯茂。撐拏天半分，連卷虹南負。爲棟復爲梁，夾輔我皇構。」嗟乎！檜以和議作相，不能恢復中原，已兆於「半分」、「南負」，而一結更是高廟御名，要皆天定也。《楓窗小牘》卷上。《宋稗類鈔》卷二。

28 宣和中，艮嶽初成，令近山多造油絹囊，以水濕之，曉張於絶巘危巒之間，既而雲盡入，遂括囊以獻，名曰「貢雲」。每車駕所臨，則盡縱之，須臾，滃然充塞，如在千巖萬壑間。《齊東野語》卷七。《宋稗類鈔》卷二。

29 艮嶽初建，諸巨璫争出新意事土木。既宏麗矣，獨念四方所貢珍禽之在圃者，不能盡馴。有市人薛翁，素以豢擾爲優場戲，請于童貫，願役其間，許之。乃日集輿衛，鳴蹕張黄屋以游，至則以巨柈貯肉炙粱米，翁傚禽鳴，以致其類，既乃飽飫翔泳，聽其去來。月餘而囿者四集，不假鳴而致，益狎玩，立鞭扇間，不復畏。遂自命局曰「來儀」，所招四方籠畜者，置官司以總之。一日，徽祖幸是山，聞清道聲，望而群翔者數萬焉。翁輒先以牙牌奏道左，曰：「萬歲山瑞禽迎駕。」上顧罔測，大喜，命以官，賚予加厚。靖康圍城之際，有詔許捕，馴籞者皆不去，民徒手得之，以充飱云。《桯史》卷九。《宋稗類鈔》卷二。《識小録》卷一。

30 艮嶽正門曰陽華，亦五戟，制同宸禁也。自陽華門入，則夾道荔枝八十株，當前椰實一株。有太湖石曰「神運昭功」，高四十六尺，立其中，爲亭以覆之。每召儒臣游覽其間，則一璫執荔枝簿立石亭下，中使一人宣旨，人各賜若干，於是主者乃對簿按樹以分賜，朱銷而奏審焉。吾一日偶獲侍從魯公入，時許共賞椰實。一小璫登梯，就摘而剖之，諸璫人荔枝二枚，於是大璫梁師成者盡諤然。吾笑而顧之曰：「諸人久飫矣，且饒吾一路。」蓋是時群璫多尚文字，妄相慕仰，咸以吾未始得嘗故也。語此一夢，令人愴悵。

《鐵圍山叢談》卷六。

31　宣和間，鈞天樂部焦德者，以諧謔被遇，時借以諷諫。一日，從幸禁苑，指花竹草木以詢其名，德曰：「皆芭蕉也。」上詰之，乃曰：「禁苑花竹，皆取於四方，在塗之遠，巴至上林，則已焦矣。」上大笑。亦猶「鍬、澆、焦、燒」四字之戲：掘以鍬，水以澆，既而焦，焦而燒也。其後毀艮岳，任百姓取花木以充薪，亦其讖也。《清波雜志》卷六。《宋稗類鈔》卷六。

32　見司馬光117。

33　道君皇帝改元宣和，人或離合其字曰：「一旦宋亡。」此與蕭巋離合後周「宣政」爲「宇文亡日」同。《楓窗小牘》卷上。

34　宣和元年，道德院方奏金芝生。車駕幸觀，因幸蔡京家鳴鑾堂置酒。時蔡京有詩，徽宗即席賜和曰：「道德方今喜迭興，萬邦從化本天成。定知金帝來爲主，不待春風便發生。」其後女真起海上，滅遼，陷中原，以金爲國號。讖金狄之禍，而金帝之來不待春風，蓋虜以靖康元年冬犯京師，以閏十一月二十五日城陷。時太史預借春，出土牛以迎新歲，竟無補於事。《行營雜録》。《堅瓠補集》卷六。

35　徽宗預賞景龍門，追悼明節，詞曰：「無言哽噎，看燈記得年時節。行行指月行行説。願月常圓，休要暫時缺。今年華市燈羅列，好燈争奈人心别。人前不敢分明説。不忍擡頭，羞見舊時月。」暨北狩，人謂末句有讖。《可書》。

36　徽宗於禁苑植荔支，結實以賜燕帥王安中。御製詩云：「葆和殿下荔支丹，文武衣冠被百蠻。思與近臣同此味，紅塵飛鞚過燕山。」蓋用樊川「一騎紅塵妃子笑，無人知道荔支來」句意，竟成語讖。《歸田詩話》卷中。《老學庵筆記》卷三。《堯山堂外紀》卷五十三。

37 宣和五年，令都城自臘月初一日放鰲山燈，至次年正月十五日夜，謂之預賞元宵。徽宗至日出觀之，時有謔詞，末句云：「奈吾皇、不待元宵景色來到，恐後月、陰晴未保。」《餘艎日疏》。

38 宣和六年春正月甲子，實上元節。故事，天子御樓觀燈，則開封尹設次以彈壓於西觀下。……是日，上偶獨在西觀上，而宦者左右皆不從，其下則萬衆。忽有一人躍出，緇布衣，若僧寺童行狀，以手指簾謂上曰：「汝是耶，有何神？乃敢破壞吾教。吾今語汝，報將至矣。吾猶不畏汝，汝豈能壞諸佛菩薩耶？」時上下聞此，皆失措震恐，捕執於觀之下。上命中使傳呼天府亟治之，且親臨其上。則又曰：「吾豈逃汝乎？吾故示汝以此，使汝知無奈吾教何爾。聽汝苦吾，吾今不語矣。」於是箠掠亂下，又加諸炮烙，逼詢其誰何。略不一言，亦無痛楚狀。上益憤，復召行天法羽士曰宋沖妙，世號宋法師者，亦神奇，至視之，則奏曰：「臣所治者邪鬼，此人者，臣所不能識也。」因又斷其足筋，俄施刀臠，血肉狼籍。上大不怡，爲罷一日之歡。至暮終不得爲何人，付獄盡之。嗚呼，浮屠氏實有人。《鐵圍山叢談》卷五。

39 徽宗遜位前一年，中秋後在苑中，賦晚間景物一聯云：「日射晚霞金世界，月臨天宇玉乾坤。」寫示宰臣，甚謂得意，皆稱贊取對精切，格韻高勝，聖學非從臣可及。然次年戎馬犯順，後國號金，亦先兆「金世界」也。《宣政雜録》。

40 楚州有賣魚人姓孫，頗前知人災福，時呼孫賣魚。宣和間，上皇聞之，召至京師，館於寶籙宫道院。

一日，懷蒸餅一枚，坐一小殿中。已而，上皇駕至，徧詣諸殿燒香，末乃至小殿。時日高，拜跪既久，上覺微餒。孫見之，即出懷中蒸餅云：「可以點心。」上皇雖訝其異，然未肯接。孫云：「後來此亦難得食也。」時莫悟其言，明年遂有沙漠之行。《雞肋編》卷下。《宋稗類鈔》卷一。

41　寶籙宫之建……爲諸宫之冠。宣和末，忽有題字數行于瑶仙殿左扉云：「家中木蛀盡，南方火不明。吉人歸塞漠，亘木又摧傾。」始不可辨，後方知金賊之變。「家中木」，宋也；「南方火」，乃火德；「吉人」、「亘木」，乃二帝御名。《宣靖妖化録》。《宋稗類鈔》卷一。《宋詩紀事》卷一百。

42　徽宗崇寧間，曾夢青童自天而下，出玉牌，上有字曰：「丙午昌期，真人當出。」上覺，默疏於簡札，謂丙午年是昌盛之時，真仙當降。乃預製詔書，具陳夢意，令天下尋訪異人，以詔揭於寶籙宫。然四方了無異人。至乙巳冬内禪，欽宗即位，意當丙午之期矣。而次年金人犯順，有北狩之禍……後乃悟曰：「豈丙午是猖獗之期，而女真之人出也！」《宣政雜録》。《宋稗類鈔》卷一。

43　宋宣和間，徽宗齋設一千道人，只闕一名，適有一風癩道人求齋，監門官力拒之。其時，徽宗與道士林靈素在便殿談話，而道人忽在階下，急遣人送去赴齋。道人以布袍袖在殿柱上一抹而往，徽宗見而怪之，起身觀柱上，有粉筆書云：「高談闊論若無人，可惜明君不遇真。陛下問臣來日事，請看午未丙丁春。」果而靖康丙午丁未，二帝有北行之難。《湖海新聞夷堅續志》後集卷一。《堅瓠庚集》卷四。

44　《夷門志》載：宣和間，禁中有物曰猹，塊然一物，無頭、眼、手足，有毛如漆。中夜有聲如雷，禁中人皆曰猹來，諸閣分皆扃户，徽廟亦避之。甚至登亢金坐移時。或往詣嬪妃榻中睡，以手撫之，亦温暖，曉則自榻滾下而去，罔知所在。或宮妃夢中有與朱温同寢者，即此猧也。或者云朱温之厲所化。《貴耳集》卷中。《養疴漫筆》。《玉芝堂談薈》卷十三。《堅瓠秘集》卷二。

45 宣和末，禁中訛言祟出，深邃之所有水殿一，游幸之所不到。一日，忽報池面蓮花盛開，非常年比。祐陵攜嬪御閹宦凡數十人往觀之。既至彼，則有婦人俯首憑欄者，若熟寢狀。上云：「必是先在此祗候太早，不得眠，所以然。」喻左右勿恐之。見其縝髮如雲，素頸粲玉，呼之，凝然不顧。上訝之，自以所執玉麈微觸之，愕然而起，回首，乃一男，鬚髯如棘，面長尺餘，兩目如電，極爲可畏。從駕之人悉皆辟易驚仆，上亦爲之失措。逡巡不見，上亟回輦。未幾，京城失守。《玉照新志》卷二。

46 余嘗見内庫書《金樓子》有李後主手題曰：「梁孝元謂王仲宣昔在荆州著書數十篇，荆州壞，盡焚其書。今在者一篇，知名之士咸重之。見虎一毛，不知其斑。後西魏破江陵，帝亦盡焚其書，曰『文武之道，盡今夜矣』。何荆州壞、焚書二語，先後一轍也！詩以慨之曰：『牙籤萬軸裹紅綃，王粲書同付火燒。不是祖龍留面目，遺篇那得到今朝。』」書卷皆薛濤紙所鈔，惟「今朝」字誤作「金朝」。徽廟惡之，以筆抹去，後書竟如讖入金也。《楓窗小牘》卷上。

47 徽祖將内禪，既下哀痛之詔，以告宇内，改過不吝，發于至誠。前一夕，即玉虚殿常奉真馭之所，百拜密請，祈以身壽社稷。夜漏五徹，焚詞其間，嬪嬙巨璫，但聞謁禱聲，而莫知其所以然。明日，遂御玉華閣，召宰執，書「傳位東宫」四字，以付蔡攸。又一日，欽宗遂即位，寔宣和七年十一月辛酉也。明年正月己巳，赤白囊至，徽祖夜出通津門，以如亳社。斡離不既退師，龍德行宫在京口，纖人乘間有劍南自奉之疑，奉表亟請歸京師。駕至睢陽，李忠定綱奉詔迎謁，見于幄殿。既辭，遂出所焚詞稿，俾宣示宰執百官，忠定家有藏本焉。《桯史》卷八。

48 道君既遜位，乘輕輿，出東水門。自稅舟，得一草籠回脚糧船，與舟人約價，登舟，見賣飪餅者，於篋中取金錢十文，市一枚以食。少頃，童貫、蔡攸等數人者，單騎俱至。道君曰：「卿等尚來相逐，何也？」攸等奏曰：「臣等受陛下重恩，死亦不離陛下。」道君因上岸側一寺，僧披衣以迎，輒居主位，問：「官員是見任，是罷任？」道君曰：「皆罷任。」又問：「莫別有子弟在城中做官否？」道君曰：「有子二十七人，長子乃今上皇帝。」僧慚惶之際，道君遂出，則侍衛等已至，遂東下。《可書》。

49 靖康元年正月戊辰，金賊犯濬州。徽考微服出通津門，御小舟，將次雍丘……是夕阻淺，船不得進。徽宗患之，夜出堤上，御駿騾名鵓鴿青，望睢陽而奔。聞鷄啼，濱河有小市，民皆酣寢，獨一老媪家張燈，竹扉半掩。上排户而入，媪問上姓氏，曰：「姓趙，居東京，已致仕，舉長子自代。」衛士皆笑。上徐顧衛士亦笑。媪進酒，上起受媪酒，復傳爵與衛士。媪延上至卧内擁爐，又爇勞薪，與上釋襪烘趾。久之，上語衛士，令記媪家地名。及龍舟還京，媪没久矣。迺以白金賜其諸孫。《揮麈後録》卷一。《宋稗類鈔》卷一。

50 金人南牧，上皇遜位，虜將及都城，乃與蔡攸一二近侍，微服乘花綱小舟東下，人皆莫知。至泗上，徒步至市中買魚，酬價未諧，估人呼爲保儀。上皇顧攸笑曰：「這漢毒也。」歸猶賦詩，用「就船魚美」故事，初不以爲戚。《雞肋編》卷中。

51 維揚有石塔院者，特以塔之製作精妙得名。龍德幸維揚時，嘗欲往觀，先遣人排辦供奉。諸璫環視之，歎賞曰：「京師無此製作。」有一僧從旁厲聲曰：「何不取充花石綱！」衆愕然。龍德尋聞之，遂罷幸。《獨醒雜志》卷十。

52 徽宗南幸至潤，郡官迎駕於西津。及御舟抵岸，上御棕頂轎子，一宦者立轎旁呼曰：「道君傳語，衆官不須遠來！」衛士臚傳以告，遂退。《老學庵筆記》卷一。

53 徽廟既内禪，尋幸淮、浙，嘗作小詞，名《月上海棠》，末句云：「孟婆，且與我做些方便。」隆祐保祐之功，蓋讖於此。《雲麓漫鈔》卷四。《南宋雜事詩》卷二。

54 徽宗南幸還京，服栗玉並桃冠、白玉簪、赭紅羽衣，乘七寶輦。蓋吴敏定儀注云。《老學庵筆記》卷一。

55 《靖康遺録》曰：上皇每有手筆付上，自稱老拙，謂上爲陛下。《三朝北盟會編》卷四十五。

56 天寧節，詣龍德宫上壽，上皇滿飲，乃復斟一杯以勸上，而大臣有躡上之足者，上堅辭不敢飲而退，上皇號哭入宫。翌日置黄榜於龍德宫前，捕間諜兩宫語言者，賞錢三千貫，白身補承信郎。自是兩宫之情不通矣。《三朝北盟會編》卷五十七。

57 聞邦昌僭位，上皇曰：……因泣下霑襟。明日臣下有進詩以寬聖意者曰：「伊尹定歸商社稷，霍光終作漢臣鄰。」上皇且讀且罵曰：「待其歸商與漢，則吾已在龍荒之北矣。」《三朝北盟會編》卷八十九。

58 道君晚年得茯苓千枚於宫樹下，皆成人形。北狩後，宫親戚貴編管家奴、軍妓外，后妃等千三百人、皇子等二十人，肉袒於廣門外，披羊裘及腹，縶二氈條於手。二聖引入幔殿，行牽羊禮，宣敕肆赦，二聖受爵服出。有頃，出鄭、朱二后歸第，已胡服，出婦女千人賜禁近，猶肉袒，髣髴賜苓群貴情景。《茶香室四鈔》卷九。《爐餘録》乙編。

59 至真定府……舍於府園浄淵莊午門，請徽廟看打球。罷行酒。少頃，侍中劉彦宗具傳太子之意，跪奏云：「聞上皇聖學甚高，欲覔一打球詩。」其請頗恭。徽廟云：「自城破以來，無復好懷。」遂作一詩，寫付彦宗，曰：「錦袍駿馬曉棚分，一點星馳百騎奔。奪得頭籌須正過，無令綽撥入邪門。」《北狩見聞録》。《宋詩紀事》卷一。

60 徽宗北狩，經薊縣梁魚務。務有還鄉橋，石少主命名，人至今呼之。上曰：「此乃亂世之主，後聖必能力伸此冤，令我回此橋。」因不食而去。《宣政雜録》。

61 有人自虜中逃歸云：過燕山道間僧寺，有上皇書絶句云：「九葉鴻基一旦休，猖狂不聽直臣謀。甘心萬里爲降虜，故國悲涼玉殿秋。」天下聞而傷之。使尚在位，豈止祭曲江而已乎？《雞肋編》卷中。

62 直北某州有道君題壁一詩云：「徹夜西風撼破扉，蕭條孤館一燈微。家山回首三千里，目斷天南無雁飛。」《山房隨筆》。

63 徽廟在路中苦渴，令摘道旁桑椹食之，語臣曰：「我在藩邸時，乳媪曾噉此，因取數枚食，美甚，尋爲媪奪去。今再食而禍難至此，豈非桑實與我終始耶！」《北狩見聞録》。

64 或日行五七十里，或八九十里，辛苦萬狀。二帝及后足痛不能行，時有負而行者。漸入沙漠之地，風霜高下，冷氣襲人，常如深冬。二帝衣袂單薄，又爲時疫所侵，不能行，困卧古屋中七八日，方得少愈。又爲監者催行，帝后病起骨立，不能飲食，有如鬼狀。途中監者作木格附以茅草，肩輿而行，皆垂死而復生。……經行已久，是夕宿於林下。時月微明，有番酋吹笛，其聲淒楚特甚。太上口占一詞曰：「玉京曾憶舊繁華，萬里帝王家。瓊樓玉殿，朝喧絃管，暮列箏琶。花城人去今蕭索，春夢繞胡沙。家鄉何處，忍聽羌笛，吹徹梅花。」謂少帝曰：「汝能賡乎？」帝乃繼韻曰：「家傳三百舊京華，仁孝自名家。一旦奸邪，傾天坼地，忍聽搊琶。如今塞外多蕭索，迤邐遶胡沙。家邦萬里，伶仃父子，向曉霜花。」歌成，三人相執大哭。《南燼紀聞録》。《宣和遺事》後集。

65〔太上〕雖在蒙塵，不忘教子以義方之訓，每下程後，諸王問安，必留之，坐而賜食，或賦詩屬對。有兩聯今附於左。太上曰：「方當月白風清夜。」故鄆王楷對曰：「正是霜高木落時。」太上曰：「落花滿地春光晚。」莘王植對曰：「芳草連雲暮色深。」餘皆類此。《北狩行録》。《茶香室四鈔》卷十。

66〔徽宗〕方北狩，在舟中猶作小詞云：「孟婆，孟婆，你做些方便，吹個船兒倒轉。」後在汧州有二絶云：「國破山河在，人非殿宇空。中興何日是，搔首賦車攻。」「國破山河在，宫廷荆棘春。衣冠今左衽，忍作北朝臣。」又云：「投袂汧城北，西風又是秋。中原心耿耿，南國淚悠悠。嘗膽思賢佐，顒情憶舊游。故宫禾黍徧，行役閔宗周。」又云：「杳杳神京路八千，宗祧隔越幾經年。衰殘病渴那能久，茹苦窮荒敢怨天。」又《清明日作》云：「茸母初生認禁煙，無家對景倍淒然。帝城春色誰爲主，遥指鄉關涕淚漣。」……道君喜爲篇章，北狩以來，傷時感事，形於歌詠者凡百餘首。以二逆告變，并棄炎火，所傳於灰燼之餘者，僅此數篇而已。《雪舟脞語》。

67 徽廟尋常只著道服。《北狩見聞録》。

68 徽廟出御衣三襯一領，俗呼背心。拆領，寫字於領中曰「可便即真，來救父母」，并押計九字。復縫如故，付臣勳。又索於懿節皇后，得所戴金日鐶子一隻，雙飛小胡蝶，俗名鬬高飛。云是今上皇帝在藩邸時製，以爲的驗，及皇太后信，令臣勳見上奏之。詔誥丁寧，且泣且囑曰：「無忘吾北行之苦。」又以拭淚白紗手帕子付臣，曰：「見上深致我思念淚下之痛。父子未期相見，惟早清中原，速救父母，此外吾不多致語言，氣已哽吾頸矣。」《北狩見聞録》。《三朝北盟會編》卷九十八。《南宋雜事詩》卷四。

69 徽宗北狩，有諜者持一黄中單來，御書云：「趙岐注《孟子》。」付黄潛善諸人審思之。孟即瑶華太后，趙即康王。高宗由是中興。《貴耳集》卷下。《南宋雜事詩》卷五引《孤臣泣血録》。

70 太上皇既北狩，久不得中原音問，以宗社爲念。久之，一旦命皇族之從行者食，御手親將調羹，呼左右俾出市茴香。左右偶持一黄紙以包茴香來。太上就視之，乃中興赦書也。始知其事，於是天意大喜，又謂：「夫茴香者，回鄉也。豈非天乎？」於是從行者咸拜舞稱慶。《鐵圍山叢談》卷一。

71 徽廟在韓州，會虜傳至書，一小使始至，見上登屋，自正芟舍，急下，顧笑曰：「堯舜茅茨不翦。」方取械視。又有感懷小詞，末云：「天遥地闊，萬水千山，知它故宫何處。怎不思量，除夢裏、有時曾去。無據，和夢也、有時不作。」直似李主「别時容易見時難」聲調也。後顯仁歸鑾，云此爲絶筆。《朝野遺記》。

72 宋道君北狩至五國城，衣上見虱，呼爲琵琶蟲，以其形似琵琶也。《山堂肆考》卷二百二十八。

73 徽祖聖孝根心，每以裕陵篤睠之故，不忍以荆公爲非。翠華北狩，居五國城，一日燕坐，聞外有貨《日録》者，亟輟衣易之。曹功顯勛親紀其事，羹牆之念，本無一日忘。《桯史》卷十一。《北狩行録》。

74 道君北狩，在五國城，或在韓州，凡有小小凶吉，喪祭節序，北虜必有賜賚。一賜必要一謝表，北虜集成一帙，刊在榷場中博易四五十年，士大夫皆有之。余曾見一本，更有《李師師小傳》同行于時。《貴耳集》卷下。

75 徽宗、欽宗初葬五國城，後數遣祈請使，欲歸梓宮。六七年而後許以梓宮還行在。高宗親至臨平奉迎，易緦服，寓于龍德別宮，一時朝野以爲大事。諸公論功受賞者幾人，費於官帑者大不貲。先是選人楊煒貽書執政李光，以真僞未辨；左宣義郎王之道亦貽書諫官曾統，乞奏命大臣取神櫬之下者斲而視之。既而禮官請用安陵故事，梓宮入境，即承之以槨，仍納衮冕翬衣於槨中，不改斂。遂從之。近者楊髡盜諸陵，於二陵梓宮內略無所有。或云止有朽木一段，其一則木燈檠一事耳。當時已逆料其真僞不可知，不欲逆詐，亦聊以慰一時之人心耳。蓋二帝遺骸飄流沙漠，初未嘗還也，悲哉！《癸辛雜識》後集。

76 〔虔州〕其人凶悍，喜爲盜賊，犯上冒禁，不畏誅殺。……余嘗至彼，去州五十里宿於南田，吏卒告以持錢市物不售，問市人何故，則云：「宣政、政和是上皇無道錢，此中不使。」竟不肯用。《雞肋編》卷下。

77 古今書畫名家而得仙者：……徽宗爲東華帝君。《清河書畫舫》卷四上。《南宋雜事詩》卷一。

78 徽宗皇帝天縱將聖，藝極於神。即位未幾，因公宰奉清閑之宴，顧謂之曰：「朕萬幾餘暇，別無他好，惟好畫耳。」故秘府之藏，充牣填溢，百倍先朝。《畫繼》卷一。《清河書畫舫》卷六上。

79 宋徽宗畫禽鳥，多以漆點睛，高出紙上。嘗命待詔畫孔雀，獨以左足先上，爲群工所不察。《雪橋詩話》卷三。《畫繼》卷一。

80 〔徽宗〕萬幾之餘，翰墨不倦，行草正書，筆勢勁逸，初學薛稷，變其法度，自號「瘦金書」。《書史會要》卷六。《南宋雜事詩》卷三。

81 徽廟一日幸來夫人閣，就灑翰于小白團扇，書七言十四字，而天思稍倦，顧在側璫云：「汝有能吟之客，可命續之。」因薦鄰里太學生。既宣入内侍省，恭讀宸製，不知指意，乞爲取旨，或續句呈，或就書扇左。上曰：「朝來不喜餐，必惡阻也。當以此爲詞，以續于扇。」續進，上大喜。會將策士，命于未奏名，徑使造庭，賜以第焉。上御詩曰：「選飯朝來不喜餐，御厨空費八珍盤。」生續曰：「人間有味俱嘗徧，只許江梅一點酸。」《藏一話腴》甲集卷下。《堯山堂外紀》卷五十五。《宋稗類鈔》卷五。《宋詩紀事》卷九十六。

82 宣和天駟中，有一馬名烏護欄，艱於銜勒，徽宗每乘以幸金明池，賜名龍驤將軍。《可書》。

83 徽宗微行，遇一貧儒，李其姓，自號落魄子。問其生庚，則與徽宗年、月、日、時悉同。上因憐之，問以當途官况好惡，李對曰：「蜀最好。」上曰：「吾與蜀帥有故，當作書使周汝。」李辭以囊乏，上又資之，以扉屨及書贈之。李固不識其爲徽宗也。於是投書，剥封則敕札令其交代本職，帥遂辦公，用迎人禮上李。交事後越兩日，中風死。上聞之，遂以其命付太史局推算貴賤。史云：「生於重屋者爲帝，生於茅檐者爲庶人。」《東南紀聞》卷二。

鄭后

1 花石綱百卉臻集，廣中美人蕉，大都不能過霜節，惟鄭皇后宅中鮮茂倍常，盆盎溢坐，不獨過冬，更能作花。此亦后隨北駕，美人憔悴之應也。《楓窗小牘》卷下。

2 粘罕請上皇相見，上皇乘轎子，至寨門下轎，著紫道服，戴逍遥巾，趨而入。至幕次，粘罕出迎入帳中，坐良久，上皇起白粘罕云：「老夫得罪，合當北遷，但帝姬未嫁者，敢乞留，荷大惠也。」粘罕不答。有頃，鄭太后自外至，啓粘罕云：「臣妾得罪，自合從上皇北遷。但臣妾家屬，不預朝事，敢乞留。」粘罕點頭許之。至今日果送太后家屬入城。番使又笑云：「太后善言辭，進退有法，容止雅麗，故元帥許其請。」《三朝北盟會編》卷八十七。

3 紹興五年，寧德皇后訃音從北庭來，知徽州唐煇使休寧尉陳之茂撰疏文，有語云：「十年罹難，終弗返於蒼梧；萬國銜冤，徒盡簪於白柰。」是時正從徽宗蒙塵，其對偶精確如此。《容齋四筆》卷六。《堅瓠庚集》卷一。《南宋雜事詩》卷一。

明達劉貴妃

1 明達皇后嘗植芭蕉於庭，曰：「是物長，吾不見矣。」臨終顧謂侍者曰：「鬼道易耶，仙道易？」因叩齒再三而逝。非了死生者能若是乎？《甕牖閒評》卷八。

2 明達皇后乃紫虚元君，明節皇后乃九華安妃，稱大劉、小劉。《可書》。

明節劉貴妃

1 東都宣政間，禁中有保和殿，殿西南廡有玉真軒，軒内有玉華閣，即安妃妝閣也。妃姓劉氏，入宫進位貴妃。林靈素以左道得幸，謂上爲長生帝君，妃爲九華玉真安妃。每神降，必別置妃位，畫妃像於其中。每祀妃像，妃方寢而覺有酒容。是時群臣惟蔡元長最承恩遇，嘗賦詩題殿壁曰：「瓊瑶錯落密成林，檜竹交加午有陰。恩許塵凡時縱步，不知身在五雲深。」侍宴於保和殿，上令妃見京，先有詩曰：「雅與酒酣添逸興，玉真軒内見安妃。」命京賡補成篇，京即題曰「保和新殿麗秋暉，恩許塵凡到綺闈」云云。須臾，命京入軒，但見妃像。京又有詩云：「玉真軒内暖如春，只見丹青未見人。月裏嫦娥終有恨，鑑中姑射未應真。」已而至閣，妃出見京，勸酬至再，日暮而退。《碧湖雜記》。《堯山堂外紀》卷十五。《宋詩紀事》卷二十五。

2 明節劉后，一時遭遇，寵傾六宫，忽苦痁疾，臨終戒左右云：「我有遺祝，在領巾上。候我氣絶，奏官家親自來解。」語畢而終。左右馳奏，上至，哀慟，悲不自勝。領巾上蠅頭細字，其辭云：「妾出身微賤，而無寸長，一旦遭遇聖恩，得與嬪御之列。命分寒薄，至此夭折，雖埋骨於九泉，魂魄不離左右。切望陛下以宗廟社稷之重、天下生靈之衆、大王帝姬之多，不可以賤妾一人過有思念，深動聖懷。況後宫萬計，勝如妾者不少。妾深欲忍死，面與君父訣别，謫限已盡，不得少留，寃痛之情，言不能盡。」下有數百點悲切之言，不能盡記。自後左右每欲寬解，必提領巾，上愈傷感。聞者謂李夫人不足道也。林靈素謂后是九華安妃。臨終，聞本殿異香音樂。次年有青坡術士見后於巫山，髣髴鈿合金釵云。《錢氏私志》。

3 徽宗明節皇后初入侍昭懷，既而得罪，出居于何訢家，訢遇之無禮。暨貴，凡訢之黨悉陷而殺之。後寢疾，見所陷者爲祟而薨。此《國史後補》所載也。而《春渚紀聞》又云：明節在徽宗朝，有一小宫嬪微迕上旨，潛求救于明節，既許諾矣，反從而下石，小宫嬪自經死，而明節亦薨。方舉衾，忽其首已斷，旋轉于地，視之則群蛆聚擁，穢氣不可近。《甕牖閒評》卷八。案：《春渚紀聞》卷一所記實爲尚食劉娘子事，見劉娘子1。

4 見宋徽宗35。

崔貴妃

1 王景彝故第在京師太子巷。初，開寶間，江南李後主遣其弟從善入貢，留不遣，建宅以賜，故都人猶以太子目之也。從善死後，歸王氏。宣和初，崔貴妃者得幸祐陵，未育子。有劉康孫者，卜祝之流，以術蒙恩甚厚，爲遥郡觀察使，言之於崔之兄曰：「王氏所居，巷名既佳，而宅中有福氣，宜請於上。」崔遣人告於妃，妃以致懇上，上喻京尹王革，令善圖之。革即呼王氏子弟，導指意。王諸子愚騃，不知時變，遲遲未許。崔欲速得之，會舍旁有造磬者，時都下初行當十錢，崔訹人誣告王諸子與鄰人盗鑄，革即爲掩捕，鍛鍊黥竄，而没其宅，遂以賜崔。崔氏既得之，上幸其居，設酺三日，榮冠一時。未幾，崔命康孫禱於宅中樹下，適有争寵者譖於上及中宫云：「崔氏姊弟夜祠祭，與巫覡祝詛叵測。」會上嘗夢明節劉妃泣愬，以爲人厭勝致死，上因以語妃，妃抗上語，頗不遜。上怒，付有司，捕康孫等窮治。康孫款承，實嘗以上及崔妃所生年月禱神求嗣，且祈固寵，呪詛則無之，猶坐指斥，詔臠康孫於宅前，國醫曹孝忠併坐流竄。孝忠亦倖進，爲廉車，二子濟、涣俱冒館職，至是皆斥之。孝忠嘗侍明節藥故也。仍命懸康孫首於所祝樹上，制云：「貴妃崔氏，乏柔順進賢之志，溺姦淫罔上之私。惑於奇邪，陰行媚道。散資産以掠衆譽，招術者以彰虛聲。祝詛同列，以及於死生；指斥中宫，而刑於切害。談命術以徼後福，挾厭勝以及乘輿。

可降充庶人，移居别院。崔兄除名，嫂姊妹並遠外編管。」距王氏之籍，不及一歲云。《揮麈後録》卷三。

韋賢妃

1 顯仁本會稽人。紹聖間，蘇丞相頌致仕，居丹陽，有老婢韋，出家爲尼，嘗給事蘇相，其妹即顯仁也。初攜登頌榻，通夕遺溺不已，頌曰：「此甚貴，非此能住，宜攜以入京。」會哲宗擇室女二十，分賜諸王，顯仁在選，入端王宫。暨即位，纔一幸而生太上。《南宋雜事詩》卷七引《南宋相眼》。

2 初，皇太后與喬貴妃皆在鄭皇后殿中，相叙爲姊妹，約先遭遇者當援引。既而貴妃先遭遇，遂薦太后，太后亦得幸，故二人相得甚歡。徽宗北狩，二人皆從。及金人欲還太后也，……貴妃乃舉酒以勸太后曰：「姊姊此歸，見兒郎，爲皇太后矣。宜善自保重。妹妹永無還期，當死於此。」太后慟哭，貴妃亦哭。太后舉手接杯欲飲，貴妃一手執杯而復縮，以一手止之曰：「未可，妹妹更有一語。」太后曰：「如何？」貴妃曰：「姊姊到快活處，莫忘了此中不快活。」太后曰：「不敢忘今日。」貴妃方授杯，太后執杯飲釂，大哭不止，天眷之在旁者皆哭。《三朝北盟會編》卷二百十一。《南宋雜事詩》卷一。

3 太后未知主上即位，嘗用象戲局子裹以黄羅，書康王字貼於將上，焚香禱曰：「今三十子俱擲於局，若康王字入九宫者，主上必得天位。」一擲，其將果入九宫，他子皆不近。太后手加額，喜甚。臣下拜，即奏，徽廟大喜，復令謂太后曰：「瑞卜昭應異常，便可放心。卿等可賀我。」《北狩見聞録》。《揮麈後録》卷二。《宋稗類鈔》卷一。

4 和議成，顯仁后將還，欽廟挽其輪而蹕之曰：「第與吾南歸，但得爲太一宮主足矣，他無望於九哥也。」后不能却，爲之誓曰：「吾先歸，苟不迎若，有瞽吾目。」乃升車。既至，則是間所見大異。不久，后失明，募醫療者莫能奏効。有道士應募，中貴導之入宮，金鍼一撥，左翳脱然而復明。后大喜曰：「吾目久盲，得師重朗，更煩終治其右，報當不貲。」道士笑曰：「后以一目視足矣，以一目存誓可也。」后惕然起拜曰：「吾師聖人也，知吾之隱。」設几而留謝之，皆不答，方啜茶，遽索去。后固詢其報德萬一者，謾曰：「太后不相忘，略修靈泉縣朱仙觀足矣。」拂衣即出。……後王剛中帥成都，而得旨東朝，圖朱仙像進入，儼然當日道士也。《朝野遺記》。《西湖游覽志餘》卷二。《宋稗類鈔》卷六。

5 紹興壬戌夏，顯仁皇后自虜中南歸，詔遣參知政事王慶曾次翁與后弟韋淵迓于境上。時虜主亦遣其近臣與内侍凡五輩護后行。既次燕山，虜人憚於暑行。后察其意，虞有他變，稱疾，請于虜，少須秋涼進發，虜許之。因稱貸于虜之副使，得黄金三百星，且約至對境倍息以還。后既得金，營辦佛事之餘，盡以犒從者，悉皆歡然。途中無間言，由此力也。既將抵境上，虜必欲先得所負，然後以后歸我。后遣人喻指于韋淵，淵詞曰：「朝廷遣大臣在焉，可徵索之。」遂詢于王。初，王之行也，事之纖粟悉受頣指于秦丞相，獨此偶出不料。虜人趣金甚急，王雖所賫甚厚，然心懼秦疑其私相結納，歸欲攘其位，必貽秦怒，堅執不肯償。相持界上者凡三日。九重初不知曲折，但與先報后渡淮之日既愆期，張俊爲樞密使，請備邊。憂慮百出，人情洶洶，謂虜已背盟中變矣。秦適以疾在告，朝廷遂爲備邊計，中外大恐。時王喚以江東轉運副使爲奉迎提舉一行事務，從王，知事急，力爲王言之，不從。喚乃自裒其隨行所有，僅及其數以與之，虜人喜，后即日南渡。……已而后泣訴于上：「王某大臣，不顧國家利害如此。萬一虜生它計于數日間，則使我母子不相見矣。」上震怒，欲暴其罪而誅之。……至是，秦爲王營救回護。《揮麈後録》卷十一。《宋稗類鈔》卷一。

6　顯仁太后龍輴將渡會稽，上聖孝出於天性，預恐風濤爲孽，遥於宫中默禱忠清廟。及篙御既戒，浪平如席。上命詞臣行制詞以封之。《四朝聞見録》甲集。

7　〔韋太后〕北歸，至臨平，因問：「何不見大小眼將軍？」人曰：「岳飛死獄矣。」遂怒帝，欲出家，故終身于宫道服也。《七修類稿》卷四十七。《南宋雜事詩》卷六。《宋稗類鈔》卷六。

8　宣、政盛時，宫中以河陽花蠟燭無香爲恨，遂用龍涎、沉腦屑灌蠟燭，列兩行，數百枝，燄明而香滃，鈞天之所無也。建炎、紹興久不能進此，惟太后旋鑾沙漠，復值稱壽，上極天下之養，故用宣、政故事，然僅列十數炬。太后陽若不聞。上至，奉巵，白太后以「燭頗愜聖意否」？太后謂上曰：「你爹爹每夜常設數百枝，諸人閤分亦然。」上因太后起更衣，微謂憲聖曰：「如何比得爹爹富貴？」《四朝聞見録》乙集。《西湖游覽志餘》卷二。《宋稗類鈔》卷一。

9　見宋高宗8。

10　韋太后自北歸，有四聖一圖，奉之甚嚴，委中官張去爲建四聖觀。秦相偶見之，問所以然，退以堂帖呼張去爲。張窘甚，泣告太后。思陵因朝退，語及建四聖觀本末。秦相奏云：「先朝政以崇建宫觀，致有靖康之變。内庭有所營造，豈容不令外臣知之？中貴自專，非宗社之福。」即日罷役，改爲都亭驛。

後三年，思陵諭秦相，以孤山爲四聖觀。殿宇至今簡陋。《貴耳集》卷上。

11 見吳后2。

劉娘子

1 上皇朝内人有兩劉娘子。其一年近五旬，志性素謹，自入中年，即飯素誦經，日有程課，宮中呼爲看經劉娘子。其一乃上皇藩邸人，敏於給侍，每上食，則就案所治脯脩，多如上意，宮中呼爲尚食劉娘子，樂禍而喜暴人之私。一日有小宮嬪微忤上旨，潛求救於尚食，既諾之，而反從之下石。小嬪知之，乃多取紙筆焚之，云：「我且上訴於天帝也。」即自縊而死。不踰月，兩劉娘子同日而亡，時五月三日也。至輿尸出閤門棺斂，初舉尚食之衾，而其首已斷，旋轉於地，視之，則群蛆叢擁，而穢氣不可近。逮啓看經之衾，則香馥襲人，而面色如生。於是内人知者皆稽首云：「善惡之報，昭示如此，不可不爲之戒也。」《春渚紀聞》卷一。《西湖游覽志餘》卷二。

宋欽宗

1 近觀《國史後補》，見惠恭王皇后初懷娠，夢宣德正門大啓，有兩紅旗，各書一「吉」字以入，是生欽宗。兩「吉」字乃「喆」字也，則知欽宗乃喆和尚後身無疑。……夫喆和尚，徽宗朝人也，既死，米元章爲之書行業碑，余嘗見之，真有道德者。復出爲帝王而有天下，亦可謂福矣，而在位乃不久。《甕牖閒評》卷八。

2 產欽宗時，王皇后夢張仙送子至，云：「與汝天羅星，勿再祀我。」《燼餘録》甲編。

3 淵聖皇帝居東宫日，親灑宸翰，畫唐十八學士，並書姓名序贊，以賜宫僚張公叔夜。《雲麓漫鈔》卷一。

4 宣和末，祐陵欲内禪，稱疾作，令召東宫。先是，欽宗在朱邸，每不平諸倖臣之恣横。至是，内侍數十人擁鄆王楷至殿門，時何瓘以殿帥守禁衛，仗劍拒之。鄆王趍前曰：「太尉豈不識楷耶？」瓘指劍以示曰：「瓘雖識大王，但此物不識耳。」皆皇恐，辟易而退。始亟趍欽宗入立。《揮麈餘話》卷一。

5 上幸京城北壁撫勞將士如前，凡四日巡幸。每巡壁，不進御膳，命取士卒食食之，復以所進膳餉士卒。人皆感泣流涕。《三朝北盟會編》卷六十六。

6 上在軍，金人征求萬端，竭内帑，至及乘輿嬪御，未嘗動色，惟索及三館書畫，上聽之喟然慨歎。《三朝北盟會編》卷九十六。

7 上自軍中批御劄付王時雍、徐秉哲云：「社稷山河，素爲大臣所誤。今日使我父子離散，追念痛心，悔恨何及。及見以治行，闕少厨中所用什物，煩於左藏庫支錢三千貫收買，津遣至此。早晚成行，請勉事新君，無念舊主。某上王、徐二公。」《三朝北盟會編》卷八十六。

8 〔靖康元年十二月二日〕駕自虜寨回宫……都人驚喜奔迎。至晚，駕入門，父老夾道山呼，拜於路側，老幼掬土填塞雪淖，不須臾御道坦然……士庶遥認黄蓋，歡呼傳報，一城奔走，山呼之聲，震動天地。皆攔馬首，仰窺天表，莫不惋歎感泣，涕泗横流，不知其數。上亦爲之揮淚，過州橋，淚已溼帕，殆不能言。從駕有金人數輩，見上得人心如此，亦皆驚歎。左右駭愕悽咽。太學生迎駕，上掩面大哭，謂宰相誤我父子，觀者無不流涕。至宣德門始能言，嗚咽不已。宣諭曰：「荷你百姓，朕將不得與萬民相見。」又感泣不已，士庶莫不慟哭。至內前，王燮、鄭建雄、張叔夜扣馬號泣，上按轡大慟，俯身頓首，情至不勝。百姓軍民皆大慟，聲達禁中。《三朝北盟會編》卷七十一。

9〔靖康二年正月〕二十六日，尚書省榜：右僕射何㮚傳到文字，稱城外聞城內百姓見兩元帥未放駕回，人心憂慮，又凍餒者多。皇帝聞之，出涕不已。降到曉諭詔書……士庶讀詔者莫不墮淚。先自城陷，物價踴貴，迨上出城尤甚。至是城陷已兩月，小民樵蘇不給，餓死道路者以千計。市井所食，至於取貓鼠，甚者雜以人肉，如鼓皮、馬甲、皮筒皆煎爍食用。又取五嶽觀保真宮花葉、樹皮、浮萍、蔓草之類，無不充食，雖士大夫豪右之家皆食之。自後四壁乃增置米場，出糶官米者凡數十處。但官司措置無法，大抵軍人恃强攘剥，而小民受惠者少。攘奪踐蹂，動致死傷，有如萬歲山採樵時。繼而揭榜，不許軍人糴買。又命男子婦人分日赴場。由是小民得賴以濟。《靖康紀聞》。

10〔靖康二年正月〕二十八日戊午，駕在青城……，百官並赴南薰門接駕，士庶奔填，充塞道路，已而殊不聞耗。謝克家作《憶君王》詞云：「依依宮柳拂宮牆，寶殿無人春晝長。燕子歸巢依舊忙。憶君王，月破黃昏人斷腸。」聞者莫不垂淚。《三朝北盟會編》卷七十八。

11 靖康之亂，有題詩於舊京宮牆云：「依依煙柳拂宮牆，宮殿無人春晝長。燕子歸來依舊忙。憶君王，憶君王，月破黃昏人斷腸。」蓋悼欽宗之不復返也。《錢塘遺事》卷一。

12 宋欽宗至源昌州，宿城外寺中，殿中佛像皆無，惟石刻二胡婦在焉。鬼火縱橫，散而復合，忽有人攜酒物出現，曰：「此寺有神明最靈。隔夕報夢曰：『明晚有天羅王，衣青袍，從者十七人，自南方來此宿頓。』是以到此祇候。」帝飲罷，人復引帝入山阜間，有草舍三間，入其門，聞人喏聲，若三十餘人，衆皆驚訝，視神亦石刻一婦，若將軍狀，手執鐵劍，侍者皆婦人。及帝出門，又聞唱喏聲如前，詢問，則曰「契丹天皇侍女神寺」，帝方悟其前身元是天羅王也。《異聞總録》卷二。

13 宋二帝北狩，到一寺中，有二石鎸金剛，並拱手而立。入其門，有一胡僧出入其中。僧揖坐，問曰：「何來？」帝以「南來」爲對。僧呼童子點茶，茶味甚香美，再欲索之，僧與童子趨堂後而去，移時不出，求之，寂然空舍，惟竹林間有一小室，中有刻胡僧，並二童子侍立。視之，儼然如獻茶者。《異聞總録》卷二。

14 或曰，秋風大起，冷氣襲人，阿計替曰：「秋今至矣。」俄聞空中雁聲嘹嚦，自北而南，時護衛者數人皆爲阿計替揮去，壁中有弓一張，阿計替曰：「官人能弓矢乎？射雁以卜，此乃番胡事也。」乃手持弓謂帝曰：「吾代官人卜之可乎？」帝曰：「然。」帝乃執箭仰天祝曰：「臣不幸，上辱祖宗，下禍萬民，若國祚復興，當使一箭中雁。」以其箭付阿計替，一箭中雁，宛轉而下。二帝拱手稽顙曰：「誠如此卜，死且無憾。」《宣和遺事》。《南渡録》。

15 見韋賢妃 4。

16 紹興十二年，皇太后韋氏至自金，而靖康帝故未歸也，豈當時不請耶？抑不遣耶？至二十一年，始遣巫伋迎之，而完顔亮云：「不知歸後，何處頓放？」伋遂唯唯而退。《譚輅》。

17 李和父云：「向嘗於貴家觀降仙，扣其姓名，不答。忽作薛稷體大書一詩云：『猩袍玉帶落邊塵，幾見東風作好春。因過江南省宗廟，眼前誰是舊京人。』捧箕者皆悚然驚散，知爲淵聖在天之靈。」真否固未可知，然每讀爲之凄然。《齊東野語》卷十六。《宋詩紀事》卷九。

朱后

1 皇后親付内府幣帛與宫嬪作綿擁項，分賜將士……兵士得擁項，有以手執之戰語者曰：「雖得此，奈渾身單寒何？」《三朝北盟會編》卷六十六。

王婉容

1 宋子虛《詠宋宫人王婉容》云：「貞烈那堪黠虜求，玉顔甘没塞垣秋。孤墳若是鄰青冢，地下昭君見亦羞。」王婉容隨徽、欽北去，粘罕見之，求爲子婦。婉容自刎車中，虜人葬之道旁。《藝林伐山》卷十八。

宋人軼事彙編卷三

宋高宗

1 淳熙十四年冬十一月，丙寅，宰執奏事延和殿，宿直官洪邁同對，因論高宗謚號。孝宗聖諭云：「太上時，有老中官云：太上臨生，徽宗嘗夢吴越錢王引徽宗御衣云：我好來朝，便留住我，終須還我山河，待教第三子來。」邁又記，其父皓在虜買一妾，東平人，偕其母來。母曾在明節皇后閤中，能言顯仁皇后初生太上時，夢金甲神人自稱錢武肅王，寤而生太上。武肅，即鏐也，年八十一，太上亦八十一。卜都于此，亦不偶然。張淏《雲谷雜記》僅載其略，且不記其語之所自得。獨周必大《思陵録》備載其詳如此。上所諭錢王，指俶；俶第三子，惟渲也。《賓退録》卷五。《錢塘遺事》卷一。

2 徽宗夢錢王再三乞還兩浙。夢覺，與鄭后言：「朕夜來被錢王取兩浙甚急。」鄭后奏云昨夜韋后誕高宗。及建炎渡江，今都錢塘，百有餘年，豈非應乞兩浙之夢乎？《貴耳集》卷中。《養痾漫筆》。

3 徽宗夢錢武肅王乞還兩浙舊疆甚懇，且曰：「以好來朝，何故留我？我當遣第三子居之。」覺而與鄭后言之。鄭后曰：「妾夢亦然，果何祥也？」須臾，韋妃報誕，即高宗也。既三日，徽宗臨視，抱膝間，甚喜，戲妃曰：「酷似浙臉。」蓋妃雖籍貫開封，而原占於浙，豈生固有本？而錢王壽八十一，高宗亦壽八十一，以夢識參之，良不誣矣。《西湖游覽志餘》卷二。《宋稗類鈔》卷一。

4 宣和中，燕諸王于禁中。高宗以困於酒，倦甚，小憩幄次。徽宗忽詢：「康王何往乎？」左右告以故，徽宗幸其所視之，甫入即返，驚鄂默然。内侍請于上，上曰：「適揭簾之次，但見金龍丈餘，蜿蜒榻上，不欲呼之，所以亟出。」歎息久之，云：「此天命也。」由是異待焉。《揮麈後録》卷二。《宋稗類鈔》卷一。

5 宣和歲乙巳冬十二月，報北方寒盟。二十有三日，上皇有旨内禪。時去歲盡不數日。故事，天子即位踰年即改元，於是中書擬進，取「日靖四方，永康兆民」二句，請號年曰「靖康」焉。靖康之初，今上在康邸，因出使講解而威德暴天下，故識者多疑以爲靖康於字爲「十二月立康」也。《鐵圍山叢談》卷一。

6 太史楊欽時見靖康改元，即密語人曰：「後十二個月，康王立。」蓋「靖」字是從「十二月」、「立」，又有「康」字也。後如其言。《可書》。

7 初，虜人講和，要一親王爲質，朝廷議從其請。上召諸王曰：「誰肯爲朕行？」康王越次而進，請行。康王英明神武，勇而敢爲，有藝祖之風。將行，密奏於上曰：「朝廷若有便宜，無以一親王爲念。」既行，〔張〕邦昌垂涕，康王慨然曰：「此男子事，相公不可如此。」邦昌慙而止。《三朝北盟會編》卷三十。

8 曹功顯勛語明清云：昨從徽宗北狩至燕山逃歸，顯仁令奏高宗曰：上爲康王，再使虜中，欲就鞍時，二后洎宫人送至廳前。有小婢招兒者，見四金甲人，狀貌雄偉，各執弓劍，擁衛上體。婢指示，衆雖不見，然莫不畏肅。后即悟曰：「我事四聖，香火甚謹，必其陰助。今陷虜中，愈當虔事。」自後夜深必四十拜止。更令奏上，宜嚴崇奉，以答景貺。高宗後駐蹕臨安，即詔於西湖建觀像，設以祀，甚爲壯麗。《揮麈後録》卷二。

9 靖康之變，康王常質金人軍中，金國太子與康王同出射，連發三矢皆中，破其筈，纍纍懸於其上。金太子驚以爲神，默計之曰：「宋太子生長深宮，狃於富貴，鞍馬非其所長。今善射如此，意南朝揀選宗室中之長於武藝者冒名爲質，必非真也。留之無益，不如遣還，換真太子來質乃善。」高宗由是得逸。遂易服間道奔竄，足力疲困，乃假寐於崔府君廟階砌間，夢神人報曰：「金人追兵至，必速去之。」康王徬徨四顧，神曰：「已備馬門首伺候矣，大王急行，毋爲所及也。」康王驚夢，則馬已在其側矣。王踴躍上馬，疾馳而南，一日行七百里，渡河而馬不前，下視之，則泥馬也，始悟爲神物之助。暨河渡，至一村莊，飢渴甚，謁飯於一老嫗。嫗延入莊内坐，復出莊前，則有數騎追至，問：「有一官人，狀貌若是，曾從此過否？」嫗思其言狀貌類謁飯者，乃答之：「已過數日矣。」追騎以鞭敲鞍曰：「可惜！可惜！」遂返而不追。嫗歸，語曰：「吾觀官人非客旅也，得非宮中人乎？適有追騎來問，吾已紿之而還矣。」康王曰：「吾奔逃至南，飢渴至此，既承見問，敢不實對，願密之。」嫗曰：「請大王安心。」少頃，辦飯進，因出銀數百兩以獻曰：「吾兒李若水也，已死於虜矣。國家大事，願大王勉之。」康王由此奔相州，揭榜召兵勤王。《湖海新聞夷堅續志》前集卷一。《南渡録》。《堅瓠秘集》卷二。《南宋雜事詩》卷七。

10 高宗在康邸，避金寇，至磁，馬斃，冒雨夜行，得一白馬導之，至神祠忽不見馬，但廡下泥馬赭汗如雨。因假寐，夢神促其行，白馬復導至斜橋谷，遂免寇難。《湖山便覽》卷七。

11 靖康元年冬，高宗發京師，將至斡喇布軍前議事。及至磁州，州有崔府君祠，府君，或云唐人，其名不傳。或云乃後漢崔子玉也，封嘉應侯，號應王。上至，州人擁神馬謂應王出迎。守臣宗澤啓上謁其廟。上謁廟出，磁人力請上無北去。乃還，泊于相州。明年，遂即大位。《雲谷雜紀》卷三。

12 高宗繇康邸使虜庭，開大元帥府於相州，繼登寶位，再造王室。一時霸府攀附，自汪丞相伯彦而次。建炎初，詔省記事跡，成書來上，付之史館。其間所紀符瑞，如冰泮復凝，紅光如火，雲覆華蓋，其類不一。獨諸路文書申帥府，或曰康王，或曰靖王。有解坼「靖康」二字，乃「立十二月而立康王」，祥契昭灼如此。時識者謂本朝無親王將兵在外故事，忽付大元帥之柄於皇弟，蓋本天意云。《清波雜志》卷一。

13 建炎元年七月，臣同執政官奏事，上出絹背心宣示，泣諭臣等曰：「道君太上皇帝自燕山府密遣使臣曹勛齎來背心，領中有親書八字曰『便可即真，來救父母』。」群臣皆泣，奏曰：「此乃陛下受命於道君太上皇帝者，宜藏之宗廟，以示萬世。」《建炎時政記》卷下。

14 高宗在維揚時，每退朝，即御殿旁一小閣，垂簾獨坐，前設一素木桌子，上置筆硯，蓋閱四方章奏於此閣内。惟二小璫侍側，凡巨璫若内夫人奏事，上悉出閤外視之。御膳惟麵飯、煎肉、炊餅而已。鎮江守錢伯言嘗獻宣和所留器用，其間有螺鈿椅桌。上惡其靡，亟命於通衢毁之。《建炎以來朝野雜記》甲集卷一。

15 高宗踐阼之初，躬行儉德，風動四方。一日，語宰執曰：「朕性不喜與婦人久處，早晚食只麪飯、炊餅、煎肉而已。食罷，多在殿旁小閣垂簾獨坐。設一白木卓，置筆硯，並無長物。」又嘗詔有司毁棄螺填倚卓等物，謂螺填淫巧之物，不可留。仍舉：「向自相州渡大河，荒野中寒甚，燒柴，借半破甆盂，温湯湌飯，茅簷下與汪伯彥同食。今不敢忘。」紹興間，復紆奎畫以記損齋，「損之又損」，終始如一。《清波雜志》卷一。

16 方伯彥、潛善養安之際，外傳北風極勁，而汪、黃傲然謂無事，故上每不知虞。比江都宮中方有所御幸，而張浚告變者遽至，矍然驚惕，遂病薰腐，故明受殂後，後宮皆不孕。《朝野遺記》。

17 高宗行幸揚州，郡人李易爲狀元。次舉駐蹕臨安，而狀元張九成亦貫臨安，時以爲王氣所在。《老學庵筆記》卷六。

18 高宗未駐蹕杭州之先，有暫都金陵之意，末年因幸建康，此意未釋。召一術者決之，術者云：「建康山雖有餘，水則不足。」獻詩曰：「昔年曾記謁金陵，六代如何得久興。秀氣盡隨流水去，空留煙岫鎖崚嶒。」《錢塘遺事》卷一。

19 高宗建炎二年冬，自建康避狄，幸浙東。初度錢塘，至蕭山，有列拜于道側者，揭其前云：「宗室趙不衰以下起居。」上大喜，顧左右曰：「符兆如是，吾無慮焉。」詔不衰進秩三等。《揮麈餘話》卷一。《茶香室四鈔》卷三。《南宋雜事詩》卷七。

20 高宗南渡，議西溪建立行宮。因幸西溪，相度形勢，遂駐蹕於沈氏。有沈諸者，進食獻茶，帝大悅，曰：「西溪且留下。」後遂相傳爲駐馬沈。《南宋雜事詩》卷一引《武林梵志》。

21 金人南侵，帝奔杭州，而國不可爲矣。有人題詩於吳山子胥祠曰：「和戰無成數戒嚴，中原民苦望熙恬。遷杭不已思閩廣，牛角山河日入尖。」《堯山堂外紀》卷五十七。《堅瓠癸集》卷一。《南宋雜事詩》卷七引《夷堅志》。

22 見趙鼎16。

23 高宗幸杭，有日者姓楊，忘其名，召問之，楊奏曰：「自今可賀矣。『杭』字於文離合之，有『兀』、『朮』字。且杭者，降也。兀朮其降乎？」《雲麓漫鈔》卷十二。

24 紹興南渡，將駐于杭，書一「杭」字問之相者，云：「兀朮將至，當避其鋒。」太師梁王，小字兀朮，果擁兵而南。《續夷堅志》卷四。

25 初，陳橋兵變，太祖整軍從仁和門入。建炎南渡，御蹕過杭，聞縣名曰仁和，上甚喜，曰：「此京師門名也。」遂有定都之意。《行營雜録》。《錢塘遺事》卷一。《西湖游覽志餘》卷二。

26 高宗六龍未知所駐，嘗幸楚，幸吴，幸越，俱不契聖慮。暨觀錢唐表裏江湖之勝，則歎曰：「吾舍此何適？」時吕公頤浩提師于外，以書御帝曰：「敵人專以聖躬爲言，今駐蹕錢唐，足以避其鋒，伐其謀。」近名公謂士大夫溺于湖山歌舞之娱，皆秦檜之罪。檜之罪在于誅名將，竄善類，從臾貶號，遣逐北人；若奠都之計，蓋決于帝而贊成于頤浩也。或謂徽宗嘗寤錢王而誕高宗，蓋因定都從而附會云。《四朝聞見録》乙集。

27 見張俊2。

28 台州臨海縣章安祥符寺法堂有高廟御坐，寺僧師顔年八十餘矣，能言東巡事。云：「時年方十四，事悟講主。建炎三年十二月二十六日，民間讙言天子航海東來，泊金鼇山下。二十八日平明，有十六人皆衣戰袍，步自金鼇，入寺，有黄領者坐，頃之，問寺有素食否。時方修歲懺，乃取炊餅五枚以進之，食其三，已又食其半，悟講主復擷園蔬，芼以薑鹽進之。有旨取一内人，乃借民間小竹輿乘之以來。立語良久，復令登舟，晚遂復幸金鼇。凡留十四日，始航海幸永嘉。又留四十五日，復航海幸金鼇。又留八日，忽聞六軍皆呼『萬歲』，捷書至也。於是航海由四明還紹興。」……先是有人題詩云：「牡蠣灘頭一艇横，夕陽多處待潮生。與君不負登臨約，同向金鼇背上行。」高廟覽之，以爲詩讖，求其人，不可得。御坐，一竹椅，寺僧今別造，以黄蒙之，壁間有詩云：「黄帽當年駕舳艫，東浮鯨海出三吴。中興事業風波惡，好作君王坐右圖。」《雲麓漫鈔》卷七。

29 建炎庚戌正月三日，高宗航海，次台州之章安鎮，落帆於鎮之祥符寺前。屏去警蹕，易衣，徒步登岸。時長老者方陞座，道祝聖之祠。帝趾忽前，聞其稱讚之語，甚喜，戒左右勿令驚惶而諦聽之。少焉，千乘萬騎畢集，始知爲六飛臨幸。野僧初不閑禮節，恐怖失措，從行有司始教以起居之儀。《揮麈餘話》卷一。

30 上在章安鎮半月餘，常一日登金鼇峯，見壁間詩，一絶句曰：「牡蠣灘頭一艇横，夕陽高處待潮生。與君不負登臨約，同向金鼇背上行。」上問：「誰題此詩？」僧對曰：「過往游客。」上惡之，方啜茶，以其餘潑於詩上。張俊、郭仲荀既到，上以章安鎮不可居。甲子進發，行五六十里，有一小島嶼，林木茂盛，中有屋數間。上命泊舟，與内侍數人步登岸，入其舍，乃僧寮也，爐香猶未煙斷，而寂不見人。令於林中尋之，得三僧、二僧童，云是台州壽聖院之下院也。上見壁間有小榜云：「爲金人侵犯中原，伏爲今上皇帝消災祈福，祝延聖壽。」上喜之。《三朝北盟會編》卷一百三十六。

31 上在章安鎮，忽有二舟爲風所飄，直犯禁衛船。問之，乃販柑子客也。上聞，盡令買之，分散禁衛軍兵。令食穰，取其皮爲椀。是日元夕放燈之辰也，乃命貯油於柑皮中，點燈，隨潮退，放入海中。時風息浪静，水波不動，有數萬點火珠，熒熒出没滄溟間。章安鎮居人皆登金鼇峯看之。《三朝北盟會編》卷一百三十六。《宋稗類鈔》卷四。

32　宋高宗在潛邸日，泰州人徐神翁，云能知前來事。群閹言於徽宗，召至，以賓禮接之。一日，獻詩於帝曰：「牡蠣灘頭一艇横，夕陽西去待潮生。與君不負登臨約，同上金鰲背上行。」及兩宫北狩，匹馬南渡。建炎庚戌正月三日，帝航海，次章安鎮，灘淺閣舟，落帆于鎮之福濟寺前以候潮，顧問左右曰：「此何山？」曰：「金鰲山。」又問：「此何所？」曰：「牡蠣灘。」因默思神翁之詩，乃屏去警蹕，易衣步登岸，見此詩在寺壁間，題墨若新，方信其爲異人也。時住持僧方陞坐，道祝聖之詞。帝趾忽前，聞其徒稱讚之語，甚喜，戒左右勿驚怖，而諦聽之。少焉，千乘萬騎畢集，終知爲六飛臨幸。野僧初不閑禮節，恐怖失措，從行有司教以起居之儀。山下曰黄椒村，村之婦女聞天子至，咸來瞻拜龍顔，歡聲如雷，曰：「不圖今日得覩天日。」帝喜，敕：「夫人各自遂便。」故至今村婦皆曰夫人。雖易世，其稱謂尚然不改。《南村輟耕録》卷七。《堯山堂外紀》卷五十七。《堅瓠己集》卷四。《宋稗類鈔》卷七。《宋詩紀事》卷十。

33　建炎航海之役，張俊既戰而棄鄞，兀朮入之。即日集賈舟，募瀕海之漁者爲鄉導，將遂犯蹕，而風濤稽天，盤薄不得進。兀朮怒，躬命巨艘張颿徑前，風益猛，自度不習舟楫，桅舞舷側，窘懼欲却而未脱諸口也。遥望大洋中，隱隱一山，顧問海師此何所，對曰：「陽山。」兀朮慨然歎曰：「昔唐斥境，極于陰山，吾得至此足矣。」遂下令反棹。其日，御舟將如館頭，亦過于風，不爾幾殆，蓋天褫其魄而開中興云。《桯史》卷五。

34 建炎中，金人追高宗至舟山，登岸，斫道隆觀柱，柱忽流血，金人畏而遁去，高宗得免。《堅瓠乙集》卷二。

35 建炎中，高宗幸四明，嘗執一摺疊扇，中有玉孫兒爲扇墜。金人至，登舟倉卒，失手沉扇於江。及都杭州十餘年，忽一日，循王張俊預内宴，手執一扇墜玉孩兒。上熟視，乃向年四明所沉者，遂問循王得之何所。答曰：「臣於清河坊鋪家買至。」上即遣人往問鋪家所買之由，謂於每日提籃者得之。遂轉問提籃者，乃謂得之候潮門外陳宅厨娘。繼又問之厨娘，答云：「破黄花魚重十斤，腹中有此一物。」奏聞，上大悦，以爲失物復還之兆。鋪家、提籃者各與進議校尉，厨娘仍告封孺人。《湖海新聞夷堅續志》前集卷一。《西湖游覽志餘》卷二。《堅瓠己集》卷一。《香祖筆記》卷三。《宋稗類鈔》卷一。

36 淳熙中，明州士人往臨安赴省試。舟過曹娥江，漁叟持巨鯉重七八斤來售。買以錢五百……既剖腹於中得小玉印，温潤潔白，刻兩篆字，不能識。士人朴野，元不料爲奇物，漫收藏於笥。至都城旅舍，留頗久，資用不繼。值常買小商過門，出以誇示，然但須價五千。商酬五之三，士喜所獲數倍，即付與。此商亦非博雅者，只掛於擔上。經德壽宮門，提舉張去爲下直，車中覘望，取而翫視，命隨詣其宅，問所得處，且扣其價，亦僅求五千。如數與之而佩於腰間。它日，光堯太上見之曰：「汝何處得此？」具以奏。聖情憮然曰：「此我故物，京師玉册官鐫『德基』字甚工。建炎己酉，避狄於海上，誤墜水中，今四五十年矣，不謂復落吾目。」《夷堅支志》癸卷九。

37 見趙鼎4。

38 見趙鼎11。

39 高宗在徽宗服中，用白木御倚子。錢大主入覲，見之，曰：「此檀香倚子耶？」張婕妤掩口笑曰：「禁中用煙脂皂莢多，相公已有語，更敢用檀香作倚子耶？」時趙鼎、張浚作相也。《老學庵筆記》卷一。《何氏語林》卷十三。《南宋雜事詩》卷六。《宋稗類鈔》卷三。

40 見陳脩1。

41 見康與之3、曾覿1。

42 見韓世忠27。

43 紹興初，楊存中在建康，諸軍之旗中有雙勝交環，謂之二聖環，取兩宮北還之義。因得美玉，琢成帽環進高廟，曰尚御裹。偶有一伶者在傍，高宗指環示之：「此環楊太尉進來，名二勝環。」伶人接奏云：「可惜二聖環，且放在腦後。」高宗亦爲之改色。《貴耳集》卷下。《養痾漫筆》。《西湖游覽志餘》卷二。《宋稗類鈔》卷六。參見秦檜59。

44 臺臣有論列〔秦檜、王繼先〕二人者，上曰：「檜，國之司命；繼先，朕之司命。」自此言者遂沮。《四朝聞見録》乙集。

45 德壽建思堂落成。壽皇同宴，問德壽何以曰思堂，德壽答曰：「思秦檜也。」由是秦氏之議少息。《貴耳集》卷上。

46 紹興戊辰，太常少卿方庭碩使金，展陵寢。先是諸陵皆遭發，哲宗至暴骨，庭碩解衣裹之。惟昭陵如故。庭碩歸奏，上涕下沾襟，悲動左右。《澗泉日記》卷上。

47 見張孝祥4。

48 見趙逵1。

49 光堯壽聖太上皇帝，當内修外攘之際，尤以文德服遠，至于宸章睿藻，日星昭垂者非一。至紹興二十八年，將郊祀，有司以太常樂章篇序失次，文義弗協，請遵真宗、仁宗朝故事，親製祭享樂章，詔從之。自《郊丘》、《宗廟》、《原廟》等，共十有四章，肆筆而成，睿思雅正，宸文典贍，所謂「大哉王言」也。《庚溪詩話》卷上。《江行雜録》。《宋詩紀事》卷一。

50 高廟駐蹕臨安，艱難中，每出，猶鋪沙藉路，謂之黄道，以三衙兵爲之。紹興末内禪，駕過新宫，猶設黄道如平時。明日壽皇出，即撤去，遂不復用。《老學庵筆記》卷七。

51 上每侍光堯，必力陳恢復大計以取旨。光堯至曰：「大哥，俟老者百歲後，爾却議之。」上自此不復敢言。《四朝聞見録》乙集。

52 見張浚31。

53 見張浚33。

54 壽皇過南内，德壽問：「近日臺臣有甚章疏？」壽皇奏云：「臺臣論知閤鄭藻。」德壽云：「説甚事，不是説他娶嫂？」壽皇奏云：「正説此事。」德壽云：「不看執柯者面。」壽皇問：「執柯者誰？」德壽云：「朕也。」壽皇驚灼而退，臺臣即時去國。《貴耳集》卷下。

55 高宗既居德壽，時到靈隱冷泉亭閒坐。有一行者奉湯茗甚謹，德壽語之曰：「朕觀汝意度，非行者也，本何等人？」其人拜且泣曰：「臣本某郡守，得罪監司，誣劾贓，廢爲庶人。貧無以糊口，來從師舅覓粥延殘喘。」德壽惻然曰：「當爲皇帝言之。」數日後再往，則其人尚在，問之，則云：「未也。」明日，孝宗恭請太上帝后幸聚景園，德壽不笑不言，孝宗再奏，亦不答。太后曰：「孩兒好意招老夫婦，何爲怒耶？」德壽默然良久，乃曰：「朕老矣，人不聽我言。」孝宗益駭，復從太后請其事。德壽乃曰：「如某人者，朕已言之而不效，使朕愧見其人。」孝宗曰：「昨承聖訓，次日即以諭宰相，宰相謂贓污狼籍，免死已幸，難以復用。然此小事，來日決了，今日且開懷一醉可也。」德壽始笑而言。明日，孝宗再諭宰相，宰相猶執前説，孝宗曰：「昨日太上聖怒，朕幾無地縫可入，縱大逆謀反，也須放他。」遂盡復原官，予大郡。後數日，德壽再往，其人曰：「臣已得恩命，專待陛下之來。」謝恩而去。《西湖游覽志餘》卷二。

56　蕭鷓巴恭奉孝廟擊球，每聖語許除步帥，久不降旨，孝廟亦以北人不欲處三衙。忽鷓巴醉中語侵孝廟云：「官家會亂説，許臣除步帥數次，久不降旨。」孝廟怒，送福州居住。居數月，德壽忽語孝廟云：「蕭鷓巴如何不見？」孝廟舉前説奏知，德壽云：「北人性直，官家不當戲之。」喚取歸來，德壽賜錢五千緡，仰福帥津遣赴闕，仍舊還職。及德壽發引日，鷓巴號哭于路欲絶。《貴耳集》卷中。《南宋雜事詩》卷五。

57　德壽生日，每歲進奉有常數。一日，忽減數項，德壽大怒。孝宗皇懼，召宰相虞允文語之，允文曰：「臣請見而解之。」孝宗曰：「朕立待卿回奏。」允文到宫上謁，德壽盛氣，頃之曰：「朕老而不死，爲人所厭。」允文曰：「皇帝聖孝，本不欲如此，罪在小臣，謂陛下聖壽無疆，生民膏血有限，減生民有限之膏血，益陛下無疆之聖壽。」德壽大喜，酌以御醖一杯，因以金酒器賜之。允文回奏孝宗，孝宗亦大喜，酌酒賜金如德壽云。《西湖游覽志餘》卷二。

58 見吴后4。

59 福建賦税猶易辦，浙中全是白撰，横斂無數，民甚不聊生，丁錢至有三千五百者。人便由此多去計會中使，作宫中名字以免税。向見辛幼安説，糞船，亦插德壽宫旗子。《朱子語類》卷一百十一。《宋稗類鈔》卷八。

60 見史浩8。

61 見宋孝宗26。

62 見宋孝宗27。

63 見宋孝宗28。

64 見宋孝宗29。

65 見宋孝宗30。

66 見宋孝宗31。

67 淳熙間，壽皇以天下養，每奉德壽三殿，游幸湖山，御大龍舟。……一日，御舟經斷橋，橋旁有酒肆，頗雅潔，中飾素屏，書《風入松》一詞於上，光堯駐目稱賞久之，宣問何人所作，乃太學生俞國寶醉筆也。其詞云：「一春長費買花錢，日日醉湖邊。玉驄慣識西泠路，驕嘶過、沽酒樓前。紅杏香中歌舞，緑楊影裏鞦韆。　東風十里麗人天，花壓鬢雲偏。畫船載取春歸去，餘情在、湖水湖煙。明日再攜殘酒，來尋陌上花鈿。」上笑曰：「此詞甚好，但末句未免儒酸。」因爲改定云：「明日重扶殘醉。」則迥不同矣。

即日命解褐云。《武林舊事》卷三。《西湖游覽志餘》卷三。《堯山堂外紀》卷五十九。《宋稗類鈔》卷三。

68 高宗倦勤居明宫，拆字曰：「只二千日。」果不滿六年而升遐。《湖海新聞夷堅續志》補遺。

69 高皇毓聖中原，得西北之正氣，夙賦充實，自少至耄，未嘗用温劑。每小不怡，輒進蠲毒圓數百，一以芫花、大黄、大戟爲主，侍醫縮頸，而上服之自如。有王涇者，以伎進，侈言勇往，居之不怍，間奉圭匕，先意持論，自詭無傷。孝宗素危之，屢詰責，要以禍福，弗之顧。淳熙丁未，聖壽踰八齡矣。一日，進餛飩，覺胸膈欵壅，涇猶主前藥，既投而不支，遂以大漸。孝宗震怒，立詔誅之。慈福要上苦諫，薄不獲已，減死黥流，杖脊朝天門。中使泣焉，方覬其速斃，涇貨五伯下其手，卒得活。初，巨醫王繼先幸紹興，始用是，取驗。孝宗在朱邸，扈蹕視師至建康，館秦檜故第。史文惠爲講官，實從行，燕之正堂，而命莊文醴、曾龍于後圃。孝宗樂，飲以碼碯觥，釂者十二，因游于圃，二臣復各獻一巵。後三日，屬疾，高皇賜藥，使内侍視之服。文惠聞之，疑其爲蠲毒，亟袖人參圓入，問而信，遂竊易之，僅瘉。是日微文惠，幾殆。高皇蓋主此，而不知南北之異稟也。涇祖繼先之緒餘，株守不變，是以敗云。《桯史》卷九。

70 宋高宗喜養鸚鵡，能言語。高宗一日問曰：「思鄉否？」應曰：「思鄉。」遣中使送還隴山。後數年，有使臣過，鸚鵡問：「何處來？」使臣曰：「自杭州來。」又問：「上皇安否？」使臣曰：「上皇崩矣。」鸚鵡皆悲鳴不已。使臣賦詩悼之曰：「隴口山深草似荒，行人到此斷肝腸。耳邊不忍聽鸚鵡，猶在枝頭説上皇。」《堅瓠辛集》卷一。《宋稗類鈔》卷八。

71 高宗策進士，有犯御名者，上曰：「朕豈以己妨人進取！」《吹劍録》。《南宋雜事詩》卷一。

72 高宗自能推步星命。或臣下不能始終仰副聖眷，則曰：「吾奴僕宫星陷故也。」《四朝聞見録》乙集。

73 宋高宗時，饔人瀹餛飩不熟，下大理寺。優人扮兩士人相貌，各問其年，一曰甲子生，一曰丙子生，優人告曰：「此二人俱合下大理。」高宗問故，優人曰：「餠子餠子皆生，與餛飩不熟者同罪耳。」上大笑，赦原饔人。《霏雪録》。《堯山堂外紀》卷五十七。《南宋雜事詩》卷六。

74 高宗在德壽宫，每進膳，必置匙箸兩副，食前多品，擇取欲食者，以别箸取置一器中，食之必盡，飯則以别匙減而後食。吴后嘗問其故，對曰：「不欲以殘食與宫人食也。」《西湖游覽志餘》卷二。《宋稗類鈔》卷一。

75 高宗紹興十三年，行郊禮，進呈宿齋望祭青城幕，上曰：「止是一宿，不必枉費人力，所有宿齋處，望祭殿，只隨宜絞縛，用蘆席青布之類，不得侈大。」有司簡舊典，合用珠子坐褥，上曰：「不事此也。爲主若事華麗，恐非事天之意。」《古今合璧事類備要》外集卷三。《昨非庵日纂》二集卷九。

76 高宗除喪，予以禮部郎入讀祝。至几筵殿，蓋帝平日所御處也。殿三間，殊非高大，陳列几席、椸枷之類，亦與常人家不甚相遠。猶想見高廟之儉德也。《老學庵筆記》卷五。

77 〔高宗〕晚年，大劉妃有寵，恃恩驕侈，盛夏以水晶飾足蹋。上偶見之，即命取其一以爲御枕。妃惶懼，撤去。自是六宫無復踰制者矣。《建炎以來朝野雜記》甲集卷一。

78 紹興末，上嘗作損齋，屏去玩好，置經史古書其中，以爲燕坐之所。上早年謂輔臣曰：「朕居宫中，自有日課，早閲章疏，午後讀《春秋》、《史記》，夜讀《尚書》，率以二鼓罷。尤好《左氏春秋》，每二十四日而讀一過。」胡康侯進《春秋解》，上置之坐側，甚愛重之。又悉書六經，刻石寘首善閣下。及作損齋，上亦老矣，因自爲之記，刻石以賜近臣焉。《建炎以來朝野雜記》甲集卷一。

79 古來帝王，不聞别號，惟宋高宗署其室曰「損齋」，想即别號矣。《萬曆野獲編》卷一。

80 德壽與講官言：讀《資治通鑑》，知司馬光有宰相度量。讀《唐鑑》，知范祖禹有臺諫手段。雖學士大夫，未嘗説到這裏。《貴耳集》卷上。

81 宋孝宗時，張子韶在講筵。上嘗問曰：「何以見教？」張曰：「臣安敢當『見教』之語？抑不知陛下臨朝對群臣時，如何存心？」上曰：「以至誠。」又曰：「入而對宦官、嬪御，如何？」曰：「亦至誠。」又曰：「無所接對静處時，如何？」上遲疑未應。子韶曰：「只這遲疑，已自不可。」上極喜，握其手曰：「卿問得極好！」《湧幢小品》卷二。《拙齋文集》卷一。案：「孝宗」當爲「高宗」。

82 思陵以萬幾之暇，御書六經、《論語》、《史記》列傳，刊石立於太學。《楓窗小牘》卷下。《南宋雜事詩》卷一。

83 高宗御書六經，嘗以賜國子監，及石本于諸州庠。上親御翰墨，稍倦，即命憲聖續書，至今皆莫能辨。《四朝聞見録》乙集。《西湖游覽志餘》卷二。

84 〔高宗〕以御書真草《孝經》賜秦檜。……檜請刻之金石以傳示後世，上曰：「世人以十八章童蒙書，不知聖人精微之學，皆出乎此。朕因學草聖，遂以賜卿，豈足傳後？」《中興紀事本末》卷四十八。《南宋雜事詩》卷三

85 高宗在内殿作書，日有程課。《南宋雜事詩》卷二引《書學纂要》。

86 高宗初作黄字，天下翕然學黄字。後作米字，天下翕然學米字。最後作孫過庭字，故孝宗、太上皆

作孫字。《誠齋詩話》。

87 思陵本斅黄庭堅書，後以僞豫遺能黄書者爲間，乃改從右軍焉。《書録》中篇。《書史會要》卷六。《清河書畫舫》卷十上。《南宋雜事詩》卷一。

88 孝皇同恩平在潛邸，高廟乃書《蘭亭序》二篇賜二王，依此樣各進五百本。孝皇書七百本上之，恩平卒無所進。《貴耳集》卷上。《玉堂嘉話》卷四。

89 高廟嘗臨《蘭亭》，賜壽皇於建邸。後有批字云：「可依此臨五百本來看。」蓋兩宮篤學如此。《老學庵筆記》卷十。《宋稗類鈔》卷八。

90 見吴説2、3。

91 秘閣有端硯，上有紹興御書一「頑」字，唐有準敕惡詩，今又有準敕頑硯耶。《老學庵筆記》卷一。《南宋雜事詩》卷四。

92 思陵極愛蘇公文詞，力購全集，刻之禁中。《六研齋三筆》卷三。

93 明之象山，士子史本有木犀，忽變紅色異香，因接本以獻闕下。高廟雅愛之，曾畫爲扇面，仍製詩以賜從臣榮薿云：「月宫移就日宫栽，引得輕紅入面來。好向烟霄承雨露，丹心一點爲君開。」復古殿又題云：「秋入幽巖桂影團，香深粟粟照林丹。應隨王母瑶池宴，染得朝霞下廣寒。」自是四方争傳其本，歲接數百，史氏由此昌焉。《藏一話腴》乙集卷上。《宋詩紀事》卷一。

94 光堯親祀南郊，時紹興二十五年也。御書於郊壇易安齋之梅巖亭曰「謁款泰壇」。因過易安齋，愛其去城不遠，巖石幽邃，得天成自然之趣，爲賦《梅巖》云：「怪石蒼巖映翠霞，梅梢疎瘦正横斜。得因祀事來尋勝，試探春風第一花。」孝宗時在潛邸，恭和聖作云：「秀色環亭擁霽霞，脩筠冰豔數枝斜。東君欲奉天顔喜，故遣融和放早花。」此真古今所未見，巖石何其幸歟！光堯嘗問主僧曰：「此梅唤作甚梅？」主僧對曰：「青蒂梅。」又問曰：「梅邊有藤唤作甚藤？」對曰：「萬歲藤。」稱旨，賜僧階。上嘗拂石而坐，至今謂之「御坐石」。《四朝聞見録》甲集。《南宋雜事詩》卷四。《宋詩紀事》卷一。

95 高宗七夕内宴，至晚忽大風，雨如傾。命教坊進詞，有應制《鵲橋仙》云：「柳家一句最著題，道『暮雨、芳塵輕灑』。」蓋柳永詞也，天顔爲一笑。《寓簡》卷十。

96 思陵時，百工技藝咸精其能，故挾技術者率多遇，而亦有命焉。吴郡王益嘗以相士薦於上，上以王故召見。見上，則曰：「陛下堯眉舜目，禹背湯肩。」上即駕輿曰：「到處鑾將來。」王又爲李世英進墨，每一圭墨重十兩。上曰：「恁麽大，將如何把？」王偶致棋客，關西人，精悍短小。王試命與國手敵，俱出其右。王因侍上弈言之，翌日宣唤。國手夜以大白浮之，出處子，極妍靚，曰：「此吾女也，我今用妻爾。但來日於御前饒我第一局，我第二局却又饒爾。我與爾永爲翁婿，都在御前。不信吾説，吾豈以女輕許人？」國手實未嘗有女，女蓋教坊妓也。關西樸而性直。翌日，上詔與國手弈，上與王視第一局，關西陽遜國手。上拂衣起，命王且酌酒曰：「終是外道人，如何敵得國手？」關西纔出，知爲所賣，鬱悶不食而死。《四朝聞見録》乙集。

97 高宗自康邸已屬意絲桐。時有僧曰輝，曰仙，嘗召入，以是被知。上既南巡吴會，二僧亦自京師來，欲見上，未有間。會上幸天竺，二僧遂隨其徒迎駕起居。上感昔，至揮涕記之。還宮，即命黃門召入，黃門對以須令習儀，上曰：「朕舊所識，縱疎野何害？僧徒固宜疎野。」黃門復奏，以爲入夕非宣召僧徒之時。上曰：「此却是。」翌朝，召二僧入，道京師事與渡南崎嶇，上甚悲且喜，由是宣召無時。二僧冀規靈隱蔬地劚菴以老，其徒不能從。上至遣使諭靈隱僧，僧猶豫未奉命。上降黃幟，任二僧所欲爲界。靈隱僧懼而縱二僧自營，今額爲天申圓覺寺。上既倦勤，退處北宮，間乘小藤團龍肩輿憩其廬。《四朝聞見録》乙集。

98 琴師黃震，後易名振，以琴召入，思陵悦其音，命待詔御前，日給以黃金一兩。後黃教子，乃以他藝入。詔以「爾子不足進于琴耶？」黃喟然歎曰：「幾年幾世，又遇這一個官家！」黃死，遂絶絃云。《四朝聞見録》乙集。《南宋雜事詩》卷四。

99 沈之才者，以棋得幸思陵，爲御前衹應。一日，禁中與其類對弈，上諭曰：「切須子細。」之才遽曰：「念兹在兹。」上怒云：「技藝之徒，乃敢對朕引經邪？」因命内侍省打竹篦二十，逐出。《揮麈餘話》卷一。《西湖游覽志餘》卷二。

100 聚遠樓。高宗雅愛湖山之勝，恐數蹕煩民，乃于宮内鑿大池，引水注之以象西湖冷泉。疊石爲山，作飛來峯，因取坡詩「賴有高樓能聚遠，一時收拾與閒人」名之。周益公進端午帖子云：「聚遠樓高面面風，冷泉亭下水溶溶。人間炎熱何由到，真是瑶臺第一重。」孝宗御製冷泉堂詩以進，高宗和韻，真盛事也。《武林舊事》卷四。《夢粱録》卷八。《宋詩紀事》卷一。

101 德壽在北内，頗屬意玩好。孝宗極先意承志之道，時罔羅人間，以共怡顔。會將舉慶典，市有北賈，攜通犀帶一，因左璫以進於内。帶十三銙，銙皆正透，有一壽星，扶杖立。上得之喜，不復問價，將以爲元日壽巵之侑。賈索十萬緡，既成矣，傍有璫見之，從賈求金。不得，則擿之曰：「凡壽星之扶杖者，杖過於人之首，且詰曲有奇相。今杖直而短，僅至身之半，不祥物也。」亟宣視之，如言，遂却之。此語既聞遍國中，無復售者。《桯史》卷四。

102 紹興初，高宗建行闕於鳳山，山中林木蓊如，鴉以千萬。朝則相呼鼓翼以出，啄粟於近郊諸倉，昏則整陣而入，噪鳴聒天。高宗故在汴邸，汴無山，故未嘗聞此，至則大駭。又以敵人之逼，聖思遂不悦，命内臣張去爲領修内司諸兒聚彈射，而驅之臨平赤岸間，蓋去闕十有五六里。未幾，鴉復如初。彈者技窮，宫中亦習以爲常。《四朝聞見録》丙集。《南宋雜事詩》卷六。

103 高宗紹興間，宫中養飛鴿，每日群飛於外，太學士人作詩以諷：「萬鴿飛翔繞帝都，朝昏收放費工夫。何如養取雲邊雁，沙漠能傳二聖書。」其詩流入大内，高宗惻然。自是宫中不復畜鴿。《古杭雜記詩集》卷二。

104 高宗好養鵓鴿，躬自飛放。有士人題詩云：「鵓鴿飛騰繞帝都，暮收朝放費工夫。何如養個南來雁，沙漠能傳二帝書。」高宗聞之，召見士人，即命補官。《西湖游覽志餘》卷二。《堯山堂外紀》卷五十七。《堅瓠乙集》卷三。《宋稗類鈔》卷一。

105 高廟在建康，有大赤鸚鵡自江北來，集行在承塵上，口呼萬歲。宦者以手承之，鼓翅而下。足有小金牌，有「宣和」二字，因以索架置之，稍不驚怪。比上膳，以行在草草無樂，鸚鵡大呼「卜尚樂起方響」，久之，曰：「卜娘子不敬萬歲。」蓋道君時掌樂宫人以方響引樂者，故猶以舊格相呼，高廟爲罷膳泣下。後此鳥持至臨安，忽死，高宗親爲文祭之。《楓窗小牘》卷下。《堅瓠餘集》卷二。《南宋雜事詩》卷六。《宋稗類鈔》卷八。

吴后

1 憲聖嘗從上航海，倐敵騎數十輩掩至，欲拏御舟。后徐發一矢，其一應弦而倒，餘悉引去。高宗重於視師之役，后苦諫，必往，至跪奏曰：「若臣妾裹尺五皂紗，必須一往。」《四朝聞見録》乙集。《南宋雜事詩》卷二。《宋詩紀事》卷一。

2 憲聖初不以色幸，自渡南以來，以至爲天下母，率多遇魚貫以進，即以疾辭。思陵念其勤勞之久，每欲正六宫之位，而屬以太后遠在沙漠，不敢舉行。上嘗語憲聖曰：「極知汝相同勞苦，反與後進者齒，朕甚有愧。俟姐姐歸，謂太后。爾其選已。」憲聖再拜，對曰：「大姐姐遠處北方，臣妾缺于定省。每遇天日清美，侍上宴集，纔一思之，肚裏淚下。臣妾誠夢不到此。」上爲泣下數行，愈以后爲賢。曁太后既旋鑾馭，以向嘗與憲聖均爲徽宗左右，徽宗遂以憲聖賜高宗，太后恐憲聖記其微時事，故無援立意。上侍太后，拜而有請曰：「德妃吴氏，服勞滋久。外廷之議，謂其宜主中饋。更合取自姐姐旨。」太后陽語上云「這事由在爾」，而陰實不欲。上遂批付外廷曰「朕奉太母之命」云云，「德妃吴氏」云云，「可立爲后」，后遂開擁祐三朝之功云。《四朝聞見録》乙集。《西湖游覽志餘》卷二。

3 憲聖既贊高宗立普安，遂定大統之寄。高宗登遐，憲聖獨處北宫，春秋浸高，孝宗以不得日侍定省爲歉。及内禪光皇，實憲聖所命，孝宗遂得日奉長樂宫，極天下之養，盡人子之歡。宫去東園最近，旬浹間，即恭請憲聖臨幸。屬芙蓉臨池秀發，遂白憲聖，請登龍舟，撤去欄幕，卧看尤佳。憲聖欣然從之。先是，高宗經始東園，蓋恐頻幸湖山，重爲國費，故園去東門百步而遥，落成之頃，俱憲聖駕幸。有一門逕通小東園，多柏。上與憲聖相視而泣，連稱「相似、相似」。時幸園中，獨不至此。左右疑與故京宫苑有適似者，故重爲之感傷。《四朝聞見録》乙集。

4 德壽在南内，壽皇奉親之孝，極盡其意。德壽好游樂，壽皇一日醉中，許進二十緡。久而不進，德壽問吴后：「北内曾許進二十萬緡，何不進來？」吴后云：「在此久矣。偶醉中奏，不知是銀是錢，未敢遽進。」德壽云：「要錢用耳。」吴后代進二十萬緡。壽皇感吴后之意，調娱父子之歡，倍四十萬緡以獻。本朝女后之賢，皆類此也。《貴耳集》卷上。

5 見宋孝宗35。

6 見楊后1、3。

7 見宋寧宗1。

8 憲聖既御簾政，則戒〔吴雲壑〕公曰：「垂簾非我志也，不比大哥在時。謂孝宗。汝輩自此少出入，庶免干預内廷之謗。」其嚴待家人如此。《四朝聞見録》乙集。

9 憲聖后在慈福，慶元丁巳，朝廷方卜郊，而后不豫，始猶自强起，曰：「上始郊，不可以吾故溷齋思。」敕左右勿奏。十一月乙巳，還御端門，肆眚竣事，趣駕至宮，而大漸矣。先是旬日忽寢疾，侍醫進藥，輒却之。咸請其故，喟然曰：「吾壽八秩，而以醫累人耶？」意懲王涇之得罪也。《桯史》卷九。

10 見宋高宗83。

11 初，皇后嘗臨《蘭亭》帖，逸在人間。太傅醴泉觀使咸寧郡王韓世忠以錢百萬得之，識者以爲真修禊所書，世忠表而獻之。上徐驗璽文，乃知爲中宫異時臨本。是日以賜保康軍節度使吴益刊之於石。《皇朝中興紀事本末》卷六十六。《南宋雜事詩》卷四引《中興小録》。

12 憲聖在南内，愛神怪幻誕等書。郭彖《睽車志》始出，洪景盧《夷堅志》繼之。《貴耳集》卷上。

13 憲聖太后喜清儉，令後苑進生菜，必採牡丹花片和之。又收楊花爲鞋襪、毡褥之屬。《南宋雜事詩》卷三引《山家清供》。

14 宋憲聖后每治生菜，必於梅花下取落花雜之。《南宋雜事詩》卷四引《群芳譜》。

劉貴妃

1 高宗得劉錡奏，逆亮將戒日渡江，上以爲憂。劉貴妃適侍，進曰：「劉錡妄傳邊事，教官家煩惱。」上正色責妃曰：「爾婦人女子，如何曉得？必有教爾欺我者。」斥妃出，不復召。《四朝聞見録》乙集。

2 見宋高宗77。

3〔金主〕亮每有圖宋之意……曰：「向者梁説嘗爲朕言，宋有劉貴妃者，天下之絶色也。今一舉而兩得之，所謂因行掉手也。」《金小史》卷六。《南宋雜事詩》卷一。

4 黄筌《牡丹》一軸，後有「奉華」二印，劉貴妃之物也。《雲煙過眼録》卷上。參見劉夫人1、2。

張貴妃

1 光堯幸徑山……爲龍君炷香，有五色蜥蜴出於塑像下，從光堯左肩直下，遂登右肩，旋聖體者數四，又拱而朝亦數四，光堯注視久之。蜥蜴復循憲聖聖體之半，拱而不數。時貴妃張氏亦綴憲聖，覬蜥蜴旋繞。僧至，諷經嗾之，憲聖亦祝曰：「菩薩如何不登貴妃身？」蜥蜴終不肯，竟入塑像下。妃慚沮，不復有私利。《四朝聞見録》甲集。

劉夫人

1 劉夫人，字希，號夫人。建炎間掌内翰文字及寫宸翰字，高宗甚眷之。亦善畫，上用「奉華堂」印記。《書史會要》卷六。《清河書畫舫》卷十上。《南宋雜事詩》卷一。

2〔王方慶得畫〕前有「奉華」大小印，乃曾收拾劉娘子位者，後有一印云「閉關頌酒之裔」。《雲煙過眼録》卷下。《志雅堂雜鈔》卷上。

宋孝宗

1　孝宗本生母張夫人，一夕嘗夢绛衣人自言崔府君，擁一羊，謂之曰：「以此爲識。」已而有娠。及孝宗誕育之際，赤光照天，室中如晝。時秀王方爲秀州嘉興縣丞，郡人皆以爲丞廨遭火，久之，方知爲張夫人免身。是歲丁未，其屬爲羊，又有前夢之應，故孝宗小字曰羊。《雲谷雜紀》卷三。《南宋雜事詩》卷一引《埤雅廣要》。《玉芝堂談薈》卷一。

2　秀州外醫張浩自云：少隷軍籍，嘗爲杉清閘官虞候。一日晚，出郊過嘉興縣，忽覩丞廳赤光照天，疑爲回禄，亟入視之。云「趙縣丞之室適免身得雄」。是誕育孝宗也。《揮麈餘話》卷一。

3　孝宗潛躍，在幼歲時，偶至秀州郡城外真如寺，登鐘樓游戲。而僧徒先以蘧篨覆空處，上悮履其上，遂并墜焉。旁觀之人，失色無措，亟往視之，乃屹然立于席上，略無驚怖之狀。此與夫國史所載太祖皇帝少年日人馬俱墮，于汴都城樓者，若合一契焉。《揮麈三録》卷一。

4　紹興壬子，詔知大宗正事安定郡王令時，訪求宗室伯字號七歲以下者十人，入宫備選。十人中，又擇二人焉，一肥一癯，迺留肥而遣癯，賜銀三百兩以謝之。未及出，思陵忽云：「更子細觀。」迺令二人叉手並立，忽一猫走前，肥者以足蹴之，上曰：「此猫偶爾而過，何爲遽踢之？輕易如此，安能任重耶？」遂留癯而逐肥者。癯者乃阜陵也。肥者名伯浩，後終於温州都監。《揮麈餘話》卷一。《南宋雜事詩》卷一引《合璧事類》。

5　見宋高宗88。

6 孝宗與恩平郡王璩同養於宮中。孝宗英睿夙成，秦檜憚之，憲聖后亦主璩。高宗聖意雖有所向，猶未決。嘗各賜宮女十人。史丞相浩時爲普安府教授，即爲王言：「上以試王，當謹奉之。」王亦以爲然。閱數日，果皆召入。恩平十人皆犯之矣，普安者，完璧也。已而皆竟賜焉。上意遂定。《齊東野語》卷十一。《西湖游覽志餘》卷二。

7 見宋高宗69。

8 高宗初過德壽宮，凡供奉人各撥一半，謂如御服所十人撥五人、絲鞋所八人撥四人之類。既撥住，内侍奏乞人補填，孝廟云：「更不須得，朕無所用此。國家賦財有限，若諸處收補填闕，須頓添數百人請受，國用何以支吾？」竟不復補。《經鉏堂雜志》卷一。

9 見胡銓25。

10 隆興初，孝宗鋭志復古，戒燕安之鴆，躬御鞍馬，以習勞事，倣陶侃運甓之意。時召諸將擊鞠殿中，雖風雨亦張油帟，布沙除地。群臣以宗廟之重，不宜乘危，交章進諫，弗聽。一日，上親按鞠，折旋稍久，馬不勝勩，逸入廡間，簷甚低，觸於楣。俠陛驚嘑失色，亟奔湊，馬已馳而過。上手擁楣，垂立，扶而下，神彩不動，顧指馬所往，使逐之。殿下皆稱萬歲。蓋與藝祖抵城挽鬃事，若合符節，英武天縱，固宜有神助也。《桯史》卷二。《西湖游覽志餘》卷二。

11 宋孝宗喜毬馬，偶傷一目，金人遣使來慶壽，以千手千眼白玉觀音爲壽，蓋寓相謔之意。上命迎入徑山，邀使者同往，及寺門，住持僧説偈云：「一手動時千手動，一眼觀時千眼觀。幸自太平無一事，何須做得許多般。」使者聞之大慚。《湖海新聞夷堅續志》前集卷二。《小草齋詩話》卷四。《堅瓠補集》卷五。

12 壽皇在宮中，常攜一漆拄杖，宦官宮妾莫得睨視。嘗游後苑，偶忘攜焉，特命小黄門取之。二人竭力曳以來，蓋精鐵也。上方有意中原，故陰自習勞苦如此。《鶴林玉露》甲編卷一。《西湖游覽志餘》卷二。《昨非庵日纂》二集卷十三。《宋稗類鈔》卷一。

13 〔張〕浚時在盱眙，去宿尚四百里。傳言金且至，遂亟渡淮入泗州，已而復退維揚。窘懼無策，遂解所佩魚，假添差太平州通判張藴古爲朝議大夫，令使金求和。僚吏力止之，以爲不可。乃奏乞致仕，又乞遣使求和。孝宗怒曰：「方敗而求和，是何舉錯！」於是下詔罪己，有云：「朕明不足以見萬里之情，智不足以擇三軍之帥，號令既乖，進退失律。」又云：「素服而哭殽陵之師，敢廢穆公之誓；嘗膽而雪會稽之恥，當懷勾踐之圖。」張浚降特進江淮東西路宣撫使，官屬各奪二官。《齊東野語》卷二。

14 見宋高宗51。

15 孝宗初年，規恢之志甚鋭，而卒不得逞者，非特當時謀臣猛將凋喪略盡，財屈兵弱未可展布，亦以德壽聖志主於安静，不思違也。厥後蓄積稍羡，又嘗有意用兵，祭酒芮國器奏曰：「陛下只是被數文腥錢使作，何不試打算了得幾番犒賞。」上曰：「朕未知計也，待打算報卿。」後打算只了得十三番犒賞，於是用兵之意又寢。《鶴林玉露》丙編卷四。《宋稗類鈔》卷一。

16 孝宗初政，袁孚爲右正言。一日，亟請對，論北内有私酤，言頗切直，光堯聞之震怒。上嚴於養志，御批放罷，中使持璽封至堂。時陳文正當國，史文惠爲參預，未知其倪，啓封相顧罔測。文惠曰：「上新即位而首逐一諫官，未得其名，此決不可，請俟審奏。」翌日，遂朝，方扣榻以請，玉音峻厲，遽曰：「謂已行下矣，尚何留？」文惠奏曰：「陳康伯固欲速行，而臣不欲也。臣有千慮之一，願留身以陳。」班退，文惠問孚何罪也，上諭以疏意曰：「是非所宜言，不逐何待。」曰：「陛下亦知德壽宮中無士人乎？」曰：「何謂也？」曰：「北内給事，無非閹人，是惡知大體？若非幾箇村措大在言路，時以正論折其萌芽，此曹馮依自恣，何所不至？」上竦而悟，天顔少霽。文惠進曰：「不特此事，争臣無故賜罷，天下咸以爲疑，而欲知其故。若以此爲罪，則兩宮之間且生，四方聞之，必謂陛下方以天下養，而使北内至於有此，非供億不足而何？必不得已而去，當因其自請而聽之可耳。」上釋然霽威曰：「善。」將退，復前曰：「後之日，復當五日之朝，願陛下試以意白去孚，儻可以上皇意留之，尤盛德事。」上許諾，既歸自北宫，亟召文惠而諭之曰：「太上怒袁孚甚，朕所以亟欲去之。昨日方燕，太上賜酒一壺，親書『德壽私酒』四字於上，使朕踧踖無所。」文惠曰：「此陛下之孝也，雖然，終不可暴其事。」居數日，孚請祠，得守永嘉郡。既而文惠又奏，諫官以直言去，非邦家之美，請以職名華其行。遂除直秘閣，外朝竟不及知。自是纖人知譖之不行，亦無復投隙者。《桯史》卷八。

17 見宋高宗55。

18 見汪應辰9。

19 見趙雄7。

20 淳熙中，張説頗用事，爲都承旨。一日，奏欲置酒延衆侍從。上許之，且曰：「當致酒餚爲汝助。」

説拜謝。退而約客，客至期畢集，獨兵部侍郎陳良祐不至，説殊不平。已而，中使以上樽珍膳至，説爲表謝，因附奏：「臣嘗奉旨而後敢集客，陳良祐獨不至，是違聖意也。」既奏，上忽顧小黄門言：「張説會未散否？」對曰：「彼既取旨召客，當必卜夜。」乃命再賜。説大喜，復附奏：「臣再三速良祐，迄不肯來。」夜漏將止，忽報中批陳良祐除諫議大夫。坐客方盡歡，聞之，憮然而罷。《齊東野語》卷一。《西湖游覽志餘》卷二。

21 見莫濟1。

22 石湖范至能成大，以中書舍人爲祈請使，至虜庭，頗立節。葛王臨辭有言曰：「天下是天下之天下，有德者得之。但使宋帝修德而已，不憂天下之不歸。」壽皇所以聖德日新，基于此也。《貴耳集》卷上。

23 光堯既與子孝愛日隆，每問安北宫，間及治道。時孝宗鋭志大功，新進逢意，務爲可喜，效每落落。淳熙中，上益明習國家事，老成鄉用矣。一日，躬朝德壽，從容醼，玉音曰：「天下事不必乘快，要在堅忍，終於有成而已。」上再拜，請書紳，歸而大字揭于選德殿壁。辛丑歲，將廷策多士貢名者，或請時事于朝路間，聞其語而不敢形於大對，且慮於程文不妥帖，僅即其近似爲主意，或曰持守，或曰要終。既而御集英臚唱，宰執進讀，獨有一卷子首曰：「天下未嘗有難成之事，人主不可無堅忍之心。」上覽而是之，遂爲第一，蓋親擢也。《程史》卷五。《宋稗類鈔》卷一。

24 見陳亮5。

25 淳熙中，孝宗及皇太子朝上皇於德壽宫，置酒賦詩爲樂，從臣皆和。周益公詩云：「一丁扶火德，三合鞏皇基。」蓋高宗生於大觀丁亥，孝宗生於建炎丁未，光宗生於紹興丁卯故也。陰陽家以亥、卯、未爲三合，一時用事，可謂切當。其後楊誠齋爲光宗宮僚，時寧宗已在平陽邸，其《賀壽》詩云：「祖堯父舜真千載，禹子湯孫更一家。」又云：「天意分明昌火德，誕辰三世總丁年。」蓋祖益公語也。《齊東野語》卷四。《西湖游覽志餘》卷二。《宋稗類鈔》卷五。

26 乾道三年三月初十日，南内遣閤長至德壽宮奏知：「連日天氣甚好，欲一二日間恭邀車駕幸聚景園看花，取自聖意選定一日。」太上云：「傳語官家，備見聖孝，但頻頻出去，不惟費用，又且勞動多少人。本宮後園亦有幾株好花，不若來日請官家過來閒看。」遂遣提舉官同到南内，奏過遵依訖。次日進早膳後，車駕與皇后太子過宮起居二殿訖，先到燦錦亭進茶，宣召吴郡王、曾兩府已下六員侍宴，同至後苑看花。……回至清妍亭看荼蘼，就登御舟，繞堤閒游。亦有小舟數十隻，供應雜藝、嘌唱、鼓板、蔬果，與湖中一般。太上倚闌閒看，適有雙燕掠水飛過，得旨令曾覿賦之，遂進《阮郎歸》云：「柳陰庭院占風光。呢喃春晝長。碧波新漲小池塘，雙雙蹴水忙。　萍散漫，絮飛揚。輕盈體態狂。爲憐流水落花香，銜將歸畫梁。」既登舟，知閤張掄進《柳梢青》云：「柳色初濃，餘寒似水，纖雨如塵。一陣東風，縠紋微皺，碧沼鱗鱗。　仙娥花月精神，奏鳳管、鸞弦鬭新。萬歲聲中，九霞杯内，長醉芳春。」曾覿和進云：「桃靨紅勻，梨腮粉薄，鴛徑無塵。鳳閣淩虚，龍池澄碧，芳意鱗鱗。　清時酒聖花神，看内苑、風光又新。一部仙韶，九重鸞仗，天上長春。」各有宣賜。《武林舊事》卷七。《詞林紀事》卷十二。

27 淳熙六年三月十五日，車駕過宮，恭請太上、太后幸聚景園。次日，皇后先到宮起居，入幕次换頭面，候車駕至，供泛索訖，從太上、太后至聚景園。太上、太后至會芳殿降輦，上及皇后至翠光降輦，竝入幄次小歇。上邀兩殿至瑶津少坐，進泛索。太上、太后竝乘步輦，官裏乘馬，遍游園中。再至瑶津西軒，入御筵，至第三盞，都管使臣劉景長供進新制《泛蘭舟》曲破，吴興祐舞，各賜銀絹。上親捧玉酒船上壽酒，酒滿玉船，船中人物多能舉動如活。太上喜見顔色，散兩宫内官酒食，並承應人目子錢。遂至錦壁，賞大花，三面漫坡牡丹約千餘叢，各有牙牌金字，上張大樣碧油絹幕。又別剪好花樣一千朵，安頓花架，並是水晶、玻璃、天青汝窑、金瓶，就中間沉香卓兒一隻，安頓白玉碾花商尊，約高二尺，徑二尺三寸，獨插照殿紅十五枝。進酒三杯，供應隨駕官人、内官，並賜兩面翠葉滴金牡丹一枝、翠葉牡丹、沉香柄金絲御書扇各一把。是日知閤張掄進《壺中天慢》云：「洞天深處，賞嬌紅輕玉，高張雲幕。國艷天香相競秀，瓊蕊清光如昨。露洗妖妍，風傳馥郁，雲雨巫山約。春濃如酒，五雲臺榭樓閣。聖代道洽功成，一塵不動，四境無鳴柝。屢有豐年天助順，基業增隆山岳。兩世明君，千秋萬歲，永享昇平樂。東皇呈瑞，更無一片花落。」賜金杯盤、法錦等物，又進酒兩盞。至清輝少歇。至翠光登御舟，入裏湖，出斷橋，又至真珠園，太上命盡買湖中龜魚放生，並喧喚在湖賣買等人。内侍用小綵旗招引，各有支賜。時有賣魚羹人宋五嫂對御自稱東京人氏，隨駕到此。太上特宣上船起居，念其年老，賜金錢十文、銀錢一百文、絹十匹，仍令後苑供應泛索。……至申時，御舟稍泊花光亭，至會芳少歇。時太上已醉，官裏親扶上船，並乘轎兒還内。都人盡出觀瞻，贊嘆聖孝。《武林舊事》卷七。《西湖游覽志餘》卷三。《詞林紀事》卷十。

28〔淳熙六年〕九月十五日，明堂大禮。十三日，值雨，未時奏請宿齋。北内送天花蘑菇、蜜煎山藥、棗兒乳糖、巧炊火燒角兒等。十四日早，車駕詣景靈宫，回太廟宿齋。雨終日不止，午後太上遣提舉至太廟傳語：「官家連日祀事不易，所有十六日詣宫飲福，以陰雨泥濘勞頓，可免到宫行禮。天氣陰寒，請官家善進御膳，頻添御服。」聖旨遣閤長回奏：「上感聖恩，至日若登樓肆赦時，依舊詣宫行禮。若值雨不登門時，續當奏聞。」至晚，雨不止，宣諭大禮使趙雄：「來早更不乘輅，止用逍遥輦詣文德殿致齋，一應儀仗排立，並行放免，從駕官並常服以從。」併遣御藥奏聞北内：「來日爲值雨，更不乘輅，謹遵聖旨，更不過宫行飲福禮。」太上令傳語：「官家既不乘輅，此間也不出去看也。」大禮使趙雄雖已得旨，猶不許放散。上聞之曰：「來早若不晴時，有何面目？」雄聞之曰：「縱使不晴得罪，不過罷相耳。」堅執不肯放散。至黄昏後，雨止月明，上大喜，遣内侍李思恭宣諭大禮使，仍舊乘輅，再遣御藥奏聞北内，以天晴仍舊乘輅，候登門肆赦訖，詣宫行飲福禮。……十六日，登門肆赦畢，車駕詣宫小次降輦，提舉傳太上皇聖旨，特減八拜，仍免至壽聖處飲福。行禮畢，略至絳華堂進泛索。知閤張掄進《臨江仙》詞云：「聞道彤庭森寶仗，霜風逐雨驅雲。六龍扶輦下青冥。香隨鸞扇遠，日映赭袍明。簾捲天街人頂戴，滿城喜氣氤氲。等閒散作八荒春。欲知天意好，昨夜月華新。」《武林舊事》卷七。《西湖游覽志餘》卷三。《詞林紀事》卷十。

29 淳熙八年正月初二日，進早膳訖，遣皇太子到宫，恭請兩殿並祇用轎兒，禁衛簇擁入内，官家親至殿門恭迎，親扶太上降輦，至損齋進茶。次至清燕殿閒看書畫玩器。約午時初，後苑恭進酥酒，十色熬煮。午正二刻，就淩虚排當三盞，至萼緑華堂看梅。……未初，雪大下，正是臘前，太上甚喜，官家云：「今年正欠些雪，可謂及時。」太上云：「雪却甚好，但恐長安有貧者。」上奏云：「已令有司比去年倍數支散矣。」太上亦命提舉官於本宫支撥官會，照朝廷數目發下臨安府，支散貧民一次。又移至明遠樓，張燈進酒，節使吴琚進喜雪《水龍吟》，詞云：「紫皇高宴蕭臺，雙成戲擊瓊包碎。何人爲把，銀河水翦，甲兵都洗。玉樣乾坤，八荒同色，了無塵翳。喜冰消太液，暖融鳷鵲，端門曉、班初退。聖主憂民深意，轉鴻鈞、滿天和氣。太平有象，三宫二聖，萬年千歲。雙玉杯深，五雲樓迥，不妨頻醉。細看來、不是飛花，片片是、豐年瑞。」上大喜，賜鍍金酒器二百兩，細色段匹，復古殿香羔兒酒等。太后命本宫歌板色歌此曲進酒，太上盡醉。至更後，宣轎兒入便門，上親扶太上上輦還宫。《武林舊事》卷七。《西湖游覽志餘》卷三。《詞林紀事》卷十一。

30 淳熙九年八月十五日，駕過德壽宫起居，太上留坐至樂堂進早膳畢，命小内侍進綵竿垂釣。上皇曰：「今日中秋，天氣甚清，夜間必有好月色，可少留看月了去。」上恭領聖旨。……晚宴香遠堂，堂東有萬歲橋，長六丈餘，竝用吴璘進到玉石甃成，四畔雕鏤闌檻，瑩徹可愛。橋中心作四面亭，用新羅白羅木蓋造，極爲雅潔。大池十餘畝，皆是千葉白蓮。凡御榻、御屏、酒器、香奩、器用，竝用水晶。南岸列女童五十人奏清樂，北岸芙蓉岡一帶，竝是教坊工，近二百人。待月初上，簫韶齊舉，縹緲相應，如在霄漢。既入座，樂少止。太上召小劉貴妃獨吹白玉笙《霓裳中序》，上自起執玉杯，奉兩殿酒，并以壘金嵌寶注椀杯盤等賜貴妃。侍宴官開府曾覿恭上《壺中天慢》一首云：「素飈颺碧，看天衢穩送，一輪明月。翠水瀛壺人不到，比似世間秋别。玉手瑶笙，一時同色，小按霓裳疊。天津橋上，有人偷記新闋。　當日誰幻銀橋，阿瞞兒戲，一笑成癡絶。肯信群仙高宴處，移下水晶宫闕。雲海塵清，山河影滿，桂冷吹香雪。何勞玉斧，金甌千古無缺。」上皇曰：「從來月詞不曾用金甌事，可謂新奇。」賜金束帶、紫番羅水晶注椀一副。上亦賜寶盞古香。至一更五點還内。是夜隔江西興，亦聞天樂之聲。《武林舊事》卷七。《堯山堂外紀》卷五十九。《堅瓠補集》卷三。《詞林紀事》卷十二。

31 淳熙十年八月十八日，上詣德壽宫，恭請兩殿往浙江亭觀潮。進早膳訖，御輦檐兒及内人車馬，竝出候潮門，先命脩内司於浙江亭兩旁抓縛席屋五十間，至是竝用綵纈幕帟。得旨，從駕百官，各賜酒食，竝免侍班，從便觀看。先是澉浦金山都統司水軍五千人抵江下，至是又命殿司新刺防江水軍臨安府水軍竝行閱試軍船，擺布西興、龍山兩岸，近千隻。管軍官於江面分布五陣，乘騎弄旗，標槍舞刀，如履平地，點放五色煙炮滿江，及煙收炮息，則諸船盡藏，不見一隻。奉聖旨，自管軍官以下，竝行支犒一次。自龍山已下，貴邸豪民，綵幕凡二十餘里，車馬駢闐，幾無行路。西興一帶，亦皆抓縛幕次，綵繡照江，有如鋪錦。市井弄水人，有如僧兒、留住等凡百餘人，皆手持十幅綵旗，踏浪争雄，直至海門迎潮。又有踏混木、水傀儡、水百戲、撮弄等，各呈伎藝，竝有支賜。太上喜見顔色，曰：「錢塘形勝，東南所無。」上起奏曰：「錢塘江潮，亦天下所無有也。」太上宣諭侍宴官，令各賦《酹江月》一曲，至晚進呈，太上以吴琚爲第一，其詞云：「玉虹遥挂，望青山隱隱，一眉如抹。忽覺天風吹海立，好似春霆初發。白馬淩空，瓊鼇駕水，日夜朝天闕。飛龍舞鳳，鬱葱環拱吴越。此景天下應無，東南形勝，偉觀真奇絶。好似吴兒飛綵幟，蹴起一江秋雪。黄屋天臨，水犀雲擁，看擊中流楫。晚年波静，海門飛上明月。」兩宫竝有宣賜。至月上還内。《武林舊事》卷七。《西湖游覽志餘》卷三。《詞林紀事》卷十一。

32 思陵神輿就祖道祭，陳設窮極工巧。百官奠哭，紙錢差小，官家不喜。諫官以爲俗用紙錢，乃釋氏使人以過度其親者，恐非聖主所宜以奉賓天也。今上抵於地曰：「邵堯夫何如人？而祭先亦用紙錢。

豈生人處世如汝，能日不用一錢否乎？」《楓窗小牘》卷下。

33 〔孝宗〕居高宗喪，百日後，尚食進素饍，毁瘠特甚。吴夫人者，潛邸舊人也，屢以過損爲言，上堅不從。一日，密諭尚食内侍云：「官家食素多時，甚覺清瘦，汝輩可自作商量。」於是密令苑中，以雞汁等雜之素饌中以進。上食之覺爽，詢所以然，内侍恐甚，以實告。上大怒，即欲見之施行。皇太后聞之，亟過宮力解之。乃出吴差户於外，内侍等罷職有差。《齊東野語》卷一。《西湖游覽志餘》卷二。

34 見吴后3。

35 慈福慶壽，壽皇新作一袍，刺繡甚華，慈福見之云：「哥哥尋常不曾着此衣服，今何故如此？」壽皇對云：「政爲媽媽萬壽獻杯之故。」慈福云：「哥哥可謂孝順。」喜形天顔。壽皇親捧壽杯，慈福不舉手，就以口飲，感動之極，至於涕下。翌日，取此御袍匱藏之，云：「此我兒子孝順，爲我獻壽，特爲此服也。」《經鉏堂雜志》卷一。

36 黄洽德潤事阜陵爲臺諫，執政未嘗有大建明，或議其循默。淳熙末，上將内禪。一日，朝退，留二府賜坐，從容諭及倦勤之意，諸公交贊，公獨無語。上顧曰：「卿以爲何如？」對曰：「皇太子聖德，誠克負荷。顧李氏不足母天下，宜留聖慮。」上愕然色變。公徐奏：「陛下問臣，臣不敢自默。然臣既出此語，自今不得復覲清光，陛下異日思臣之言，欲復見臣，亦不可得矣。」退即求去甚力，以大資政知潭州。後壽皇在重華宫，每撫几歎曰：「悔不用黄洽之言。」或至淚下。《齊東野語》卷十一。《宋稗類鈔》卷六。

37 光皇春秋已富，又自東宫尹天府入侍重華，從容啓上曰：「有贈臣以烏髭藥者，臣未敢用。」上語光皇曰：「正欲示老成于天下，何以此爲？」蓋重華方奉德壽，重惜兩宮之費，故至德壽登假而後即授光皇以大位。其脱屣萬乘，蓋有待也。《四朝聞見録》乙集。

38 淳熙己酉，孝宗倦勤，光宗登極，群臣奉表請以誕聖日爲重明節，如故事。時有術者以拆字自名，言世人吉凶事跡，無不奇中。因語人曰：「近得邸報乎？節號重明，非佳名也。其文爲二千日，兆在是矣。」聞者掩耳而走，既而甲寅之事果如其言。《東南紀聞》卷二。《西湖游覽志餘》卷二。

39 近璫奏當修重華宫，舊例須關朝廷出錢，下臨安轉運司應副，壽皇云：「我在南内，豈不知朝廷無錢？臨安轉運司亦窘。向來高宗緣德壽宫闕錢，所以朝廷極力應副，今我與嗣君是一家事，此間並無用錢處，所積甚多，只用宫中錢修，不必關聞南内」。遂以重華庫錢計料翻蓋，更不官差一匠及一夫。《經鉏堂雜志》卷一。

40 孝廟既過重華宫，有一浄齋，終日宴坐其間。止有一卓案，上沓書籍一部、圓硯一隻、笔兩管、墨一錠、紙兩軸，四旁無他物。近璫嘗奏：「高宗留下寶器圖書不可數計，陛下當時取觀玩，略享之。」孝廟云：「不然，高廟渡江，成中興之業，功德盛大，故合享此。朕無功德，豈可享用？」璫云：「留在庫藏，久必朽蠹，取而觀玩，何損也？」孝廟云：「此皆是直錢之物，高廟所寶，萬一將出，或至損壞，便是不能守也。」至後皆鎖閉不啓。《經鉏堂雜志》卷一。《西湖游覽志餘》卷二。《宋稗類鈔》卷一。

41 元夕後三日，宣嗣秀王及其諸子宴集。坐間，壽皇云：「聞得外間鼓吹喧闐，想是民間歡樂。」嗣秀王對云：「此不可强。」壽皇云：「此如何强得？」嗣秀王云：「緣連年豐稔，民間稍康，所以致此。」

壽皇云：「是，是。」嗣秀王因問：「元夕，壽皇聖帝對此良辰美景亦領略之否？」壽皇云：「十四日，嗣帝過此排當，十五日不飲。」嗣秀王云：「是夕如何度？」壽皇云：「是夜鼓琴兩曲，人報月色甚佳，遂出，巡檐賞月。已而飲湯一杯，至二鼓就寢。大凡飲酒不可連日，令人神思不清。」又云：「人主没人道得，若不自制禁，任意恣縱，何所不可，非獨酒一事也。」《經鉏堂雜志》卷一。

42　光廟逾年不朝東内，壽皇怏怏。一日登朝堂露臺，聞委巷小兒争鬬呼趙官家者。壽皇曰：「朕呼之尚不至，爾枉自叫。」悽然不樂，自此浸不豫。《朝野遺記》。《西湖游覽志餘》卷二。《宋稗類鈔》卷六。

43　壽皇極簡嚴，不甚發語，雖宴集，拱手終席，對諸璫不呼其名，止呼其官而已。《經鉏堂雜志》卷一。

44　高宗、孝宗在御，每三年大比下詔，先一日，奉詔露天默禱曰：「朝廷用人，別無他路，止有科舉，願天生幾箇好人來輔助國家。」及進殿試策題，臨軒唱名，必三日前精禱于天。《貴耳集》卷下。《西湖游覽志餘》卷二。

45　孝皇朝不許宰相進擬鄉人，王丞相在相位八年，林大中亦鄉人，八年不得除命。《貴耳集》卷下。

46　宋孝宗時，蜀士許志仁在臨安袁家湯店止泊，覓差遣，淹某年餘，囊篋殆盡。每見士大夫則鞠躬相揖，人皆憫其窮困，或予以三券五券，惟藉此自給。一夕，孝宗與曾參政從龍微行，入袁店喫湯，志仁揖之甚恭。孝宗心念此人何敬我如此，故遣下一扇與之，志仁即以扇趕逐奉還，又如法一揖。孝宗問：「公何處人？在此何爲？」志仁言：「某蜀人，在此待差遣，不覺日久，困窮甚矣。」孝宗又問年月日時，又適與上合。孝宗曰：「曾參政欠閬州太守黄金二十兩，明日以書薦汝去彼處受差辟，汝可移此金作果囊歸。」志仁大感。孝宗復以志仁命在瓦子裏與人算，星翁云：「此是主上命。」孝宗曰：「此蜀中一許文命。」星翁曰：「若果然，則目下亦遇大貴超昇。」孝宗歸，明日御筆批令志仁交閬州知州事，前任官改除利州西路提刑，并以金二十兩予之，令曾參政密封與之。志仁不之知，攜歸見閬州守拆。守拆開，方知是主上御筆而謝恩。《湖海新聞夷堅續志》前集卷一。

47 孝皇聖明，亦爲左右者所惑。有一川官得郡陛辭，有宦者奏知：「來日有川知州上殿，官家莫要笑。」壽皇問：「如何不要笑？」「外面有一語云：裹上幞頭西字臉，恐官家見了笑，只得先奏。」所謂知州者，面大而橫闊，故有此語。來日上殿，壽皇一見，憶得先語，便笑：「卿所奏不必宣讀，容朕宮中自看。」愈笑不已。其人在外曰：「早來天顏甚悦，以某奏劄稱旨。」殊不知西字臉先入之言，所以動壽皇之笑也。《貴耳集》卷下。《宋稗類鈔》卷六。

48 壽皇賜宰執宴，御前雜劇妝秀才三人，首問曰：「第一秀才仙鄉何處？」曰：「上黨人。」次問：「第二秀才仙鄉何處？」曰：「澤州人。」又問：「第三秀才仙鄉何處？」曰：「湖州人。」又問：「上黨秀才，汝鄉出甚生藥？」「某鄉出人參。」次問：「澤州秀才，汝鄉出甚生藥？」「某鄉出甘草。」次問：「湖州出甚生藥？」「出黄蘗。」「如何湖州出黄蘗？最是黄蘗苦人。」當時皇伯秀王在湖州，故有此語。壽皇即日召入，賜第奉朝請。《貴耳集》卷下。

49 何自然中丞上疏，乞朝廷併庫，壽皇從之。方且講究未定。御前有燕，雜劇伶人妝一賣故衣者，持褲一腰，只有一隻褲口。買者得之，問：「如何着？」賣者云：「兩脚併做一褲口。」買者云：「褲却併了，只恐行不得。」壽皇即寢此議。《貴耳集》卷下。

50 德壽中興之後，壽皇嗣服之時，《莊》、《老》二書，未嘗不在几格間。或得一二緇黄之講説，息兵愛民，不事紛華，深得簡淡之道。外庭儒者，多以此箴規，惟吕東萊言之甚切。嘗讀《中庸》、《大學》之書，不當流異端之學。殊不知聖心自與此理圓明，雖曰異端，自有理到處。尊經之意，不得不嚴。《貴耳集》卷上。

51 高宗絲鞋兩日一易，御服三日一易。孝宗絲鞋兩月一易，御服弊則易之，或時浣濯補紉。《經鉏堂雜志》卷一。

52 孝宗聖性簡儉，雖古帝王未有也。周必大時直宿禁林，夜召周以入，謂必大曰：「多時不與卿説話。」賜必大坐。上耳語黄門，黄門出，則奉金缶貯酒，瀉入金屈卮，玉小楪貯棗，用金緑青窑器承以玳瑁托子，中浸羊紘線，清可鑒。酒僅一再行。上曰：「未及款曲。」必大歸語其家，歎上之簡儉。翌日遂拜政地云。《四朝聞見録》乙集。

53 孝宗即位之初，出内府寶玉三品，寘于天竺寺觀音道場。明年，御製贊曰：「猗歟大士，本自圓通。示有言説，爲世之宗。明照無二，等觀以慈。隨感即應，妙不可思。」上之博通内典如此。《四朝聞見録》甲集。

54 孝宗幸天竺及靈隱，有輝僧相隨。見飛來峯，問輝曰：「既是飛來，如何不飛去？」對曰：「一動不如一静。」又有觀音像手持數珠，問曰：「何用？」曰：「要念觀音菩薩。」問：「自念則甚？」曰：「求人不如求己。」因進《圓覺經》二句：「使虚妄心若無，六塵則不能有。」經本四字一句，以三句合而爲二句，孝宗大喜。《貴耳集》卷上。

55 孝宗晚慕達摩學，嘗召問住静慈僧光曰：「佛入山修道六年，所成何事？」光對曰：「臣將謂陛下忘却。」頗稱旨。光意蓋以孝宗即佛。《四朝聞見録》乙集。

56 宋佛照禪師奏對孝宗皇帝云：「欲得徑捷，須離卻語言文字，真實參究。所以古德道：念得《楞嚴》、《圓覺經》，猶如澗水響泠泠。有人問著西來意，恰似蚊蝖咬鐵釘。」上曰：「直是難入。」師云：「正好著力。」《宗門統要續集》。

57 靈隱瞎堂遠禪師，孝宗皇帝問云：「前日睡夢中，忽聞鐘聲，遂覺，未知夢與覺是如何？」師云：「陛下問夢中底？覺來底？若問覺來底，如今正是寐語。若問夢中底，夢覺無殊，教誰分别，夢即是幻，知幻即離，離幻即覺，覺心不動，所以道若能轉物，即同如來。」帝曰：「覺幻皆非，且鐘聲向甚處起？」師云：「從陛下聞處起。」帝大悦。《宗門統要續集》。

58 孝宗聖性超詣，靡所弗究厥旨，尤精内景，時詔山林修養者入都，寘之高士寮，人因稱之曰「某高士」。……易如剛最後灑掃高士堂，亦稱高士，去其徒無甚異，唯善於趨謁，以故史越王、尤錫山、楊誠齋、陸三山頗與之游。陸公嘗以齋宿竹宫，因叩其廬。有二蒼童對弈，微聞松風間有琴絲棋弈聲。陸公心羡，以爲是何異神仙之居，叩二蒼童，願見高士，童答以高士已出，去某御藥處。中貴人也。陸因歎息曰：「高士亦見御藥耶？」笑而出。《四朝聞見録》丙集。《南宋雜事詩》卷七。

59 孝宗聞有拆字者多驗，書一「問」字，左右皆斜，其人曰：「此非官家而誰，左看也是君，右看也是君。」《湖海新聞夷堅續志》補遺。

60 壽皇未嘗忘中興之圖，有《新秋雨霽》詩云：「平生雄武心，覽鏡朱顔在。豈惜嘗憂勤，規恢須廣大。」曾作《春賦》，有曰：「予將觀登臺之熙熙，包八荒之爲家。穆然若東風之振槁，灑然若膏雨之萌芽。生生之德，無時不佳，又何羡乎炫目之芳華。」示徐本中，命其校訂。曾覿因譖徐云：「上《春賦》，本中在外言曾爲潤色。」壽皇頗不悦。《貴耳集》卷上。

61 見蘇軾367。

62 見蘇軾368。

63 見蘇軾369。

64 見洪邁9。

65 見洪邁10。

66 見張孝祥15。

67 孝宗坐側有牙籤凡二十，半白半緑。酒至，出白籤，斟止半杯；出緑籤，則滿泛。一席之間用緑籤，止二三而已。《姚氏殘語》。《經鉏堂雜志》卷一。《南宋雜事詩》卷六。

68 孝宗嘗患痢，衆醫不效，德壽憂之，過宫偶見小藥局，遣中使詢之曰：「汝能治痢否？」曰：「專對科。」遂宣之至。請問得病之由，語以食湖蟹多，故致此疾，遂令胗脉。醫曰：「此冷痢也，其法用新米、藕節，細研以熱酒調服。」如其法，杵細酒調，數服而愈。德壽乃大喜，就以金杵臼賜之，乃命以官。至今呼爲金杵臼嚴防禦家，可謂不世之遇。《船窗夜話》。《稗史》。《南宋雜事詩》卷一。

69 壽皇使御前畫工寫曾海野喜容，帶牡丹一枝，壽皇命徐本中作贊云：「一枝國艷，兩鬢東風。」壽皇大喜。《貴耳集》卷下。

謝后

1 舊制，皇帝曰御膳，中宫曰内膳。自壽成皇后初立，懇辭内膳，詔權罷。今中宫因之。《老學庵筆記》卷二。

宋光宗

1 三王得，不知何許人，亦無姓名。帶杭音，額角中有刺字，意揀罷軍員也。頭蓬面垢，或數日不食，莫迹其止宿。……光宗始開王社，位爲第三。孝宗儲副之位未知孰授。一日，三王得於道中前邀王車，衛者拽之。王問爲誰，但連稱：「三王得，三王得。」王悟其兆，縱使去。既即大位，命入中禁賜命，不拜而出。《四朝聞見録》乙集。

2 莊文既薨，孝廟白德壽扶立光宗。宣瑣之夕，德壽故召魏王宴宿宫中，洎次日歸邸，則儲册已行，而魏邸出麻之宣城矣。復見高廟，亦有愠言曰：「翁翁留愷，却使三哥越次做太子。」帝語塞，漫戲撫之曰「兒謂官家好做，做時煩惱」云。《朝野遺記》。《西湖游覽志餘》卷二。

3 紹熙在鶴禁，有意受禪，而終難發言也，數擊鮮於慈福，后詢近侍：「大哥屢排當，何故？」旁側有奏曰：「意欲娘娘爲趣上耳。」后笑。壽皇至東内，從容間，語：「官家也好早取樂，放下與兒曹。」上曰：「臣久欲爾，但孩兒尚小，未經歷，故不能即與之。不爾，則自快活多時矣。後來儲邸，度長樂必已及之矣。」備具狀爲壽者再。后不能已，語之曰：「吾亦嘗諭乃翁，渠所見又爾。」光宗岸幘稟后曰：「臣已髮白，尚以爲童，則罪過翁翁。」后無語，蓋謂高廟遜壽皇於盛年也。《朝野遺記》。《西湖游覽志餘》卷二。

4 皇甫履，紹興中賜隱于江州廬山，高宗名其所居曰清虚庵。光宗在東宫日，嘗問履山中所乏。履曰：「山中無所缺，但去水差遠，汲取頗勞。」光宗因大書「神泉」二字遺之，云：「持歸，隨意鑿一泉。」履歸，乃于庵之側穿一小井，方施畚鍤而泉已湧至，遂畢工。至今深纔二三尺，味甘洌，尤宜瀹茗。《雲谷雜紀》卷三。

5 見陳亮7。

6 光宗萬幾之暇，留意香品，合和奇香，號「東閣雲頭香」，其次則「中興復古香」。《南宋雜事詩》卷一引《香乘》。

7 紹熙二年辛亥，十一月壬申，光宗初祀圜丘。先是，貴妃黄氏有寵，慈懿李后妬之。至是，上宿齋宫，乘間殺之，以暴卒聞，上不勝駭憤。及行禮，值大風雨，黄壇燈燭盡滅，不成禮而罷。上以爲獲罪於天，且懼壽皇譴怒，憂懼不寧，遂得心疾，歸卧青城殿。壽皇知其事，輕輿徑至幄殿，欲慰勉之。直上寐，戒左右使勿言。既寤，小黄門奏壽皇在此，上矍然驚起，下榻叩頭請罪。壽皇再三開諭，終不懌。自是喜怒不常，不復視朝矣。至三年二月，疾稍平，詣重華宫起居。《齊東野語》卷三。

8 見李后1。

9 見李后2。

10 壽皇疾甚，留正請上侍疾，挽裾隨至福寧殿，泣而出。既而宰執以所請不從，乞出。光宗傳旨，令宰執盡出，於是俱至浙江亭待罪。知閤韓侂胄奏請自往宣押入城，於是宰執入，各還第。國史《趙汝愚傳》云：「孝宗令嗣秀王傳意，令宰執復入。」非實。復請過宫，許之。至期，過午，有旨放仗。當是時，諸公引裾慟哭，朝士日相聚於道宫佛寺集議，百司皂隸，造謗譌傳，學舍草茅，争相伏闕。劉過改之一書，至有「生靈塗炭，社稷丘墟」之語。且有詩云：「從教血染長安市，一枕清風卧釣磯。」擾擾紛紛，無所不至。《齊東野語》卷三。

11〔紹熙五年六月〕十三日，壽皇大殮，車駕不至，無與成服，人情憂懼。留正等遂奏請憲聖代行祭奠之禮，以安人心。往反數四，始得太皇聖旨：「皇帝以疾，聽就内中成服，太皇太后代行祭奠之禮，宰相百官就重華宫成服。」正等遂成服遵行之。然中外人情洶洶，以禍在旦夕。近習巨室，競輦金帛藏匿村落。而朝士中如項安世等，遁去者數日。如李詳等，搬家歸鄉者甚衆。侍從至欲相率出城。於是留正等連疏乞立太子，以重國本。二十四日晚，御批云「甚好」。次日，宰執擬立太子指揮進入。御筆批：「依付學士院降詔。」是晚，又御批云：「歷事歲久，念欲退閑。」留正見之懼。以爲初正請立太子，今乃有退閑之語，何邪？會次日朝臨，仆於殿庭傷足，正疑爲不祥。先是，正嘗從善軌革者問命，有兔伏草、鷄自焚之象。及此，謂所知曰：「上卯生，吾酉生，前語驗矣。」遂力請罷免，出城俟命。《齊東野語》卷三。

12 見宋寧宗1。

13 光宗既退居，每恨既往時成敗，瞑目嗔罵，或慟哭。壽仁后輒奉觴以解陶之，以是爲常。雖宮門外事不欲動其心，然久亦覺知矣。初郊祀成，恭謝回鑾，御樂聲達於內。光宗問其事，后曰：「市井爲樂耳。」帝怒曰：「爾欺我，至是尚爾邪！」揮之以肱，后仆於闌，自是遂得疾。《朝野遺記》。《西湖游覽志餘》卷二。

李后

1 皇甫真人號爲有道術，善風鑑。高宗閒因大雪中召入，以手提其所衣繒絮至數襲，謂皇甫曰：「先生何怕冷耶？」皇甫從容對曰：「臣聞順天者昌。」時逆亮謀南寇，故皇甫以對，上大悅。後又自出山來見，上叩其所以來，則曰：「做媒來。臣爲陛下尋得個好孫息婦。」上問爲誰，則以慈懿皇后，大將之子，生于營中，生之日有黑鳳儀于營前大黑石上。人謂鳳，實鸑鷟，石則元王。慈懿小字鳳娘，蓋本于此。后既爲太子妃，至訴太子左右于高、孝兩宮，高宗不懌，謂憲聖曰：「終是將種，吾爲皇甫所誤。」孝宗屢訓妃：「宜法大媽媽即憲聖。螽斯之行。汝只管與太子争，吾寧廢汝。」上欲懼之，未嘗真欲廢之也。因驚憤，疑其說出于憲聖。會光宗即位，大惡近習，忽手批付內侍省，取其尤黠者首級。其黨亟奔訴于重華，迨有教曰：「吾兒息怒。」光皇雖即奉旨，而詞色加怒，意欲他日盡誅此曹。由是宦者相懼，而謀所以間三宮者。光皇適感心疾，久缺定省。重華憂之，得草澤良藥爲一大丸，疾可立愈。欲宣賜，恐爲后所沮，俟光皇問安，即面授之。宦官因間慈懿云：「太上只等官家過宮，便賜藥。」后使覘北宮，果有藥，后遂持嘉王泣而訴之上，上由此堅不肯詣太上。先是，上之未疾也，嘗獨幸聚景，兩制俱扈從，惟吴琚待制以疾在告。上將進酒于荼蘼花下，言者飛章交至，謂太上每出幸外苑，必恭請光堯。上方怒言者，遂以重華亦有不曾恭請光堯之時以語從臣。適太上命黄門持玉卮暨宜勸以賜，會上怒未息，以手顫誤觸卮于地。黄門歸奏，遂隱言者之事，但云：「官家纔見太上傳宣，即大怒碎卮矣。」每太上游幸，上必進勸，會太上奉憲聖幸東園閲市而上偶不記，太上左右陰颺雞數十，故使捉之不獲，乃相與大呼曰：「今日捉雞不著。」蓋臨安以俟人飲食爲「捉雞」，故以此激太上怒。太上陽若不聞，而玉色微變。自上以疾不詣北宫，至孝宗大漸，終勿克執喪，與憲聖垂殁而莫有嘗藥，皆后爲宦者所誤云。《四朝聞見録》乙集。

2　重華聞上疾，自臨大内撫視，上噤不知人，但張口囈言耳。壽皇憂且怒，呼李后而數之云：「宗廟社稷之重，汝不謹視上，使之至此，今將奈何？」一時忿極，遽曰：「萬一不復，當族汝家。」既將往東朝，召留正責之曰：「汝以爲相，不强諫，何事？」正曰：「臣非不言，奈不聽何？」帝曰：「爾自後須苦言之，若有不入，待朕留渠細語之。」其言止是爾。光宗既愈，后泣謂曰：「嘗勸哥哥少飲，不相聽，近者不豫，壽皇幾欲族妾家。何負何辜？」既而聞留正所得聖諭，謂若更過宫，決被留不可還矣。光宗已有怔忡之候，此語既入，故終身畏父，玉輦無近於龍樓云。《朝野遺記》。

3　〔光宗〕將朝重華，百官班立以俟。上已出，至御屏，李后挽上回曰：「天色冷，官家且進一杯酒。」百僚、侍衛皆失色。時陳傅良爲中書舍人，遂趨上引裾，請毋再入，隨上至御屏後。李后叱之曰：「這裏甚去處？你秀才們要斫了驢頭。」傅良遂大慟於殿下。李后遣人問曰：「此是何理？」傅良對曰：「子諫父不聽，則號泣隨之。」后益怒，遂傳旨：「已降過宫指揮，更不施行。」於是臣僚士庶紛紛之議競起矣。《齊東野語》卷三。《四朝聞見録》甲集。

4 慈懿李皇后，安陽人，父道本，戚方諸將，故群盜也。后天姿悍妬，既正椒房，稍自恣。始，成肅謝后事高宗及憲懿聖甚謹，至后頗偃蹇，或乘肩輿直至内殿，成肅以爲言，后恚曰：「我是官家結髮夫妻。」蓋謂成肅自嬪御册立也。語聞，成肅及壽皇皆大怒，有意廢之。史太師已老，嘗詔入見北宫，密與之謀，浩以爲不可，遂已。宫省事祕，莫得詳也。其後益無忌憚。貴妃黄氏有寵，后妬，每欲殺之。紹熙二年，光宗初郊，宿青城齋宫，后乘便，遂置之死地。或以聞，上駭且忿怒，於是遂得心疾。及上不豫，兩宫有間言，天下寒心，皆歸過於后。后以慶元庚申上仙，權殯赤山。甫畢，雷震山崩，亟復修治之。《齊東野語》卷十一。

5 〔光廟〕初郊宿青城……而壽仁復至玉津行園，亦犯玉女宓妃之戒。《朝野遺記》。

6 壽仁后惑日者之言有厄於椒殿，别築精室居之，道妝事佛，病革而終，褘翟不得周身。長御欲遷之椒殿，會有怨后者，持鑰不啓，曰：「承誰命舁此？」相與舁歸。鶂儀及半途，訛傳曰：「風皇至矣。」皆委之而走。時光宗見祟恍忽，内中以風皇目之。久之，知訛傳，方有再至者，乃爲烈日所暴，體色黝然變矣。置之大寢，宫人無計，致鮑魚於地，又以蓮香數十餅亂其臭。洎事聞於外，梓人進槨，將有小白之泚。葬赤山邢后之側。不久，雷震毁敗，人共快云。《西湖游覽志餘》卷二。《朝野遺記》。

7 金鳳花如鳳咮飛舞，每種各具一色，聚開則五色成華，自夏至秋尤盛，謂之「金鳳花」。中都習，宫闈姝語謂「鳳兒花」。慈懿之生，有鸑鷟儀于墨民，名曰鳳孃，迨正坤極，六宫避舊稱，曰「好女兒花」。今行在猶然。《四朝聞見録》戊集。

宋寧宗

1　憲聖既擁立光皇，光皇以疾不能喪，憲聖至自爲臨奠。攻媿樓公草立嘉王詔云：「雖喪紀自行于宮中，然禮文難示于天下。」蓋攻媿之詞，憲聖之意也，天下稱之。先是，吴琚奏東朝云：「某人傳道聖語『敢不控竭』。竊觀今日事體，莫如早決大策，以安人心。垂簾之事，止可行之旬浹，久則不可。願聖意察之。」憲聖曰：「是吾心也。」翌日，並召嘉王暨吴興入，憲聖大慟不能聲，先諭吴興曰：「外議皆曰立爾，我思量萬事當從長。嘉王長也，且教他做。他做了你却做，自有祖宗例。」吴興色變，拜而出。嘉王聞命，驚惶欲走，憲聖已令知閤門事韓侂冑掖持，使不得出。嘉王連稱：「告大媽媽（憲聖），臣做不得，做不得。」憲聖命侂冑：「取黄袍來，我自與他著。」王遂掣侂冑肘環殿柱。憲聖叱王立侍，因責王以「我見你公公，又見你大爹爹，見你爺，今又却見你。」言訖，泣數行下。侂冑從旁力以天命爲勸。王知憲聖聖意堅且怒，遂衣黄袍，亟拜不知數，口中猶微道「做不得」。侂冑遂掖王出宮，唤百官班，宣諭宿内前諸軍以嘉王嗣皇帝已即位，且草賀。讙聲如雷，人心始安。先是，皇太子即位於内，則市人排舊邸以入，争持所遺，謂之「掃閣」，故必先爲之備。時吴興爲備，獨嘉王已治任判福州，絶不爲備，故市人席捲而去。王既即位，翌日，侂冑侍上詣光皇問起居。光皇疾，有間，問：「是誰？」侂冑對曰：「嗣皇帝。」光宗瞪目視之，曰：「吾兒耶？」又問侂冑曰：「爾爲誰？」侂冑對：「知閤門事臣韓侂冑。」光宗遂轉聖躬面内。時惟傳國璽猶在上側，堅不可取。侂胄以白慈懿，慈懿曰：「既是我兒子做了，我自取付之。」即光宗卧内挐璽。寧皇之立，憲聖之大造也。《四朝聞見録》甲集。

2〔寧皇〕宮中動卻呵衛，黄衣至不之避。自以補革舄、浣紬衣爲便。左右至以語激上，則應以「毋作聰明亂舊章」，蓋舊學于永嘉陳氏傅良，嘗導上以此，故終身不忘。大臣進擬，不過畫可，謂之「請批依」。龍顔隆準，相者謂「真老龍形」云。《四朝聞見録》乙集。

3〔寧宗〕始初雖爲「韓」侂胄所誤，然三十一年敬仁勤儉如一日。天文示變，齋心露禱。禁中酒器，以錫代銀。上元夜嘗熒燭清坐，小黄門奏曰：「官家何不開宴？」上愀然曰：「爾何知，外間百姓無飯吃，朕飲酒何安？」嘗幸聚景園，晚歸，都人觀者争入門，蹂踐有死者。上聞之深悔，自是不復出。《鶴林玉露》甲編卷三。《錢塘遺事》卷二。

4張巨濟，字宏圖，福清人。嘉泰間上書寧宗，以「慈懿欑陵，今在湖曲，若陛下游幸，則未免張樂，此豈履霜露之義？」寧皇感悟其言，旋轉一秩。由此湖山遂無清蹕之聲，非特儉德云。御鷁至沈於波臣。黄洪詩云：「龍舟大半没西湖，便是先皇節儉圖。三十二年安静里，棹歌一曲在康衢。」《四朝聞見録》丙集。《西湖游覽志餘》卷二。

5寧皇用二小黄門，常背二小屏前導，隨其所至，即面之。屏書戒曰：「少飲酒，怕吐；少食生冷，怕痛。」析二事爲二屏，以白楮糊，緣以青楮。所幸後苑，有苦進上以酒及勸上以生冷者，指二屏以示之，故每飲不過三爵。《四朝聞見録》乙集。《西湖游覽志餘》卷二。

然。《四朝聞見録》丙集。

6 或謂寧宗不慧而訥於言，每北使入見，或陰以宦者代答。《癸辛雜識》續集下。《南宋雜事詩》卷七。

7 寧皇每命尚醫止進一藥，戒以不用分作三四帖。蓋醫家初無的見，以衆藥嘗試人之疾，寧皇知其然。

8 寧皇患痢，召曾醫不記名。入視。曾診御畢，方奏病證，未有所處。慈明立御榻後，有旨呼「曾防禦，官家喫得感應丸否？」曾連稱「喫得，喫得」。慈明又諭：「須是多把與官家喫。」曾承教旨，對以須進二百丸。寧皇進藥如數，瀉旋定，又進二百丸，遂止。曾時坐韓黨被譴，上遂於其元降秩上更增三秩。寧皇不豫滋久，謂左右曰：「惟曾某知我性。」急召入。診訖，嗚咽不勝。上曰：「想是脈兒不好也？」曾出，自診其脈，謂家曰：「我脈亦不好。」先寧皇一夕而逝。《四朝聞見録》丙集。

楊后

1 慈明楊太后養母張夫人善聲伎。隨夫出蜀，至儀真長蘆寺前僦居。主僧善相，適出見之，知其女當貴。因招其父母飯，語之故，且勉之往行都，當有所遇。以無資告，僧以二千楮假之，遂如杭。或導之入慈福宫，爲樂部頭。后方十歲，以爲則劇孩兒。憲聖尤愛之，舉動無不當后意。有嫉之者，適太皇入浴，儕輩俾服后衣冠爲戲，因譖之后。后笑曰：「汝輩休驚，他將來會到我地位上在。」其後茂陵每至后所必目之，后知其意。一日内宴，因以爲賜，且曰：「看我面，好好看他。」……既貴，恥其家微，陰有所遺，而絶不與通。密遣内璫求同宗，遂得右庠生嚴陵楊次山以爲姪。既而宣召入見，次山言與涙俱，且指他事爲驗，或謂皆后所授也。后初姓某，至是始歸姓楊氏焉。次山隨即補官，循至節鉞郡王云。《齊東野語》卷十。

2 楊皇后，忘其姓氏，或云會稽人。其母張氏，舊隸德壽樂部，以久次出適於外，隨夫至儀真，僦居長蘆寺前。寺僧善相，謂張氏宜有貴女，勸之仍還行都。一日奏樂，孝宗以爲不諧，中貴人奏：「老舊者得旨嫁出，今皆新習，乞使已出者通籍內廷，新故參教。」上可之。自是張氏復還樂部，時后在娠數月矣。及期乞歸外館，憲聖曰：「第令産仙韶院何害？」遂誕后東朝禁中。三日洗兒，憲聖臨視，戲祝云：「長汝福祿及吾。」自是養於宫中。既久，新樂純熟，所生母與儔侶俱還民間，后在楊才人位下，年十歲，爲則劇孩兒。及長，以琵琶隸慈福宫，舉動無不當太后意者。有嫉之者，適太后入浴，儕輩俾服后衣冠爲戲，因而譖之太后。太后笑曰：「汝輩休驚詫，他日自會服此。」寧宗以嘉邸踐祚於東朝，爲重華承嫡，主喪。一日，朝長信，偶酒溢盥手，后奉匜以前，帝悦而洒之，自是得幸，常至帝所。久而憲聖知之，幾欲鞭朴，大璫王去爲力救之，曰：「娘娘當以天下畀孫，一婦人何足惜！且此事不可使外人知也。」長信雖少解，然終不恝然，謂王：「且使楊氏寄汝家，候駕返南内，却復之。」故后暫居去爲家，而去爲之子瑜因得幸。及皇陵事畢，楊后復還長信，上眷念殊厚，然莫能得之。韓后既薨，所幸宦官王德謙將詣於東朝，憲聖語曰：「乃翁欲吾堂前一人，尚不與之。」德謙頗黠，則奏：「臣非不識去就，敢窺數娘娘嬪御？今大内如楊美人者亦不乏，臣所私見，蓋以皇后近上升，後宫雜進無序，苟得一人，自陛下處賜與官家，則衆人方帖伏。甚於保愛上躬，爲宗社大計。」憲聖稍悟，曰：「爾言亦有理。」德謙知有間可乘，又使中貴人傀和，以爲娘娘尚未見玄孫，而楊氏相命宜子，浸潤鼓扇，崇福遂以賜寧宗。《西湖游覽志餘》卷二。《宋稗類鈔》卷四。

3　慈明太后，越人也。善通經史，能小王書。母張夫人，以樂部被憲聖幸，後以病中歸李氏，死葬西湖小麥嶺下，地名放馬場。憲聖常因樂部不協，顧左右曰：「我記得張家，今安在？」左右對曰：「已死矣。有女頗聰慧。」憲聖念張氏，故召后入，時年十一二。嘗寘憲聖側，宫中謂之「則劇孩兒」。及既長，寧皇侍宴長樂，目后有異，而重於自請。憲聖知其意，遂宴寧皇而賜之，曰：「做好看待，他日有福。」憲聖精於五行。由此遂正六宫之位。慈明所以報憲聖者，既無不至，閤子内揭帖圖則吴氏之宗枝也，居則指姓名以問左右曰：「這箇有差遣也未？」每遺景獻諭時相，凡除授必先吴氏而後其家。先是，后葬其母於群宫人塚。……葬張夫人處，蓋天造地設，非人力所及。山自南高峯爲岡阜，至夫人壠忽踊去，若龍昂首爲嶺。春陽發達，大人壙有物若鍾乳結成甓，淵泉環繞，源出百里。《四朝聞見録》丙集。《南宋雜事詩》卷五。

4　韓成恭上仙後，後宫爲上所眷者，今長秋與婕好曹氏耳。時欲繼立椒塗，二黨交進。曹有姊妹，通籍禁中，皆爲女冠，賜號虛無自然先生者，左右街都道録者皆厚於韓侂胄，或謂亦與之暱。韓侍禁中，時多在曹位，故鑄金之際意自輕重。然曹罕術，今長秋能挾數以御之，且上意專在楊，韓密問之，未能奪也。……各設席以邀羊車，欲決此舉。二閤皆同日，今長秋故遜曹使朝飲，而已飲於夜，曹不寤也。逮旰，酒甫一再行，曹未及有請，則楊位已奏恭肅帝輦矣。奏趣重疊，上起，洎至楊所，則自從容，且遂留寢，故能舐筆展幅以請奎章。上即書「貴妃楊氏可立爲皇后」，付外施行，而長秋復進筆，乞又書其一，付其兄次山，逮曉雙出之。中貴所賫者未至省，而次山已持御筆自白廟堂矣。蓋后慮韓匿上批，事或中變，故兩行之，使不可遏耳。《朝野遺記》。《宋稗類鈔》卷四。

5 見韓侂胄33。

6 王妙堅者，本興國軍九宮山道媪也。居常以符水呪棗等術行乞村落，碌碌無他異。既而至杭，多游西湖兩山中。一日，至西陵橋茶肆少憩，適其鄰有陳生隸職御酒庫。其妻適見之，因扣以婦人頭脏不可疎者，還可禳解否，媪曰：「此特細事。」命市真麻油半斤，燒竹瀝投之，且爲持呪，俾之沐髮。蓋是時恭聖楊后方誅韓，心有所疑，而髮脏不解，意有物出示，以此徧求禳治之術。會陳妻以油進，用之良驗，意頗神之，遂召妙堅入宫，賜予甚厚，日被親幸。且爲創道宇，賜名明真，俾主之，累封真人。同時有黄冠易如剛者，嗜酒誇誕，薄知其事，欲以奇動。於是以黄絹方丈帚書大符以進。后大喜，賜予亦渥，後住太乙東宫。《齊東野語》卷十。《西湖游覽志餘》卷二。

7 天寶間，楊貴妃寵盛，安禄山、史思明之作亂，遂有楊安史之謡。嘉定間，楊太后、史丞相、安樞密亦有楊安史之謡。《貴耳集》卷下。

8 穆陵初年，嘗於上元日清燕殿排當，恭請恭聖太后。既而燒烟火於庭，有所謂地老鼠者，徑至大母聖座下，大母爲之驚惶，拂衣徑起，意頗疑怒，爲之罷宴。穆陵恐甚，不自安，遂將排辦巨璫陳詢盡監繫聽命。黎明，穆陵至陳朝謝罪，且言内臣排辦不謹，取自行遣。恭聖笑曰：「終不成他特地來驚我，想是誤耳，可以赦罪。」於是子母如初焉。《齊東野語》卷十一。

9 楊氏，寧宗皇后妹，時稱楊妹子。書法類寧宗，馬遠畫多其所題。往往詩意關涉情思，人或譏之。

《書史會要》卷六。《宋詩紀事》卷八十四。

10 楊妹子，乃宋寧宗恭聖皇后妹，其書類寧宗，凡御府馬遠畫多令題詠，余曾見馬遠《松院鳴琴》小幅，楊娃題其左方云：「閒中一弄七絃琴，此曲少知音。多因澹然無味，不比鄭聲淫。松院静，竹樓深，夜沈沈。清風拂軫，明月當軒，誰會幽心。」詞寄《訴衷情》。波撇秀穎，妍媚之態，映帶縹緗。《韻石齋筆談》卷下。《南宋雜事詩》卷二。

宋理宗

1 慈憲全夫人之生也，其父全翁大節，忽門外有大虵蟠繞一大樹間，細而視之，則其虵有兩小角。方以爲異，將入呼兒姪輩逐之，則報以得女，而虵不復見矣。《癸辛雜識》續集下。

2 理宗生母全夫人諡慈憲，殊不知僞齊劉豫母亦諡慈憲，當時考不及此，何耶？《齊東野語》卷十六。

3 穆陵之誕聖前一夕，全夫人欲歸東浦母家，榮文恭王時待次。闔縣尉遣僕平某者，即平幙使之父也，牘黑神散與之同往。時天尚未曉，啓門則見甲士盈門，意謂過軍，亟驚入報。尉曰：「軍行自應由上塘，何緣至此？」遂出觀之，了無所覩。方艤小舟，欲登，忽有大黑蛇有兩小角，壓船舷而卧，船爲之側，疑其有異，遂不復往。未幾誕男，即理宗也，小字烏孫，以蛇異也。其初被選也，史衛王當國，先命趙宗丞希言與權之，併選宗室子「與」號十歲已下者，各與課算五行，於是就其中選到十人。時侍郎王宗與權善五星，指理宗、福王二命謂衛王曰：「二者皆帝王之命也。」於是理宗改訓與莒，福王改訓與芮，蓋取二國以爲名也。始下大宗正司盡召十人時入，和尚師禹領宗司皆伺于王府土地祠，久之皆餒，遂就市肆呼麪。方及門而拌覆地，衆方餒甚，交責之，獨穆陵凝然略不變色，反以言慰藉之。史相聞其事，遂大異之。既而私引入書院中試，令寫字，即大書「朕聞上古」，衛王慄而起曰：「此天命也。」於是立儲之意已定云。《癸辛雜識》後集。

4 理宗微時，鞠於母黨全氏。一日秋暑，偕弟與芮浴於河。鄞人余天錫自杭還浙東，舟抵河滸，忽雷雨，帝與與芮趨避舷側，天錫卧舟中，夢見龍負舟，驚起視之，則兩兒也。問之，爲全保正家子，乃登岸詣全氏。主人具雞黍，命二子出侍，因謂天錫曰：「此吾外甥趙與莒、與芮也。日者嘗言，二子後當極貴。」初，天錫爲史彌遠門客，彌遠有更立意，囑訪浙東宗子之賢厚者，天錫適感此異，還白彌遠。彌遠召二子至臨安，立帝爲沂王，後卒代濟王。《西湖游覽志餘》卷二。

5 理宗聖德天縱，問學日新。潛龍越邸日，嘗從多士賓興，較藝文場。及即位，中外稱爲「文章天子」。《湛淵静語》卷一。

6 理宗飲宴過度，史彌遠卧病中。時人譏之曰：「陰陽眠燮理，天地醉經綸。」《宋季三朝政要》卷一。《爐餘録》甲編。《南宋雜事詩》卷七。《宋詩紀事》卷一百。

7 〔端平元年〕鄭清之除左相，喬行簡除右相，收召人才，如真德秀、魏了翁諸賢，時論以端平比之元祐。《宋季三朝政要》卷一。

8 淳祐元年正月，理宗皇帝將視學，首降御筆，陞周頤等五臣從祀，而削王安石……曰：「王安石謂天變不足畏，祖宗不足法，人言不足恤，此三語爲萬世之罪人，豈宜從祀孔子廟庭？合與削去，於正人心，息邪説，關係不小。」令國子監日下施行。《咸淳臨安志》卷十一。《西湖游覽志餘》卷二。

9 姚勉述《勑祭閻妃文》曰：「五雲縹緲，誰叩玉扃？」上怒曰：「朕雖不善，未如明皇之甚也。」《隨隱漫録》卷三。

10 癸丑元夕，上呼妓入禁中。有唐安安者，歌色絶倫，帝愛幸之。侍郎牟子才奏曰：「此皆董宋臣輩引誘，壞陛下三十年自修之操。」上令丁大全諭旨曰：「納忠不妨，但勿散副本可也。」子才又作《高力士脱靴圖》。有與宋臣善者，拓本以遺之，宋臣大怒曰：「口説尚可，乃畫此死模活樣乎？」持入，謂上曰：「牟某在當塗駡官家。」上視其圖，笑曰：「乃駡汝，非駡我也。」宋臣曰：「彼謂陛下爲明皇，閻妃爲太真，臣爲力士，而以太白自居。」自此上不悦。《西湖游覽志餘》卷二。《青泥蓮花記》卷十三。

11 理宗在宫中，嘗被酒上芙蓉閣，見淮上有黑祲，十餘年不散，南逼江。凄然淚下。《南宋雜事詩》卷四引《吴淵穎集》。《淵穎集》卷十一。

12 理宗朝，宫中繫前後掩裙，名曰上馬裙。又故以粉點於眼角，名曰淚妝。四方效顰，其亦過北之讖乎？《古杭雜記詩集》卷三。《説略》卷二十一。

13 宋理宗一夜夢一胡僧曰：「二十年後，當以此殿還小僧。」夢覺，宣問丞相馬廷鸞，馬回奏云：「胡僧，乃夷狄之類，二十年後必主夷狄於殿下稱藩。」上云：「卿志之。」馬遂立碑，以紀其事。至元年間歸附大元，有僧官楊總攝以宋殿基元係佛寺，因高宗南渡都杭，遂以爲殿，至是復以殿爲寺。屈指理皇之夢恰二十年。《湖海新聞夷堅續志》前集卷一。《七修類稿》卷二十五。《堅瓠餘集》卷三。

14 理宗未祔，議謚，朝堂或擬曰景，曰淳，曰成，曰允，最後曰禮。議既定矣，或謂與亡金僞謚同，且古有婦人號禮宗者，遂擬曰理。蓋以聖性崇尚理學，而天下道理最大，於是無間言。而不知理字析文取義，乃四十一年王者之象，可謂請謚於天矣。《齊東野語》卷十六。

15 理宗資貌龐厚，號爲烏太保。《宋季三朝政要》卷三。《南宋雜事詩》卷三。

16 理宗祀明堂，徐清叟爲執綏官，玉音問曰：「貓兒捕鼠如何？」清叟急機答曰：「愛之欲其生，惡之欲其死。」應對雖捷，然理宗本命屬鼠，一時答問，不覺觸突天聽。理宗度量恢宏，亦不之咎。《三朝野史》。《南宋雜事詩》卷三。

17 龍震翁，泰和人。性孝，母没未葬，山寇焚掠，火其居。震翁倉皇無計，夫妻俱抱柩死。死處有枯梅，明年六月作花。事聞，理宗旌其門曰「孝梅里」，又御製詩云：「南風六月吐梅花，奇絶西昌孝子家。一點落英千古月，夜來嚇殺後棲鴉。」《宋詩紀事補遺》卷一引《江西通志》。

謝后

1 天台謝丞相深甫，長子渠伯官至倅車，適室女三，妾毛氏女一，此女以母賤，衆稍陵之。當春游，闔府以往，毛氏女殿後。有相士過，語人曰：「向後一位鈞眷，當至大貴，非丞相夫人即狀元夫人。」衆皆笑之。相者云：「更恐以上。」曰：「即皇后耳。」自是，每戲必曰「打皇后」云。渠伯早世，家道陵夷，毛氏女躬刀匕，足不加束，且幼而病疹，白點貫瞳，面多黑黶。理宗登極，未正中宫，楊太后以謝相當年有援己力，取女於謝府以報之。時渠伯諸女先已配士族，惟毛氏女存，渠伯租入稍薄，謀於族以決進退。相之子擽伯與渠伯諸子言：「今兹之行，須鬻産爲費，他時不過一老宫婢耳。不若留遺業以自資，可無往。」客有范糾叔者，獨贊其行曰：「入宫不失作美人，家即蒙澤矣。」於是盡貨其資以祗召命。舟過會稽，忽復病疹，及京旋愈，面黶以蜕，瑩白如玉。首謁史相，史善風鑑，即拜曰：「真天下母。」獨以貫瞳之白爲疑。忽一道人過門，自言善醫目，召之，用新筆染藥，白隨筆落，道人忽不見。涓日與賈妃同入，楊后召見，賜坐，謝遽坐。賈矜持掀衣作避席狀，歷言其父涉相城戰守之功。謝默默。太后顧云：「謝丞相當朝作何好事？」謝答云：「先丞相不曾用兵殺一人。」賈猶云云不已。太后云：「孩兒門不得怎地口多！」已而賜食，謝頓食無餘，賈矜持猶昔，竟不食。太后云：「食者自飽，不食者自飢。」翌日進見，並拜美人。又越數日，册美人謝氏爲皇后。蟬聯富貴，朱紫盈門，繼之垂簾聽政，與國相終始，殆非偶然。《湖海新聞夷堅續志》前集卷二。

2　理宗謝皇后諱道清，天台人，渠伯女，深甫孫也。母毛氏懷之，嫡母使毛氏濯足，毛氏曰：「夜者累累夢五色霞罩體。」嫡大怒，以足踏其項曰：「産皇后耶？」將産，遣就浴室。后生而黧黑，瞖一目。《西湖游覽志餘》卷二。

3　壽和謝太后方選進時，史衛王夜夢謝魯王深甫衣金紫求見，致禱再三，以孫女爲託，及明，則謝后至。是歲，天台郡元夕，有鵲巢燈山間，衆頗驚異。識者以爲鵲巢乃后妃之祥，是歲謝果正中宫之位。《齊東野語》卷十六。

4 宋理宗朝，謝郡王府春游泛湖，薄晚從湧金門歸。郡王奕昌前行，適太學一士人乘醉衝節，街司呵之，郡王以其士也，戒從者勿校，士怒亦少息。未幾，謝之諸子來，士訕駡語益峻，至以「乳臭」詆之。謝年少氣鋭，左右忿復不可制，加無禮焉，且紐拽以歸，淩辱尤有不堪者。學之士友相率至謝府，抉門奪之去。詰朝，三學伏闕上書，后爲毁服脱簪珥待罪，奏以「先臣奮自儒科，臣妾教訓不嚴，致兄姪淩辱士類，乞押臣妾歸田里，謝某等各與追勒」。理宗大喜，親下殿執其手以登云：「朕自有以處此。」旋以中殿奏諭諸生歸齋，并以事付臨安府區畫。時趙節齋尹京，逮繫謝府街司及太學齋僕責之云：「既是街司，豈不知爲太學上舍！既爲齋僕，豈不知爲少保相公！不能小心，激成此鬨。」各行杖責。會謝府學官及三學之前廡爲泛湖之集，以講解之，而修謝府門。郡王戒以勿易，姑葺其舊以識吾過。此事由太后處置得宜，不動聲色而弭莫大之争，非惟可以全國體，且可以保外家。然理宗亦可謂有人君之度也歟！《湖海新聞夷堅續志》前集卷一。

5 謝府有温倅者，未之官而貸商貨，飛語聞上。一日，太后謁景靈宫，歸次其家廟側之便室，兄姪眷聚，列班起居。命郡王坐，賜茶，立温倅於庭，詰責其過，至謂：「汝只道我長在此坐，長惡不悛，一家富貴由汝而壞，我亦並爲汝累矣！」倅戰栗爲流汗及趾，郡王引咎自責以訓導不嚴，良久乃得解。其御外家嚴訓如此。《湖海新聞夷堅續志》前集卷一。

6 四月初八日，謝太后壽崇節。初九日，度宗乾會節。賈似道命司封郎中黄蜕作致語，中有一聯云：「聖母神子，萬壽無疆，亦萬壽無疆；昨日今朝，一佛出世，又一佛出世。」滿朝縉紳皆喜之。《三朝野史》。《西湖游覽志餘》卷二。

7 丞相伯顔駐軍皐亭山，宋奉表及國璽以降。……范文虎安營浙江沙滸。太皇太后望祝曰：「海若有靈，當使波濤大作，一洗而空之。」潮汐三日不至，軍馬晏然。《南村輟耕録》卷一。

8 宋孟鯉有詩云：「匆匆杯酒又天涯，晴日牆東叫賣花。可惜同生不同死，漫隨春色去誰家。」蓋譏謝太后年已七十，不能死難，被擄北去而作也。《堅瓠戊集》卷一。

閻貴妃

1 淳祐庚戌之春，創新寺於西湖之積慶山，改九里松舊路，輪奐極其靡麗。至壬子之夏始畢工，穆陵宸翰賜名顯慈集慶教寺，命講師思誠爲開山教主。既而給賜貴妃閻氏爲功德院，且賜山園田畝，爲數頗多。建造之初，内司分遣吏卒市木於郡縣，旁緣爲奸，望青採斫，鞭笞追逮，雞犬爲之不寧。雖動臣舊輔之墓，皆不得而自保。或作詩諷之曰：「合抱長材卧壑深，于今惟恨不空林。誰知廣厦千斤斧，斲盡人間孝子心。」其後恩數加隆，雖御前五山亦所不逮。一日，忽於法堂鼓上有大字一聯，云：「淨慈、靈隱、三天竺，不及閻妃兩片皮。」於是行下天府緝捕，歲餘，終不得其人。《癸辛雜識》别集下。《古杭雜記詩集》卷四。《宋詩紀事》卷一百。

2 淳祐十年，上爲閻貴妃建功德寺於九里松，名顯慶寺，殿宇壯麗，甲於靈隱、天竺。臺臣交章謂：「興土木之工，費國家財用，請節浮費，以備軍儲。」《宋季三朝政要》卷二。

3 閻妃以特旨奪靈隱寺菜園，建功德寺。住持沖凝絶，退院示衆云：「欲去不去被去礙，欲住不住被住礙。渾不礙。十洲三島鶴乾坤，四海五湖龍世界。」《隨隱漫録》卷五。

宋度宗

1 紹陵之在孕也，以其母賤，遂服墜胎之藥，既而生子手足皆軟弱，至七歲始能言。黄氏德清人，乃李夫人從嫁，名定喜，後封隆國育聖夫人。《癸辛雜識》續集下。

2 隆國黄夫人，湖州德清縣人。初入魏峻叔高家，既出，復歸李仁本，媵其女以入榮邸。時嗣王與芮苦無子，一幸而得男，是爲度宗。然自處極謙抑，雖驟貴盛，每遇邸第親戚，至不敢坐。常以孀子自稱，人亦以此名之。或者有魏孀子之謗，其實不然也。《齊東野語》卷十五。《宋稗類鈔》卷一。

3 宋度宗乃理考皇兄榮王之子也，方其母之娠度宗也，有飛語，遂密使女醫治藥毒之，而榮王不知也。煮藥者見有金龍於上，知將生貴人也，懼不敢煮，因傾瀉其器，以故得不進，遂産孟啓。度宗舊諱。歷三封爲忠王，後建青宫而登大位。《湖海新聞夷堅續志》前集卷一。《玉芝堂談薈》卷一。

4 慶元府阿育王寺有舍利塔，雍熙中頹圮，非得萬緡不可修。有一行童，發願募緣修造，曰：「今惟八大王榮邸最有力。」持疏勸緣，大王止題一千緡。行童歸不能成，乃斷臂流血不止而死。其事莫有言者。度宗於庚子歲八大王府中降生，日夜啼哭不止。一乳母抱之行廊廡下，入小閣，見黏一塔影，忽然而笑，去而復顧，揭塔影置其手中，遂不復啼哭。乳母以告，大王忽悟所題疏未勾，下本寺訪之。言行童以某年某月某日死，計死之日，正度宗生之日也，大王遂捐貲以成其塔。度宗取入宫時，理宗忽夢有告之者曰：「此十年太平天子也。」遂立爲太子。陸務觀有詩云：「人間八萬四千塔，便合推爲第一仙。」蓋謂此也。《西湖游覽志餘》卷二。《錢塘遺事》卷五。《茶香室四鈔》卷四。

5 魏峻，字叔高，號方泉，娶趙氏，乃穆陵親姊四郡主也。庚午歲得男，小字關孫，自幼育於紹興之甥館，實慈憲全夫人之愛甥也。慈憲每於禁中言其可喜，且爲求官。穆陵以慈憲之故，欲一見而官之，遂俾召至皇城。……時度宗亦與之同入宫，欲其故，遂倡爲魏太子之説。既而外廷傳聞浸廣，於是王伯大、吴毅夫得其事，遂形奏疏，而四方遂有魏紫姚黄之傳。其實則不然也。《癸辛雜識》後集。

6 咸淳戊辰，龍飛省試，考官商議出題，題皆不欲出「天子」、「聖人」。於是别院出「乾爲天」，正院出「帝德廣運」、「皇天眷命」，皆大金年號，而「天眷」又正是徽、欽過北之年。時人爲之語曰：「正院無天子，别院少聖人。廣運與天眷，卻把比咸淳。」《錢塘遺事》卷六。

7 度宗既立，耽於酒色。故事，嬪妾進御，晨詣閤門謝恩，主者書其月日。及帝之初，一日謝恩者三十餘人。《南宋雜事詩》卷六引《通鑑輯略》。

8 見龔孟鍨1。

9 應山在淮閫日，吕少保薦一術士能降仙，豪於飲，號曰李醉，施州人。……其答所問，往往多驗。一日，應山密書以扣襄、樊之事，醉後大書十字云：「山下有朋來，土鼠辭天道。」每字徑尺餘。至甲戌歲，度宗升遐，解者謂度宗庚子生，納音屬土，所謂土鼠者耶。《癸辛雜識》續集上。

10 晉郭璞《錢唐天目山》詩云：「天目山前兩乳長，龍飛鳳舞到錢唐。海門一點巽峯起，五百年間出帝王。」及高宗中興建邦，天目乃主山。至度宗甲戌，山崩，京城騷動，時有建遷蹕之議者。未幾，宋鼎遂移。《古杭雜記》。《堯山堂外紀》卷十一。

11〔亭名〕「別是一家春」，度宗新創，或謂此非佳讖也。未幾，果驗。《武林舊事》卷四。《南宋雜事詩》卷六。

12 度宗初議謚，或擬純字，則謂有屯之象。或擬實字，則宗實乃英宗舊名。或擬正字，則有一止之嫌。後遂定爲端文明武景孝皇帝。先是皇姊周漢國長公主在先朝已謚端孝，今與廟號上下字暗合，豈偶然哉。《齊東野語》卷十六。

全后

1 德祐元年乙亥三月，元兵入常州，京師戒嚴，朝臣接踵宵遁。太后命榜朝堂云：「孟軻謂：『君之視臣如草芥，則臣視君如國人。』又謂：『諫于其君而不聽，去則窮其力而後止。』識者猶以爲非君臣之正誼。我朝三百餘年，待士大夫以禮。吾與嗣君，遭家多難，爾大小臣，未嘗有出一言以救國者，吾何負于汝哉？今内而庶僚，畔官離次；外而守令，委印棄城。耳目之司，既不能爲吾糾擊；二三執政，又不能倡率群工。方且表裏合謀，接踵宵遁，平日讀聖賢書，自誇謂何？乃于此時，作此舉措，或偷生田里，何面目對人言語？他日死，亦何面目見先帝？天命未改，國法尚存。可令尚書省具見在朝臣、在京文武特轉二官，其負國棄予者，令御史臺覺察以聞，具榜朝堂，明吾之意。」《西湖游覽志餘》卷六。《錢塘遺事》卷七。

2 度宗全皇后，會稽人，理宗憲聖夫人姪孫女也。……生少帝。宋亡，從少帝入朝於燕京，後爲尼正智寺而終。世祖令詞臣皆作挽詩。……后北去時，手寫其像以遺族人，廣額鳳目，雙眉侵鬢，其衣則縞素道服也。《西湖游覽志餘》卷二。

王昭儀

1 會寧郡夫人昭儀王秋兒、順安俞修容、新興胡美人、永陽朱梅兒、資陽朱春兒、高安朱夏兒、南平朱端兒、東陽周冬兒、順政石潤兒、高平周賽兒、通化聞潤兒、潯陽陳宜兒、胡安化、沈咸寧、黄新平，皆上所幸也。初東宫以春夏秋冬四夫人直書閣爲最親，王能屬文爲尤親，雖鶴骨臞貌，但自上即位後，萬幾之暇，批答畫聞，式克欽承，皆出其手。然則王非以色事主，度皇亦悦德者也。《隨隱漫録》卷二。

2 至元十三年丙子春正月十八日，淮安王伯顔以中書右相統兵入杭，宋謝、全兩后以下皆赴北。有王昭儀者，題《滿江紅》詞于驛云：「太液芙蓉，渾不似、舊時顔色。曾記得，春風雨露，玉樓金闕。名播蘭簪妃后裏，暈潮蓮臉君王側。忽一朝、鼙鼓揭天來，繁華歇。龍虎散，風雲滅。千古怨，憑誰説。對山河百二，淚霑襟血。驛館夜驚塵土夢，宫車曉碾關山月。願嫦娥相顧肯從容，隨圓缺。」昭儀名清蕙，字沖華，後爲女道士。《南村輟耕録》卷三。《東園友聞》。

3 元丞相伯顔統兵入杭，謝、全兩后以下皆赴北。有王婉儀者，題《滿江紅》於驛云：「太液芙蓉，渾不似、舊時顔色。曾記得，恩承雨露，玉樓金闕。名播蘭簪妃后裏，暈潮蓮臉君王側。忽一朝、鼙鼓揭天來，繁華歇。龍虎散，風雲滅。千古恨，憑誰説。對山河百二，淚沾襟血。驛館夜驚塵土夢，寶車曉碾闕山月。只嫦娥、相顧肯從容，隨圓缺。」此詞傳播中原，文山讀至末句歎曰：「惜也！夫人於此少商量矣。」因爲代作一篇云：「試問琵琶，胡沙外、怎生風色。最苦是、姚黄一朵，移根仙闕。王母懽闌瑶宴罷，仙人淚滿金盤側。聽行宫、半夜雨淋鈴，聲聲歇。彩雲散，香塵滅。銅駝恨，那堪説。想男兒慷慨，嚼穿齦血。回首昭陽離落日，傷心銅雀迎新月。算妾身、不願似天家，金甌缺。」又和云：「燕子樓中，又捱過、幾番秋色。相思處、青年如夢，乘鸞仙闕。肌玉暗消衣帶緩，淚珠斜透花鈿側。最無端、焦影上窗紗，青燈歇。　曲池合，高臺滅。人間事，何堪説。向南陽阡上，滿襟清血。世態便如翻覆雨，妾身元是分明月。笑樂昌、一段好風流，菱花缺。」《堯山堂外紀》卷六十三。《詞苑叢談》卷六。

4 丙子之變，宫娥多北遷，有王昭儀下張瓊英，題《滿江紅》於南京夷山驛云：「太液芙蓉，渾不似、丹青顔色。常記得、春風雨露，玉樓金闕。名播蘭簪妃后裏，暈生蓮臉君王側。忽一聲、鼙鼓拍天來，繁華歇。　龍虎散，風雲滅。千古恨，憑誰説。對山河百二，淚沾巾血。客館夜驚塵土夢，宫車曉轉關山月。問嫦娥、垂顧肯相容，同圓缺。」《佩楚軒客談》。

5 〔李嘉謨〕至元都，夜對月歌曰：「萬里倦行役，秋來瘦幾分。因看河北月，忽憶海東雲。」夜聞隣婦倚樓泣者。明日訪其家，此婦泣曰：「客非昨夜悲歌人乎？此亡宋昭儀黄清惠《贈汪水雲》詩，我亦宫人金德淑也。昭儀舊同供奉，極相親愛，今各流落異鄉，彼且爲泉下人矣。」《南宋雜事詩》卷三引《金姬別傳》。《詞苑叢談》卷六。案：「黄清惠」之「黄」，當爲「王」之音訛。

朱夫人

1　至元十三年丙子春正月十八日，淮安王伯顔以中書右相統兵入杭，宋謝、全兩后以下皆赴北。……五月二日，抵上都，朝見世皇。十二日夜，故宋宫人安定夫人陳氏、安康夫人朱氏與二小姬，沐浴整衣焚香，自縊死。朱夫人遺四言一篇於衣中云：「既不辱國，幸免辱身。世食宋禄，羞爲北臣。妾輩之死，守於一貞。忠臣孝子，期以自新。丙子五月吉日，泣血書。」明日，奏聞，上命斷其首懸全后寓所。《南村輟耕録》卷三。

張瓊英

1　見王昭儀4。

2　見汪元量1。

宋恭帝

1　度宗崩，幼君諒陰，進士榜第一名王龍澤，二名路萬里，三名胡幼黄。京師爲之語曰：「龍在澤，飛不得；萬里路，行不得；幼而黄，醫不得。」《古杭雜記詩集》卷三。《錢塘遺事》卷六。《西湖游覽志餘》卷二十二。《堯山堂外紀》卷六十一。

2　宋以周顯德七年受禪，至十六傳而幼君名㬎，改元德祐，合「顯德」二字。《宋季三朝政要》附録。

3 宋之興，始於後周恭帝顯德七年，恭帝方八歲。及其亡也，終於少帝德祐元年。少帝時四歲，名顯，而「顯德」二字，竟與得國時合。周以主幼而失國，宋亦以主幼而失國。周有太后在上，宋亦有太后在上。《南村輟耕録》卷一。

4 宋太祖生於丁亥，以庚申歲建國，命曹彬平江南，王師係甲戌歲渡江，以乙亥丙子而平江南。丙子歲，是爲開寶九年。今大元太祖聖武皇帝亦生於丁亥，以庚申歲即位，命伯顔平江南，大軍亦係甲戌歲渡江，以乙亥丙子而平江南。丙子歲，是爲至元十三年。宋太祖得國之時，有讖云：「十一卜人小下月，十五團圓十六缺。」至幼君恰十六傳。《宋季三朝政要》附録。

5 宋祖以乙亥命曹翰取江州，後三百年乙亥，吕師夔以江州降元。以丙子受江南李煜降，後三百年丙子，少帝爲元所擄。以己卯滅漢，混一天下，後三百年己卯，宋亡於崖山。宋祖生於丁亥，而建國於庚申，元太祖之降生，與建國之年亦同。宋興於後周顯德七年，時恭帝八歲，亡於德祐元年，少帝四歲，諱㬎。顯德二字，不期而合。又同廟號，亦曰恭帝。周有太后在上，禪位於太祖，宋亦有太后在上，歸命於大元。《宋稗類鈔》卷一。《七修類稿》卷五十一。

6 少帝之寓燕京也，淒涼無賴。時汪水雲以黃冠放還，少帝作詩送之云：「寄語林和靖，梅花幾度開。黃金臺下客，應是不歸來。」《西湖游覽志餘》卷六。《宋稗類鈔》卷一。

7 宋幼主北遷，元降封爲瀛國公。一夕，世祖夢金龍舒爪纏殿柱。明日，瀛國來朝，立所夢柱下。世祖感其事，欲除之，謀諸臣下。瀛國知懼，遂乞從釋，號合尊大師，往西天受佛法，獲免。《水東日記》卷四十。《宋遺民録》卷十五。

8 少帝既封瀛國公，及長，世祖以公主配之。一日，與内宴，酒酣，立傍殿楹間，世祖恍忽見龍爪拏攫狀。時有獻謀除滅者，世祖疑而未許，瀛國公密知之，乃乞爲僧，往吐蕃學佛法，因挈全后、公主、姬御遁居沙漠，易名合尊。《西湖游覽志餘》卷六。《宋稗類鈔》卷一。

9 瀛國公入西域爲僧，號木波講師。《湖山類稾》卷三詩題。《南宋雜事詩》卷二。

10 瀛國爲僧白塔寺，已而奉詔居甘州山寺。有趙王者，因嬉游至其寺，憐國公年老且孤，留一回回女子與之。延祐七年，女子懷娠，四月十六日夜生一男子，明宗適自北方來，早行，見其寺上有龍文五采氣，即物色得之，乃瀛國所居室也。因問：「子之所居，得毋有重寶乎？」曰：「無有。」固問之，則曰：「今早五更後，舍下生一子。」明宗大喜，因求爲子，并其母以歸。長名妥懽帖睦爾，即順帝也。《鮚埼亭集》外編卷四十二引《庚申外史》。

宋帝昺

1 崖山宋亡時，有白鷴在籠，見帝入水，遂躑躅哀鳴，竟與籠同墜水中。《七修類稿》卷四十五。

趙德昭

1 魏王德昭，太祖之長子，從太宗征幽州，軍中夜驚，不知上所在，衆議有謀立王者，會知上處乃止。

上微聞，銜之，不言。時上以北征不利，久不行河東之賞，議者皆以爲不可，王乘間入言之。上大怒，曰：「待汝自爲之，未晚也！」王皇恐還宮，謂左右曰：「帶刀乎？」左右辭以禁中不敢帶。王因入茶果閤門，拒之，取割果刀自剄。上聞之，驚悔，往抱其尸，大哭曰：「癡兒，何至此邪！」《涑水記聞》卷二。

趙元僖

1 太宗長子楚王元佐既病廢，次即昭成太子元僖，封許王，最所鍾愛。尹開封府，擇呂端、張去華、陳載一時名臣爲之佐。禮數既隆，諸王莫比，將有青宮之立。王豐肥，舌短寡言，娶功臣李謙溥姪女，而王不喜之。嬖惑侍妾張氏號張梳頭，陰有廢嫡立爲夫人之約。會冬至日，當家會上壽，張預以萬金令人作關捩金注子，同身兩用，一着酒，一着毒酒。來日，早入朝賀，夫婦先上壽。張先斟王酒，次夫人。無何，夫婦獻酬，王互換酒飲，而毒酒乃在王盞中。張立於屏風後，見之，撧耳頓足。王飲罷趨朝，至殿廬中即覺體中昏憒不知人。不俟賀，扶上馬，至東華門外，失馬仆于地，扶策以歸而卒。太宗極哀慟，命王繼恩及御史武元穎鞫治。頃刻獄就，擒張及造酒注子人凡數輩，即以冬至日臠釘於東華門外。贈王爲太子。府僚呂端、陳載俱貶官，而張去華已去官，旋以它事貶云。《默記》卷上。

趙元儼

1 周王元儼，太宗皇帝第八子也，生而穎悟，廣顙豐頤，凜不可犯，名聞外夷。……燕薊小兒，每遇夜啼，其家必驚之曰：「八大王來也。」兒啼即止。每牽馬牛渡河，旅拒以進，必曰：「莫八大王在河裏？」其畏之如此。虜主每見南使，未嘗不問王安否。《諸史》。

2 太宗子元儼，有威聲，號八大王。有人謁張乖崖，投丞相及給事書，皆納之袖中，無言。及八大王書，乃曰：「真捩鼻目也。」《清夜録》。《唾玉集》。

3 見李迪15。

4 見宋仁宗14。

5 見宋仁宗15。

6 〔吴虎臣曾《漫録》云〕康定中，王涣爲荆王元儼翊善，王用度無節，涣以書諫：「方國家有邊患，宜助節用。」王判其後曰：「愁殺你，愁殺你。」他日申言之，又判曰：「仰翊善，依翊善。」《清波别志》卷下。

7 燕王元儼，太宗幼子也。太宗子八人，真宗朝六人已亡歿，至仁宗即位，獨燕王在，以皇叔之親，特見尊禮。契丹亦畏其名。其疾亟時，仁宗幸其宫，親爲調藥。平生未嘗語朝政，遺言一二事，皆切於理。余時知制誥，所作贈官制，所載皆其實事也。《歸田録》卷二。《宋朝事實類苑》卷八。

8 慶曆中，皇叔燕王元儼薨，仁宗追悼尤深，詔有司擇位號之尤尊美者以追榮之，乃特贈天策上將軍，非常典也。王性嚴毅，威望著於天下，士民識與不識，呼之曰「八大王」，犬戎尤憚之。《澠水燕談録》卷九。

9 故觀察使劉從廣，燕王婿也，嘗語余：「燕王好坐木馬子，坐則不下，或饑則便就其上飲食，往往乘輿奏樂於前，酣飲終日。」《歸田録》卷二。

10 宋皇兄趙八大王判吉州，每日餐啗如虎，飽而午睡，夢在後池蓮葉上乘涼，被院子打覺，即喚院子來問，應云：「偶在荷池内釣魚，被一大青蝦蟆在蓮葉上用口吸鉤絲，未免用釣竿擊之。」趙方悟身是此物。《湖海新聞夷堅續志》前集卷一。案：判吉州，當有誤。

趙德鈞

1 宗室趙子正監永静軍，耽酒嗜書札，而喜人奉己。有過客執觚而前，正遇趙於案間揮翰自得，客自旁視再三，而歎美其妙。趙舉首視之，曰：「汝亦知書耶！」客曰：「小人亦嘗留心字畫，切觀太保之書，雖王右軍復有不及者。」趙詬之曰：「汝玩我耶！」曰：「某嘗觀《法書》云：王書一字入木八分，今太保之書，一落筆則入木十分，豈不爲過於右軍耶！」坐人皆賞其機中，爲之絶倒。趙亦笑而遣之。《春渚紀聞》卷五。

趙允良

1 華原郡王允良，燕王子也。性好晝睡，每自旦酣寢，至暮始興，盥濯櫛漱，衣冠而出，燃燈燭治家事，飲食宴樂，達旦而罷，則復寢以終日。無日不如此。由是一宫之人皆晝睡夕興。允良不甚喜聲色，亦不爲佗驕恣，惟以夜爲晝，亦其性之異，前世所未有也。《歸田録》卷二。

趙允初

1 宗實既堅辭宗正之命，諸中貴人乃薦燕王元儼之子允初。上召入宫，命坐，賜茶。允初顧左右曰：「不用茶，得熟水可也。」左右皆笑。既罷，上曰：「允初癡騃，豈足任大事乎？」《涑水記聞》卷八。

趙元安

1 燕王少子元安，年三十餘，不知人事，每食必置糞少許於食中。世傳党進之事似之。《志雅堂雜鈔》卷上。《茶香室叢鈔》卷二。

2 〔吴虎臣曾《漫録》云〕某王幼子年三十餘，不知人。初除官，受俸三千緡，後增秩，只認此數爲己有。每食必置糞少許於食中。好畫狗及木爲小樓閣。有獻二物者，必厚酬之。死之日，二物滿屋。《清波别志》卷下。《茶香室叢鈔》卷三。

趙宗晟

1 嗣濮王宗晟，伯仲第十二，英廟親兄也。元豐間，神考將詣睦親宅澆奠近親，嗣王欲邀車駕幸舊邸，會日逼不及造朝。故事：戚里近屬，許獻時新，即於東華門投進。時邸中無新果，求得丁香荔枝數百枚函之，附短奏云：「來日乞詣安懿王影堂燒香。」進入，上果喜曰：「十二自來曉事。」即降處分，暨至濮邸，望見祠貌，下輦去繖，灑淚而入。既已，延見近族，慰勞諸父，加恩各遷使相郡王。《萍洲可談》卷一。

2 《文選》載李令伯乞養親表云：「臣密今年四十有四，祖母劉今年九十有六，是臣盡節於陛下之日長，報劉之日短也。」讀者惻然動心。元祐三年，高密郡王宗晟起復判大宗正事，連章力辭，其言亦曰：

「念臣執喪報親之日短，致命徇國之日長。」東坡時直禁林，當草答詔，見其疏而哀之，因入劄子，乞聽所守。詔從之。《梁溪漫志》卷三。

趙宗漢

1 承平日，有宗室名宗漢，自惡人犯其名，謂「漢子」曰「兵士」，舉宮皆然。其妻供羅漢，其子授《漢書》，宮中人曰：「今日夫人召僧供十八大阿羅兵士，大保請官教點《兵士書》。」都下閧然傳以爲笑。《老學庵筆記》卷三。《宋稗類鈔》卷六。

趙克寬

1 宗室克寬，素不蓄財，惟喜繩索，人呼爲「索子太尉」。雖暑月裸袒，常腋挾二氈毬，身纏數鐵繩。稍醉，則以鐵繩傷人。家僕郭福，眇小無藝，然克寬常畏之。每在外被酒，擲弄鐵繩，郭福必詬叱使歸，克寬遂拱手還舍，莫測其故也。《能改齋漫録》卷十三。

趙顥

1 熙寧間，神宗與二王禁中打毬子，上問二王欲賭何物？徐王曰：「臣不别賭物，若贏時，只告罷了新法。」《紫薇雜記》。

2 岐王夫人，馮侍中拯之曾孫也，失愛於王，屏居後閣者數年。元豐二年春，岐王宫遺火，尋撲滅。夫人聞有火，遣二婢往視之。王見之，詰其所以來，二婢曰：「夫人令視大王耳。」王乳母素憎夫人，與王二嬖人共譖之，曰：「火殆夫人所爲也。」王怒，命内知客鞫其事，二婢不勝拷掠，自誣云：「夫人使之縱火。」王杖二婢，且泣訴於太后曰：「新婦所爲如是，臣不可與同處。」太后怒，謂上：「必斬之！」上素知其不睦，必爲左右所陷，徐對曰：「彼公卿家子，豈可遽爾？俟按驗得實，然後議之。」乃召二婢使宫官鄭穆同鞫於皇城司。數日，獄具，無實，又命宫官馮誥録問。上乃以具獄白太后，因召夫人入禁中，夫人大懼，欲自殺，上遣中使慰諭曰：「汝無罪，勿恐。」且命徑詣太皇太后宫，太皇太后亦慰存之。太后與上繼至，詰以火事，大人泣拜謝罪，乃曰：「縱火則無之，然妾小家女，福薄，誠不足以當岐王伉儷，幸赦其死，乞削髮出外爲尼。」太后曰：「聞汝詛詈岐王，有諸？」對曰：「妾乘忿，或有之。」上乃罪乳母及二嬖人，命中使送夫人於瑶華宫，不披戴，舊俸月錢五十緡，更增倍之，厚加資給，曰：「俟王意解，當復迎之。」《涑水記聞》卷十四。

趙頵

1 嘉王顥，裕陵親弟也，好讀書。元豐間，數上疏論政事，記室或諫之曰：「大王爲天子弟，無狗馬聲色之好，游心方册，固是盛德，而數干廷議，非所以安太后也。」王矍然亦悟。爾後惟求醫書，與其僚講湯液方論而已。朝廷果賢其好古，降詔褒諭。至今醫家有《嘉王集方》。《萍洲可談》卷一。案：嘉王顥，爲「嘉王頵」之誤。

趙仲忽

1 紹聖初，宗室仲忽得古銅器，有銘曰：「魯公作文王尊彝以獻。」詔送秘閣，而館中劾奏，仲忽所獻，實非古物，請正欺誕之罪。於是仲忽坐罰奉一月。蓋是時猶惡其以怪奇惑人主也。至崇寧後，古器畢集於御府，至不可勝計……而仲忽所獻，巍然冠群器之上矣。《家世舊聞》卷下。

趙仲湜

1 恭孝儀王，諱仲湜。……二帝北狩，六軍欲推王而立之。仗劍以却黄袍，曉其徒曰：「自有真主。」其徒猶未退，則以所仗劍自斷其髮。其徒又未退，則欲自伏劍以死。六軍與王約，以踰月而真主不出，則王當即大位。王陽許而陰實款其期。未幾，高宗即位於應天，王間關渡南，上屢嘉歎。王祭濮園，嘗自贊其容曰：「熙寧六載，歲在癸丑，月當孟夏，二十有九，予乃始生，濮祖之後。性比山麋，貌同野叟。隨圓就方，似無惟有。惟忠惟孝，不污不苟。皓月清風，良朋益友。湛然靈臺，確乎不朽。」「不污不苟」，蓋自叙其推戴事也。《四朝聞見録》甲集。《西湖游覽志餘》卷八。

趙士㑺

1 見岳飛24。

趙令鑠

1 英宗在濮邸，與燕王宫族人世雄厚善。兩家各生子，同年月日時，是生神宗，而世雄之子令鑠也。神宗後即帝位。令鑠進士及第，爲本朝宗室登科第一。《揮麈録》卷一。《鐵網珊瑚》卷五。《宋詩紀事》卷八十五。

趙令時

1 宗室令時，少有俊名，一時名士多與之游。元祐間，執政薦之簾前，欲用以爲館職，曰：「令時非特文學可稱，吏能亦自精敏。其爲人材，實未易得。」宣仁后曰：「皇親家惺惺者，直是惺惺，但不知德行如何，不如更少待。」於是遂止。《卻掃編》卷下。

2 見蘇軾246。

3 東坡作《秋陽賦》云：「越王之孫，有賢公子，宅於不土之里，而詠無言之詩。」蓋「時」字也。坡云：「且教人別處使不得。」《王直方詩話》。《老學庵筆記》卷五。

4 見王鞏4。

5 「雖自九天分派，不與萬李同林。步處雷驚電繞，空餘翰墨窺尋。」此趙德麟跋蓮所藏李太白醉草後，其實自謂也。《春渚紀聞》卷七。

6 「白藕作花風已秋，不堪殘睡更回頭。晚雲帶雨歸飛急，去作西窗一夜愁。」此趙德麟細君王氏所作也。德麟既鰥居，因見此篇，遂與之爲親。余以爲乃二十八字媒也。《王直方詩話》。《詩話總龜》前集卷二十七。《優古堂詩話》。《詩人玉屑》卷二十。《竹莊詩話》卷二十二。《堯山堂外紀》卷五十三。《詞林紀事》卷五。

趙孝參

1 豫章郡王孝參，曹王之次子。曹王甚賢，神廟之季弟也。於太上皇爲從兄弟，且俊爽一時，甚尊寵也，號「三大王」者。政和間始建春宮，既事大體重，乃命近戚奏告諸陵，而三大王遂行。朝廷亦爲妙選行事官與之偕，盡館閣上才，一時之盛舉也。諸名士既與王同塗，而王亦自矜持，朝夕譚對，簡札間獨喜用「其」字。諸公爲快快不樂，且以其崇貴，故不敢顯譏焉。往返者多，將及國門，於是争前叙别，始僉約得共報之，曰：「某等其有天幸，獲侍大王其將半月，不勝其榮幸。今違履舃，願大王保其玉體，益其令聞。某等不勝其依戀。」數十「其」而後歸，莫不撫掌。《鐵圍山叢談》卷四。

趙希元　趙令裣

1 宗人趙舜輔希元，自負詩文，每以東坡爲標準，居處齋室皆取其言以爲名。嘗種芍藥於亭下，以蘇詩有「亭下殿餘春」之句，遂榜曰「殿春亭」，作横牌書之。同列有惡之者，乃謂其家有「亭春殿」，由是出爲衢州兵官。時趙令裣表之寓居西安，亦好吟詠，每相譏評。後表之除浙西憲，舜輔疏其短，引嫌乞避，遂移嚴州，而憲亦罷焉。《雞肋編》卷下。案：令裣，似即「令衿」。

趙楷

1 熙寧間，始命宗室應科舉；大觀間，内臣有赴殿試者；政和八年，帝子亦赴殿試。宗子及第，始於令鑠；内臣及第，始於梁師成；親王及第，始於嘉王楷。故事：有官人應舉謂之鎖廳，例不作廷魁。戊戌榜，嘉王第一人，登仕郎王昂第二人，顔天選第三人，上宣諭：「嘉王楷有司考在第一，不欲以魁天下，以第二人爲牓首。」鎖廳人作廷魁，自王昂始。《萍洲可談》卷一。

2 見宋欽宗4。

趙樞

1 肅王與沈元用同使虜，館於燕山愍忠寺。暇日無聊，同行寺中，偶有一唐人碑，辭皆偶儷，凡三千餘言。元用素强記，即朗誦一再。肅王不視，且聽且行，若不經意。元用歸，欲矜其敏，取紙追書之。不能記者闕之，凡闕十四字。書畢，肅王視之，即取筆盡補其所闕，無遺者，又改元用謬誤四五處，置筆他語，略無矜色。元用駭服。《老學庵筆記》卷五。《宋稗類鈔》卷五。

趙榐

1 靖康國破，二帝播遷。有小崔才人與廣平郡王道君幼子名榐俱匿民間，已近五十日，虜亦不問。有從官餽以食，遂爲人所發，亦不免，不十日虜去矣。《老學庵筆記》卷一。

趙旉

1 元懿太子名旉……初，太子得疾未瘳。有金香鼎置於地，宫人誤觸之，仆地有聲，太子應時驚搐不止。上命斬宫人於廡下。少頃，太子薨，年三歲。《建炎以來朝野雜記》甲集卷一。

趙詢

1 趙節齋之父國公祖墓在括蒼青田，以地本一蜀人所定，約三年復來。已而見者皆言其中有水，當謀改厝，啓之未畢，而前人至，見之曰：「水自有之，無害也。」既啓穴，水緑色，以盞勺飲極甘。撓之數四，一金魚躍出，擊殺之。又撓之，有二魚，復擊其尾縱之，曰：「當出三天子，今只作一半。」遂復掩之，後乃生景獻太子。《癸辛雜識》别集上。

趙竑

1 濟王夫人吴氏，恭聖太后之姪孫也，性極妬忌。王有寵姬數人，殊不能容，每入禁中，必察之楊后，具言王之短，無所不至。一日内宴後，以水精雙蓮花一枝，命王親爲夫人簪之，且戒其夫婦和睦。未幾，王與吴復有小競，王乘怒誤碎其花。及吴再入禁中，遂譖言碎花之事，於是后意甚怒，已有廢儲之意。會王在邸新飾素屏，書「南恩新」三大字，或扣其說，則曰：「『花兒王』王壙之父號花兒王。與史丞相通同爲奸，待異日當竄之上二州也。」既而語達，王與史密謀之楊后，遂成廢立之禍焉。蓋當時盛傳「花兒王」者穢亂宮闈，市井俚歌所唱「花兒王開」者，蓋指此也。《癸辛雜識》後集。

申國長公主

1 太宗第七女申國大長公主平生不茹葷，端拱初，幸延聖寺抱對佛願捨爲尼。真宗即位，遂乞削髮。上曰：「朕之諸妹皆厚賜湯邑，築外館以尚天姻，酬先帝之愛也。汝獨願出家，可乎？」申國曰：「此先帝之願也。」堅乞之，遂允。進封吳國，賜名清裕，號報慈正覺大師，建寺都城之西，額曰「崇真」。藩國近戚及掖庭嬪御願出家者，若密恭懿王女萬年縣主、曹恭惠王女惠安縣主凡三十餘人，皆隨出家。詔普度天下僧尼。申國俗壽止三十八，尼夏十有六入滅。《湘山野録》卷上。《宋朝事實類苑》卷四十三。

2 初，申國長公主爲尼，掖庭嬪御隨出家三十餘人，詔兩禁送於寺，賜齋饌。傳宣各令作詩送，惟陳文僖公彭年詩尚有記者，云：「盡出花鈿散寶津，雲鬟初翦向殘春。因驚風燭難留世，遂作池蓮不染身。貝葉乍翻疑軸錦，梵聲纔學誤梁塵。從兹艷質歸空後，湘浦應無解佩人。」或云作詩之説恐非。好事者能於《鷓鴣天》曲聲歌之。《湘山野録》卷下。《宋朝事實類苑》卷四十三。《宋詩紀事》卷四。

榮德帝姬

1 見柔福帝姬2。

柔福帝姬

1 韓世清屯蘄州，出兵與〔劉〕忠戰，大破之，其衆死亡者甚多，乃漸入湖南，世清奪得一婦人，自稱是柔福帝姬，小名環環，行第二十一，小王娘子之女也。或報世清，世清疑之，乃請知州甄采同通判鈐轄具官裳立於庭，坐柔福帝姬於堂上，隔簾問之，遂具説被虜及得脱之因，具言被劉忠虜在軍中，初遭劉忠無禮，又被劉忠嫁與一押火。及言昔時閤中官員姓名稍詳，世清等信之，遂改館焉。《三朝北盟會編》卷一百三十四。

2 建炎四年，上在會稽，有自虜中逃歸，稱柔福帝姬者。帝姬，道君女，莘王植同産也。詔宣政使馮益、内人吴心兒驗視，遂取入宫，封福國長公主，下降永州防禦使高世榮。……時又有婦人自稱榮德帝姬，姬在東都，嘗適曹晟。荆南鎮撫使解潛以聞，按驗，則婦人易氏也，亦杖死。於是大理評事山陰石邦彦引唐代宗之言告。上曰：「吾寧受百欺，冀得一真。」三年春，乃詔皇族有脱虜來歸者，令州縣驗實以聞，許推賞。顯仁后來歸之歲，有入内醫官徐中立者，言柔福北遷，適其子還而死。詔福國長公主顯屬詐冒，下大理雜治。大理言：「稱公主者，乃東都乾明寺尼李静善也。法寺當詐假官，流二千里；冒諸俸賜計錢四十七萬九千餘緡，爲詐欺官私以取財物，準盜論，罪止流三千里；節次入内起居，爲闌入至御在所者，斬。以上並該赦外，馮益被旨識認之時，静善與益對坐，謂上爲兄，係對捍制使而無人臣之禮，大不恭，十惡，罪至死，不赦。」詔決重杖處死。益至獄不承，訊問乃伏。法寺言：「益赦後，制勘虚妄，當罰金，情重，奏裁。」詔除名，昭州編管。未行，復釋之。世榮積官常德軍承宣使，奉祠。至是，改正追奪。後以父任，復爲班行。乾道中，特除閤門祗候、江南兵馬都監云。《建炎以來朝野雜記》甲集卷一。

3 靖康之亂，柔福帝姬隨北狩。建炎四年，有女子詣闕，稱爲柔福，自虜中潛歸。詔遣老宫人視之，其貌良是，問以宫禁舊事，略能言彷彿，但以足長大疑之。女子顰蹙曰：「金人驅迫如牛羊，跣足行萬里，寧復故態哉？」上惻然不疑其詐，即詔入宫，授福國長公主，下降高世榮。汪龍溪行制詞云：「彭城方急，魯元嘗困於面馳；江左既興，益壽宜充於禁臠。」資妝一萬八千緡。紹興十二年，顯仁太后回鑾，言柔福死于虜中久矣，始知其詐。執付詔獄，乃一女巫也，嘗遇一宫婢，謂之曰：「子貌甚類柔福。」因告以宫禁事，教之爲詐。遂伏誅。前後請給錫賚計四十七萬九千緡。……此女巫若非顯仁之歸，富貴終身矣。《鶴林玉露》乙編卷五。《湖海新聞夷堅續志》前集卷一。《西湖游覽志餘》卷六。《宋稗類鈔》卷四。

4 柔福帝姬，先自金間道奔歸，自言于上，上泣而具記其事，遂命高士㒟尚主。一時寵渥，莫之前比。蓋徽宗僅有一女存，上待之故不忍薄也。及韋太后歸自北方，持高宗袂泣未已，遽曰：「哥被番人笑説，錯買了顔子帝姬。柔福死已久，生與吾共卧起，吾視其斂，且寘骨。」上以太母之命，寘姬于理。獄具，誅之東市。或謂太后與柔福俱處北方，恐其訐己之故，文之以僞，上奉母命，則固不得與之辯也。然柔福自聞太后將還鑾馭，即以病告。嘗以尼師自隨，或謂此尼曾事真帝姬，故備知疇昔帝姬俱上在宫中事。僞帝姬引見之頃，呼上小字，尼師之教也。京師顔家巷髹器物不堅實，故至今謂之「顔子生活」。《四朝聞見録》乙集。《隨園隨筆》卷十九。《南宋雜事詩》卷四。

趙樞女

1 宋姬者，宋肅王樞之女也。幼戲水濱，得玉印一，文曰「金妃之印」。靖康遭掠入金，金主納之爲妃。或云符印之讖。……至後又徙二帝於五國城，姬驟諫而主怒，以匕首殺之。《明詩綜》卷十五袁華《哀宋姬詩序》。

趙德昭女孫

1 《竊憤録》載：金人徙宋欽宗回燕京，一日，行至平順州，止泊驛舍。時以七夕，官中於驛作酒肆，縱人會飲。帝於室中窺見一胡婦攜數女子，皆俊目艷麗，或歌或舞，或吹笛持酒勸客。所得錢物酒食，率歸胡婦。稍不及者，婦以杖擊之。少頃，官遣皂衣吏賫酒飲帝，胡婦不知爲帝也，亦遣一横笛女子入室中，對帝嗚咽，吹不成曲。帝問女子曰：「吾與汝爲鄉人，汝東京誰氏女耶？」女顧胡婦稍遠，乃曰：「我百王宮魏王女孫也，先嫁欽慈太后姪孫。京城陷，爲賊擄至此，賣與豪門作婢，既又遭主母詬撻，轉鬻與此胡婦，俾在此日夕求酒食錢物，若不及，即箠楚隨之。」言訖，問帝曰：「官人亦是東京人，想亦被擄來此也。」帝但泣下遣之去。按《朝野遺記》：張孝純在雲中府，粘罕席上有所睹，賦《念奴嬌》一闋云：

「疎眉秀盼，向春風猶是，宣和粧束。貴氣盈盈姿態巧，舉止況非凡俗。宋室宗姬，秦王幼女，曾嫁欽慈族。干戈横蕩，事隨天地翻覆。　一笑邂逅相逢，勸人飲酒，旋旋吹横竹。流落天涯俱是客，何必平生相熟。舊日榮華，如今憔悴，付與杯中渌。興亡休問，爲伊且盡船玉。」詳味詞旨，則孝純所睹即帝之所遇者也。然孝純之詞，賦之粘罕席上，則是女初屬粘罕審矣，後乃復流落於偏州，豈非粘罕之婦妬而逐之耶？《兩山墨談》卷六。《堅瓠戊集》卷三。

周漢國公主

1　理皇下嫁周漢國公主於駙馬都尉楊鎮，故事：奠雁奏進禮物一百有二十奩。理皇從復古殿取《神龍蘭亭》爲第一奩。《清容居士集》卷四十七。

2　宋理宗女下嫁楊鎮，未幾而薨，鎮至行三年喪，自稱「草土」。《研北雜志》卷下。

宋人軼事彙編卷四

范質

1 范魯公舉進士，和凝相主文，愛其私試，因以登第。凝舊在第十三人，謂公曰：「君之辭業合在甲選，暫屈爲第十三人，傳老夫衣鉢可乎？」魯公榮謝之。後至作相，亦復相繼。時門生獻詩，有「從此廟堂添故事，登庸衣鉢亦相傳」之句。《玉壺清話》卷六。《古今詩話》。《邵氏聞見録》卷七。《澠水燕談録》卷六。《宋朝事實類苑》卷二十四。《詩話總龜》前集卷三十八。《類説》卷十二引《記異録》。《石林燕語》卷八。《西溪叢語》卷下。《容齋四筆》卷四。《群書類編故事》卷五。《宋詩紀事》卷二。

2 周祖自鄴起師向闕，京國罹亂，魯公遁迹民間。一日，坐對正巷茶肆中，忽一形貌怪陋者前揖云：「相公相公，無慮無慮。」時暑中，公執一葉素扇，偶寫「大暑去酷吏，清風來故人」一聯在上，陋狀者奪其扇曰：「今之典刑，輕重無準，吏得以侮，何啻大暑耶？公當深究獄弊。」持扇急去。一日，於祆廟後門，一短鬼手中執其扇，乃茶邸中見者。未幾，周祖果以物色聘之，得公於民間，遂用焉。憶昔陋鬼之語，首議刑典，疏曰：「先王所恤，莫重於刑。今繁苛失中，輕重無準，民罹横刑，吏得侮法，願陛下留神刑典，深軫無告。」世宗命公與臺官劇可久、知雜張湜聚都省詳修刊定……目曰《刑統》。《玉壺清話》卷六。《邵氏聞見録》卷七。《詩話總龜》前集卷四十七。《宋名臣言行録》前集卷一。《清波雜志》卷七。《湖海新聞夷堅續志》後集卷二。

3　范質初作相，與馮道同堂，道最舊宿，意輕其新進，潛視所爲。質初知印，當判事，語堂吏曰：「堂判之事，並施籤表，得以視而書之，慮臨文失誤，貽天下笑。」道聞，歎曰：「真識大體，吾不如也。」質後果爲名相。《楊文公談苑》。《宋朝事實類苑》卷九。《宋名臣言行録》前集卷一。

4　周顯德中，以太祖在殿前點檢，功業日隆，而謙下愈甚，老將大校多歸心者，雖宰相王溥亦陰效誠款，今淮南都園，則溥所獻也。惟范質忠於周室，初無所附。及世宗晏駕，北邊奏契丹入寇。太祖以兵出拒之，行至陳橋，軍變，既入城，韓通以親衛戰於闕下，敗死。太祖登正陽門望城中，諸軍未有歸者，乃脱甲詣政事堂。時早朝未退而聞亂。質下殿執溥手曰：「倉猝遣將，吾儕之罪也。」爪入溥手，幾血出。溥無語。既入見太祖，質曰：「先帝養太尉如子，今身未冷，奈何如此？」太祖性仁厚，流涕被面。然質知事不可遏，曰：「事已爾，無太倉卒，自古帝王有禪讓之禮，今可行也。」因具陳之，且曰：「太尉以禮受禪，則事太后當如母，養少主當如子，慎勿負先帝舊恩。」太祖揮涕許諾，然後率百官成禮。由此太祖深敬重質，仍以爲相者累年。終質之世，太后、少主皆無恙。故太祖、太宗每言賢相，必以質爲首。《龍川別志》卷上。

5　建隆初春宴，方就次，雨大作，樂舞失容，上色愠。范質乃言曰：「今歲二麥必倍收。」上喜動色，命滿泛，入夜方罷，莫不沾醉。《畫墁録》。

6 太祖以范質寢疾，數幸其家。其後，慮煩在朝大臣，止令內夫人問訊。質家迎奉，器皿不具，內夫人奏知，太祖即令翰林司送果子牀酒器凡十副以賜之。復幸其第，因謂質曰：「卿爲宰相，何自苦如此？」質奏曰：「臣向在中書，門無私謁，所與飲酌皆貧賤時親戚，安用器皿？因循不置，非力不及也。猥蒙厚賜，有涉近名，望陛下察之。」尋薨。開寶中，因相位乏人，太祖累言：「如范質，真宰相也。」《國老談苑》卷一。

7 質自從仕，未嘗釋卷，人或勉之，質曰：「昔嘗有異人與吾言，它日必當大任。苟如其言，無學術，何以處之？」《宋名臣言行録》前集卷一。《言行龜鑑》卷一。

8 〔范魯公質〕嘗謂同列曰：「人能鼻吸三斗醇醋，即可爲宰相矣。」《宋朝事實類苑》卷九。《沂公筆録》。《宋名臣言行録》前集卷一。《古今事文類聚》別集卷十六。

范令孫

1 范魯公之孫令孫，有學行，登甲科，人以公輔器之，王魏公旦妻以息女。令孫常爲《登覽》詩曰：「孤雲不爲雨，盡日却歸山。」識者以謂不及進用之兆。令孫官止右正言，年未五十卒，士大夫哀而惜之。《澠水燕談録》卷七。《宋朝事實類苑》卷四十六。

王溥

1 宰相王溥父祚，少爲太原掾屬，累遷宿州防禦使。既老，溥勸其退居洛陽，居常怏怏。及溥爲相，客或候祚，溥常朝服侍立，客不安席，求去，祚曰：「學生勞賢者起避耶？」《澠水燕談録》卷二。《宋朝事實類苑》卷二十四。《古事比》卷二。

2 王宮保溥，乾德初，相太祖，以舊相先朝令德，固優待之。故事，一品班在臺省之後，特制分臺省班於東西，遂爲著式。公父祚，并州郡小吏，後以防禦使致仕於家，眉壽康福。每搢紳拜於其家，置樽爲壽，公必朝服侍立，客輒不安，引避於席。祚曰：「學生，僕之豚犬爾，豈煩謙避耶？」溥後纂集蘇冕、崔鉉二《會要》，撰成一百卷，目曰《唐會要》。教其子貽孫，尤負奥學。《玉壺清話》卷二。

3 〔王〕祚居富貴久，奉養奢侈，所不足者未知年壽爾。一日，居洛陽里第，聞有卜者，令人呼之，乃瞽者也。密問老兵云：「何人呼我？」答曰：「王相公父也。貴極富溢，所不知者壽也。今以告汝，俟出，當厚以卦錢相酬也。」既見，祚令布卦，成，又推命，大驚曰：「此命惟有壽也。」祚喜問曰：「能至七十否？」瞽者笑曰：「更向上。」答以至八九十否，又大笑曰：「更向上。」答曰：「能至百歲乎？」又歎息曰：「此命至少亦須一百三四十歲也。」祚大喜曰：「其間莫有疾病否？」曰：「並無。」固問之，其人又細數之曰：「俱無，衹是近一百二十歲之年，春夏間微苦臟腑，尋便安愈矣。」祚喜，回顧子孫在後侍立者曰：「孫兒輩切記之，是年且莫教我喫冷湯水。」《默記》卷上。

4 相國王溥，二十六歲狀元及第，三十二拜相，四十二以一品罷相。每先太傅見客，王公以前宰相侍側，略無惰容。坐客以不安席引去者甚衆。《談録》。

5 王丞相溥作相日在具慶下。安厚卿爲樞密日亦然，蓋繼母也。《塵史》卷下。

6 國朝宰相最少者惟王溥，罷相時父母皆在，人以爲榮。詩云：「一舉登科日，雙親未老時。歷増趨宰輔，猶掛老萊衣。」《詩律武庫》卷四。《宋朝事實類苑》卷二十四。

7 王溥嘗薦向拱討鳳翔，有功。拱後鎮京兆，思有以報溥，詢其所欲，溥曰：「長安故都，碑篆高文，願悉見之。」拱至，分遣吏督匠摹打，深林邃谷，無不詣之，凡得石本三千餘以獻。溥命善書者分隸爲《琬琰集》一百卷。當拱之訪求石碑，或蹊田害稼，村民深以爲害，鑱鑿其文字，或爲柱礎帛砧略盡，亦金石刻之屯會也。《苕溪漁隱叢話》後集卷二十二。

王貽孫

1 王貽孫，字象賢，溥之子。太祖嘗問趙普：「拜禮何以男子跪，婦人不跪？」徧問禮官，無有知者，貽孫曰：「古詩云：『長跪問故夫。』即婦人古亦跪也。唐天后朝始拜而不跪。」普問其所出，對大和中幽州從事張建章《渤海國記》。以溥藏書萬卷，貽孫徧覽之。《宋朝事實類苑》卷五十九引《范蜀公蒙求》。《玉壺清話》卷二。《宋朝事實類苑》卷十五。

王貽永

1 王貽永久冠樞府，持慎，少所發明。楊懷敏自河朔入奏隄塘事，所欲升黜者數十人。兩府聚聽，敏來白事，相府爲具，呼爲太傅稱説云云，莫敢發言。獨貽永瓶怒，云：「押班如此，莫膽倒人甚多，未爲穩便。」敏縮頭而退。時龐相、吴左丞爲樞副，退而言曰：「嘗得此老子惡發，大好事。」政府呼太傅者有慚色矣。《江鄰幾雜志》。

2 見宋太宗69。

趙普

1 安道侍郎云：趙韓王客長安，購唐太宗骨葬昭陵下。一豪姓蓄腦骨，比求得甚艱。《江隣幾雜志》。

2 祖宗居潛日，與趙韓王游長安市。時陳摶乘一衛遇之，下驢大笑，巾簪幾墜。左手握太祖，右手挽太宗：「可相從市飲乎？」祖宗曰：「與趙學究三人並游，可當同之。」陳睥睨韓王甚久，徐曰：「也得，也得，非渠不得預此席。」既入酒舍，韓王足疲，偶坐席左，陳怒曰：「紫微帝垣一小星，輒據上次，不可！」斥之使居席右。《續湘山野録》。《宋朝事實類苑》卷四十八。《新編分門古今類事》卷二。《群書類編故事》卷四。《東山談苑》卷六。《邵氏聞見後録》卷二十二。

3 韓王普初罷隴州巡官，到京，至日者王勛卜肆問命，次簾下，看魯公騶殿稍盛，歎曰：「似此大官，修箇甚福，來得到此。」勛曰：「員外即日富貴，更强似此人，何足歎羡？往往便爲交代，亦未可知。」後果如其言。《丁晉公談録》。《宋朝事實類苑》卷四十八。《宋稗類鈔》卷七。《堯山堂外紀》卷四十二。

4 藝祖仕周世宗，功業初未大顯。會世宗親征淮南，駐蹕正陽，攻壽陽劉仁贍未下，而藝祖分兵取滁州。距壽州四程皆大山，至清流關而止。關去州三十里則平川，而西澗又在滁城之西也。是時，江南李景據一方，國力全盛。聞世宗親至淮上，而滁州其控扼，且援壽州，命大將皇甫暉、監軍姚鳳提兵十萬扼其地。太祖以周軍數千與暉遇於清流關隘路，周師大敗。暉整全師入憇滁州城下，令翼日再出。太祖兵再聚於關下，且虞暉兵再至，問諸村人，云有鎮州趙學究在村中教學，多智計，邨民有争訟者，多詣以决曲直。太祖微服往訪之。學究者固知爲趙點檢也，迎見加禮。太祖再三叩之，學究曰：「皇甫暉威名冠南北，太尉以爲與己如何？」曰：「非其敵也。」學究曰：「然彼之兵勢與己如何？」曰：「非其比也。」學究曰：「然兩軍之勝負如何？」曰：「彼方勝，我已敗，畏其兵出，所以問計於君也。」學究曰：「然且使彼來日整軍再乘勝而出，我師絶歸路，不復有噍類矣。」太祖曰：「當復奈何？」學究曰：「我有奇計，所謂『因敗爲勝，轉禍爲福』者。今關下有徑路，人無行者，雖暉軍亦不知之，乃山之背也，可以直抵城下。方阻西澗水大漲之時，彼必謂我既敗之後，無敢躡其後者。誠能由山背小路率衆浮西澗水至城下，斬關而入，彼方戰勝而驕，解甲休衆，必不爲備，可以得志，所謂『兵貴神速，出其不意』。若彼來日整軍而出，不可爲矣。」太祖大喜，且命學究指其路。學究亦不辭，而遣人前導。即下令誓師，夜出小路亟行。三軍跨馬浮西澗以迫城，暉果不爲備，奪門以入。既入，暉始聞之，旋率親兵擐甲與太祖巷戰，三縱而三擒之。既主帥被擒，城中咸謂周師大兵且至。城中大亂，自相蹂踐，死亡不計其數，遂下滁州。即《國史》所載，太祖曰「餘人非我敵，必斬皇甫暉頭」者，此時也。滁州既破，中斷壽州爲二，救兵不至，壽州爲孤軍。周人得以擒仁贍，自滁州始也。……其後仁宗時，所以建原廟於滁而殿曰端命者，太祖歷試于周，功業自此而成，王業自此而始，故號「端命」。蓋我宋之咸、鎬，豐、沛也。其趙學究即韓王普也。實與太祖定交於滁州，引爲上介，辟爲歸德軍節度使巡官。《默記》卷上。

5 趙韓王普初爲滁州軍事判官，太祖過滁上與語，奇之。會獲盗百餘人，將就死。普意其有寃，啓太祖，更訊之，所全活者十七八矣。《厚德録》卷三。《宋名臣言行録》前集卷一引《范蜀公蒙求》。

6 見宋太祖68。

7 太祖將親征潞賊李筠，詔留後吕餘慶、趙普於京師。普因私謁太宗於朱邸，且曰：「普託迹諸侯十五年，今偶雲龍，變家爲國，賊勢方盛，萬乘蒙塵，是臣子効命之日，幸望啓奏此誠，願軍前自効。」太宗即以聞上，太祖笑曰：「趙普豈勝甲冑乎？」因謂太宗曰：「是行也，朕勝則不言，萬一不利，則使趙普分兵守河陽，别作一家計度。」及凱旋，第賞宰臣撥官，太祖曰：「普有從朕伐叛之勳，宜當加等。」於是授侍郎、樞密使。《國老談苑》卷一。

8 太祖初即位，命韓王爲相，顧謂趙曰：「汝雖爲相，見舊相班立坐起，也須且讓他。」趙奏曰：「陛下初創業，以爲相，正欲彈壓四方。臣見舊相，臣須在上，不可更讓也。」太祖嘉之。洎因奏忤旨，上怒，就趙手製奏劄子挼而擲之。趙徐徐拾之起，以手展開，近前復奏。上愈怒，拂袖起，趙猶奏曰：「此事合如此，容臣進入取旨。」其膽量也如此。《丁晉公談録》。《國老談苑》卷一。

9 見宋太祖81。

10 〔趙普〕在相府，或一日，奏太祖曰：「石守信、王審琦皆不可令主兵。」上曰：「此二人豈肯作罪過！」趙曰：「然此二人必不肯爲過。臣熟觀其非才，但慮不能制伏於下。既不能制伏於下，其間軍伍忽有作孽者，臨時不自由耳。」太祖又謂曰：「此二人受國家如此擢用，豈負得朕！」趙曰：「只如陛下，豈負得世宗？」太祖方悟而從之。《丁晉公談録》。

11 太祖欲使符彦卿典兵，趙韓王屢諫，以謂彦卿名位已盛，不可復委以兵柄。上不聽。宣已出，韓王復懷之請見。上迎謂之曰：「豈非以符彦卿事邪？」對曰：「非也。」因別以事奏，既罷，乃出彦卿宣進之。上曰：「果然。宣何以復在卿所？」韓王曰：「臣託以處分之語有未備者，復留之，惟陛下深思利害，勿爲後悔。」上曰：「卿苦疑彦卿，何也？朕待彦卿至厚，彦卿能負朕邪？」韓王曰：「陛下何以能負周世宗？」上默然，遂中止。《涑水記聞》卷一。《宋名臣言行録》前集卷一。

12 見宋太祖102。

13 太祖一日召對趙中令，出取幽州圖以示之，趙中令詳觀，稱歎曰：「是必曹翰所爲也！」帝曰：「何以知之？」普對曰：「方今將帥材謀，無出於翰，此圖非翰，他人不可爲也。翰往，必得幽州。然既得幽州，陛下遣何人代翰？」帝默然，持圖歸内。《春明退朝録》卷上。《宋朝事實類苑》卷十五。

14 太祖時，嘗有群臣立功，當遷官。上素嫌其人，不與，趙普堅以爲請。上怒曰：「朕固不爲遷官，將若何？」普曰：「刑以懲惡，賞以酧功，古今之通道也。且刑賞者，天下之刑賞，非陛下之刑賞也，豈得以喜怒專之？」上怒甚，起，普亦隨之。上入宫，普立於宫門，久之不去。上寤，乃可其奏。《涑水記聞》卷一。《宋朝事實類苑》卷十六。《名臣言行録》前集卷一。《言行龜鑑》卷六。

15 趙普嘗欲除某人爲某官，不合太祖意，不用。明日，普復奏之，又不用。明日，又奏之，太祖怒，取其奏壞裂投地，普顔色自若，徐拾奏歸，補綴。明日，復進之，上乃寤，用之。其後果稱職，得其力。《涑水記聞》卷一。《宋朝事實類苑》卷十六。《宋名臣言行録》前集卷一。《言行龜鑑》卷六。

16 忽因大宴，大雨驟至，上不悦。少頃，雨不止，形于言色，以至叱怒左右。趙近前奏曰：「外面百姓正望雨，官家大宴何妨，只是損得些少陳設，濕得些少樂人衣裳。但令樂人雨中做雜劇，此時雨難得，百姓得雨快活之際，正好喫酒娱樂。」上於是大喜，宣樂人就雨中奏樂，入雜劇。是日屨勸近臣百官軍員喫酒，盡歡而散。《丁晉公談録》。《宋朝事實類苑》卷十五。《孔氏談苑》卷四。《昨非庵日纂》一集卷十五。

17 見宋太祖69。

18 太祖時，趙韓王普爲相，車駕因出，忽幸其第。時兩浙錢俶方遣使致書及海物十瓶於韓王，置在左廡下。會車駕至，倉卒出迎，不及屏也。上顧見，問何物，韓王以實對。上曰：「此海物必佳。」即命啓之，皆滿貯瓜子金也。韓王皇恐，頓首謝曰：「臣未發書，實不知。若知之，當奏聞而卻之。」上笑曰：「但取之，無慮。彼謂國家事皆由汝書生耳。」因命韓王謝而受之。韓王東京宅，皆用此金所修也。《涑水記聞》卷三。《宋朝事實類苑》卷一、卷六。《宋名臣言行録》前集卷一。

19 趙中令普當國，每臣僚上殿，先於中書供狀，不敢詆斥時政，方許登對。田錫爲諫官，嘗論此事，後方少息。《東軒筆録》卷十四。

20 趙普中令爲相，於廳事坐屏後置二大甕，凡有人投利害文字，皆置甕中，滿即焚於通衢。《邵氏聞見録》

卷六。《宋名臣言行録》前集卷一。《容齋隨筆》卷七。《鶴林玉露》乙編卷五。《自警編》卷八。《名賢氏族言行類稿》卷三十八。《何氏語林》卷六。《古事比》卷三十七。

21 見宋太祖155。

22 趙安定王普，佐藝祖以揖讓得天下，平僭亂，大一統。當其爲相時，每朝廷遇一大事，定大議，纔歸第則亟閉户，自啓一篋，取一書而讀之，有終日者，雖其家人莫測也。及翌日出，則是事必決矣。用是爲常，故世議疑有若子房解后黄石公事，必得異書焉。及後王薨，家人始得開其篋而視之，則《論語》二十卷。《鐵圍山叢談》卷三。《言行龜鑑》卷一。

23 太宗欲相趙普，或譖之，曰：「普山東學究，惟能讀《論語》耳。」太宗疑之，以告普，普曰：「臣實不知書，但能讀《論語》。佐藝祖定天下纔用得半部，尚有一半可以輔陛下。」太宗釋然，卒相之。《自警編》卷一。《言行龜鑑》卷一。《鶴林玉露》乙編卷一。

24 見盧多遜10。

25 〔盧多遜〕與趙韓王睚眦，太宗踐祚，每召對，即傾之。上以膚受，頗惑之，黜普於河陽。普朝辭，抱笏面訴，氣懾心懦，奏曰：「臣以無狀之賤，獲事累聖，況曩日昭憲聖后大漸之際，臣與先帝面受顧命，遣臣親寫二劵，令大寶神器傳付陛下，以二書合縱批文，立臣銜爲證。其一書先后納於棺，一書先帝手封收宮中，乞陛下試尋之，孤危之迹，庶乎少雪。臣此行身移則事起，豺狼在途，危若累卵，誰與臣辨？」後果得此書於禁中，帝疑既釋，竄多遜於朱崖。上謂普曰：「朕幾欲誅卿。」故王禹偁《韓王挽詞》有「鴻恩書册府，遺訓在金縢」，乃此事也。《玉壺清話》卷三。《古今詩話》。《詩話總龜》前集卷十九。

26 見宋太祖71。

27 世傳太祖將禪位於太宗，獨趙韓王密有所啟，太祖以重違太母之約，不聽。太宗即位，入盧多遜之言，怒甚，召至闕而詰之。韓王曰：「先帝若聽臣言，則今日不睹聖明。然先帝已錯，陛下不得再錯。」太宗首肯者久之，韓王由是復用。《曲洧舊聞》卷一。

28 見張齊賢6。

29 見馮拯1。

30 趙韓王兩京起第，外門皆柴荆，不設正寢。……後園亭榭制作雄麗，見之使人竦然。廳事有椅子十隻，樣制古樸，保坐分列，自韓王安排，至今不易。太祖幸洛，初見柴荆，既而觀堂筵以及後圃，哂之曰：「此老子終是不純。」堂中猶有雷時酒，如膠漆，以水參之，芳烈倍常，飲之皆醉。初，河南府歲課修内木植，或不前，俾有司督按，乃曰：「爲趙普修宅買木所分。」既而有旨：「修趙普宅了上供。」《畫墁録》。《宋稗類鈔》卷二。

31 韓王將營西宅，遣人於秦、隴市良材以萬數，盧多遜陰以白上，曰：「普身爲元宰，乃與商賈競利。」及宅成，韓王時爲西京留守，已病矣。詔詣闕，將行，乘小車一游第中，遂如京師，至於捐館，不復再來矣。《涑水記聞》卷二。《昨非庵日纂》一集卷八。

32 趙韓王治第，麻擣錢一千二百餘貫，其他可知。蓋屋皆以板爲笪，上以方磚甃之，然後布瓦，至今完壯。《夢溪筆談》卷二十四。

33 趙韓王宅園，國初詔將作營治，故其經畫製作，殆侔禁省。韓王以太師歸是第，百日而薨。《洛陽名園記》。

34 〔趙韓王普〕年七十一，病久，無生意，解所寶雙魚犀帶，遣親吏甄潛者，詣上清太平宮醮星露，懇以謝往咎。上清道録姜道玄爲公叩幽都，乞神語，神曰：「趙某，開國忠臣也，奈何寃累，不可逃？」道玄又叩乞寃者，神以淡墨一巨牌示之，濃煙罩其上，但牌底見「火」字爾。潛歸，公力疾冠帶出寢，涕泣受神語，閲牌底「火」字，公曰：「我知之矣，此必秦王廷美也。然當時事曲不在我，渠自與盧多遜遣堂吏趙白交通，其事暴露，自速其害，豈當咎予？但願早逝，得面辨於幽獄，曲直自正。」是夕普卒。上感悼涕泗，自撰神道碑，八分御書賜之。《玉壺清話》卷六。《宋朝事實類苑》卷六十九。《樂善録》卷二。《昨非庵日纂》二集卷二十。《宋稗類鈔》卷七。

35 趙韓王疾，夜夢甚惡，使道流上章禳謝。道流請章旨，趙難言之，從枕躍起，索筆自草曰「情關母子，弟及自出於人謀；計協臣民，子賢難違乎天意。乃憑幽祟，逞此强陽，瞰臣氣血之衰，肆彼魘呵之厲。儻合帝心，誅既不誣管蔡；幸原臣死，事堪永謝朱均」云云。密封令勿發，向空焚之。火正爇亟，而此章爲大風所掣，吹墮朱雀門，爲人所得，傳誦於時。竟不起。《楓窗小牘》卷上。《宋稗類鈔》卷七。

36 趙韓王從太祖至洛行宮，見架上一篋，取視，皆李氏父子墨也，因盡以賜王。後王之子婦，蓐中血運，危甚，醫求古墨爲藥，因取一枚，投烈火中，研末，酒服即愈。諸子欲各備産乳之用，乃盡取墨煅而分之，自是李氏墨世益少得。《宋詩紀事》卷四十四引王彦若《墨説》。

37　禮部謝侍郎言：昔有一軍校，與趙韓王同甲，月日時亦同。韓王每遷拜，此校亦略有轉補。或大有錫賚，亦須薄有霑賜。然韓王微疾，此校必劇病。或薄譴，必大受笞辱。《文昌雜録》卷二。《五雜組》卷六。《古事比》卷四十六。

38　趙普以佐命功封韓王。車駕在臨安，趙子晝、韓肖胄、王衣同爲貳卿，時人目之爲「趙韓王」。《雞肋編》卷上。

王審琦

1　王審琦微時，與太祖相善，後以佐命功，尤爲親近。性不能飲。太祖每燕，近臣常盡飲，而審琦但持空杯，太祖意不滿。一日酒酣，舉杯祝曰：「審琦布衣之舊，方共享富貴。酒者，天之美禄，可惜不令飲之。」祝畢，顧審琦曰：「天必賜汝酒量，可試飲。」審琦受詔，不得已飲，輒連飲大杯，無苦。自是每侍宴，輒能與衆同飲，退還私第，則如初。《石林燕語》卷七。《東都事略》卷十九。《七修類稿》卷四。《堅瓠廣集》卷二。《宋稗類鈔》卷一。

2　忠正軍節度使王審琦與太祖皇帝有舊，爲殿前都指揮使。禁中火，審琦不待召，領兵入救。臺諫官有言，罷歸壽州本鎮，朝辭，太祖諭之曰：「汝不待召以兵入衛，忠也；臺臣有言，不可不行。第歸鎮，吾當以女嫁汝子承衍者。」召承衍至，則已有婦樂氏，辭。帝曰：「汝爲吾婿，吾將更嫁樂氏。」以御龍直四人控御馬載承衍歸。遂尚秦國大長公主，樂氏厚資嫁之。帝謂承衍曰：「汝父可以安矣。」審琦歸鎮七年，率先諸鎮納節，以使相薨，追封秦王，謚正懿。《邵氏聞見録》卷一。

3 王審琦太師九子，以「九院」呼之。《揮麈録》卷二。

高懷德

1 駙馬都尉高懷德以節制領睢陽，歲久，性頗奢靡，而洞曉音律，故聲伎之妙，冠於當時，法部中精絶者，殆不過之。宋城南抵汴渠五里，有東西二橋，舟車交會，民居繁夥。倡優雜户厥類亦衆，然率多鄙俚，爲高之伶人所輕誚。每宴飲樂作，必效其朴野之態以爲戲玩，謂之河市樂。迄今俳優常有此戲。《王文正公筆録》。《宋朝事實類苑》卷十八。

張永德

1 張永德父頴，先娶馬氏，生永德，爲頴所出。永德知鄧州，於州廨作二堂，左繼母劉氏居之，右馬氏居之，不敢以出母加於繼母。永德事二母如一，人無間言。時大臣母妻皆得入謁，劉氏存日，馬不敢同入禁中，劉氏卒，馬始得入謁。太宗勞問嘉歎，封莒國太夫人。《燕翼詒謀録》卷二。

2 〔張永德〕四歲時，母馬氏被出，嫁安邑人劉祚。祚卒，永德於南陽公宇爲二堂，繼母劉居其左，馬氏居其右，問安視膳皆得其懽。馬氏封莒國夫人。劉先卒，永德爲起大第，買田以聚其族，繼母之弟劉再思亦任以官。《東都事略》卷二十一。

3 周朝駙馬都尉張永德，輕財好施，喜延接方士。嘗遇一異人，言及時事，且曰：「天下將太平，真主已出。」永德曰：「其誰乎？」答曰：「天意所造，安能識諸？然而有一事，庶幾可驗，公或覩紫黑色屬猪人，善戰，果於殺伐者，善待之。」永德嘗陰自求訪。及太祖皇帝勳位漸隆，永德因潛識帝之英表，問其歲在亥。永德歎駭其事，傾身親附，相得甚懽，凡己之所玩好資用、子女玉帛，必先恣帝擇取，有餘乃以自奉。至國初，以舊恩體貌富貴，與佐命勳戚同等。《丁晉公談録》。《王文正公筆録》。《宋朝事實類苑》卷四十八。《堅瓠己集》卷一。

4 張永德事周世宗，爲殿前指揮使，性好道，道士多客其家。嘗有一舉子見之即病，幾年乃愈。永德所以待之既厚，客欲辭去，永德曰：「吾待子不薄，何去之遽也？」曰：「吾有小術，當一試之而去。」試之，其藥能乾水銀爲黄金。永德大驚，欲學之。客曰：「君自有三十年富貴，此術不足學也。」永德留之，不可，曰：「後當見吾於淮上。」及周世宗用兵壽春，永德從之。素善射，間出射於野，觀者如堵，見一僧，則昔之舉子也。與之歸，宿帳中。夜半，屏人問所以保三十年富貴者，曰：「若见一屬猪人，善事之，則富貴可保也。」旦辭去。藝祖方以力戰有功，雖功名日盛，而出於側微，鞍馬服用未有以自給，永德稍以家資奉之。藝祖既天姿英特，問其年，復亥生也。永德大喜，傾身事之，凡用物皆有副，須輒以獻，藝祖深德之，而不知其故也。其後太宗當娶符氏后，謀於藝祖曰：「符氏大家，而吾家方貧，無以爲聘，奈何？」藝祖曰：「張太尉與吾善，弟往以情告之。」太宗持書往，永德延之卧内。太宗姿表尤異，問其年，亦亥生也。永德驚喜，傾家助之。太祖既登極，以鄧州節鉞授永德，許之終身。《龍川別志》卷上。《東都事略》卷二十一。

5 張永德，周祖之婿也。爲鄧州節度使，有軍士告其謀反，太祖械送之，永德笞之十下而已。《涑水記聞》卷一。《北窗炙輠録》卷上。

王彦昇

1 王劍兒，名彦昇，以善擊劍得事太祖，潛躍中隸於帳下。顯德末，爲六軍推戴，還憩府第，召宰相至，諭以擁逼之狀，范質等未及對，彦昇率爾於後，按劍叱之，質等惶懼降階，定君臣之禮。帝以彦昇麁獷倉卒，終抑而弗用。後稍遷，使領爲京城北偏巡檢，因夜抵舊相王溥私第，莫之測。及延見，置酒與語，殆至酣酗，意若恐迫，乃遺以白金千兩而去。帝寖知其事，遂黜罷之。《王正文公筆録》。

2 國初有王彦升者，本市井販繒人。及壯從軍，累立戰功，至防禦使。性極殘忍，俘獲戎人，則置酒宴飲，引戎人，以手捉其耳，對客咀嚼，徐引巵酒。戎人血流被面，彦升笑語自若。前後啗數十百人。《澠水燕談録》卷九。

董遵誨

1 董遵誨父宗本，嘗爲隨州將。太祖微時，往依宗本，令與遵誨游。常共臂鷹逐兔，小不如意，爲遵誨所辱，太祖遂辭去，宗本固留，厚給遺之。即位之初，訪求遵誨，遵誨欲自殺，其妻止之，曰：「等死，亦未晚耳。萬乘之主，豈念舊惡？將因禍致福，豈可測哉？」遵誨感其言，幅巾見於便殿，叩頭請死。上笑曰：「汝昔日豪蕩太過，我方將任汝事。」即命左右掖起，賜冠帶，設食案，賜食上前。語及舊故歡笑，以爲通遠軍使，專委一面之事，市租悉以給軍用，不藉於有司。每歲賜予無數，幕府許自辟署。選精甲數千人，隸麾下，不復更代。隔歲以春夏令歸，營省妻子。遵誨至，申嚴邊候，鎮撫蕃部，號令如一，戎族之强盛者，倚爲腹心，有謀爲寇者，必立以告，發所部襲之，剪滅無噍類。凡再出師，大克捷，党項諸羌，畏威慴息。養馬數千匹，擇其良以入貢，親僕數百人，皆厚給衣食，日夕馳射畋獵，擊鞠呼盧，飲食作鼓吹爲樂。羌中動静，即時知之，朝廷不復西顧。歲時，其親表押馬來獻，上必召問遵誨晨夕所爲，擊節大喜曰：「是能快活也。」多解服御衣物、珠貝珍異以爲賜，遵誨捧之，未嘗不泣下。三數歲一來朝，賜食御前，笑語移晷，賜御膳羊，上樽酒，皆五百數，金帛累萬，復遣去。終太祖朝，不易其任。末年，稍遷羅州刺史，有判官者，因朝廷訪利害，上言通遠軍養兵，每歲轉運使調發内地錢粟，勞費民力，本軍關榷之入，自可市糴給用。上遣録判官所奏，下本軍，及申約外，計凡歲調如故，不得竊議市租，徙判官於佗郡。遵誨感激流涕，左右皆泣。《楊文公談苑》。《宋朝事實類苑》卷七。

2 太祖微時與董遵誨有隙，及即位，召而用之，使守通遠軍。通遠軍者，今環州是也。其母因亂没胡中，上因契丹厚以金帛贖而與之，遵誨涕泣，恨無死所。党項羌掠回鶻貢物，遵誨寄聲誚讓之，羌懼，即遣使謝，歸其所掠。《涑水記聞》卷一。

王彦超

1 見宋太祖75。

2 王彦超歷數鎮節制，罷爲金吾上將軍，與李昉、宋白善。一日，昉、白詣之，時彦超年六十九歲，謂昉、白曰：「人言七十致仕，出何書？」昉曰：「《禮》大夫七十而致仕，若不得謝，賜之几杖，杖於朝，蓋筋力尚可從政，時君所賴也。」彦超曰：「我前朝舊臣，於時無用，豈可食爵位而昧廉恥？」遂託白草求致仕表，來年假開日之上。再表得請，以太子太保致仕，給上將軍俸。居常白衣出入故舊家，僕從簡省，無童騎，惟嗜張進酒、軟骨魚，語親舊曰：「有此二物，吾當不召自往矣。」張進者，建州人，隷内酒坊，善釀，味絶美，品在法酒之亞，善飲者多好之。《楊文公談苑》。

曹彬

1 曹武惠彬始生，周晬日，父母以百玩之具羅於席，觀其所取。武惠左手捉干戈，右手取俎豆，斯須取一印，餘無所視。後果爲樞密、使相。《玉壺清話》卷一。《宋朝事實類苑》卷五十四。《宋名臣言行録》前集卷一。《名賢氏族言行類稿》卷十九。《愛日齋叢鈔》卷一。

2 太祖事世宗於澶州，曹彬爲世宗親吏，掌茶酒，太祖嘗從之求酒，彬曰：「此官酒，不敢相與。」自沽酒以飲太祖。及即位，常語及世宗舊吏，曰：「不欺其主者，獨曹彬耳。」由是委以腹心，使監征蜀之軍。《涑水記聞》卷一。《宋名臣言行録》前集卷一。《自警編》卷二。《言行龜鑑》卷二。《昨非庵日纂》二集卷六。

3 〔太祖〕洎即位後，遣王全斌等先鋒，王自大散關入，船自夔峽而入，水陸齊攻，曹彬爲都監，沈義倫爲行營判官，收復西蜀。無何，全斌殺降兵三千人。是時曹不從命，但收其文案，不署字。王、曹、沈等回，太祖傳宣，送中書取勘。左右曰：「方克復西蜀回，然殺降兵亦不可便按劾，今後陛下如何用人？」太祖曰：「不然。今河東、江南皆未歸復，若不勘劾，恐今後委任，轉亂殺人。」但令勘成案，宣令後殿見，責問曰：「如何敢亂殺人？」又曰：「曹彬但退，不干汝事。」曹不退，但叩頭伏罪曰：「是臣同商議殺戮降兵，朝廷問罪，臣首合誅戮。」太祖見曹如此，皆與原之。……忽一日，宣曹太尉彬、潘太傅美曰：「命汝收江南。」又顧曹曰：「更不得似西蜀時亂殺人。」曹徐奏曰：「臣若不奏，又恐陛下未知。曩日西川，元不是臣要殺降卒，緣臣商量，固執不下，臣見收得當日文案，臣元不肯着字。」太祖令取進呈。太祖覽之，又謂曰：「卿既商量不下，爲何對朕堅自伏罪？」曰：「臣從初與王全斌等同奉陛下委任，若王全斌等獲罪，獨臣清雪，不爲穩便，臣是以一向伏罪。」太祖曰：「卿既自欲當辜如此，又安用此文字？」曰：「臣從初謂陛下必行誅戮，臣留此文書，令老母進呈陛下，乞全母一身。」太祖尤器遇之。《丁晉公談録》。《宋名臣言行録》前集卷一。

4 曹彬初尅成都，有獲婦女者，彬悉閉於一第，竅度食，且戒左右：「是將進御，當密衛之。」洎事寧，咸訪其親以還之，無親者備禮以嫁之。彬平蜀回，輜重甚多，或言悉奇貨也。太祖令伺之，皆古圖書，無銖金寸錦之附。《國老談苑》卷一。《宋名臣言行録》前集卷一引《掇遺》。《類説》卷四十五。《厚德録》卷二。《自警編》卷四。《東山談苑》卷四。《昨非庵日纂》一集卷三。

5 曹彬代蜀，謁武侯祠，謂：「孔明不得爲武。」欲拆毁之。俄報中殿摧塌，有石碑出，云：「測我心腹事，惟有宋曹彬。」彬爲文祭之而去。《古事比》卷四十八。

6 見宋太祖93。

7 曹彬、潘美伐太原，將下，曹麾兵稍卻，潘力争進兵，曹終不許。既歸至京，潘詢曹何故退兵不進，曹徐語曰：「上嘗親征不能下，下之則我輩速死。」既入對，太祖詰之，曹曰：「陛下神武聖智，尚不能下，臣等安能必取？」帝頷之而已。《隨手雜録》。《舊聞證誤》卷一辨其誤。

8 曹彬事太祖，時將討金陵，責後主稱疾不朝之罪。以彬長者，令爲統帥，將終全其城。彬累遣言城中：大軍決取十一月二十七日破城，宜早爲之圖。後主將遣其愛子清源郡公仲寓入覲，至仲冬下旬，日日克期仲寓將出，彬屢遣督之，言郎君到寨，即四面罷攻。終惑左右之言，以爲堅壘如此，天象無變，豈可計日而取？蓋敵人之言，豈足爲信？但報言行李之物未備，宫中之宴餞未畢，將以二十七日出。彬又令懇言，至二十六日亦無及矣。果以是日城陷。整軍成列，至其宫城門，後主方開門奉表納降，彬答拜，爲之盡禮。先是，宫中預積薪，後主誓言，若社稷失守，當攜血屬以赴火。既見彬，彬諭以歸朝，俸賜有限，費用至廣，當厚自齎裝，既歸有司之籍，則無及矣。遣後主入治裝，裨將梁迥、田欽祚皆力争，以爲苟有不虞，咎將誰執？彬但笑而不答。迥等切諫，彬曰：「非爾所知，觀煜神氣，懦夫女子之不若，豈能自引決哉？」煜果無他。彬遣五百人爲伴，致輜重登舟，有一卒負籠下道旋，彬立命斬之，負擔者罔敢蹉跎。

後主既失國，殊無心問家計，既升舟，隨軍官吏入觀宫屏幃几硯什器，皆設不動，所賫持鮮矣。後賈黄中知州，因領賓客歷覽宫内，見一斜門鎖甚固，即召官吏同啓鎖視之。得金寶受用物計直三百萬緡。《楊文公談苑》。《宋朝事實類苑》卷五十四。《涑水記聞》卷三。《宋名臣言行録》前集卷一。

9 曹彬下江南城，李煜面縛就彬請命，彬謂之曰：「國主可歸宫，厚有裝橐，以備歸朝。」煜深德之。諸將争言不可，蓋懼其或自引决爾。彬徐曰：「無畏，彼若能死，則豈復忍恥以見吾輩耶？」畢如其言，衆皆服其識量。《儒林公議》。《昨非庵日纂》二集卷十。

10 建隆中，曹彬、潘美統王師平江南。二將皆知兵善戰，曹之識慮尤遠，潘所不逮。城既破，國主李煜白衫紗帽見二公。先見潘，設拜，潘答之。次見曹，設拜，曹使人明語之曰：「介胄在身，拜不及答。」識者善其答體。二公先登舟，召煜飲茶，船前設一獨木脚道，煜嚮之國主儀衛甚盛，一旦獨登舟，徘徊不能進。曹命左右翼而登焉。既一啜，曹謂李歸辦裝，詰旦會於此，同赴京師。來曉，如期而赴焉。始，潘甚惑之，曰：「詎可放歸？」曹曰：「適獨木板尚不能進，畏死甚也。既許其生赴中國，焉能取死？」衆方服其識量。《談淵》。《養疴漫筆》。《宋稗類鈔》卷一。

11 曹武惠王既下金陵，降後主，復遣還内治行。潘公憂其死，不能生致也，止之。王曰：「吾適受降，見其臨渠猶顧左右，扶而後過，必不然也。且彼有烈心，自當君臣同盡，必不生降，既降，亦必不死也。」《後山談叢》卷三。

12 曹彬攻金陵，垂克，忽稱疾不視事。諸將皆來問疾，彬曰：「余之病非藥石所能愈，惟須諸公共發誠心，自誓以克城之日不妄殺一人，則自愈矣。」諸將許諾，共焚香爲誓。明日，稱愈。及克金陵，城中皆安堵如故。曹翰克江州，忿其久不下，屠戮無遺。彬之子孫貴盛，至今不絶。翰卒未三十年，子孫有乞匄於海上者矣。《涑水記聞》卷三。《宋名臣言行録》前集卷一。《厚德録》卷一。《自警編》卷八。《名賢氏族言行類稿》卷十九。《昨非庵日纂》一集卷三。

13 〔曹彬〕平江南，倉廩府庫，一委轉運使，彬無所問。師還，舟中唯圖籍而已。《仕學規範》卷六引《皇朝名臣四科事實》。

14 見宋太祖115。

15 曹彬爲樞密使，河北每季支散銀鞋錢，一日密吏忘誤過期，因彬檢舉連支兩季。酒坊副使弭德超奉使河朔，還奏其事，言軍情大歸於彬。太皇赫怒，即日罷樞密使，以鎮海節度使歸本鎮。彬不之辨，陛辭赴青州。乃以德超爲諸衛將軍、檢校司徒，充樞密副使。既而小人乘君子之器，不克負荷，舉措乖當，時出醜言，上瀆朝政，下侵同列，自以爲有社稷大功，朝庭酬之未當。太皇聞之大怒，削籍隸登州沙門島，召彬自青州復拜樞密使。對揚之日，但再拜謝恩，亦不言及前事。《仕學規範》卷十引《談淵》。

16 曹侍中彬爲人仁愛多恕，平數國，未嘗妄斬人。嘗知徐州，有吏犯罪，既立案，逾年然後杖之，人皆不曉其旨，彬曰：「吾聞此人新娶婦，若杖之，彼其舅姑必以婦爲不利而惡之，朝夕笞駡，使不能自存。吾故緩其事，而法亦不赦也。」其用志如此。《涑水記聞》卷二。《宋朝事實類苑》卷十三。《宋名臣言行録》前集卷一。《厚德録》卷一。《仕學規範》卷二十。《自警編》卷四。《日聞録》。《山居新話》。《東山談苑》卷四。《昨非庵日纂》一集卷十七。

17 曹武惠王彬，國朝名將，勳業之盛，無與爲比。嘗曰：「自吾爲將，殺人多矣，然未嘗以私喜怒輒戮一人。」其所居堂室弊壞，子弟請加脩葺，公曰：「時方大冬，墻壁瓦石之間，百蟲所蟄，不可傷其生。」其仁心愛物蓋如此。既平江南回，詣閤門入見，牓子稱「奉勑江南勾當公事回」。其謙恭不伐又如此。《歸田録》卷一。《宋朝事實類苑》卷五十四。《涑水記聞》卷三。《宋名臣言行録》前集卷一。《厚德録》卷二。《仕學規範》卷七。《自警編》卷二。《言行龜鑑》卷二。《善誘文》。《東山談苑》卷三。《昨非庵日纂》二集卷十一。

18 〔曹武惠〕公雖兼將相之領，不以爵禄自大。造門者，皆降廡而揖。不名呼下吏，吏之稟白者，雖劇暑，不冠不與見。伐江南、西蜀二國，諸將皆稇載而歸，惟公但圖史衾簟而已。爲藩帥，中途遇朝紳，必引車爲避。過市戢，其傳呼戒導吏去馬不得越十輪，恐壅遏市井。性仁恕，清慎無撓，强記，善談論。清白如寒儒，宅帑無十日之畜，至坐武帳，止衣弋綈紵袍、素胡牀而已。征幽州，偶失律於涿鹿，素服待罪。趙參政昌言請案誅。朝廷察之，止責右驍衛上將軍，未幾遂起。趙參政自延安還，因事被劾於尚書省，久不許見。時公已復密使，三抗疏，力雪之，方許朝謁。士論歎伏。《玉壺清話》卷一。《宋朝事實類苑》卷五十四。《自警編》卷四。《言行龜鑑》卷三。

19 曹冀王彬遭會興運，勳效寖著。諸將平蜀，競掠財貨，彬獨不犯氂忽，由是太祖益知之。性兢畏不伐，破僞唐迴，入都城，令監門者但報自江南勾當公事回。及勳望日隆，名寵亦峻，愈謙下誠懼，以保禄位。每出鎮藩閫，卑躬待士。遇計臺巡視封部，雖朝籍、省部位至下者，亦屏遠從者，端笏迓於路左。使者見之，無不愧恐。賓僚或有以過禮爲言，彬曰：「上使此人來窺我爾。」其畏惕如此。子孫知義方者，亦能遵其家法。《儒林公議》。

20 曹武惠王彬，以功拜樞密使。王在宥密，常公服，危坐如對君父，接小吏亦以禮，未嘗以名呼。歸私第，唯閉閤宴居，不妄通賓客。五鼓纔動，已待漏於禁門矣。雖雪霜，不易其操，如此者八年。《仕學規範》卷七。

21 曹彬居第卑陋，未嘗修廣，蓋深懼侈滿，安於儉德。臨終誡諸子曰：「慎不得修第。」厥後遵其遺訓，無敢逾者。《儒林公議》。

22 曹冀王彬，前後帥師征討諸國，凡降四國主：江南、西川、廣南、湖南也，未嘗殺一無辜，功名顯著，爲諸將之首。諸子皆賢令，瑋、琮、璨繼領旄鉞。陶弼觀王畫像有詩曰：「蒐兵四解降王縛，教子三登上將壇。」其後，少子玘追封王爵，實生光獻慈聖太皇太后，輔佐仁宗，母儀天下。《澠水燕談録》卷二。

23 見曹瑋1。

曹璨

1 曹璨，彬之子也，爲節度使。其母一日閱宅庫，見積錢數千緡，召璨指而示曰：「先侍中履歷中外，未嘗有此積聚，可知汝不及父遠矣。」《國老談苑》卷二。《類説》卷四十五引《聖宋掇遺》。

曹瑋

1 曹侍中將薨，真宗親臨視之，問以後事，對曰：「臣無事可言。」固問之，對曰：「臣二子璨與瑋，材器有取，臣若内舉，皆堪爲將。」上問其優劣，對曰：「璨不如瑋。」已而果然。瑋知秦州，嘗出巡城，以城上遮箭板太高，召主者令下之。主者對曰：「舊如此久矣。」瑋怒曰：「舊固不可改邪？」命牽出斬之。僚佐以主者老將，諳兵事，罪小，宜可赦，皆諫瑋，瑋不聽，卒誅之。軍中懾伏。西蕃犯塞，候騎報虜將至，瑋方飲啗自若。頃之，報虜去城數里，乃起貫戴，以帛纏身，令數人引之，身停不動。上馬出城，望見虜陣有僧奔馬往來於陣前檢校，瑋問左右曰：「彼布陣乃用僧邪？」對曰：「不然。此虜之貴人也。」瑋問軍中誰善射者，衆言李超，瑋即呼超指示之，曰：「汝能取彼否？」對曰：「憑太保威靈，願得十五騎裹送至虜陣前，可以取之。」瑋以百騎與之，勑曰：「不獲而返，當死。」遂進至虜陣前，騎左右開，超射之，一發而斃。於是，虜鳴笳，嘯而遁。瑋以大軍乘之，虜衆大敗，出塞窮追，俘斬萬計，改邊鑿濠。西蕃由是慴服，至今不敢犯塞，每言及瑋，則加手於額，呼之爲父云。《涑水記聞》卷二。《宋朝事實類苑》卷五十五。《宋名臣言行録》前集卷三。

2 曹南院知渭州，夏人撓邊。有智將鞊鞨與渭對壘，麾下十餘寨，宿兵十餘萬。夏人歲遣數百騎精鋭覘視兩界。曹患鞊鞨智勇，遣游騎伺彼巡邊兵來。適鞊鞨逾月病不能起，曹乃於界首設一大祭，賻贈器物，照曜原野，用祝版云：「大宋具位曹某，昭告于西夏國都護某人：公累以蠟書約提所部歸我大宋。我待公之來，不期忽喪吉人，事無終始。」令百騎守祭，望其兵近，即舉火燒之。并所用銀器千餘兩，悉皆棄而遁歸。夏兵悉掠祝版、祭器而去。後旬日，夏國殺鞊鞨。其下二十餘帳反側不安，率衆内叛。拓地數百里，獲生口數萬，牛馬橐駝不可勝計。《錢氏私志》。《宋稗類鈔》卷一。

3 曹南院知鎮戎軍日，嘗出戰小捷，虜兵引去。瑋偵虜兵去已遠，乃驅所掠牛羊輜重，緩驅而還，頗失部伍。其下憂之，言於瑋曰：「牛羊無用，徒縻軍，不若棄之，整衆而歸。」瑋不答，使人候。虜兵去數十里，聞瑋利牛羊而師不整，遽還襲之。瑋愈緩，行得地利處，乃止以待之。虜軍將至近，使人謂之曰：「蕃軍遠來必甚疲，我不欲乘人之怠，請休憩士馬，少選決戰。」虜方苦疲甚，皆欣然嚴軍歇。良久，瑋又使人諭之：「歇定可相馳矣。」於是各鼓軍而進，一戰大破虜師，遂棄牛羊而還。徐謂其下曰：「吾知虜已疲，故爲貪利以誘之。比其復來，幾行百里矣，若乘鋭便戰，猶有勝負。遠行之人，若小憩，則足痺不能立，人氣亦闌，吾以此取之。」《夢溪筆談》卷十三。《宋稗類鈔》卷一。

4 見李迪10。

5 寶元中，忠穆王吏部爲樞密使，河西首領趙元昊叛。上問邊備，輔臣皆不能對，明日，樞密四人皆罷，忠穆謫號州。翰林學士蘇公儀與忠穆善，出城見之。忠穆謂公儀曰：「鬷之此行，前十年已有人言之。」公儀曰：「必術士也。」忠穆曰：「非也。昔時爲三司鹽鐵副使，疏決獄囚，至河北。是時曹南院自陝西謫官初起爲定帥，鬷至定，治事畢，瑋謂鬷曰：『決事已畢，自此當還，明日願少留一日，欲有所言。』鬷既愛其雄材，又聞欲有所言，遂爲之留。明日，具饌甚簡儉，食罷，屏左右曰：『公滿面權骨，不爲樞輔即邊帥。或謂公當作相，則不然也。然不十年必總樞柄。此時西方當有警，公宜預講邊備，蒐閲人材，不然，無以應卒。』鬷曰：『四境之事，唯公知之，幸以見教。』曹曰：『瑋實知之，今當爲公言。瑋在陝西日，河西趙德明嘗使人以馬博易於中國，怒其息微，欲殺之，莫可諫止。德明有一子，方十餘歲，極諫不已，曰：「以戰馬資鄰國，已是失計。今更以貨殺邊人，則誰肯爲我用者？」瑋聞其言，私念之曰：此子欲用其人矣，是必有異志。聞其常往來牙市中，瑋欲一識之，屢使人誘致之，不可得，乃使善畫者圖形容，既至，觀之，真英物也。此子必爲邊患，計其時節，正在公秉政之日，公其勉之。』鬷是時殊未以爲然，今知其所畫乃元昊也，皆如其言也。」《夢溪筆談》卷九。《東坡志林》卷三。《東軒筆録》卷十四。

6 唃廝囉，唐土蕃贊普之後，據邈川之宗哥城，盡有河隍之地。祥符中，用蕃僧立遵之策，將衆十萬，穿古渭州入寇。時曹瑋以引進使知秦州，領騎卒六千，守伏羌城。聞賊已過畢利城，瑋率諸將渡渭逆之，遂合戰於三都谷，賊軍雖衆，然器甲殊少，在後者所持皆白搭毛連，以備劫虜而已。瑋知其勢弱不足畏，欲以氣淩之，自引百騎穿賊陣，出其後，升高指揮，軍中鼓譟夾擊，賊大潰，斬首三千級。明日，視林薄間，中傷及投崖死者萬計。瑋之威名，由是大震，唃氏自此衰弱矣。《東軒筆録》卷二。《宋朝事實類苑》卷五十五。

7 曹宣徽瑋守秦，有功名，能撫士。一日行兵，將及頓，日已西矣。乃申令更前二十里，宿于某鎮，軍中不樂。繼而令曰：「仰某鎮務酒，不得沽與百姓，只沽與一行軍人。」由是大衆奔赴，不以爲勞。《能改齋漫録》卷十二。

8 〔曹〕瑋在秦州，有士卒十餘人，叛赴虜中。軍吏來告，瑋方與客弈棋，不應。軍吏亟言之，瑋怒，叱之曰：「吾固遣之去，汝再三顯言邪！」虜聞之，亟歸告其將，盡殺之。《涑水記聞》卷二。《宋朝事實類苑》卷五十五。《石林燕語》卷十。《宋名臣言行録》前集卷三。《自警編》卷七。《吹劍録》。《宋稗類鈔》卷一。

9 曹武穆知渭州，號令明肅，西人懾憚，由是邊境無虞。一日，方召諸將飲食，會有叛卒數千亡奔賊境者。候騎報適至，諸將相視失色，公言笑如平時，徐謂騎曰：「吾命也，汝無洩。」西人聞之，以爲襲己，皆殺之。《墨客揮犀》卷九。《何氏語林》卷二十九。《昨非庵日纂》二集卷十五。

10 曹太尉瑋知秦州，西番内寇，是時，公方灼灸纔數壯，猝起應敵，指揮號令。及事定，灸瘡愈，瘢大數寸，蓋用氣力使然也。《東齋記事》補遺。

11 秦州伏羌城三都谷，有曹瑋武穆與羌酋李遵戰勝之地，羌人到今畏懾不敢耕，草木彌望。武穆以六月二十日生，邦人遇其日，大作樂，祭於其廟。《邵氏聞見後録》卷二十六。

潘美

1 見宋太祖37、38。

2 見宋太祖136。

3 太祖、太宗時，諸節度皆解兵柄，獨潘美不解。美每赴鎮，留妻子，止攜數妾以往。或有子，即遣其妾與子歸京，仍具奏，乞陛下特照管。《隨手雜録》。

4 太祖遣曹彬取江南，潘美爲副。太祖知美有謀難制，召二人升殿，謂曰「但大使斬得副使，取得江南。」美震怖而出，由是迄無敗事。《舊聞證誤》卷一引《祖宗獨斷》。案：李心傳曰：「按，《國史》，曹彬以宣徽使行，潘美以山南東道節度使，美不過闕也。太祖所言，蓋翰、彬之副田欽祚等爾。」

5 見曹彬10。

6 潘美爲并帥，代之北鄙，山有天池焉，歲遣通判祭之，其後憚遠而罷。久之，契丹遣祭焉，又易其屋記。至熙寧中，始有其地，凡數歲，兩使往來，卒不能辨而與之。《後山談叢》卷四。

曹翰

1 曹翰事〔周〕世宗爲樞密承旨，性貪侈，常著錦襪，金綫絲鞋。朝士有託無名子嘲之者，詩曰：「不作錦衣裳，裁爲十指倉。千金包汗脚，慚愧絡絲娘。」《清異録》卷三。《堯山堂外紀》卷四十二。

2 見趙普13。

3 曹翰圍江州三年，城將陷，太宗嘉其盡節於所事，遣使諭翰：「城下日，拒命之人盡赦之。」使人至獨木渡，大風數日，不可濟。及風定而濟，則翰已屠江州無遺類，適一日矣。唐吏部尚書張嘉福奉使河北，逆韋之亂，有勅處斬，尋遣使人赦之，使人馬上昏睡，遲行一驛，比至已斬訖。與此相類，得非有命歟！《夢溪筆談》卷二十五。《續墨客揮犀》卷九。

4 見曹彬12。

5 相國寺羅漢，本江南李氏時物，在廬山東林寺。曹翰下江南日，盡取其城中金帛寶貨，連百餘舟，私盜以歸。無以爲之名，乃取羅漢，每舟載十許尊獻之，詔因賜於相國寺，當時謂之「押綱羅漢」。《石林詩話》卷中。《堯山堂外紀》卷四十二。《古事比》卷四十二。

6 曹翰破山南，獲樂妓而歸。一日，遍詢其氏族，曰：「某即韓侍郎熙載之女也。」翰曰：「韓侍郎江南名士。朝廷嘗以名妓許我，豈宜以士君子女爲妾？」以禮嫁之。《青泥蓮花記》卷七引《青瑣後集》。案：「山南」，當爲「江南」。

7 曹翰以罪謫爲汝州副使，凡數年。一日，有內侍使京西，朝辭日，太宗密諭之曰：「卿至汝州，當一訪曹翰，觀其良苦，然慎勿泄我意也。」內侍如旨，往見翰，因弔其遷謫之久。翰泣曰：「罪犯深重，感聖恩不殺，死無以報，敢怨苦耶？但以口衆食多，貧不能度日，幸內侍哀憐，欲以故衣質十千以繼飦粥，可乎？」內侍曰：「太尉有所須，敢不應命，何煩質也。」翰固不可，於是封裹一複以授，內侍收複，以十千答之。暨回奏翰語及言質衣事，太宗命取其複，開視之，乃一大幅畫幛，題曰「下江南圖」。太宗惻然念其功，即日有旨召赴闕，稍復金吾將軍，蓋江南之役，翰爲先鋒也。《東軒筆録》卷一。《宋朝事實類苑》卷九。《清夜録》。《堯山堂外紀》卷四十二。《宋稗類鈔》卷四。

8 曹武毅翰，魏人也；曹武惠彬，真定人也，二曹皆著名，人多謂之同宗。翰有宏材偉特之度，能詩，有《玉關集》。領金吾日，當直，太宗召與語曰：「朕曾覽卿詩，有『曾因國難披金甲，恥爲家貧賣寶刀。他日燕山磨峭壁，定應先勒大名曹』，頗佳，朕每愛之。」翰因叩謝。征幽州，爲東路濠寨總管，善風角，一夕，角聲隨風至帳，翰從容擐帶曰：「寇至之兆也。」未幾，果然，大敗其寇於城下。從征幽州，率以部分攻城，忽得一蟹，翰曰：「水物向陸，失依據也，而足多有救。又蟹者，解也，其將班師乎？」果然。其精敏率如此。《玉壺清話》卷七。《宋朝事實類苑》卷五十五。

9 曹翰嘗平江南有功，後歸環衛，數年不調。一日內宴，太宗侍臣皆賦詩，翰以武人不預，乃自陳曰：「臣少亦學詩，亦乞應詔。」太宗笑而許之，曰：「卿武人，宜以刀字爲韻。」翰援筆立進，因以寄意，曰：「三十年前學《六韜》，英名常得預時髦。曾因國難披金甲，不爲家貧賣寶刀。臂健尚嫌弓力軟，眼明猶識陣雲高。庭前昨夜秋風起，羞覩盤花舊戰袍。」太宗覽之惻然，即自環衛驟遷數級。《青箱雜記》卷六。

10 〔曹〕翰陰險多智數，飲酒至數斗不亂，對上奏事雖數十，皆默記不少差。《名賢氏族言行類稿》卷十九。《宋朝事實類苑》卷三十六。《堯山堂外紀》卷四十二。《堅瓠補集》卷四。《宋詩紀事》卷二。

崔翰

1 崔翰風儀偉秀，有勇幹，爲天武左廂主。太宗親征太原，講武於西京，時殿前都將楊義失瘖，不能言，指揮非便，命翰代之。翰執金鼓，周旋進退，軍容甚整。上悅，遣中使密以金帶賜之，曰：「此我藩邸時所服者。」因謂左右曰：「若崔翰者，必不事晉朝矣。」蓋言晉政多門，武經廢紊也。後爲殿前都虞候，從平晉陽，時軍士立功未行賞賚，遽有平燕之議，諸將莫敢言。翰曰：「此一事不可再舉，乘破竹之勢，取之甚易。」上信然之。既而范陽班師，至金臺驛，中黄門閻承翰馳奏，大軍不整，南面而潰。上令翰率衛士十餘人止之，翰請單騎徑往，告諭衆，稍稍乃定，不戮一人，上甚嘉之。後遷領節鎮。《楊文公談苑》。《宋朝事實類苑》卷五十五。

2 太原既平，劉繼元降王隨鑾輿，將凱旋，而三軍希賞，諸將遽有平燕之請，未敢聞上。崔翰者，晉朝之名將也，奏曰：「當峻坂走丸之勢，所至必順，此若不取，後恐噬臍。」上然之，改鑾北伐，功將即而班師，因整旅徐還。無何，至金臺驛，王師失利，間或南潰者數千騎。上遣翰以兵追之，翰奏曰：「但乞陛下不問奔潰之罪，臣願請單騎獨往，當擕之而歸。」上許之。翰箠馬獨往追之，將及，揚鞭大呼：「諸君不須若爾，何傷乎？料主上天鑒，處置精明，君等久負堅執鋭，衛駕遠征，一旦小忿，豈不念母妻子憶戀之苦耶？上特遣吾邀爾輩同還，宜知幾速反。」衆稍稍聽從，遂收身而還。夜半至營，各分部直，雞犬亦不鳴。上喜，密解金帶賜翰曰：「此朕藩邸時所繫者。」《玉壺清話》卷七。《宋朝事實類苑》卷五十五。

3 崔翰，京兆人，以鎮安軍節度使充高陽關都部署。召還，以疾留京師。疾間，請見上曰：「臣以身許國，不願死於家。」太宗壯之，復令之任。翰驍勇，有方略，所至立功。《宋朝事實類苑》卷五十三。

楊信

1 楊信，高楊人，忠朴，善御士卒。開寶二年，爲散指揮，廨舍直大内之北。一夕中夜，忽夢巨龜銜敕叩其寢，信驚起披衣曰：「大庭必有警。」果太祖開玄武門，急召信入禁中，擒叛黨杜廷進三十九人，陰以姓名授之。黎明，盡爲信所捕，擒至便殿，不用吏鞫，面訐得實，悉戮於市。信忽患瘖，太祖惜其善撫轄，以重兵之柄委之。雖不能語，而申明紀律，嚴肅有度。有童曰玉奴者，天賦甚慧，善揣信意。凡奏事及指揮軍律，賓客語論，但回顧玉奴，畫掌爲字，悉能代信語，輕重緩急，便否避就，盡協其意。病將革，忽能語，太宗異駭，親幸其第。信力疾扶於榻，感泣叙留，音詞明徹，至死，猶叩頭乞嚴邊備，毋忽亭障。信泣，太宗亦泣。至翌日卒，賜瑞玉小玦爲含。《玉壺清話》卷七。

党進

1 党進，北戎人，幼爲杜重威家奴，後隸軍籍，以魁岸壯勇，周祖擢爲軍校。國初至騎帥，領節鎮。……

進不識文字，不知所董禁兵之數，上忽問及軍中人數，先其軍校皆以所管兵騎器甲之數細書，著所持之梃，謂之杖記，如笏記焉。進不舉，但引梃以對曰：「盡在是矣。」上笑，謂其忠實，益厚之。徼巡京師市井間，有畜鷹鷂音禽者，進必令左右解縱之，罵曰：「不能買肉供父母，反以飼禽乎？」太宗在藩邸，有名鷹鷂，令圉人調養，進忽見，詰責欲解放，圉人曰：「晉王令養此。」且欲走白晉王，進遽止之，與錢令市肉，謂之曰：「汝當謹視此，無使爲貓狗所傷。」小民傳之爲笑。鎮許日，幕中賓佐有忤意，必命批其頰。嘗病瘡，賓佐入視疾，進方擁錦衾，一從事竊語曰：「爛兮。」進聞之，命左右急捉從事，批其頰，殆於委頓，大罵曰：「吾正契丹，何奚之有？脚患小瘡，那至於爛？」蓋謂奚之種賤也。過市，見縛欄爲戲者，駐馬問：「汝所誦何言？」優者曰：「說韓信。」進大怒，曰：「汝對我說韓信，見韓即當說我，此三面兩頭之人。」即命杖之。進名進，居常但稱暉，或以爲言，曰：「自從其便耳。」啖肉至數斤，飲酒斗餘，宴會對賓客甚温雅嬉笑。忽擐甲冑，即髭髯皆磔豎，目光如電，視之若神人。故爲杜氏奴，後見其子孫，必下拜，常分俸以給之，其所長也。《楊文公談苑》。《宋朝事實類苑》卷六十四。《堯山堂外紀》卷四十二。

2　党進者，朔州人，本出溪戎，不識一字。一歲，朝廷遣進防秋於高陽，朝辭日，須欲致詞叙別天陛，閤門使吏謂進曰：「太尉邊臣，不須如此。」進性强很，堅欲之。知班不免寫其詞於笏，侑進於庭，教令熟誦。進抱笏前跪，移時不能道一字，忽仰面瞻聖容，厲聲曰：「臣聞上古，其風朴略，願官家好將息。」仗衛掩口，幾至失容。後左右問之曰：「太尉何故忽念此二句？」進曰：「我嘗見措大們愛掉書袋，我亦掉一兩句，也要官家知道我讀書來。」《玉壺清話》卷八。《宋朝事實類苑》卷六十六。《群書類編故事》卷十五。《類說》卷五十五引《雜說》。

3 党進當大雪，擁爐酌酒，醉飽汗出，捫腹徐行曰：「天氣不正。」有兵士侍帳外曰：「小人此處頗正。」《宋稗類鈔》卷六。

4 見陶穀26。

5 司馬十二說：党太尉畫真，觀之，大怒，詰畫師云：「我前畫大蟲，猶用金箔貼眼，我便不消得一對金眼精？」《江隣幾雜志》。《堯山堂外紀》卷四十二。

6 〔党太尉〕罷衙，見其子裸跪雪中，問之，知其得罪太夫人被縛，太尉自裸體，命左右縛於兒旁。母夫人問何故，太尉笑曰：「你凍我兒，我凍你兒。」又食飽捫腹歎曰：「我不負汝。」左右曰：「將軍固不負此腹，此腹負將軍。」未嘗少出智慮也。《堯山堂外紀》卷四十二。《宋稗類鈔》卷四。

7 見辛仲甫1。

8 神宗就太原廟取祖宗以來將相功臣像各繪於兩廡，因推恩官其後。予在開封南司，閱牘，見党進家狀云：「私家無祖像，今城南什物庫土地像乃是。」遂取圖之。《塵史》卷下。

米信

1 故滄州節度使米信，本銀下部落，以軍功累官至加節鉞，纖嗇聚歛，爲時所鄙。京師龍和曲築大第，外營田園，内造邸舍，日入月算，何啻千緡。其長子任供奉官，以信之故，不敢自專，但於富室厚利以取錢自用，謂之老倒還，兼與契券爲約，其詞以「若父死，鐘聲才絶，本利齊到」之語。蓋謂信才瞑目而亟還也。……至信之卒時，已用過十餘萬緡，乃約齊交還。及信葬畢，籍其餘財，比信時十餘五六焉。外無官槖，内無私帑，闔門百口之給不可缺者，加以恣縱費蕩，更踰於前，以至鬻田園，貨邸店，未周歲而日入之緡亦絶。其弟方四歲，乳母與家人竊議：「若此不改，我輩皆爲餒鬼。」乳母乃抱小兒詣府陳訴。是時真宗在壽邸，尹開封府，聞之赫怒，具以上言，舉餘財與所訴之弟，供奉者斥出之，一簪不著身，仍除其班籍。因兹索然無歸，寄跡旅舍，乃歷自來游從之處求衣食，人既數四，亦皆厭矣。遂於京師多假代獄卒，摇夜鈴於軍巡，聊充餬口。素不服勞，又以疎怠被逐。京師貨藥者多假弄獅子猢猻爲戲，聚集市人，供奉者形質么麽，頤頰尖薄，克肖猢猻，復委質於戲場焉。韋繩貫頸，跳躑不已。旁觀爲之掩淚，而彼殊無愧色。《友會談叢》卷上。

田重進

1 田重進，范陽人，不識字，忠樸有守。太宗在藩邸，以酒餌賜之，拒而不受。使者曰：「晉王賜汝。」重進曰：「我只知有官家，誰人能喫他人酒食乎？」人語太宗，極許之。後鄭文寶出漕陝右，上囑付曰：「田某先帝宿將，勇毅宣力，卿爲朕善待之。」《玉壺清話》卷七。《宋朝事實類苑》卷五十五。

吴虔裕

1 吴虔裕性簡率，發言多輕肆。右金吾上將軍王彦超告老休致，虔裕嘗語人曰：「我縱僵仆殿陛下，斷不學王彦超七十便致仕。」人傳以爲笑。《悦生隨抄》。

周廣

1 周廣者，開寶中爲内外馬步軍都頭，親近，好言外事。一日，白太祖曰：「朝廷遣使吴越，錢俶南面坐，傍設使者位。俶雖貴極人臣，況尊無二上，而奉命者不能正其名，此大辱國。」太祖曰：「汝頗能折之否？」廣曰：「臣請行。」俶生辰，即遣廣爲使，俶猶襲故態，廣曰：「比肩事主，不敢就席。」俶遂移牀西向，正賓主之禮。復命，廣氣甚驕，將希寵賞。太祖曰：「汝蓋倚朝廷威勢，不然者，俶何有於汝哉？」廣大慚。其御下之英略如此。《楊文公談苑》。《宋朝事實類苑》卷一。

張美

1 見宋太祖87。

李漢超

1 見宋太祖85。

2 見宋太祖86。

郭進

1　太祖時，郭進爲西山巡檢，有告其陰通河東劉繼元，將有異志者，太祖大怒，以其誣害忠臣，命縛其人予進，使自處置。進得而不殺，謂曰：「爾能爲我取繼元一城一寨，不止贖爾死，當請賞爾一官。」歲餘，其人誘其一城來降。進具其事送之於朝，請賞以官。太祖曰：「爾誣害我忠良，此纔可贖死爾，賞不可得也！」命以其人還進，進復請曰：「使臣失信，則不能用人矣。」太祖於是賞以一官。君臣之間蓋如此。《歸田録》卷一。《宋朝事實類苑》卷六。

2　太祖使郭進守西士，每遣戍卒，上輒戒曰：「有罪，我尚能赦汝，郭進殺汝矣，不可犯也。」有部下軍校告其謀反者，上詰問其故，軍校辭窮，服曰：「進御下嚴，臣不勝忿怨，故誣之耳。」上命執以與進，令自誅之，進釋不問，使禦河東寇，曰：「汝有功則我奏遷汝官，敗則降河東，勿復來也。」軍校往死戰，果立功而還。《涑水記聞》卷一。

3　郭進少以壯勇，依漢祖於太原，開國，歷刺史、團練使。國初，遷洛水防禦使，爲西山巡檢，以扞太原。進御軍嚴而好殺，部下整肅，每帥師入晉境，無不克捷。太祖因遣戍西山，必語之曰：「汝輩當謹奉法，我猶赦汝，郭進殺汝矣。」嘗擇御龍官三十人隸麾下押陣，適與晉人戰，多退卻，進斬十餘人。奏至，上方御便殿閱武，厲聲曰：「御龍官千百人中始選擇得一二，而郭進小違節度，遽殺之，試如此，龍種健兒亦不足供矣。」潛遣中使諭進曰：「恃其宿衛親近，驕倨不稟令，戮之甚得宜矣。」進感泣，由是一軍精勇無敵。上爲治第，令廳堂悉用瓴瓦，有司言，親王公主始得用此。上曰：「進事國盡忠，我待之豈不比吾子，有何不可哉？」《楊文公談苑》。《宋朝事實類苑》卷六、又卷五十五。

4 郭進守雄州，太祖令有司造第於御街之東，欲以賜之，使盡用瓴瓦。有司言，非親王、公主，例不應用。太祖大怒，曰：「進爲我捍契丹十餘年，使我不憂西山，豈不可比我兒女？」卒用之，宅成以賜。進屢辭，乃敢受。《石林燕語》卷三。

5 郭進有材略，累有戰功。嘗刺邢州，今邢州城乃進所築。其厚六丈，至今堅完。鎧仗精巧，以至封貯亦有法度。進於城北治第既成，聚族人賓客落之，下至土木之工皆與，乃設諸工之席於東廡，群子之席於西廡。人或曰：「諸子安可與工徒齒？」進指諸工曰：「此造宅者。」指諸子曰：「此賣宅者，固宜坐造宅者下也。」進死未幾，果爲他人所有。《夢溪筆談》卷九。《萍洲可談》卷三。《昨非庵日纂》一集卷八。《宋稗類鈔》卷三。

李謙溥

1 李謙溥，太祖朝名將也，在汾、晉二十餘年，大小百餘戰，未嘗少衄。每巡邊，老幼望拜，呼以爲父。晚治第於道德坊，中爲小圃，購花木竹石植之，頗與朝士大夫游。久之，以從弟謙昇女適皇子陳王，貧無以資用，遂以所居之第質於宋延偓。後其子允正爲通事舍人，侍太宗。問曰：「爾父力邊三十年，止餘一第，忍屬它姓？」允正具所以對，太宗即遣中使出内府錢付延偓贖還。王禹偁作記美其事，名二亭曰克家、肯構。宰相畢士安而下及諸名公賦詩紀述，自成一編。《澠水燕談録》卷八。《宋朝事實類苑》卷二十四。

李繼隆

1　李繼隆善馳驛，日走四五百里。征江南，常往來覘兵勢，中途遇虎，射殺之。與吴人戰，流矢中額，胄堅不傷。太祖欲拔用，謂曰：「昇州平時獻書來，當厚賞汝。」時軍中内侍數輩，皆伺城陷，争求獻捷，會有機事當入奏，皆不願行，繼隆獨請赴闕，太祖訝其來早，繼隆奏曰：「金陵破在旦夕。」上問：「安知？」對曰：「臣在途中，遇大風，天晦冥，城破之兆也。」翌日，捷至，太祖召謂之曰：「果如汝所料，是夜城陷。」均其賞，在獻捷之上，除莊宅使。《玉壺清話》卷五。《宋朝事實類苑》卷五十五。

2　見錢若水8。

秦再雄

1　武陵、辰陽、澧陽、清湘、邵陽五州，各有蠻猺嘯聚，依山阻江，迨十餘萬。在馬希範、周行逢時，數出寇邊，以至圍逼辰、永二州，殺掠民畜，歲歲不寧。太祖既下荆、湖，思得通蠻慣、習險阨而勇智可任者，以鎮撫之。有辰州猺人秦再雄者，長七尺，武健多謀，在周行逢時，屢以戰鬬立功，蠻黨服之。太祖召至闕下，察知可用，面以一路之事付之。起蠻酋，除辰州刺史，官其一子爲殿直，賜予甚厚，仍使自辟吏屬，盡予一州租賦。再雄感戴異恩，誓死報效，至州日，訓練士兵，得三千人，皆能被甲渡水，歷山飛塹，捷如猿猱。又選親校二十人，分使諸蠻，以傳朝廷懷徠之美意，莫不從風而靡，各得降表以聞。太祖大喜，再召至闕，面加獎激。再雄伏地流涕，嗚咽不勝。改辰州團練使。久之，以其門客王允成爲本州推官。再雄盡瘁邊圉，故終太祖之世，無蠻陌之患，五州延袤千里，不增一兵，不費帑庾，而邊境妥安，由神機駕馭一再雄而已。《東軒筆録》卷一。《宋朝事實類苑》卷五十六。

竇儀

1　竇儀尚書，本燕人，爲性嚴重，家法整肅。尚書每對客，即二侍郎、三起居、四參政、五補闕皆侍立焉。《丁晉公談録》。《宋朝事實類苑》卷二十四。《宋名臣言行録》前集卷一。《厚德録》卷二。《賢弈編》卷二。

2　〔竇儀尚書〕周世宗時爲翰林學士，每宿直，世宗宫中不敢令奏樂，曰：「恐竇儀聞之。」至宋太祖登極，猶在翰林。忽一日，宣召入禁闈中顧問事。行至屏鄣間，覘見太祖衩衣，潛身卻退。中官謂曰：「官家坐多時，請出見。」儀曰：「聖上衩衣，必是未知儀來。但奏云：『宣到翰林學士竇儀。』」太祖聞之，遂起索衫帶，著後方召見。《丁晉公談録》。《何氏語林》卷十三。《宋稗類鈔》卷三。參見宋太祖138、140。

3　見宋太祖139。

4　王著既貶官，内署闕人，太祖謂范質等曰：「王著昨以酒失，深嚴之地，當選慎重之士以處之。」質等對以前朝學士，惟竇儀清介謹厚，然頃自翰林遷端明，今又官爲尚書，難於復召。太祖曰：「禁中非此人不可，卿當諭朕意，令勉赴所職。」即日再入翰林，爲學士。《宋朝事實類苑》卷十一引《金坡遺事》。

5　陶穀、竇儀在翰林，乾德二年正月，范質、王溥、魏仁溥俱罷相，趙韓王登庸，制既下，而韓王綸誥無宰相署勅。詔問學士，陶穀建議云：「自古輔臣，未嘗有虛位者。惟唐大中甘露事後，數日絶班，當時是僕射令狐楚、鄭覃奉行制書。今南省官亦可署勅。」儀曰：「穀之所陳，非承平之時，不足援據。今皇弟開封尹同平章事，即宰相之任也，可以署勅。」太祖聞之，喜曰：「儀之言是也。」即命太宗署勅以賜之。《宋朝事實類苑》卷十五引《金坡遺事》。

6　竇儀，開寶中爲翰林學士，時趙普專政，帝患之，欲聞其過。一日召儀，語及普所爲多不法，且譽儀早負才望之意。儀盛言普開國勳臣，公忠亮直，社稷之鎮。帝不悦，儀歸，言於諸弟，張酒引滿，語其故曰：「我必不能作宰相，然亦不詣朱崖，吾門可保矣。」既而召學士盧多遜，嘗有憾於普，又喜於進用，遂攻普之短，果罷相，出鎮河陽。普之罷甚危，賴以勳舊脱禍。多遜遂參知政事，作相。太平興國七年，普復入相，多遜有崖州之行，是其言之驗也。《楊文公談苑》。《宋朝事實類苑》卷十一。《遵堯録》卷一。《宋名臣言行録》前集卷一。《仕學規範》卷八。《東都事略》卷三十。

竇儼

1　〔竇〕儼，乃儀之仲弟也，嘗與儀連翩知貢舉，直内制，時比之二陸焉。《翰苑群書》卷八。

2　見宋太祖140。

3〔竇家二侍郎儼〕善術數，兄……儀因於堂前雕起花椅子二隻，以祇備右丞洎太夫人同坐。儼忽見之，謂兄曰：「好工夫，奈何其間一隻至甚月日先破。」儀於是以幕覆於屏風後，愛謹不用。果至是日，有内夫人至儀第，其從人不知，急於屏風後取此椅子，就門外下馬，遂爲馬踢而碎之。《丁晉公談録》。《宋朝事實類苑》卷四十八。《玉芝堂談薈》卷五。

4〔竇〕儼謂其弟偁參政曰：「儼兄弟五人，皆不爲相，兼揔無壽，其間惟四哥稍得。然結裹得自家兄弟姊妹了，亦住不得。」後偁果爲參政，只有姊王家太夫人，即王沔參政之母，儀、儼之妹也，無何亦得疾。偁尋以抱疾而歎曰：「二哥嘗言，結裹姊妹兄弟，亦住不得，必不可矣。」果數日而薨。晉公嘗謂竇二侍郎乃今之師曠也。晉公即參政之東坦也。《丁晉公談録》。《宋朝事實類苑》卷四十八。

5竇儼，字望之，薊門人，善推步，逆知吉凶。盧多遜、楊徽之俱爲拾遺，儼謂曰：「丁卯歲，五星聚奎，自此天下太平矣。恨儼不得與也，二拾遺則見之。」《宋朝事實類苑》卷四十八引《范蜀公蒙求》。《玉壺清話》卷二。《名賢氏族言行類稿》卷四十八。

6竇儼嘗病目，幾喪明，得良醫瘉之。勸令頻食羊眼，儼遂終身食之，其家名雙暈羹，世人有呼爲「學士羹」者。《清異録》卷下。

竇偁

1竇偁爲晉府賓佐，後至左諫議大夫，參知政事。僖起居郎，儼文甚高，皆有集在秘閣。偁亦有文，爲晉府記室。賈琰爲判官，每諸王宗室宴集，琰必怡聲下氣，動息褒讚，諂辭捷給，偁叱之曰：「賈氏子，何巧言令色之甚？獨不懼於心邪！」太宗甚怒，白太祖，斥出爲涇州節判。後即位，思之，召爲樞密直學士，數月參政，中謝，語之曰：「汝知何以及此？」偁曰：「陛下以臣往年霸府遭逢所至耳。」上曰：「不然，以卿嘗面折賈琰，故任卿左右，思聞直言耳。」《楊文公談苑》。《宋朝事實類苑》卷六，又卷十六引《范蜀公蒙求》。《宋名臣言行録》前集卷一。《仕學規範》卷四。《名賢氏族言行類稿》卷四十八。《古今合璧事類備要》後集卷四十八。

2 見丁謂1。

陶穀

1 〔陶穀〕明博該敏，尤工曆象。時僞晉虜勢方熾，謂所親曰：「五星數夜連珠於西南，已累累大明，吾輩無左衽之憂，有真主已在漢地。觀虜帳騰蛇氣纏之，虜主必不歸國。」未幾，德光薨於漢。又孛東起，芒侵於北，穀曰：「胡雛非久，自相吞噬，安能亂華？」後皆盡然。《玉壺清話》卷二。《宋朝事實類苑》卷五十九。

2 〔何承裕〕與翰林陶穀素不叶。世宗之征河東也，書詔填委，陶獨當之。時何以通籍，亦預扈從之數。世宗欲擢用，問陶曰：「何承裕可以知制誥否？」奏曰：「承裕好俳，發揮潤色，恐非所長。」世宗遂已。何知之，及陶之判銓，一日方偃息，何自外抗聲唱挽歌而入。陶甚驚駭，承裕曰：「尚書豈長生不死者耶？幸甚無恙，聞其一兩曲，又何妨？」陶無以抗。《五代史補》卷四。

3 太祖北征，群公祖道於芳林園，既授綏，承旨陶穀牽衣留戀，堅欲致拜。上再三避，穀曰：「且先受取兩拜，回來難爲揖酌也。」《畫墁録》。

4 太祖將受禪，未有禪文，翰林學士承旨陶穀在旁，出諸懷中而進之，曰：「已成矣。」太祖由是薄其爲人。《涑水記聞》卷一。《昨非庵日纂》一集卷八。

5 見宋太祖89。

6 見宋太祖138。

7 陶穀，自五代至國初，文翰爲一時之冠。……建隆以後，爲宰相者，往往不由文翰，而聞望皆出穀下。穀不能平，仍俾其黨與，因事薦引，以爲久在詞禁，宣力實多，亦以微伺上旨。太祖笑曰：「頗聞翰林草制，皆檢前人舊本，改換詞語，此乃俗所謂依樣畫葫蘆耳，何宣力之有？」穀聞之，乃作詩，書於玉堂之壁，曰：「官職須由生處有，才能不管用時無。堪笑翰林陶學士，年年依樣畫葫蘆。」太祖益薄其怨望，遂決意不用矣。《東軒筆録》卷一。《續湘山野録》。《孔氏談苑》卷四。《群書類編故事》卷十五。《堯山堂外紀》卷四十二。《堅瓠丁集》卷四。《宋詩紀事》卷二。《古謠諺》卷五十九。

8 陶穀來使，忠懿王宴之，因食蝤蛑，詢其族類，王命自蝤蛑至蟚螆，凡十餘種以進。穀曰：「真所謂一解不如一解。」蓋以譏王也。王因命進葫蘆羹，曰：「此先王時有此品味，庖人依樣造者。」穀在中朝，或作詩嘲之曰：「堪笑翰林陶學士，年年依樣畫葫蘆。」故王以此戲焉。《十國春秋》卷八十二引《順存録》。《國老談苑》卷一。《西湖游覽志餘》卷二十四。《何氏語林》卷二十七。《堯山堂外紀》卷四十二。《宋稗類鈔》卷六。

9 陶穀使越，錢王奉之甚渥。因舉酒行令，曰：「玉白石，碧波亭上迎仙客。」陶應聲曰：「口耳王，聖朝天子要錢塘。」《能改齋漫録》卷十四。

10〔陶穀〕嘗奉使兩浙，獻詩二十韻于錢俶，其末云：「此生頭已白，無路掃王門。」時穀官是丞郎，職爲學士，奉命小邦，獻詩已是失體，復有「掃門」之句，何辱命之甚也！《國老談苑》卷一。《宋詩紀事》卷二。

11浙帥開宴，置金鐘以爲罰爵。〔陶〕穀後因卧病，浙帥使人問其所欲，穀以金鐘爲請，浙帥以十副贈之，乃以詩謝云：「乞與金鐘病眼明。」其苟得無恥之如此。及復命，將出其境，即賦詩于郵亭云：「井蛙休恃重溟險，澤馬曾嘶九曲濱。」請令人傳誦，冀掩前詩之失。穀之狡譎，多此類也。《國老談苑》卷一。《堯山堂外紀》卷四十二。

12朝廷遣陶穀使江南，以假書爲名，實使覘之。李相密遣〔韓〕熙載書曰：「吾之名從五柳公，驕而喜奉，宜善待之。」至，果爾容色凛然，崖岸高峻，燕席談笑，未嘗啓齒。熙載謂所親曰：「吾輩緜歷久矣，豈煩至是耶？觀秀實公，非端介正人，其守可隳，諸君請觀。」因令留宿，俟寫《六朝書》畢，館泊半年。熙載遣歌人秦弱蘭者，詐爲驛卒之女以中之。弊衣竹釵，旦暮擁帚灑掃驛庭，蘭之容止，宫掖殆無。五柳乘隙因詢其迹，蘭曰：「妾不幸夫亡無歸，託身父母，即守驛翁媪是也。」情既瀆，失「慎獨」之戒。將行翌日，又以一闋贈之。後數日，醮于澄心堂，李中主命玻璃巨鍾滿酌之，穀毅然不顧，威不少霽。出蘭於席，歌前闋以侑之，穀慙笑捧腹，簪珥幾委，不敢不釂，釂罷復灌，幾類漏卮，倒載吐茵，尚未許罷。後大爲主禮所薄，還朝日，止遣數小吏攜壺漿薄餞於郊。迨歸京，鸞膠之曲已喧，陶因是竟不大用。其詞《春光好》云：「好因緣，惡因緣，奈何天。只得郵亭一夜眠，别神仙。琵琶撥盡相思調，知音少。待得鸞膠續斷弦，是何年。」《玉壺清話》卷四。《宋朝事實類苑》卷七十一。《類説》卷五十五。《續墨客揮犀》卷五。《清波雜志》卷八。《緑窗新話》卷上。《青泥蓮花記》卷十三。《堯山堂外紀》卷四十二。《十國春秋》卷十六。《堅瓠丙集》卷一。《宋稗類鈔》卷四。

13 沈遼《任社娘傳》以此事爲穀使吴越事，而女伎則社娘，非蒻蘭也。且云：穀贈歌之明日，吴越王召使者曲宴於山亭，命倡進，社之班在下，其服之哀博，陶頗不能別也。王既知之，從容謂陶曰：「昔稱吴越之女善歌舞，今殊無之。」陶曰：「在北時，聞有任氏者，今安在？」王乃使社出拜，陶熟視而笑，知其爲王所蠱也。社遂歌其詞，飲酒甚樂。社前謝王，王大悦，賜之千金。《十國春秋》卷十六。

14 周世宗時，陶尚書穀奉使江南，韓熙載遣家妓以奉盥匜，及旦，有書謝，略云：「巫山之麗質初臨，霞侵鳥道；洛浦之妖姿自至，月滿鴻溝。」舉朝不能領會其辭，熙載因召家妓訊之，云：「是夕忽當浣濯焉。」《靖康緗素雜記》補輯。《堯山堂外紀》卷四十二。《宋稗類鈔》卷六。《宋詩紀事》卷二。

15 曹翰使江南，惟事嚴重，累日不談笑，後主無以爲計。韓熙載因使官妓徐翠筠爲民間粧飾，紅絲標杖，引弄花貓以誘之。翰見，果問主郵者此女爲誰，僞對曰：「娼家。」翰因命之，至旦去，與金帛，一無所受，曰：「止願天使一詞，以爲世寶。」不得已，撰《春光好》詞遺之。及翰入謝，因留宴，使妓歌此詞。翰知見欺，乃痛飲月餘而返。《堅瓠壬集》卷三。案：此作曹翰事，顯誤，當屬陶穀事。

16 陶穀姓唐，唐宰相莒公儉之後。祖彦謙，有詩名，號鹿門先生。穀避晉祖名改陶，後歷事累朝，不復還本姓，士大夫譏之。《澠水燕談録》卷九。《茶香室叢鈔》卷二。

17 陶穀本唐彦謙後，石晉時避帝諱，改曰陶。後納唐氏爲婿，亦可怪。《宋景文公筆記》卷上。《宋稗類鈔》卷二。

18　陶穀，小名鐵牛。李濤嘗有書與之曰：「每至河源，即思令德。」唐彦謙之孫也。《南部新書》癸。《何氏語林》卷二十七。《茶香室叢鈔》卷二。

19　陶尚書穀本姓唐，避石晉諱而改焉，小字鐵牛。李相濤出典河中，嘗有書與陶公曰：「每過中流，潛思令德。」陶初不爲意，細思方悟，蓋河中有張燕公鑄繫橋鐵牛也。《宋稗類鈔》卷六。《堯山堂外紀》卷四十二。

20　〔陶穀〕自號「金鑾否人」。《堯山堂外紀》卷四十二。

21　陶穀少時，夢數吏云：「奉符换眼。」吏附耳求錢十萬安第一眼，穀不應。又云：「錢五萬，安第二眼。」復不答。史曰：「止安第三眼。」即以二彈丸納眼中。既覺，眼色深碧。後有善相道士陳紫陽曰：「好貴人貴氣，奈一雙鬼眼何？必不至大位。」《類説》卷八。《紺珠集》卷十一引《乘異記》。《堯山堂外紀》卷四十二。

22　太祖常謂陶穀一雙鬼眼。《畫墁録》。《堅瓠秘集》卷六。《古事比》卷九。《宋詩紀事》卷二。

23　李後主得青石硯，墨池中有黄石如彈丸，水常滿，終日用之不耗，每以自隨。後歸朝，陶穀見而異之，硯大不可持，乃取石彈丸去。後主拽其手，振臂就馬，後主請以寶玩爲謝，陶不許。後主曰：「惟此硯能生水，他硯皆不可用。」陶試數十硯，皆不生。後主索之良苦，不能奈，曰：「要當碎之。」石破，中有小魚，跳地上即死。自是硯無復澤潤。《類説》卷五十九引《硯譜》。《堯山堂外紀》卷四十二。

24　權某爲翰林待詔，有良馬日馳數百里，陶穀欲取之，累言于權，權曰：「學士要，誠合拜獻。某年老有足疾，非此馬馴良，不能出入。更俟一二年解職，必以爲贄。」穀心銜之，後因草密詔，召權於閣中書之，穀曰：「吾嘗愛權卿破體王書，寫了進本來。」權即與書之。穀突入閣中取其本，乃謂權曰：「帝王密詔，内有國家機事，未經進御，輒寫一本，欲將何用？洩漏密旨，罪當不赦。」即呼吏作奏牘發其事，權不能自明，但皇恐哀訴而已。穀曰：「亟將馬來，釋爾。」遂并馬券取之。《國老談苑》卷一。

25 穀一子登第，帝曰：「聞穀不善訓子，何能登第？」令覆試之，遂旨而適取薄。《昨非庵日纂》卷八。

26 陶穀學士買得党太尉家故妓，過定陶，取雪水烹團茶，謂妓曰：「党家應不識此。」妓曰：「彼麁人，安有此景？但能於銷金暖帳下，淺斟低唱，喫羊羔兒酒耳。」陶默然，愧其言。《傅幹注坡詞》卷三。《堯山堂外紀》卷四十二。《宋稗類鈔》卷四。

27 陶穀以沉香噴飯。丁謂以沉香煮湯。《古事比》卷四十九。

28 東水門外覺照院，元祐末，予緣干適彼，與寺僧縱步道旁，指一壙曰：「此陶穀墳也。」墓門洞開，其間無一物，因諷寺僧爲掩覆。僧曰：「屢掩屢開，不可曉。十餘年前，有陶姓人作寒食，爾後不復來。」陶爲人輕檢，嘗指其頭曰必帶貂蟬，今則髑髏亦不復見矣。《畫墁録》。《邵氏聞見録》卷一。《樂善録》卷九。

王著

1 見宋太祖52。

劉温叟

1 〔劉〕温叟父岳，退居河陰，温叟方七歲，嘗謂客曰：「吾老矣，他無所覬，但得世難稍息，與此兒偕爲温、洛之叟，耕釣煙月，爲太平之漁樵，平生足矣。」後記父語，父因名焉。岳，後唐爲學士，温叟，晉少帝時又爲學士，人盡榮之。受命之日，抱敕立堂下，其母未與之見。隔簾聞魚鑰聲，俄而開篋，二青衣舉一箱至庭，則紫袍、兼衣也，母始卷簾見之，曰：「此則汝父在禁林内庫所賜者。」温叟跪泣捧受，開影寢列袍，以文告其先，方拜母慶。以父名岳，終身不聽樂，大朝會有樂，亦以事辭之，客有犯其諱，則慟哭急起，與客遂絶。太宗聞之，嘉歎益久。《玉壺清話》卷二。《宋朝事實類苑》卷十。《澠水燕談録》卷三。《翰苑群書》卷八。

2、劉温叟方正守道，以名教爲己任，幼孤，事母以孝聞。其母甚賢，初爲翰林學士，私庭拜，母即命二婢，箱擎公服金帶，置于階下，謂温叟曰：「此汝父長興中入翰林時所賜也。自先君子薨背以來，常懼家門替墜，今汝能自致青雲，繼父之職，可服之無愧矣。」因欷歔掩泣。温叟伏地號慟，退就别寢，素衣蔬食，追慕數日，然後服之，士大夫以爲得禮。《國老談苑》卷一。

3　太祖一日與數謁者登正陽門之西樓，〔劉〕温叟自臺歸，過其下，或告温叟當避，温叟不顧。明日求對，面謝曰：「陛下御前樓，則六軍必有希賞賜者，臣所以不避者，欲陛下非時不御樓也。」太祖大悦，出内帑三千緡，付有司自罰。《邵氏聞見録》卷十六。

4　〔劉温叟〕爲御史中丞時，嘗道由乾元門，左右奔告聖駕方御樓。温叟如常而行，樓側下馬，入奏曰：「此門按故事，非賜大酺不御，今陛下無故而登，軍庶幾或聞，則有恩給之望，臣所以不卻導從者，不欲警彼耳目也。非禮勿動，臣職當風憲，敢不言之？」上遽還，給内帑三千緡，付縣官以自罰。《國老談苑》卷一。《類説》卷四十五引《聖宋掇遺》。

5〔劉〕温叟時爲中丞，家貧，太宗致五百緡以贈之，拜貺訖，以一櫃貯於御史府西楹，令來使緘鐍而去。至明年端午，以紈扇角黍贈之，視其封宛然。所親諷之曰：「晉邸贈緡，恤公之貧，盍開扃以濟其乏？」温叟曰：「晉王身爲京兆尹，兄爲天子，吾爲御史長，拒之則鮮敬，受之則何以激流品乎？」後太宗聞之，益加歎重。《玉壺清話》卷二。《宋朝事實類苑》卷十。《澠水燕談録》卷三。《邵氏聞見録》卷十六。《樂善録》卷七。《昨非庵日纂》一集卷二一。

6 太宗在晉邸時，嘗以錢五百千遺中丞劉温叟，温叟不敢辭，貯於別室。明年重午，又以角黍遺之，使人至，見前所送錢扃牖如故，還白其事。太宗曰：「我錢尚不用，況他人乎！温叟真廉士也哉！」亟命輩還，密白於太祖，太祖曰：「執廉節，鎮澆風，温叟有之。」《遵堯録》卷一。《邵氏聞見録》卷十六。《樂善録》卷七。

7〔劉〕温叟累居顯要，清貧尤甚，未嘗受人饋。知貢舉時，有經學門生居畿内者，獻粟草一車，温叟卻之。其人曰：「此物出於躬耕，願以致勤。」温叟不得已而受之，即命家人置衣一襲，以爲答。計其直，即倍於粟草矣。自是無敢獻遺者。《國老談苑》卷一。

8 劉中丞温叟，性端厚方正，動必由禮。然以父名岳，終身不聽絲竹，人以太過。事繼母以孝聞，雖盛暑，非冠帶不敢見。嘗令其子市藥，藥有天靈蓋，問此何從而産，對以人骨，即命致瘞於郊外矣。《厚德録》卷四。《澠水燕談録》卷三。

9 劉温叟，父名岳，終身不聽樂，不游嵩、華，每赴内宴聞鈞奏，回則號泣移時，曰：「若非君命，則不至於是。」《青箱雜記》卷二。《宋朝事實類苑》卷五十四。《燕翼詒謀録》卷四。《齊東野語》卷四。《古事比》卷十四。

10〔劉温叟〕父名岳，平生不聽絲竹之音。然亦好歡，遇賓朋款狎，輒舉板小謳。時有譏之者，劉答曰：「絲竹金石，陳之於懸，物歸於一字，吾所不忍聞也。至於謳者，乃詠歌之聲，予何避哉？」《宋朝事實類苑》卷六十二引《李學士家談》。

劉燁

1 龍圖劉公燁未第前，娶趙尚書晃之長女，早亡，而趙氏猶有二妹，皆未適人。既而劉公登科，晃已捐館，夫人復欲妻之，使媒婦通意。劉公曰：「若是武有之德，則不敢爲姻；如言禹別之州，則庶可從命。」蓋劉公不欲七姨爲匹，意欲九姨議姻故也。夫人詰之曰：「諺曰：薄餅從上揭，劉郎纔及第，豈得便簡點人家女？」劉公曰：「非敢有擇，但七姨骨相寒薄，非某之對，九姨乃宜匹。」遂娶九姨，後生七子，几、忱皆至大官。七姨後適關生，竟不第，落泊寒餒，暮年，劉氏養之終身。《青箱雜記》卷四。《宋朝事實類苑》卷四十九。《群書類編故事》卷八。《古謠諺》卷五十九。

2 見王曙3。

3 見劉后11。

4 龍圖劉燁，亦滑稽辯捷。嘗與内相劉筠聚會飲茗，問左右曰：「湯滚也未？」左右皆應曰：「已滚。」筠曰：「僉曰鯀哉。」燁應聲曰：「吾與點也。」燁又嘗與筠連騎趨朝，筠馬病足行遲，燁謂曰：「馬何故遲？」筠曰：「其只爲五更三。」言點蹄也。燁應聲曰：「何不與他七上八？」意欲其下馬徒行也。

《青箱雜記》卷一。《宋朝事實類苑》卷六十七。《堯山堂外紀》卷四十四。《堅瓠丙集》卷四。

宋琪　沈義倫

1 國初，宋琪、沈義倫俱在黄閣。時久旱，既雨，復不止。廣陌塗淖，琪厭之，謂義倫曰：「可謂『燮成三日雨』。」義倫遽對曰：「調得一城泥。」藝祖知而鄙大臣之不學。楊徽之聞而抵掌曰：「不意中書再生沈、宋。」《西清詩話》卷中。《宋稗類鈔》卷六。

張　澹

1 見張去華1。

張去華

1 張去華登甲科，直館，喜激昂，急進取，越職上言：「知制誥張澹、盧多遜，殿院師頏，詞學荒淺，深玷臺閣，願較優劣。」太祖立召澹輩臨軒重試，委陶穀考之，止選多遜入格，餘竝黜之。時諺謂澹爲「落第紫微」，頏爲「揀停殿院」。賜去華襲衣銀帶，爲右補闕，士論短之。後十六年不遷，反不逮平進者。牓下宋白，昔同直館，白爲學士，去華猶守舊職。《玉壺清話》卷三。

2 見劉吉3。

張師德

1 見梁固1。

2 見王旦50。

趙逢

1 太祖親征澤、潞，中書舍人趙逢憚涉山險，稱墜馬傷足，止於懷州。及師還，當草制，復稱疾，上怒，謂宰相曰：「逢，人臣，乃敢如此！」遂貶房州司户。《涑水記聞》卷一。《宋朝事實類苑》卷一。

王明

1 王明爲鄢陵縣令，公廉愛民。是時天下新定，法禁尚寬，吏多受民賂遺，歲時皆有常數，民亦習之，不知其罪。明爲鄢陵令，民以故事有所獻饋，明曰：「令不用錢，可人致數束薪蒭水際，令欲得之。」民不諭其意。數日，積薪蒭至數十萬，明取以築堤道，民無水患。太祖聞之，即擢明知廣州。《涑水記聞》卷一。

2 王明，字如晦，魏郡成安人。王師征嶺南，爲隨軍轉運使，山路險絶，仰給者數萬人，雖丁夫負擔，無有闕者。每下一郡一城，必先保其簿書，固守倉庫。《宋朝事實類苑》卷二十二引《范蜀公蒙求》。

雷德驤

1 見宋太祖68。

2 雷德驤判大理寺，因便殿奏事，太祖方燕服，見之，因問曰：「古者以官奴婢賜臣下，遂與本家姓，其意安在？」德驤曰：「古人制貴賤之分，使不可瀆，恐後世譜牒不明，有以奴主爲婚者。」太祖大喜曰：「卿深得古人立法意。」由是歎重久之。自後，每德驤奏事，雖在燕處，必御袍帶以見。《東軒筆録》卷一。

3 雷德驤性剛直，嘗爲大理寺。值太祖幸瓊林苑放鷂子，敕左右有急事即得通。德驤攜大理案二道扣苑門求對，左右不敢止之，上曰：「此豈急事耶？」對曰：「豈不急於放鷂子乎？」上大怒，自起擊之，德驤稍退。少頃，上悔，召而謝之曰：「朕若得如卿十數輩，何憂天下乎？」《儒林公議》。

4 雷德驤判大理寺，一日，有疑讞，非次請對。時太祖放鷙禽於後苑，見德驤奏曰：「陛下以放禽爲急，刑獄爲常，臣切未諭。」上怒，舉持玉鉞撞之，二齒墜地。德驤拾而結於帶中。上謂曰：「汝待訴我耶？」德驤曰：「臣安敢訴陛下，自有史官書之。」上從而悔，厚賜以遣之。《國老談苑》卷一。參見宋太祖51。

5 雷德驤，長安人，太祖時，久居諫諍之任，有直名。與趙普有隙，時普以勳舊作相，寵遇方渥，驤間請對，言普專權，容堂吏納賂。由是忤旨，貶商州司户。歲餘，其子有隣撾登聞鼓訴冤，鞫得其實，堂吏李可度除名，餘黨皆杖脊黥配遠州，出普知河陽，召德驤復舊官，擢有隣守校書郎。後普復入相，德驤懇乞致仕。太宗勉之曰：「朕終保卿必不爲普所擠。」有隣性亦剛鯁，有父風，太宗嘗面諭有隣：「朕欲用汝父爲相，何如？」有隣對曰：「臣父有才略而無度量，非宰相器。」乃止。有隣弟有終亦有才，平蜀寇，最有功，爲宣徽使，薨。德驤、有終父子二人常並命爲江南、淮南兩路轉運使，當世榮之。王禹偁贈詩二首，其一曰：「江南江北接王畿，漕運帆檣去似飛。父子有才同富國，君王無事免宵衣。屏除奸吏魂應喪，養活疲民肉漸肥。還有文場受恩客，望塵情抱倍依依。」其二曰：「當時詞氣壓朱雲，老作皇家諫諍臣。章疏罷封無事日，朝廷猶指直言人。題詩野館光泉石，講《易》秋堂動鬼神。棘寺下僚叨末路，齋心唯祝秉鴻鈞。」蓋禹偁常出德驤門下，而德驤深於《易》，酷嗜吟詠故也。《青箱雜記》卷一。《詩話總龜》前集卷二十六。《宋朝事實類苑》卷三十四。

雷有終

1 雷宣徽有終，李順亂，爲峽曹，調發兵食，規畫戎事，大有紀律。至廣安軍，賊勢充斥，公瀕江三面樹栅。一夕陰晦，賊衆掩至，鼓譟舉火。公安坐櫛髮，氣貌自若。賊既合，公引奇兵出其後擊之，賊驚亂，赴水火死者無數。就拜右諫議大夫，知益州。次簡州，寓佛舍，度賊必至，命左右重閉，召士人嚴更警備，初夕，間道而出。賊圍寺數重，及寺壞，惟得擊柝者。公喜施予，豐於宴犒，費不足，則傾私帑給之，奉身止銅器鞍勒而已。《玉壺清話》卷五。

2 〔雷〕有終有將略，自平蜀後，人爲立祠。又嘗以私財犒士，貧不能足，貸錢以給，比捐館時，猶逋三萬緡，真宗特出内帑償之。故魏野哭有終詩曰：「聖代賢臣喪，何人不慘顔。新祠人祭祀，舊債帝填還。鹵簿塵侵暗，銘旌淚灑斑。功名誰復繼，勅葬向家山。」《青箱雜記》卷一。

蘇　曉

1 乾德初，國用未豐，蘇曉爲淮漕，議盡榷舒、廬、蘄、黄、壽五州茶貨，置十四場，一萌一蘖，盡搜其利，歲衍百餘萬緡，淮俗苦之。後曉舟敗溺，淮民比屋相賀。《玉壺清話》卷二。《宋朝事實類苑》卷七十。

王昭素

1 王昭素，酸棗縣人，學古純直，行高於世。市物隨所索償其直，貨者乃曰：「適所索實非本價。」昭素謂之曰：「汝但受之，免陷汝於妄語咎。」自爾人無敢紿者，相戒曰：「王先生市物不可虚索。」一夕，盜者穿窬將入，以横木滿室，不通其穴。昭素覺之，盡室之物潛擲於外，謂偷兒曰：「速去，速去，恐有捕者。」盜慚，委物而遁，鄉盜幾息。李穆昔師之，逮爲學士，薦於朝，温旨召至便殿。年七十，顔如渥丹，目若盪漆。鰥居絶欲四十年，家無女侍。上賜坐，講《乾卦》至「九五，飛龍在天，利見大人」，起整巾，稽顙改容而説，上問曰：「何故？」昭素奏曰：「此爻正當陛下今日之事。」引喻該證，微含箴補，上側聽啓沃。講罷，留茗果讌語，賜國子博士致仕。留禁中月餘，詢治世養身之術，昭素曰：「治世莫若愛民，養身無非寡欲，此外無他。」上愛其語，書於屏几。卒年八十九。《玉壺清話》卷三。

2 王昭素先生，酸棗縣人，博學通《九經》，尤長于《易》，作《易論》二十三篇，學者稱之。李穆薦之太祖，召見，年八十，貌不衰。太祖問：「何不求仕，致相見之晚？」對曰：「草野陋儒，無補聖化。」賜坐，講《易》，帝嘉之，以爲國子博士。逾月，賜茶藥遣還。先生善攝養，年九十方卒。《澠水燕談録》卷四。《宋朝事實類苑》卷四十一。

3 王昭素先生素純直，入市買物，隨所索償其直，不復商較。或曰：「市井徒例高其價以邀利，非實直也。」先生曰：「彼肯欺我邪？」給之不疑。自是，市人相戒，王先生市物，率以實告，無敢紿之者。《澠水燕談録》卷四。

4 見李穆1。

聶崇義

1 國初，聶崇義精《禮》學，著《三禮圖》上之，盛行於世，詔繪于國子監講堂。郭忠恕嘗誚其姓曰：「近貴全爲聵，攀龍即作聾。雖然三個耳，終是未爲聰。」崇義曰：「僕不能詩，聊以一聯奉酬：『勿笑有三耳，猶勝畜二心。』」其敏而善謔，亦可嘉也。《澠水燕談録》卷十。參見郭忠恕3。

郭忠恕

1 郭忠恕，字恕先，以字行。能屬文，善史書。周廣順中，累爲《周易》博士，貶乾州司户。秩滿，遂不復仕。多游岐、雍、宋、洛間，縱酒，逢人無貴賤，常口稱貓。遇山水佳處，絶糧數日不食。盛夏暴於日中，體不沾汗；窮冬大寒，鑿河冰而浴，溶傍冰澌皆釋。太宗召授國子監主簿，縱酒自肆，謗讟時政。太宗怒，決杖配登州。行至齊州臨邑，謂部送吏曰：「我逝矣。」因掊地，窟才容面而卒。遂槀葬於道左。後數日，有取其尸改葬，視之空空，若蟬蛻然。《楊文公談苑》。《宋朝事實類苑》卷四十三。《名賢氏族言行類稿》卷五十一。

2 右張夢得所藏郭忠恕畫山水屋木一幅。忠恕，字恕先，以字行，洛陽人。少善屬文，及史書小學，通九經。七歲舉童子。漢湘陰公辟從事，與記室董裔争事，謝去。周祖召爲《周易》博士。國初與監察御史符昭文争忿朝堂，貶乾州司户，秩滿，遂不仕。……尤善畫，妙於山水屋木。有求者，必怒而去。意欲畫，即自爲之。郭從義鎮岐下，延止山亭，設絹素粉墨於坐。經數月，忽乘醉就圖之一角，作遠山數峯而已，郭氏亦寶之。岐有富人子，喜畫，日給淳酒，待之甚厚。久乃以情言，且致匹素，恕先爲畫小童持線車放風鳶，引線數丈滿之。富家子大怒，遂絶。時與役夫小民入市肆飲食，曰：「吾所與游，皆子類也。」太宗聞其名，召赴闕，館于内侍省押班竇神興舍。恕先長髯而美，忽盡去之。神興驚問其故。曰：「聊以效顰。」神興大怒。除國子監主簿，出，館于太學，益縱酒肆言時政，頗有謗讟。語聞，決杖配流登州。至齊州臨清，謂部送吏曰：「我逝矣。」因掊地爲穴，度可容面，俯窺焉而卒，槀葬道左。後數月，故人欲改葬，但衣衾存焉，蓋尸解也。《蘇軾文集》卷二十一《郭忠恕畫贊叙》。《圖畫見聞志》卷三。《何氏語林》卷二十六。《堯山堂外紀》卷四十二。《宋稗類鈔》卷四。《十國春秋》卷一百八。

3 郭忠恕畫殿閣重複之狀，梓人較之，毫釐無差。太宗聞其名，詔授監丞。將建開寶寺塔，浙匠喻皓料一十三層，郭以所造小樣末底一級折而計之，至上層餘一尺五寸，殺收不得，謂皓曰：「宜審之。」皓因數夕不寐，以尺較之，果如其言。黎明，叩其門，長跪以謝。尤工篆籀詩筆，惟縱酒無檢，多突忤於善人。聶崇義建隆初拜學官，河、洛之師儒也，趙韓王嘗拜之。郭使酒詠其姓，玩之曰：「近貴全爲聵，攀龍即是聾，雖然三箇耳，其柰不成聰。」崇義應聲，反以「忠恕」二字解其嘲曰：「勿笑有三耳，全勝畜二心。」忠恕大慚，終亦以此敗檢，坐謗時政，擅貨官物，流登州。中途卒，藁葬於官道之旁。他日親友與斂葬，發土視之，輕若蟬蜕，殆非區中之物也。《玉壺清話》卷二。《宋朝事實類苑》卷六十三。《邵氏聞見後録》卷三十。《續墨客揮犀》卷六。《類説》卷四十七引《遯齋閒覽》。《湖海新聞夷堅續志》前集卷一。《太平清話》卷上。《堯山堂外紀》卷四十二。《宋詩紀事》卷一百。

4　郭忠恕……岐有富人主官酒酤，其子喜畫，日給醇酎，設几案絹素，及好紙數軸，屢以情言。忠恕俄取紙一軸，凡數十番，首畫一丱角小童持綫車，紙窮處作風鳶，中引一綫長數丈。富家子不以爲奇，遂謝絶。《圖畫見聞志》卷三。《佩文齋書畫譜》卷五十。

5　〔郭忠恕〕喜畫樓觀臺榭，皆高古，置之康衢，世目未必售也。頃錢塘有沈姓者，收忠恕畫，每以示人，則人輒大笑，歷數年而後，方有知音者，謂忠恕筆也。《宣和畫譜》卷八。

王處訥

1　王處訥，洛陽人，少時有老叟至其家，煮洛河石爲麵以食之。又嘗夢人持巨鑑，衆星燦然滿中，剖其腹納之，後遂通星曆之學，特臻其妙。依漢祖於太原，開國爲尚書博士，判司天監事。周祖素與處訥厚善，舉兵向闕，以物色求之，得之甚喜。因言及劉氏祚短事，處訥曰：「漢氏曆數悠遠，蓋即位之後，專以復讎殺人及夷人之族，結怨天下，所以社稷不得長久。」周祖蹶然嘆息。適以兵圍蘇逢吉、劉銖第，待旦加戮，遽命置之。逢吉已自縊死，但誅銖，餘悉全活。國初歷司農少卿，直拜司天監。有子熙元，今爲司天少監。《楊文公談苑》。《宋朝事實類苑》卷四十五。《樂善録》卷九。

2 苗訓仕周爲殿前散員。學星術於王處訥，從太祖北征，處訥諭訓曰：「庚申歲初，太陽躔亢宿，亢怪性剛，其獸乃龍，恐與太陽竝駕，若果然，則聖人利見之期也。」至庚申歲旦，太陽之上復有一日，衆皆謂目眩，以油盆俯窺，果有兩日相磨盪，即太祖陳橋起聖之時也。處訥幼夢持鏡照天，列宿滿中，剖腹納之，遂通曉星緯之學。太祖即位，樞密使王朴建隆二年辛酉歲撰《金雞曆》以獻。上嘉納之，即改名曰《應天曆》，御製曆序。處訥謂所知曰：「此曆更二十年方見其差，必有知之者，吾不得預焉。」至太平興國六年辛巳，吴昭素直司天監，果上言《應天曆》大差。太宗詔修之。《玉壺清話》卷一。《宋朝事實類苑》卷四十五。

3 見釋贊寧3。

戚同文

1 戚同文，宋都之真儒，雖古之純德者，殆亦罕得。其徒不遠千里而至，教誨無倦，登科者題名於舍，凡孫何而下，七榜五十六人。不善沽矯，鄉里之飢寒及婚葬失其所者，皆力賑之。好爲詩，有《孟諸集》。楊侍讀徽之守南都，召至郡齋，禮遇益厚，唱和不絶。楊謂君曰：「陶隱居昔號堅白先生，以足下純白可侔，僕輒不揆，已表於朝，奏乞堅素之號，未知報否。」後果從請。及設舊學百餘楹，遇如庠序之盛。州郡惜其廢，奏乞賜額爲本府書院，命奉禮郎戚舜賓主之，即綸子也。《玉壺清話》卷一。

2 〔戚同文〕所居門前有大井，每至上元夜，即坐井傍，恐游人墜井。守之至夜深，則掩井而後歸寢。嘗有人盜其所衣衫者，同文適見之，喻盜：「第將去，然自此慎勿復然，壞汝行止，悔無及也。」盜慚謝而去。《童蒙訓》卷下。

蘇澄隱

1 太祖征太原還，至真定，幸龍興觀。道士蘇澄隱迎鑾駕，霜簡星冠，年九十許，氣貌翹竦。上因延問甚久，自言：「頃與亳州道士丁少微、華山陳摶結游於關、洛，嘗遇孫君房麈皮處士。」上問曰：「得何術？」對曰：「臣得長嘯引和之法。」遂令長嘯，其聲清入杳冥，移時不絶，上嘿久，低迷假寢，殆食頃，方欠伸，其聲略不中斷。上大奇之，因問引導之法，養生之要。隱對曰：「王者養生異於是。老子曰：『我無爲而民自化，我無欲而民自正。』無爲無欲，凝神太和，黄帝、唐堯所以享國永圖，得此道也。」遂賜頤素先生。《玉壺清話》卷一。《宋朝事實類苑》卷四十二。

2 鎮陽道士澄隱，博學多識，道行精潔。太祖北征召見，時年已九十，而形氣不衰，帝欲留建隆觀，隱曰：「帝都紛華，非野人之所宜處。」上訪以養生之術，隱曰：「養生之法，不過清心練氣耳。帝王之則異于此，老子曰：『我無爲而民自化，我無欲而民自正。』軒轅、帝堯享國延年，率由此道。」帝尤嘉之，賜以茶幣。《澠水燕談録》卷四。

陳摶

1 陳摶，字圖南，莫知所出。初有漁人舉網得物甚巨，裹以紫衣，如肉毬狀，攜以還家，溉釜爇薪，將煮而食之。暨水將熟，俄雷電遶室大震，漁人惶駭，取出擲地，衣裂兒生，乃陳摶也，冒漁人姓陳氏。《湖海新聞夷堅續志》前集卷一。《六研齋二筆》卷四。《堅瓠辛集》卷三引《群談采餘》。

2 〔陳摶〕四五歲時，戲渦水側，一青衣媪抱置懷中乳之，曰：「令汝更無嗜欲之性，聰悟過人。」《玉壺清話》卷八。《宋朝事實類苑》卷四十一。《東都事略》卷一百十八。《類説》卷五十五引《雜説》。《群書類編故事》卷十七。《名賢氏族言行類稿》卷十一。

3 邛州天慶觀，有陳希夷詩石刻，云：「因攀奉縣尹尚書水南小酌回，捨轡特叩松扃，謁高公。茶話移時，偶書二十八字。道門弟子圖南上。」其詩云：「我謂浮榮真是幻，醉來捨轡謁高公。因聆玄論冥冥理，轉覺塵寰一夢中。」末書「太歲丁酉」，蓋蜀孟昶時，當石晉天福中也。天慶本唐天師觀，詩後有文與可跋，大略云：「高公者，此觀都威儀何昌也。希夷從之學鎖鼻術。」《老學庵筆記》卷六。《宋詩紀事》卷五。

4 見宋太祖9。

5 見趙普2。

6 陳摶，字圖南，有經世之才，生唐末，厭五代之亂，入武當山，學神仙導養之術，能辟穀，或一睡三年，後隱於華山。自晉、漢已後，每聞一朝革命，則嚬慼數日，人有問者，瞪目不答。一日，方乘驢游華陰，市人相語曰：「趙點檢作官家。」摶驚喜大笑，人問其故，又笑曰：「天下這迴定疊也。」太祖事周爲殿前都點檢，摶嘗見天日之表，知太平自此始耳。《東軒筆録》卷一。《宋名臣言行録》前集卷十引邵伯温《易學辨惑》。《湖海新聞夷堅續志》前集卷一。

7　華山隱士陳摶，字圖南，唐長興中進士，游四方，有大志，隱武當山，詩云：「他年南面去，記得此山名。」本朝張鄧公改「南面」爲「南嶽」，題其後云：「蘚壁題詩志何大，可憐今老華圖南。」蓋唐末時詩也。常乘白騾，從惡少年數百，欲入汴州。中途聞藝祖登極，大笑墜騾曰：「天下於是定矣。」遂入華山爲道士，葺唐雲臺觀居之。藝祖召，不至。太宗召，以羽服見於延英殿，顧問甚久。送中書見宰輔，丞相宋琪問曰：「先生得玄默修養之道，可以教人乎？」曰：「摶不知吐納修養之理。假令白日冲天，亦何益於聖世？上博達今古，深究治亂，真有道仁明之主，正是君臣同德致理之時，勤心修煉，無出於此。」琪等稱歎，以其語奏，帝益重之。帝初問以伐河東之事，不答，後師出果無功。還華山數年，再召見，謂帝曰：「河東之事今可矣。」遂克太原。帝以其善相人也，遣詣南衙見真宗。及門亟還，及問其故，曰：「王門厮役皆將相也，何必見王？」建儲之議遂定。後賜號爲希夷先生。真宗即位，先生已化，因西祀汾陰，幸雲臺觀，謁其祠，加禮焉。帝知建儲之有助也。《邵氏聞見録》卷七。《貴耳集》卷中。

8　太祖深鑒唐末五代藩鎮跋扈，即位盡收諸鎮之兵，列之畿甸，節鎮惟置州事，以時更代，至今百四十年，四方無吠犬之警，可謂不世之功矣。或云陳希夷之策。《畫墁録》。

9　見宋太宗4。

10 陳摶，周世宗常召見，賜號白雲先生。太平興國初，召赴闕，太宗賜御詩云：「曾向前朝出白雲，後來消息杳無聞。如今若肯隨徵召，總把三峯乞與君。」先生服華陽巾，草屨垂條，以賓禮見，賜坐。上方欲征河東，先生諫止，會軍已興，令寢于御園，兵還，果無功。百餘日方起，恩禮特異，賜號希夷，屢與之屬和。久之，辭歸，進詩以見志云：「草澤吾皇詔，圖南摶姓陳。三峯千載客，四海一閒人。世態從來薄，詩情自得真。乞全麋鹿性，何處不稱臣。」上知不可留，賜宴便殿，宰相兩禁傳坐，爲詩以寵其歸。《澠水燕談録》卷四。《宋朝事實類苑》卷四十一。《宋名臣言行録》前集卷十。

11 〔陳摶〕太平興國初，召至闕，求一静室休息，乃賜館於建隆觀，扃户熟寐，月餘方起。上方欲征河東，摶諫止之。九年，復來朝，始陳河東可取。暨王師再舉，果執劉繼元，平并州。《宋名臣言行録》前集卷十引《辨惑》。

12 太宗問摶曰：「堯舜之爲天下，今可致否？」對曰：「堯舜土階三尺，茅茨不剪，其跡似不可及。然能以清净爲治，即今之堯舜也。」上善之。《宋名臣言行録》前集卷十引《辨惑》。

13 見宋真宗2。

14 陳摶被詔至闕下，間有士大夫詣其所止，願聞善言以自規誨。陳曰：「優好之處勿久戀，得志之處勿再往。」聞者以爲至言。《倦游雜録》。《宋朝事實類苑》卷四十一。《宋名臣言行録》前集卷十。《續墨客揮犀》卷六。

15 見陳恕8。

16 見郭延卿1。

17 見王旦2。

18 見王世則1。

19 見張詠7。

20 見張詠8。

21 見張詠9。

22 見張詠10。

23 見錢若水1。

24 見王曾4。

25 華山陳真人而隱于睡，小則亘月，大則幾年方一覺。馮翊羽士寇朝一事處士，得睡之大畧，還全神觀，唯睡而已。《貴耳集》卷中。

26 陳希夷先生一睡或半歲，或三數月，近亦不下月餘，留藏真息，飲納玉液。「吾睡，真睡也。」曾與毛女游。《續博物志》卷二。

27 毛女在華山，山客獵師世世見之，體生毛，自言秦始皇宫人。陳摶在華山，或謗以與毛女往來。《續博物志》卷七。

28 〔陳希夷先生〕《與毛女游》曰：「藥苗不滿笥，又更上危顛。回指歸去路，相將入翠烟。」又曰：「曾折松枝爲寶櫛，又編栗葉作羅襦。有時問着秦宫事，笑撚仙花望太虚。」《詩話總龜》前集卷四十六引《翰府名談》。

29 文正祖唐公，有詩贈華山陳希夷。五侍郎帥陝，嘗刻石傳世，逸上一聯：「曾逢毛女話何事，應見巨靈開此山。濃睡過春花滿地，静林中夜月當闕。紛紛詔下忽東去，空使蒲輪倦往還。」《過庭録》。

30 大靈豆。華山陳摶有靈豆，服一粒，四十九日不飢，筋力如故，顔色若嬰兒，世罕得服之者。《貴耳集》卷中。

31 陳摶，譙郡真源人，與老聃同鄉里生。嘗舉進士不第，去隱武當山九室岩，辟穀練氣。作詩八十一章，號《指玄篇》，言修養之事。後居華山雲臺觀，多閉門獨卧，經累月至百餘日不起。周世宗召至闕下，令於禁中扃户以試之，月餘始開，摶熟寢如故，甚異之。……太宗即位，再召之。雍熙初，賜號希夷先生。爲修所居觀，留闕下數月，多延入宫中書閣内與語，頗與之聯和詩什。……未幾，放還山。端拱二年夏，令其徒賈德於張超谷鑿石室，室成，手書遺表曰：「臣摶大數有終，聖朝難戀，於七月二十九日化形於蓮花峯下張超谷中。」緘封如法，至期卒于石室中，啓封視之，乃預知也。死七日，支體猶温，有五色雲閉塞洞口，終月不散。《楊文公談苑》。《宋朝事實類苑》卷四十一。《貴耳集》卷中。《東都事略》卷一百十八。

32 陳希夷將終，密封一緘付其弟子，使候其死上之。既死，弟子如其言入獻。真宗發視，無他言，但有「慎火停水」四字而已。或者以爲道家養生之言，而當皆以爲意在國家，無以是解者。已而祥符間禁中諸處數有大火，遂以爲先告之驗。上以軍營人所聚居，尤所當戒，乃命諸校悉書之門。故今軍營皆揭此四字。《石林燕語》卷五。《茶香室叢鈔》卷三。

33 華山張超谷，陳希夷靈骨在焉。山徑險絶，下臨無地，河中李欽叔嘗至其處。陳骨長大，異于今人，堅重腴瑩如青玉，道力所至，具見於此。弟子某遺骸亦在其旁，以陳比之，仙凡爲不侔矣。《續夷堅志》卷二。

34 昨聞姚御史一元葬陳摶之事……今嘉靖三十二年，姚巡按山西，同副使張瀚、參政蘇志臯謁嶽廟。至希夷峽，有陳之石像焉，道士言其前後之事，復出髑骨觀之。明日，姚行文於蘇，命葬髑骨。是夜蘇夢希夷曰：「葬我於戴岳履河之處。」後得地果然也，夢中所見，儼如石像。《七修續稿》卷四。

35 中書舍人劉光祚進蟠桃核酒杯，云得於華山陳摶。《類説》卷二十七引《外史檮杌》。

36 成都妓單氏贈陳希夷詩云：「帝王師不得，日月老應難。」名士多稱之。《詩話總龜》前集卷十二引《唐宋遺史》。

37 見种放3。

38 見种放4。

39 种放見陳圖南，曰：「意謂子有仙風道骨，奈何尚隔一塵？一塵謂五百年也。他日必白衣作諫議。然名者，古今之美器，造物者深忌，于天地間無全名。子名將起，物必敗之。」放晚節果如圖南所言。《貴耳集》卷上。

40 見种放6。

41 見种放7。

42 濮上陳摶以《先天圖》傳种放，放傳穆修，修傳李之才，之才傳邵雍。放以《河圖》、《洛書》傳許堅，堅傳范諤昌，諤昌傳劉牧。修以《太極圖》傳惇頤，惇頤傳二程。濂溪得道于異僧壽涯，晦庵亦未然其事，以異端疑之。《貴耳集》卷下。

白閣道者

1 見錢若水3、王曾4。

2 見陳堯佐1。

麻衣道者

1 麻衣道者，不知其姓名、誰氏之子、鄉里州縣。常以麻辮爲衣，蓬髮，面積垢穢，然顔如童稚，雙瞳凝碧。多在定州、真定、保塞，人識之積久，未嘗啓口，惟緘默而已。見酒即喜抃，亦不至躭濫。人問其甲子修短，及卜前因未來，皆書畫於紙。其言爲接引世俗明了本性，大抵戒人歸於爲善杜惡，已而乖睽分錯，不可探索。人有言及邪穢戲之者，即以水灑沃，指目而去。好爲禽鳥形狀，溢滿巾幅，復加毁裂，能自傳其形容鑄如也。常有贊頌，得其一曰：「這見有情忘我，諸佛大恩增長，地獄時時轉多，不忍見，不忍見。三轉净行，不及愚夫五欲樂，不忍見，不忍見。」亦不知其果何歸哉。《搜神秘覽》卷中。

2 見錢若水1。

張守真

1 開寶中，有神降於終南道士張守真，自言：「我天之尊神，號黑殺將軍，與玄武、天蓬等列爲天之三大將。」言禍福多驗。每守真齋戒請之，神必降室中，風肅肅然，聲如嬰兒，獨守真能曉之。太祖不豫，驛召守真至闕下，館於建隆觀，令下神。神曰：「天上宫闕已成，玉鏁開，晉王有仁心。」言訖，不復降。太祖以其妖，將加誅，會晏駕。太宗即位，築宫於山陰，將塑像，請於神。神曰：「我人形，怒目被髮，騎龍按劍，前指一星。」如其言造之。太平興國六年，宫成，封神爲翊聖將軍。每歲春秋，遣中使祈醮，立碑記其事。《楊文公談苑》。

釋贊寧

1 太祖皇帝初幸相國寺，至佛像前燒香，問當拜與不拜。僧録贊寧奏曰：「不拜。」問其何故，對曰：「見在佛不拜過去佛。」贊寧者，頗知書，有口辯，其語雖類俳優，然適會上意，故微笑而頷之，遂以爲定制。至今行幸焚香，皆不拜也。議者以爲得禮。《歸田録》卷一。《宋朝事實類苑》卷十五。《青瑣高議》後集卷二。《西湖游覽志餘》卷十四。《堯山堂外紀》卷四十三。《宋稗類鈔》卷五。

2 〔江南徐知諤〕得畫牛一軸，晝則嚙草欄外，夜則歸臥欄中。諤獻後主煜，煜持貢闕下。太宗張後苑以示群臣，俱無知者。惟僧録贊寧曰：「南倭海水或減，則灘磧微露，倭人拾方諸蚌，胎中有餘淚數滴者，得之和色著物，則晝隱而夜顯。沃焦山時或風撓飄擊，忽有石落海岸，得之滴水磨色染物，則晝顯而夜晦。」諸學士皆以爲無稽，寧曰：「見張騫《海外異記》。」後杜鎬檢《三館書目》，果見於六朝舊本書中載之。《湘山野録》卷下。《清波雜志》卷五。《何氏語林》卷二十一。《西湖游覽志餘》卷十四。《堯山堂外紀》卷四十二。《宋稗類鈔》卷五。

3 僧録贊寧有大學，洞古博物，著書數百卷。王元之禹偁、徐騎省鉉疑則就而質焉。二公皆拜之。柳仲塗開因曰：「余頃守維揚，郡堂後菜圃纔陰雨則青燄夕起，觸近則散，何邪？」寧曰：「此燐火也。兵戰血或牛馬血著土，則凝結爲此氣，雖千載不散。」柳遽拜之，曰：「掘之皆斷鎗折鏃，乃古戰地也。」因贈以詩，中有「空門今日見張華」之句。太宗欲知古高僧事，撰《僧史略》十卷進呈，充史館編修。壽八十四。司天監王處訥推其命孤薄不佳，三命星禽晷禄壬遁，俱無壽貴之處。謂寧曰：「師生時所異者，止得天貴星臨門，必有裂土侯王在户否？」寧曰：「母氏長謂某曰，汝生時卧草，錢文穆王元瓘往臨安縣拜塋，至門雨作，避於茆檐甚久，迨浣浴繈籍畢，徘徊方去。」《湘山野録》卷下。《堯山堂外紀》卷四十二。《宋稗類鈔》卷五。

4 吴僧贊寧，國初爲僧録。頗讀儒書，博覽强記，亦自能撰述，而辭辯縱横，人莫能屈。時有安鴻漸者，文詞儁敏，尤好嘲詠。嘗街行遇贊寧與數僧相隨，鴻漸指而嘲曰：「鄭都官不愛之徒，時時作隊。」贊寧應聲答曰：「秦始皇未坑之輩，往往成群。」時皆善其捷對。鴻漸所道，乃鄭谷詩，云「愛僧不愛紫衣僧」也。《六一詩話》。《西湖游覽志餘》卷十四。《昨非庵日纂》二集卷十二。《堯山堂外紀》卷四十二。《宋稗類鈔》卷六。

艾穎

1 艾侍郎穎，少年赴舉，逆旅中遇一村儒，狀極茸闒，顧謂艾曰：「君此行登第必矣。」艾曰：「賤子家於鄆，無師友，加之汶上少典籍，今學疎寡，聊觀場屋爾，安敢俯拾耶？」儒者曰：「吾有書一卷以授君，宜少俟於此，詰旦奉納。」翌日，果持至，乃《左傳》第十卷也。謂艾曰：「此卷書不獨取富貴，後四十年亦有人因此書登甲科，然齡禄俱不及君，記之。」艾頗爲異，時亦諷誦，果會李愚知舉，試《鑄鼎象物賦》，事在卷中，一揮而就。愚愛之，擢甲科。後四十年，當祥符五年，御前放進士，亦試此題，徐奭爲狀元。《玉壺清話》卷二。《宋朝事實類苑》卷四十六。《澠水燕談録》卷六。

王景咸

1　國初，將軍王景咸嘗守邢州，使臣王班銜命至郡，景咸宴之，坐中厲聲曰：「請王班滿飲。」景咸以爲官也。左右曰：「王班，姓名也。」景咸大慙，責左右：「爾輩何不先教我！」坐中大噱。《澠水燕談録》卷十。

李　成

1　營丘李成，字咸熙，磊落不羈，喜酒善琴，好爲歌詩，尤妙畫山水。周樞密使王朴與之友善，爲召至京，將以處士薦之，會朴卒。乾德中，陳守、大司農衛融，以鄉里之舊延之郡齋，日恣飲，竟死於酒。子覺，仕至國子博士、直史館。贈成爲光禄寺丞，葬於浚儀之魏陵，宋翰長白爲之志。成畫平遠寒林，前人所未嘗爲，氣韻蕭灑，煙林清曠，筆勢穎脱，墨法精絶，高妙入神，古今一人，直畫家百世師也。雖昔王維、李思訓之徒，亦不可同日而語。其後，燕貴、翟院深、許道寧輩，或僅得一體，語全則遠矣。考白所作成志，則成未嘗仕，而歐陽文忠公以爲成仕至尚書郎。按白與成同時人，又與成子覺並列史館，其所紀宜不妄，不知文忠公何以據也，正當以志爲定。《澠水燕談録》卷七。《宋朝事實類苑》卷五十一。

2 名畫李成以山水供奉禁中，然以子姓饒貲，爲宫市珠玉大商，不易爲人落筆，惟性嗜香藥名酒，人亦不知。獨相國寺東宋藥家最與相善，每往，醉必累日，不特楮素揮灑，盈滿箱篋，即鋪門兩壁亦爲淋漓潑染。識者謂壁畫家入神妙。《楓窗小牘》卷下。《東山談苑》卷五。

王　元

1 王元，字文元，桂林人，苦吟風月，終于貧病。妻黄氏，共持雅操，每遇得句，中夜必先起燃燭，供具紙筆，元甚重之。有《聽琴詩》曰：「拂琴開素匣，何事獨顰眉。古調俗不樂，正聲公自知。寒泉出澗澀，老檜倚風悲。縱有來聽者，誰堪繼子期。」好事者畫爲圖。《詩話總龜》前集卷十引《郡閣雅談》。

樊知古

1 〔樊〕知古，江南人，無鄉里之愛，舉於鄉，不獲第，因謀北歸，獻伐於朝。以釣竿漁於采石江凡數年，横長絙量江水之廣深，絙或中沈，陰有物波低助起，心知其國之亡，遂仗策謁太祖，奏曰：「可造舟爲梁，以濟王師，如履坦途。」送學士院，本科及第，遣湖南督匠造黄黑龍船於荆南，破竹爲索，數千艦由荆南而下。舟既集，就采石磯試焉，密若胼脅，不差尺寸。知古舊名若冰，太祖以其聲近「弱兵」之厭，故改之。江南平，爲侍御史，邦人怨之，累世丘木悉斬焉。《玉壺清話》卷八。《吹劍四録》。

2 樊若水，江南人。貧甚游索，鄉人不爲禮。後北游，建策置浮橋采石，以渡天兵。江南平，擢爲本路轉運使。所仇之家，方開酒場。樊乃于歲除日賣酒衆多之次，按其所入以爲額。其家坐是輸納不逮，家遂破焉。《能改齋漫録》卷十二。

龔穎

1 龔穎，邵武人，先仕江南，歸朝爲侍御史。嘗憤叛臣盧絳殺其叔慎儀，又害其家。後絳來陛見，舞蹈次，穎遽前以笏擊而踣之。太祖驚問其故，穎曰：「臣爲叔父復讎，非有他也。」因俯伏頓首請罪，極言絳狼子野心不可畜。太祖即下令誅絳而赦穎。《青箱雜記》卷二。

2 〔龔〕穎自負文學，少許可，又談論多所折難。太宗朝，知朗州，士罕造其門，獨丁謂贄文求見，穎倒屣延迓，酹對終日，以至忘食。曰：「自唐韓、柳後，今得子矣。」異日，丁獻詩於穎，穎次韻和酹曰：「膽怯何由戴鐵冠，衹緣昭代獎孤寒。曲肱未遂違前志，直指無聞是曠官。三署每傳朝客説，五溪閑凭郡樓看。祝君早得文場雋，况值天堦正舞干。」《青箱雜記》卷二。《宋朝事實類苑》卷三十六。

徐鉉

1〔徐騎省鉉〕方成童，於水濱，忽一狂道士醉叱之，曰：「吾戒汝只在金魚廟，何得竊走至此！」以杖將怒擊，父母亟援之，仍回目怒視曰：「金魚將遷廟於郊，他日撻於廟亦未晚。」因不見。後果謫官於邠，遂薨，無子。《湘山野録》卷中。

2 見宋太祖108。

3 見宋太祖109。

4 見宋太祖110。

5 見宋太祖111。

6 王師平江南，徐鉉從李煜入朝，太祖讓之，以其不早勸李煜降也。鉉曰：「臣在江南，備位大臣，國亡不能止，罪當死，尚何所言！」上悅，撫之曰：「卿誠忠臣，事我當如事李氏也。」《涑水記聞》卷一。《宋朝事實類苑》卷一。

7 徐騎省鉉事江南後主爲文館學士，隨煜納圖，太宗苛責以不能諷煜早獻圖貢，鉉對曰：「臣聞四郊多壘，卿大夫之辱也。爲人謀國，當百世不傾，諷主納疆，得爲忠乎？」太宗神威方霽，曰：「今後事我，亦當如是。」鉉不幸，爲學士，坐請求尹京張去華以一親故注重辟，諷去華上言，貫索星見，請曲赦畿獄，坐是削官，爲静難行軍司馬。後端居不出，銘其齋以自箴，曰：「爰有愚叟，棲此陋室。風雨可蔽，庭户不出。知足爲富，娱老以佚。貂冠蟬冕，虎皮羊質。處之恬然，永終爾吉。」竟卒於邠。《玉壺清話》卷八。《爐餘録》甲編。

8 徐鉉歸朝，爲左散騎常侍，遷給事中。太宗一日問：「曾見李煜否？」鉉對以「臣安敢私見之」。上曰：「卿第往，但言朕令卿往相見可矣。」鉉遂徑往其居，望門下馬，但一老卒守門。徐言：「願見太尉。」卒言：「有旨不得與人接，豈可見也！」鉉云：「我乃奉旨來見。」老卒往報，徐入立庭下久之。老卒遂入取舊椅子相對。鉉遥望見，謂卒曰：「但正衙一椅足矣。」頃間，李主紗帽道服而出。鉉方拜，而李主遽下堦引其手以上。鉉告辭賓主之禮，主曰：「今日豈有此禮？」徐引椅少偏，乃敢坐。後主相持大哭，乃坐默不言。忽長吁歎曰：「當時悔殺了潘佑、李平。」鉉既去，乃有旨再對，詢後主何言。鉉不敢隱，遂有秦王賜牽機藥之事。牽機藥者，服之前卻數十回，頭足相就如牽機狀也。《默記》卷上。《宋稗類鈔》卷三。《十國春秋》卷二十八。

9 太平興國中，吴王李煜薨，太宗詔侍臣撰吴王神道碑。時有與徐鉉争名而欲中傷之者，面奏曰：「知吴王事迹，莫若徐鉉爲詳。」太宗未悟，遂詔鉉撰碑，鉉遽請對而泣曰：「臣舊侍李煜，陛下容臣存故主之義，乃敢奉詔。」太宗始悟讓者之意，許之。故鉉之爲碑，但推言曆數有盡，天命有歸而已。其警句云：「東隣遘禍，南箕扇疑。投杼致慈親之惑，乞火無里婦之談。始勞固壘之師，終後塗山之會。」又有偃王仁義之比。太宗覽讀稱嘆。異日復得鉉所撰吴王挽詞三首，尤加歎賞，每對宰臣稱鉉之忠義。《東軒筆録》卷一。《宋朝事實類苑》卷三十六。《籀史》。《宋稗類鈔》卷三。《宋詩紀事》卷三。

10 徐鉉隨後主歸朝，見士大夫寒日多披毛衫，大笑之。語人曰：「中朝自兵亂之後，其風未改，荷氈被毳，實繁有徒，深可駭也。」一日，入朝，遥見其子婿吴淑亦被毛裘，歸，召而責之曰：「吴郎士流，安得效此？」淑對曰：「晨興霜重苦寒，然朝中服之者甚衆。」鉉曰：「士君子之有操執者，亦未嘗服。」蓋自謂也。新平之行，豳土寒冽，門人鄭文寶適掌轉運，迎鉉于途，解所服褐裘以獻鉉，終卻之。遂爲寒氣所傷，下痢卒。楊文公記其事，鉉之志可悲矣。《愛日齋叢抄》卷五。《類説》卷五十三引《談苑》。

11 南唐平，徐鉉入朝，見朝中士大夫寒月衣毛衫，乃歎曰：「自五胡猾夏，乃有此風。」鉉鄙之，不肯服，在邠州中寒疾死。《明道雜志》。《郡齋讀書志》卷十八。

12 江南徐鉉歸朝，後坐事出陝右。柳開時爲州刺史。開性豪横，稍不禮鉉。一日，太宗聞開喜生膾人肝，且多不法，謂尚仍五季亂習，怒甚，命鄭文寶將漕陝部，因以治開罪。開得此大懼，知文寶素師事鉉也，遲文寶垂至，始求於鉉焉。鉉曰：「彼昔爲鉉門弟子，然時異事背，弗能必其心如何，敢力辭也。」於是開再拜，曰：「先生但賜之一言足矣，毋卹其聽不。」鉉始諾之。頃文寶以其徒持獄具來，首不見開，即屏從者，步趨入巷，詣鉉居以覲鉉，立於庭下。鉉徐出座上，文寶拜竟，陞自西階，通温凊，復降拜。鉉乃邀文寶上，立談道舊者久之，且戒文寶以持節之重，而鉉閑慢廢，後勿復來也。文寶方力詢其所欲，鉉但曰：「柳開甚相畏爾。」文寶默然出，則其事立散。《鐵圍山叢談》卷三。《宋稗類鈔》卷三。

13 徐左省鉉職居近列，雖盛寒，入奉朝請，即未嘗披毛衫。或詰之，曰：「豈有雙闕之下，衣戎服歟？」每覩待漏院前燈火人物賣肝夾粉粥，來往喧雜，即皺眉惡之曰：「真同寨下耳。」一生好服寬袴，未嘗窄衣裳。謂諸士夫曰：「軒裳之家，雞豕魚鱉，果實蔬茹，皆可備矣。」蓋沽酒市脯不食爾。《丁晉公談録》。

14 晉公嘗見掌武太原公，言先太師傾背時，朝賢來弔，朱紫盈門，惟徐左省鉉獨攜一麻袍角帶，於客位内更易後，方入相弔，以此知士大夫朝服臨喪慰問，深不可也。先太師，即兵部侍郎祐也。《丁晉公談録》。《籀史》。

15 〔徐鉉〕市宅以居。歲餘，見故宅主貧甚，鉉召之曰：「得非售宅虧價以致是乎？予近撰碑獲潤筆二百千，可償爾矣。」其主堅辭不獲，亟命左右輦以付之。《事文類聚》續集卷六引《聖宋掇遺》。《昨非庵日纂》二集卷三。《香祖筆記》卷五。《古事比》卷四十九。

16 徐鉉所居，逼五龍堂，宣徽角抵士將内宴，必先肄習於其中，觀者雲集。鉉方蔬食，坐道齋中誦《黄庭》，聞外喧甚，立遣小童視之。還白云：「許、趙二常侍與諸常侍習角抵。」鉉笑曰：「此諸同寮，難可接其歡也。」京師呼宣徽角抵士皆爲常侍故。《楊文公談苑》。《宋朝事實類苑》卷六十六。《庶齋老學叢談》卷四。

17 太宗剋復江南，得文臣徐鉉，博通今古，擢居秘閣。一日，後苑象斃，上令取膽，剖腹不獲。上異之，以問鉉，鉉奏曰：「請於前左足求之。」須臾，果得以進。亟召鉉問，對曰：「象膽隨四時在足，今方二月，故臣知在前左足也。」朝士皆歎其博識也。《續湘山野録》。《國老談苑》卷二。《何氏語林》卷二十一。《宋稗類鈔》卷五。

18 見張洎11。

19 徐鉉工篆隸，好筆硯。歸朝，聞鄴中耕人，時有得銅雀臺古瓦，琢爲硯，甚佳。會所親調補鄴令，囑之，凡經年，尋得古瓦二，絶厚大，命工爲二硯持歸，面以授鉉。鉉得之喜，即注水，將試墨，瓦瘞土中，枯燥甚，得水即滲盡。又注之，隨竭，涪涪有嘖嘖焉。鉉笑曰：「豈銅雀之渴乎？」終不可用，與常瓦礫無異。《楊文公談苑》。《宋朝事實類苑》卷六十六。《硯箋》卷三。《宋詩紀事》卷三十六。

20 徐鉉不信佛，而酷好鬼神之説，……專搜求神怪之事，記於簡牘，以爲《稽神録》。嘗典選，選人無以自通，詭言有神怪之事，鉉初令録之，選人言不閑筆綴，願得口述。亟呼見，問之，因以私禱，罔不遂其請。歸朝，有江東布衣蒯亮，年九十餘，好爲大言夸誕，鉉館於門下，心喜之。《稽神録》中事，多亮所言。亮嘗忤鉉，鉉甚怒，不與話累日。忽一日，鉉將入朝，亮迎呼爲中闌，云：「適有異人，肉翅自廳飛出，升堂而去，亮目送久之，方滅。」鉉即喜笑，命紙筆記之，待亮如故。《楊文公談苑》。《宋朝事實類苑》卷六十五。《郡齋讀書志》卷十三。《宋詩紀事》卷三。

21 太宗命儒臣輯《太平廣記》，時徐鉉實與編纂。《稽神録》，鉉所著也，每欲採擷，不敢自專，輒示宋白，使問李昉，曰：「徐率更以博信天下，乃不自信而取信於宋拾遺乎？詎有率更言無稽者，中採無疑也。」於是此録遂得見收。《楓窗小牘》卷上。

22 徐鉉自銘，親篆其文，刻石寘齋中。《姚氏殘語》。

23 徐鉉、李昉、石熙載、王祐、李穆：李至爲《五君詠》。《小學紺珠》卷六。

24 徐鉉竄邠州遂死，其家挈喪以歸。道出一邑，時索湘爲邑宰，忽一官自稱江南放叟徐鉉來謁，曰：「僕有少懇，僕在江南爲學士時，常爲人以一寶帶投執政變一獄。雖事不枉法，然不免以贓名污身。今旅魂過海，帝廟下恐不爲帝所容。君爲邑宰，廟籍鄉版皆隸于君，君爲吾謝之，帝必難拒言。」既不見。湘感其誠，乃爲禱謝，柩舟果無纖瀾虞。薄暮，鉉復來謝，含喜欻然而去。《樂善録》卷一。

25 鉉無子，其弟鍇有後，居金陵攝山前，開茶肆，號徐十郎。有鉉、鍇告勑，備存甚多。僕嘗至攝山，求所謂徐十郎家觀之。其間有自江南歸朝初授官誥云「歸明人僞銀青光禄大夫、知内史事、上柱國徐鉉，可依前銀青光禄大夫、守太子率更令」云云，知内史乃江南宰相也，銀青存其階官也。《默記》卷中。

鄭文寶

1 〔鄭仲賢〕在江南，師徐騎省鉉小篆，嘗篆千文以示鉉，其字學不出一中指之甲。騎省嘗曰：「篆難於小而易於大，鄭子小篆，李陽冰不及，若大篆可兼爾。」《續湘山野録》。《宋朝事實類苑》卷五十二。

2 朝廷議城古威州，遣訪鄭文寶公，奏曰：「欲城威州，不若先建伯魚、青岡、清遠三城爲頓歸師之重地。俟秦民稍蘇，闢營田，積邊粟，修五原故積之地，党項之酋豪，爲我鷹犬。若爾，則不獨措注安西，亦可綏服河湟，此定邊之勝策也。」朝廷從之。建興三城之役，費緡粟數十萬計，西民苦之，一夕盡爲山水蕩去。又奏減解池鹽價，損課二十萬緡。貶藍山、枝江、長壽三縣令，累年方牽復工部員〔外〕郎、轉運使。《玉壺清話》卷八。《宋朝事實類苑》卷五十六。

3 鄭工部文寶爲陝運時，賊遷欲侵靈武，朝廷患之，詔鄭便宜經度西事。鄭前後自環慶親部芻粟，越瀚海七百里，入靈武者十二次，諸羌之語皆通曉。鄭必知靈武不可守，故參校史傳作河西隴右圖進呈，極言乞棄靈武。朝廷方遣大將王超援之，又力諫太宗，太平之時慎無開邊，疲弊百姓。太宗閲奏極怒，摭以他事，坐擅議鹽禁及違營田、以積石廢壘築爲清遠軍三過，貶郴州藍山令。王超援兵方至環州，靈武果没，遂班師。而李順梗蜀，隴賊趙包聚徒數千附之。鄭知必趨棧以進，分兵夜襲，斬其魁，殲餘黨。嘗又輕車使蜀，至渝、涪，聞廣武卒謀亂，自雲安飛小檝下峽數百里，一夕擒之，所舉如神。然太宗終怒，藍山任滿，更移枝江、京山二縣，牢落五六年方復。《續湘山野録》。《宋朝事實類苑》卷五十六。

4 見徐鉉12。

5 緱氏，王子晉升仙之地，有祠在焉。像設塵昏，奠獻不繼，然宛存山川古色。鄭工部文寶嘗題一絶：「秋陰漠漠秋雲輕，緱氏山頭月正明。帝子西飛仙馭遠，不知何處夜吹笙。」後晏元獻守洛，過見之，取白樂天語書其後云：「此詩在在有神物護持。」《西清詩話》卷中。《宋詩紀事》卷四。

張泊

1 張泊爲舉人時，張佖在江南已通貴，泊每奉謁求見，稱從表姪孫。既及第，稱姪。稍貴，稱弟。及秉政，不復論中表，以庶僚遇之。佖怨泊入骨髓。國亡，俱仕中國。泊作錢俶謚議云：「亢而無悔。」佖奏駁之，泊廣引經傳自辨，乃得解。《涑水記聞》卷三。

2 張泊與陳喬皆爲江南相，金陵破，二人約効死於李煜之前。喬既死，泊白煜曰：「若俱死，中朝責陛下久不歸命之罪，誰與陛下辨之？臣請從陛下入朝。」遂不死。《涑水記聞》卷三。

3 張泊在圍城中，作蠟丸帛書，間道求北戎之援，爲邊候所得。泊歸朝，太祖召泊詰責，以書示之。

泊神色自若，徐曰：「此臣在國所作。」太祖厲聲曰：「汝國稱蕃事大，何乃反覆如此？汝實爲之，誰之過也？」泊曰：「當危難之際，望延歲月之命，亦何計之不爲？臣所作帛書甚多，此特其一耳。」上喜之，曰：「忠臣也。」召坐，慰勞之。《宋朝事類苑》卷十一引《魏王別録》。

4　張泊使高麗，方泛舟海中，因問舟人：「龍可識乎？」對曰：「常因雲起，多見垂尾於波瀾間，動搖舒縮，良久，雨大作，未嘗見其全體及頭角也。」泊因冠帶焚香，祝以見真龍。時天清霽，忽有龍見於水際，少頃漸多，以至彌望矗然無數，泊甚震駭，良久而没。《楊文公談苑》。

5　太宗時，泊爲員外郎判考功，寇萊公判流内銓，年少倨貴，每入省，泊常立於省門，磬折候之。萊公悦，引與語，愛其辨博，遂薦於太宗。太宗欲用之，而聞潘佑因泊而死，薄其爲人。太宗好琴棋，琴棋待詔多江南人，泊皆厚撫之。太宗嘗從容問佑之死於待詔，曰：「人言皆張泊譖之，何如？」待詔對曰：「李煜自忿佑言切直而殺之，非執政之罪也。」萊公又數爲上言泊學術該富，知識宏敏，上亦自愛其才，久之，遂與萊公皆參知政事。泊女嫁楊文公，驕倨不事姑，或效其姑語以爲笑，後終出之。由是兩家不相能，故文公修《國史》，爲泊傳，極言其短。《涑水記聞》卷三。

6　寇萊公給事中，知吏部選，時張泊亦爲給事中，掌考功。官序雖齊，視泊乃爲屬曹。寇少年進用，才鋭氣勇，復爲首曹，慊泊不以本司官長奉己。泊又以老儒宿德聞望自持，不肯委節事寇。……寇視事罷，則整巾對書，終日危坐，泊候於省門，一揖而退，不交一談。寇一日忽作《庭雀》一詩玩泊，略曰：「少年挾彈多狂逸，不用金圓用蠟圓。」蓋譏泊頃在江南重圍中爲李煜草詔於蠟圓中，召上江救兵之事也。泊不免强顔附之。後稍親暱，其辨誦談笑，横飛於席間。寇胸中素藴養畜不發者，盡爲洎藉而取之，因是大伏，遂推挽於朝，力加薦擢。《玉壺清話》卷八。《澠水燕談録》卷十。

7 張洎文章清贍，博學多聞，在江南已要近。曾將命入貢，及還，作詩十篇，多呰詆京師風物，有「一灰堆」之句，以悦其主。蘇易簡得其親書本。後洎入爲學士，與蘇易簡争寵，頗成不協，上前談議，往往異同。蘇忿之，謂同列云：「清河公若更相矛盾，即將灰堆之詩進呈矣。」張聞之甚懼，稍爲之屈伏焉。《宋朝事實類苑》卷七十四引《金坡遺事》。《類説》卷二十二引《金坡遺事》。又《説郛》卷七十七《金坡遺事》。《十國春秋》卷三十。《宋詩紀事》卷三。

8 張洎與錢若水夜值，太宗召二人草制詞，加李昉左僕射班。洎輒前數唐以來十餘名相，皆有德望鎮服天下，故自右加左。今以此待昉，非公議所允。若水欲進解之，洎當帝前，以笏排若水曰：「陛下熟知矣。」明日，洎進制草，有云：「黄樞重地，難委於具臣；蒼昊景靈，懼罹於大譴。」太宗竟從洎意。昉止右僕射歸班。《宋四六話》卷一。

9 至道二年，曹璨自河西馳騎入奏，賊遷萬餘衆寇靈州。上問吕相端、趙樞密鎔平戎之略，吕奏曰：「容臣等共陳利害，爲一狀進呈。」時張洎對上前，斥端曰：「居啓沃之地，君問即對，邊城之急，豈容冥搜抒思，檢閲補綴？深失訏謨之體。」端奏曰：「洎不過揣摩陛下意爾。」上爲之默笑。洎善事内臣，動息先知，蓋上意久欲棄之。果翌日，先於兩府獨抗一疏，盛言「乞棄靈武。深邊餽運，斗粟碩費，芻車野宿，孤迥難援，泉源高涸，莫屯厚兵」云。上謂向敏中曰：「洎果爲吕端所料，朕嘗不喜劉蟠輩動即迎合，以卜朕意，今洎亦然。」以疏還之，謂洎曰：「卿所陳，朕不會一句。」頃在翰苑，眷遇特厚，凡篇章褒答，止謂之翰長，儒臣由此少解焉。《玉壺清話》卷八。

10 至道二年四月，内丞相暮歸，將至西掖門，參政張洎、李昌齡馬相踶斷轡，二人皆墜地。寇準馬驚躍，幾墜。六月大雨泥濘，洎晚歸，馬渡橋墜前足，洎墜没泥中，折巾一角，塗潦被體。是秋，洎被病，明年罷政事，卒。其年之七月，準罷。來年夏，昌齡坐交通内侍王繼恩下獄，貶許州行軍司馬。《宋朝事實類苑》卷四十七。

11 張洎素與徐鉉厚善，因議事不協，遂絶。然手寫鉉文章，訪求其筆札，藏篋笥，甚於珍玩。《研北雜志》卷上。

12 張洎家居，忽外有一隱士通謁，乃洞賓名姓，洎倒屣見之。……索紙筆，八分書七言四韻詞一章，留與洎，頗言將佐鼎席之意。其末句云「功成當在破瓜年」，俗以破瓜字爲二八，洎年六十四卒，乃其讖也。《楊文公談苑》。《宋朝事實類苑》卷四十三。《西塘集耆舊續聞》卷六。

張佖

1 見張洎1。

2 予一日道過毗陵，舍於張郎中巷，見張之第宅雄偉，園亭臺榭之勝，古木參天。因愛而訪之，問其世家，則知國初時有張佖者，隨李煜入朝，太宗時佖在史館，家常多食客。一日，上問：「卿何賓客之多，每日聚説何事？」佖曰：「臣之親舊，多客都下，貧乏絶糧，臣累輕而俸有餘，故常過臣，飯止菜羹而已。

臣愧菲薄，而彼更以爲羹美，故其來也，不得而拒之。」七日，上遣快行家一人，伺其食時，直入其家，佖方對客飯，於是即其座上取一客之食以進，果止糲飯菜羹，仍皆麄壘陶器。上喜其不隱，時號「菜羹張家」。《道山清話》。《十國春秋》卷三十。《宋詩紀事》卷三。

3 佖爲人長者，後官河南，每寒食，必親拜後主墓，哭之甚哀。《十國春秋》卷三十。《宋詩紀事》卷三。

4 見李昉7。

宋人軼事彙編卷五

盧多遜

1 盧多遜相生曹南，方幼，其父攜就雲陽道觀小學，時與群兒誦書，廢壇上有古籤一筒，競往抽取爲戲。時多遜尚未識字，得一籤，歸示其父，詞曰：「身出中書堂，須因天水白。登仙五十二，終爲蓬海客。」父見頗喜，以爲吉讖，留籤於家。迨後作相，及其敗也，始因遣堂吏趙白陰與秦王廷美連謀，事暴，遂南竄。年五十二，卒於朱崖。籤中之語，一字不差。《玉壺清話》卷三。《新編分門古今類事》卷十八。

2 盧多遜之父億，仕祕書，與李文公多來往。一日多遜同見李公，因同坐，盧面目塵埃垢污，顏色蒼黑，李詰之，盧曰：「自少如此。」逡巡有兆山供養主來，一龐眉老僧，云善袁許術。見盧面色，笑曰：「此敗土色，及第則變而潤澤，便歷華顯，須是持心正平，事主忠孝，不如是則敗土之色再來，卻望應舉時不及也。」自是盧登上第，歷兩省，以至參大政入相，其面色潤澤，肌體明瑩。而盧之心乃大行憎愛，所爲多不法。太平興國八年，事敗南竄，二十年清潤之色頓去，敗土黑色宛然不異舊時，路人指而驚曰：「非盧相之面也！」《新編分門古今類事》卷十引《洞微志》。《紺珠集》卷十二。

3 盧相多遜在朝行時，將歷代帝王年曆、功臣事迹、天下州郡圖志、理體事務、沿革典故，括成一百二十絶詩，以備應對。由是太祖、太宗每所顧問，無不知者。以至踐清途，登鈞席，皆此力耳。《丁晉公談録》。《宋詩紀事》卷二引《蓉塘詩話》。

4 太祖夜幸後池，對新月置酒，問：「當直學士爲誰？」曰：「盧多遜。」召使賦詩。請韻，曰：「些子兒。」其詩云：「太液池邊看月時，好風吹動萬年枝。誰家玉匣開新鏡，露出清光些子兒。」太祖大喜，盡以坐間飲食器賜之。《後山詩話》。《堯山堂外紀》卷四十二。《宋詩紀事》卷二。

5 太祖皇帝以神武定天下，儒學之士，初未甚進用。及卜郊肆類，備法駕，乘大輅，翰林學士盧多遜攝太僕卿，升輅執綏，且備顧問。上因歎儀物之盛，詢致理之要，多遜占對詳敏，動皆稱旨。他日，上謂左右曰：「作宰相當須用儒者。」盧後果大用，蓋肇於此。《王文正公筆録》。《宋朝事實類苑》卷一引《文正公筆録》，又卷十五引《沂國公筆録》。

6 盧多遜善取媚人主，以希進用。國初爲參知政事，太祖常令館中取書，多遜豫戒主書吏立白之，即通夕覽讀。明日，太祖指問書中事，同列罔措，多遜應答如響。《甕牖閒評》卷八。

7 見柳開9。

8 見李昉8。

9 賈黄中爲相，盧多遜作參。一日，府畿有蝗蟲，盧曰：「某聞所有乃假蝗蟲。」賈曰：「亦聞不傷稼，但蘆多損耳。」《古今合璧事類備要》續集卷三十九引《文酒清話》。《類説》卷五十五引《大酒清話》。

10 盧相多遜，素與趙韓王不協，韓王爲樞密使，盧爲翰林學士。一日，偶同奏事，上初改元乾德，因言此號從古未有，韓王從旁稱贊。盧曰：「此僞蜀時號也。」帝大驚，遂命檢史，視之果然。遂怒，以筆抹韓王面，言曰：「汝争得如他多識！」韓王經宿不敢洗面。翌日奏對，帝方命洗去。自是隙益深。以及於禍，多遜朱崖謝表末云：「班超生入玉門，非敢望也；子牟心存魏闕，何日忘之？」天下聞而哀焉。《石林燕語》卷七。《宋稗類鈔》卷一。

11 侯仁寶即趙韓王普之甥也，世爲洛陽大族，知邕州。久在嶺外，求歸西洛而無其計，詐以取交趾，矯其奏，乞詣闕面陳其策。太宗納之。其舅韓王時已爲盧多遜所譖，罷相出河陽。多遜當國，必知是役之艱，固欲致仁寶於敗績，以沮趙普。而太宗復不寤仁寶求歸之矯，盧因奏曰：「今果許仁寶自邕至闕，復還嶺表率師往取，反覆路遠，恐爲交人先警，豈若就湖南兵數萬乘不備而襲之？」太宗深然之，詔團練使孫全興將湖南兵三萬，與仁寶南取交州。兵至白藤江，爲賊盡滅，仁寶爲交趾所擒，梟首於米鳶縣，宜然也。全興奔北，斬於闕下。《續湘山野録》。《宋朝事實類苑》卷七十。

12 盧多遜亦任智，數與韓王少睚眦，及得志，即極口傾之，既而自取朱崖之行，家籍於官。未敗前數夕，其祖塋松檟，忽爲震霆焚擊殆盡。《樂善録》卷九。

13 盧多遜南遷朱崖，逾嶺，憩一山店。店媪舉止和淑，頗能談京華事。盧訪之，媪不知爲盧也，曰：「家故汴都，累代仕族，一子事州縣，盧相公違法治一事，子不能奉，誣竄南方。到方周歲，盡室淪喪，獨殘老軀，流落居此，意有所待。盧相欺上罔下，倚勢害物，天道昭昭，行當南竄，未亡間庶見於此，以快宿憾爾。」因號呼泣下。盧不待食，促駕而去。《澠水燕談録》卷九。《邵氏聞見後録》卷二十二。《宋稗類鈔》卷六。

14 盧相多遜南行，過瓊州，入萬安州界，宿一山館。時雨霽，月色明徹，盧徘徊月下久之。就枕，忽夢有人扣門曰：「知相國到此，奉謁耳。」問何人，曰：「唐宰相李德裕。」盧拒之曰：「彼此被罪，且異代，何面相見？」須臾，聞月下長謡，聲甚悲惋。其略曰：「萬里孤魂歸未得，春風腸斷洛陽城。」覺而惡之。盧竟終於海南。《能改齋漫録》卷十八。

15 盧多遜罷相流崖州，知州乃牙校，爲子求昏，多遜不許，遂侵辱之，將加害，不得已，卒與爲昏。《容齋三筆》卷一。

16 多遜素與李孟雍穆厚善。多遜竄逐後，萬里相望，聲迹夐絶。時法禁嚴，邸報不至海外。一日，忽赦書至，後有「參知政事李」。多遜云：「此必孟雍，若登政府，吾必北轅。」戒舍人戒裝，已而果移容州團練副使。未渡巨浸間，忽見江南李後主，衣冠如平生，問云：「相公何以至此？」多遜云：「屈。」後主斥之云：「汝屈何如我屈！」由是感疾而殂。《玉照新志》卷一。

17 盧丞相多遜謫死朱崖，旅殯海上。天慶觀道士練惟，一夜聞窗外有人讀書，審其聲韻，有類多遜。明日，有詩題窗外曰：「南斗微茫北斗明，喜聞窗下讀書聲。孤魂千里不歸去，辜負洛陽花滿城。」筆迹亦類之。明年，歸葬洛。此説得之孫巨源。而楊文公云，其子全扶柩歸葬江陵佛舍，與此不同。《澠水燕談録》卷九。《堅瓠壬集》卷三。《宋詩紀事》卷九十九。

18 盧多遜既卒，許歸葬，其子察護喪權厝襄陽佛寺。將易以巨櫬，乃啓，其屍不壞，儼然如生，遂逐時易衣。至祥符中猶然。《國老談苑》卷二。《茶香室三鈔》卷二十。

盧億

1 盧朱崖父億，性儉素，恬于榮進，以少府監告老歸洛中，以棋酒自放，不親俗事。及多遜參大政，服玩漸侈，億歎而泣曰：「家本寒素，今富貴驟至，不知税駕地矣！」其後，多遜果敗，士大夫高其先識也。《澠水燕談録》卷四。《宋朝事實類苑》卷十三引《范蜀公蒙求》。《昨非庵日纂》一集卷九。

2 盧多遜父有高識，深惡多遜所爲，聞其與趙中令爲仇，曰：「彼元勳也，而小子毁之，禍必及我。得早死，不及見其敗，幸也。」竟以憂卒。未幾，多遜敗。《涑水記聞》卷二。

李昉

1 李相昉在周朝知開封府，人望已歸太祖，而昉獨不附。王師入京，昉又獨不朝，貶道州司馬。昉步行日十數里，監者中人問其故，曰：「須後命爾。」上聞之，詔乘馬，乃買驢而去。三歲，徙延州别駕。在延州爲生業以老，三歲當徙，昉不願内徙。後二年，宰相薦其可大用，召判兵部。昉五辭，行至長安，移疾六十日，中使促之行，至洛陽，又移疾三十日而後行。既至，上勞之，昉曰：「臣前日知事周而已，今以事周之心事陛下。」上大喜，曰：「宰相不謬薦人。」《後山談叢》卷五。

2 李昉建隆四年以王師平湖外，除給事中，往南嶽伸祭拜之禮，途次長沙。時通判賈郎中言，自京師與岳州通判武補闕同途至襄陽，遇一妓，本良家子，失身于風塵，才色俱妙。二公迫行，醉别于鳳林闕。妓以詩送武云：「弄珠灘上欲銷魂，獨把離懷寄酒樽。無限烟花不留意，忍教芳草怨王孫。」武得詩，屬意甚切，有復回之意。時太守吕侍講，嘗歎恨不識之，因請李賦一詩以寄云：「峴山亭畔紅妝女，小筆香牋善賦詩。顔色共推傾國貌，篇章皆是斷腸辭。便牽魂夢從今日，得見嬋娟在幾時。千里關河萬重意，夜深無睡暗尋思。」《能改齋漫録》卷十一。

3 李文正公昉，深州饒陽人。太祖在周朝，已知其名，及即位，用以爲相。常語昉曰：「卿在先朝，未嘗傾陷一人，可謂善人君子。」《青箱雜記》卷一。案：李昉於太祖朝未曾爲相。

4 大丞相李公昉，嘗謂子弟曰：「建隆元年元夜，藝祖御宣德門。初夜，燈燭熒煌，簫鼓間作，士女和會，填溢禁陌。上臨軒引望，目顧問余曰：『人物比之五代如何？』余對以：『民物繁盛，比之五代數倍。』帝意甚歡，命移余席切近御座，親分果餌遺余。顧謂兩府曰：『李昉事朕十餘年，最竭忠孝，未嘗見損害一人，此所謂善人君子也。』」《青瑣高議》前集卷一。

5 李文公昉，開寶中爲中書舍人，時盧多遜爲兵部員外郎、知制誥。會學士闕人，太祖並命更直禁林，未幾，昉請疾假，多遜先爲學士。及九月九日宴大明殿，太祖見昉坐於多遜之下，怪而問之，執政言：「多遜已爲學士，昉是更直。」太祖坐間命爲學士，又以昉是舊德，坐於多遜之上，時開寶五年也。《宋朝事實類苑》卷二十九引《金坡遺事》。

6 太宗將蒐漁陽，李文正昉抗疏力諫曰：「臣聞古哲王之制，國方五千里，務安諸夏，不事要荒。豈威德不能加乎？ 蓋不欲以四夷勞中國。 陛下豈不聞秦戍五嶺，漢事三邊，道殣相枕，户籍消滅，一人失道，億兆惟毒！ 然而開遠夷，通絶域，必因魁傑之主，濟以好事之臣。 所以張騫鑿空，班超投筆，或以重寶結之，或以彊兵懾之，投軀於萬死之地，快志於一朝之憤。 煬帝規模廣遠，欲吞秦、漢，自勞萬乘，親出玉關，關右流沙騷然，民不聊生。 觀陛下又欲事煬帝、秦、漢之事云云。」公居常奏論皆雍容和婉，未嘗有逆鱗之節，此疏之上，士論駭伏。 後果伐燕無成，太宗方憶前疏忠鯁，始賜手詔，厚諭其家。《玉壺清話》卷一。

7〔李昉〕與張洎、盧多遜善，而薄張佖。 太宗嘗問多遜所爲，昉頗爲辨釋。 太宗曰：「多遜嘗毀卿不直一錢。」昉曰：「臣不敢誣。」張洎草昉罷相制，深攻其短。 而張佖時時造其第，或以問佖，佖曰：「我爲廷尉，獨李公未嘗以私事見，于今雖退，可見也。」《東都事略》卷三十二。《厚德録》卷四。《昨非庵日纂》二集卷十。

8 盧多遜與昉相善，昉待之不疑。 多遜知政，多毀昉，人以告昉，昉不之信。 後太宗一日語及多遜事，昉頗爲解釋，太宗曰：「多遜毀卿一錢不直。」昉始信之。《宋名臣言行録》前集卷一。《仕學規範》卷四。

9 見張洎8。

10 李昉爲相，每見客，必問三事：民間有何疾苦，爲政有何術業，時政有何缺失。 有可采者，即日上聞。《紺珠集》卷十二。《類説》卷十五引《先公談録》。

11 李文正爲相，有求差遣，見其人材可取將收用，必正色拒絶之，已而擢用，或不足收用，必和顔温語待之。 子弟或問其故，公曰：「用賢，人主之事。 我若受其請，是市私恩也，故峻絶之，使恩歸於上。 若其不用者，既失所望，又無善辭，此取怨之道也。」《宋名臣言行録》前集卷一引《庖史》。

12 見宋太宗44。

13 公常期王旦爲相，自小官薦進之。公病，召旦，勉以自愛，既退，謂其子弟曰：「此人後日必爲太平宰相。」《宋名臣言行録》前集卷一引《巵史》。

14 李文正公罷相爲僕射，奉朝請，居城東北隅昭慶坊，去禁門遼遠，每五鼓則興，置《白居易集》數册於茶鐐中，至安遠門仗舍，然燭觀之，俟啓鑰，則赴朝。《春明退朝録》卷中。《何氏語林》卷十一。

15 太宗遇〔李〕昉亦厚，年老罷相，每曲宴，必宣赴賜坐。昉嘗獻詩曰：「微臣自愧頭如雪，也向鈞天侍玉皇。」昉詩務淺切，效白樂天體。晚年與參政李公至爲唱和友，而李公詩格亦相類，今世傳《二李唱和集》是也。《青箱雜記》卷一。《楊文公談苑》。《庚溪詩話》。

16 先公致政之明年，正月望夜，上御乾元門樓觀燈，召公預焉。初夕樂作，酒三行，上起凭欄四顧，見燈燭士庶之盛。詔移先公近御座，別賜一榻在丞相上，上自取御尊斟酒，并親授果餌……又目先公語侍臣曰：「李某可謂善人君子矣，侍朕二十年，兩在相位，未嘗有傷人害物之事，餘可知也。」先公但俯伏拜謝。《先公談録》。

17 至道元年燈夕，太宗御樓，時李文正昉以司空致仕於家，上亟以安輿就其宅召至，賜坐於御榻之側，敷對明爽，精力康勁。上親酌御尊飲之，選殽核之精者賜焉，謂近侍曰：「昉可謂善人君子也，事朕兩入中書，未嘗有傷人害物之事，宜其今日所享也。」又從容語及平日藩邸唱和之事，公遽離席，歷歷口誦御詩幾七十餘篇，一句不訛。上謂曰：「何記之精耶？」公奏曰：「臣不敢妄對，臣自得謝無事，每晨起盥櫛，坐於道室，焚香誦詩，每一詩日誦一徧，間或卻誦道佛書。」上喜曰：「朕亦以卿詩别笥貯之，每愛卿翰墨楷秀，老來筆力在否？」公對曰：「臣素不善書，皆犹犬宗訥所寫爾。」上即令以六品正官與之，遂除國子監丞。《玉壺清話》卷三。《宋朝事實類苑》卷六。《自警編》卷四。

18 先公休致之明年，年七十一，思欲繼白樂天洛中九老之會。時吏部尚書宋公琪年七十九、左諫議大夫楊公徽之年七十五、郢州刺史判左金吾衛事魏公丕年七十六、太常少卿致仕李公運年八十、水部郎中直祕閣朱公昂年七十一、廬州節度副使武公允成年七十九、太子中舍致仕張公好古年八十五、吴僧左講經首座贊寧年七十八，并公九人，欲會於家園，合爲九老之會，已形於歌詠，布在人口。適會蜀寇作亂，朝廷方議出師，繇是不成會而罷。《先公談録》。《容齋四筆》卷十二。《齊東野語》卷二十。

19 李昉再入相，以司空致仕。爲詩慕白居易之淺切。所居有園林，畜五禽，皆以客爲名：白鷴曰閑客，鷺曰雪客，鶴曰仙客，孔雀曰南客，鸚鵡曰隴客。昉各爲詩一章，畫爲客圖，傳於好事者。又慕居易西京九老之會，得宋琪等八人，皆年七十餘，時爲九老會，未果而卒。《宋朝事實類苑》卷三十四。《楊文公談苑》。《圖畫見聞志》卷六。

20 公有第在京城北，家法尤嚴，凡子孫在京守官者，俸錢皆不得私用，與饒陽莊課併輸宅庫，月均給之，故孤遺房分皆獲沾濟，世所難及也。《青箱雜記》卷一。

21 李司空昉，淳化中，家園牡丹一歲中有千葉者五苞，特爲繁艷，李公致酒張樂，召賓客以賞之。自是，再歲内，長幼凡五喪，蓋地反物之驗。《楊文公談苑》。《宋朝事實類苑》卷四十七。

22 見徐鉉23。

23 〔李〕崧於故相昉爲從叔，世居深州饒陽。墳墓夾道，崧在道東，謂之「東李」，昉在道西，謂之「西李」。《涑水記聞》卷十。

李宗諤

1 李翰林宗諤，其父文正公昉秉政時，避嫌遠勢，出入僕馬與寒士無辨。一日，中路逢文正公，前騶不知其爲公子也，遽呵辱之。自後每見斯人，必自隱蔽，恐其知而自愧也。《吕氏雜記》卷下。《厚德録》卷二。

2 賞花釣魚，三館惟直館預坐，校理以下賦詩而退。太宗時，李宗諤爲校理，作詩云：「戴了宫花賦了詩，不容重見赭黄衣。無憀卻出宫門去，還似當年下第時。」上即令赴宴，自是校理而下皆與會也。《孔氏談苑》卷四。《堅瓠戊集》卷一。

3 〔李〕宗諤仕至翰林學士，篇什筆札，兩皆精妙。太宗朝，嘗以京官帶館職赴内宴，閤門拒之，宗諤獻詩曰：「戴了宫花賦了詩，不容重覩赭黄衣。無聊獨出金門去，恰似當年下第歸。」蓋宗諤嘗舉進士，御試下第，故詩因及之。太宗即時宣召赴坐。《青箱雜記》卷一。《國老談苑》卷二。《堯山堂外紀》卷四十二。《宋詩紀事》卷六。

4 咸平中，翰林李昌武宗諤初知制誥，至西掖，追故事，獨無紫薇，自别野移植。聞今庭中者，院老吏相傳猶是昌武手植。晏元獻寫賦於壁曰：「得自莘野，來從召園。有昔日之絳老，無當時之仲文；觀茂悦以懷舊，指蔽芾以思人。」《湘山野録》卷上。

5 寇準在中書，多召兩制就第飲宴，必閉關苛留之，畏慎者甚懼。李宗諤嘗於門扉下竊出，得馬而走。後爲脩宫使，恩顧漸深。一日召至玉宸殿賜酒，宗諤堅辭以醉，且云日暮，上令中使附耳語云：「此中不須從門扉下出。」《類説》卷二十二引《金坡遺事》。

6 見王欽若27。

7 李宗諤，昉之子，卒年四十九，真宗甚悼之，謂宰相曰：「國朝將相家，能以身自立，不墜閥者，惟昉與曹彬家耳。」又嘗謂曰：「聞卿至孝，家族頗多，長幼雍睦，朕嗣守二聖基業，亦如卿輩之保守門户也。」《宋朝事實類苑》卷二十四引《范蜀公蒙求》。

8 李宗諤爲翰林學士，家雖百口，雍睦有制。真宗嘗語侍臣曰：「臣僚家法，當如宗諤。」《國老談苑》卷二。

9 李昉相致仕後，陪位南郊，病傷寒卒。子宗諤内翰爲玉清昭應宫副使，自齋所得疾卒。宗諤子昭述右丞，祫享奏告景靈，得疾卒。三世皆死於祠祭之所。《江隣幾雜志》。《玉芝堂談薈》卷五。

10 李密學濬與李昌武宗諤同宗同歲月，後一日而生。二人者，平生休戚舒慘，一無不同。及昌武死，濬亦後一日卒。《玉壺清話》卷四。

李昭述

1 禮部尚書李公昭述，字仲祖，宗諤子也。仁宗時，以樞密直學士陝西都轉運使乞近藩，未報。無何，掘地得古銅符，文曰「許昌」。詔下，果得許。《能改齋漫録》卷十二。

2 見李宗諤9。

李昭遘

1 李昌武宗諤之子昭遘，十八歲鎖廳及第。昭遘子杲卿、杲卿子士廉皆不逾是歲登甲科。凡三世俱曾爲探花郎，亦衣冠之盛事也。《揮麈録》卷三。

呂蒙正

1 呂文穆公父龜圖與其母不相能，併文穆逐出之，羈旅于外，衣食殆不給。龍門山利涉院僧識其爲貴人，延致寺中，爲鑿山巖爲龕居之。文穆處其間九年乃出，從秋試，一舉爲廷試第一。……其後諸子即石龕爲祠，名曰「肄業」，富韓公爲作記云。《石林避暑録話》卷三。《書影》卷四。《香祖筆記》卷十。

2 公少時，考妣以口舌偶相戾，遂以異處。然情義内篤，交誓不復嫁娶。考後連佐邊幕，妣居洛中，并留公侍焉。公每感歎，憤懣絶迹于龍門山。《名人碑傳琬琰集》上卷十五。《湧幢小品》卷二十一。

3 呂蒙正未遇時，讀書於利涉寺，隨僧飯。僧乃齋後扣鐘，蒙正亦有「慚媿闍黎飯後鐘」之句。《堅瓠補集》卷三。

4 呂文穆蒙正，少年讀書西京龍門利涉院，壁間題詩云：「怪得池塘春水滿，夜來雷雨起南山。」狀元宰相之兆，已見于此詩矣。《苕溪漁隱叢話》後集卷三十五引《東皋雜録》。

5 〔吕文穆公〕在龍門時，一日行伊水上，見賣瓜者，意欲得之，無錢可買，其人偶遺一枚於地，公悵然取食之。後作相，買園洛城東南，下臨伊水起亭，以「噎瓜」爲名，不忘貧賤之義也。《邵氏聞見録》卷七。《堅瓠乙集》卷三。《宋詩紀事》卷三。

6 有陰聲塚者，陰雨，則塚中有歌樂之聲。吕文穆因過，其塚中云：「相公來，且住歌樂。」《宋朝事實類苑》卷六十八引《趙康靖公聞見録》。

7 洛陽龍門，有吕文穆公讀書龕。云文穆昔嘗棲偃於此，初有友二人，一人則温尚書仲舒，一人忘其姓名，而三人誓不得狀元不仕。及唱第，文穆狀元，温已失意，然猶中甲科，遂釋褐，其一人徑拂袖歸隱。後文穆作相，太宗問昔誰爲友，文穆即以歸隱者對，遽以著作郎召之，不起。故文穆罷相尹洛，作詩曰：「昔作儒生謁貢闈，今提相印出黄扉。九重鵷鷺醉中別，萬里煙霄達了歸。鄰叟盡垂新鶴髮，故人猶著舊麻衣。洛陽謾道多才子，自歎遭逢似我稀。」所謂故人，蓋斥其友歸隱者也。《青箱雜記》卷一。《宋朝事實類苑》卷三十五。《堯山堂外紀》卷四十三。《宋詩紀事》卷三。

8 吕文穆蒙正少時，嘗與張文定齊賢、王章惠隨、錢宣靖若水、劉龍圖燁同學賦于洛人郭延卿。延卿，洛中鄉先生。一日，同渡水謁道士王抱一求相，有僧應門曰：「師出矣。」衆問僧：「何爲師道士？」僧曰：「學術數于道士三十年矣。」衆因泛問之，僧曰：「吾師切戒：術未精切，慎毋爲人言。君等必欲知，明日復來叩師可也。」明日，遂見之。文穆對席，張、王次之，錢又次之，劉居下座。坐定，道士撫掌太息。衆問所以，道士曰：「吾嘗東至於海，西至流沙，南窮嶺嶠，北抵大漠，四走天下，求所謂貴人，以驗吾術，了不可得，豈意今日貴人盡在座中。」衆驚喜。徐曰：「吕君得解及第，無人可奉壓，不過十年作宰相，十二年出判河南府，自是出將入相三十年，富貴壽考終始。張君後三十年作相，亦皆富貴壽考終始。錢君可作執政，然無百日之久。劉君有執政之名，而無執政之實。」語遍及諸弟子，而遺其師。郭君忿然，以爲謬妄，曰：「坐中有許多宰相乎？」道士色不動，徐曰：「初不受饋，必欲聞之，請得徐告：後十二年，吕君出判河南府，是時君可取解。次年，雖登科，然慎不可作京官。」延卿益怒，衆不自安，乃散去。久之，詔下，文穆果魁多士，而延卿不預。明年，文穆廷試第一。是所謂「得解及第，無人可壓」矣。後十年作相，十二年，有留鑰之命，悉如所言。延卿連蹇場屋，至是預鄉薦。鹿鳴燕日，文穆命道士與席。賓散，獨留二人者内閣，盡歡如平生。文穆矜歎，賦詩曰：「昔作儒生謁貢闈，今爲丞相出黄扉。兩朝鴛鷺醉中別，萬里煙霄達了歸。羽客漸垂新鶴髮，故人猶着舊麻衣。洛陽漫説多才子，從昔遭逢似我稀。」道士索紙札似若復章者，乃書偈曰：「重日重月，榮華必别。笙歌前導，偃師着雪。」文穆心知其異，敬收之。其後，錢貳樞府，未百日罷；張、王先後登庸；劉守蒲中，朝廷議除執政，命未及下而卒；延卿以文穆極力推挽登第，未久改秩，後卒。無一差者。獨贈文穆之偈，乃致仕薨於西京，以重陽日喪過偃師。是日，大寒微霰，笙歌乃勅葬鹵簿鼓吹也。《默記》卷中。

9 見郭延卿1。

10 吕文穆公蒙正，爲舉人時，客於建隆觀道士丁君之舍。常往西洛省親，自冬至春方還，至板橋，逢職方劉蒙叟，相揖並轡，同入順天門。劉因送吕之道院，至則門户扃鎖如故，既發鑰啓户，見卧牀前有物高三四尺，蒙茸合抱，其色白而黄。劉、吕驚訝，逼而視之，乃槐也。遽召道侣觀之，乃槐根至室而生耳，無不歎異。是歲公登科，不十年，位至上公平章事。識者以爲槐瑞焉。《新編分門古今類事》卷十五引《幕府燕閒録》。《孔氏談苑》卷四。《類説》卷十九。《樵書》初編卷一。

11〔吕蒙正〕舉進士第一，爲將作監丞，通判昇州。初，父龜圖黜其妻劉氏，并棄蒙正。劉氏誓不改適。及蒙正莅官，迎二親，同堂異室，奉養並至，時稱其孝。《名賢氏族言行類稿》卷三十六。《石林避暑録話》卷三。

12吕蒙正父龜圖好内寵，蒙正與母劉氏俱被出，因淪躓窘乏，或謂其嘗處破窰中，自歎有「撥盡寒爐一夜灰」之句。他日相府退衙，片雪沾衣，欲斬執役人，其妻因反撥灰詩諷之。又嘗有《鵾吻》詩曰：「獸頭元是一團泥，做盡辛勤人不知。如今擡在青雲裏，忘卻當初窘内時。」《堯山堂外紀》卷四十三。《堅瓠乙集》卷二。

13吕文穆公未第時，薄游一縣，胡大監旦方隨其父宰是邑，遇吕甚薄。客有譽吕曰：「吕君工於詩，宜少加禮。」胡問詩之警句。客舉一篇，其卒章云：「挑盡寒燈夢不成。」胡笑曰：「乃是一渴睡漢耳。」吕聞之，甚恨而去。明年，首中甲科，使人寄聲語胡曰：「渴睡漢狀元及第矣。」胡答曰：「待我明年第二人及第，輸君一籌。」既而次榜亦中首選。《六一詩話》。《宋朝事實類苑》卷六十五。《孔氏談苑》卷三。《群書類編故事》卷五。《堯山堂外紀》卷四十三。《宋稗類鈔》卷四。

14吕文穆公微時極貧，故有「渴睡漢」之誚。比貴盛，喜食雞舌湯，每朝必用。一夕游花園，遥見墻角一高阜，以爲山也，問左右曰：「誰爲之？」對曰：「此相公所殺雞毛耳。」吕訝曰：「吾食雞幾何，乃有此？」對曰：「雞一舌耳，相公一湯用幾許舌？食湯凡幾時？」吕默然省悔，遂不復用。《堅瓠餘集》卷一。

15 韓王普在中書，忽命吕公蒙正爲參預，趙常潛覘其爲事而多之，曰：「吾嘗觀吕公每奏事，得聖上嘉賞，未嘗有喜，遇聖上抑剉，亦未嘗有懼色，仍俱未嘗形於言。真台輔之器也。」《丁晉公談録》。參見吕端6。

16 吕蒙正相公不喜記人過。初參知政事，入朝堂，有朝士於簾内指之曰：「是小子亦參政邪？」蒙正佯爲不聞而過之。其同列怒之，令詰其官位姓名，蒙正遽止之。罷朝，同列猶不能平，悔不窮問，蒙正曰：「若一知其姓名，則終身不能復忘，固不如毋知也。且不問之，何損？」時皆服其量。《涑水記聞》卷二。《東都事略》卷三十二。《宋朝事實類苑》卷十三。《宋名臣言行録》前集卷一。《厚德録》卷一。《名賢氏族言行類稿》卷三十六。《仕學規範》卷七。《自警編》卷一。《何氏語林》卷十四。

17 蒙正初爲相時，張紳知蔡州，以贓敗。有爲紳營解於太宗，曰：「紳家富，不至此，特蒙正貧時有求不獲，今報之爾。」太宗即復紳官，蒙正終不辨。後得其實，黜爲絳州團練副使，太宗復謂曰：「張紳果有贓。」蒙正亦不辨。《東都事略》卷三十二。

18 吕蒙正居宰弼。一日，諫官張觀忤太宗，旨送臺獄。蒙正翌日不入朝，上遣使問其故，對曰：「臣爲宰臣，致諫官下獄，復何面目見君上耶？」上急出觀焉。《儒林公議》。

19 吕文穆公以寬厚爲宰相，太宗尤所眷遇。有一朝士，家藏古鑑，自言能照二百里，欲因公弟獻以求知。其弟伺間從容言之，公笑曰：「吾面不過楪子大，安用照二百里？」其弟遂不復敢言。聞者歎服，以謂賢於李衛公遠矣。《歸田録》卷二。《孔氏談苑》卷三。《宋朝事實類苑》卷八。《宋名臣言行録》前集卷一。《東都事略》卷三十二。《名賢氏族言行類稿》卷三十六。《言行龜鑑》卷六。

20 公嘗問諸子曰：「我爲相，外議如何？」諸子云：「大人爲相，四方無事，蠻夷賓服，甚善。但人言無能，爲事權多爲同列所争。」公曰：「我誠無能，但有一能，善用人爾。此誠宰相之事也。」公夾袋中有册子，每四方人替罷謁見，必問其有何人才。客去，隨即疏之，悉分門類，或有一人而數人稱之者，必賢也。朝廷求賢，取之囊中。《宋名臣言行録》前集卷一引《卮史》。《言行龜鑑》卷六。《昨非庵日纂》分載一集卷十、二集卷一。

21 吕中令蒙正，國朝三入中書，惟公與趙韓王爾，未嘗以姻戚徼寵澤。子從簡當奏補，時公爲揆門相。舊制，宰相奏子，起家即授水部員外郎，加朝階。公奏曰：「臣昔忝甲科及第，釋褐止授九品京官，況天下才能，老於巖穴、不能霑寸禄者無限。今臣男從簡，始離襁褓，一物不知，膺此寵命，恐罹陰譴，止乞以臣釋褐日所授官補之。」固讓方允，止授九品京官，自爾爲制。《玉壺清話》卷三。《宋朝事實類苑》卷八。

22 吕蒙正自僕射乞出，得判河中府。太宗曰：「卿狀元及第，朕用卿作宰相，今日可謂榮歸鄉里。」因有詩曰：「滿朝鴛鷺醉中別，萬里煙霄達了歸。」太宗聞之曰：「吕蒙正似無意再來。」既而三召，方再入相。《東原録》。

23 文穆有大第在洛中，真宗祠汾時，嘗駕幸止其廳。後人不敢復坐，間以欄楯，設御榻焉。即今張文孝公宅是也。《宋朝事實類苑》卷二十五引《倦游雜録》。《青箱雜記》卷一。

24 吕文穆公既致政，居於洛，今南州坊張觀文宅是也。真宗祀汾陰，過洛，文穆尚能迎謁，至回鑾，已病。帝爲幸其宅，坐堂中，問曰：「卿諸子孰可用？」公對曰：「臣諸子皆豚犬，不足用。有姪夷簡，任潁州推官，宰相才也。」帝記其語，遂至大用，文靖公也。先是富韓公之父貧甚，客文穆公門下，一日白公曰：「某兒子十許歲，欲令入書院，事廷評、太祝。」公許之。其子韓公也，文穆見之，驚曰：「此兒他日名位與吾相似。」亟令諸子同學，供給甚厚。文穆兩入相，以司徒致仕，後韓公亦兩入相，以司徒致仕。文穆知人之術如此。《邵氏聞見録》卷八。《宋名臣言行録》前集卷一引《聞見録》。《名賢氏族言行類稿》卷三十六。

25 見王曾5。

26 太宗時，宋白、賈黄中、李至、吕蒙正、蘇易簡五人同時拜翰林學士，承旨扈蒙贈之以詩云：「五鳳齊飛入翰林。」其後吕蒙正爲宰相，賈黄中、李至、蘇易簡皆至參知政事，宋白官至尚書，老於承旨。皆爲名臣。《歸田録》卷一。《孔氏談苑》卷三。《舊聞證誤》卷一。《宋朝事實類苑》卷九。《邵氏聞見録》卷六。《翰苑群書》卷下《翰苑遺事》。《古事比》卷二十。

27 龍首四人：吕蒙正聖功、李迪復古、王曾孝先、宋庠公序。石揚休詩：「皇朝四十三龍首，身到黄扉止四人。」《小學紺珠》卷六。

28 吕文穆相太宗。猶子文靖參真宗政事，相仁宗。文靖子惠穆爲英宗副樞，爲神宗樞使；次子正獻爲神宗知樞，相哲宗。正獻孫舜徒爲太上皇右丞。相繼執七朝政，真盛事也。《揮麈録》卷二。

張齊賢

1 見郭延卿1。

2 見吕蒙正8。

3 張齊賢爲布衣時，倜儻有大度，孤貧落魄，常舍道上逆旅。有群盗十餘人，飲食於逆旅之間，居人皆惶恐竄匿。齊賢徑前揖之，曰：「賤子貧困，欲就諸大夫求一醉飽，可乎？」盗喜曰：「秀才乃肯自屈，何不可者？顧吾輩麤疎，恐爲秀才笑耳。」即延之坐。齊賢曰：「盗者，非齷齪兒所能爲也，皆世之英雄耳。僕亦慷慨士，諸君又何間焉？」乃取大盌，滿酌飲之，一舉而盡，如是者三。又取豘肩，以指分爲數段而啗之，勢若狼虎。群盗視之愕眙，皆咨嗟曰：「真宰相器也。不然，何能不拘小節如此也！他日宰制天下，當念吾曹皆不得已而爲盗耳，願早自結納。」競以金帛遺之。齊賢皆受不讓，重負而返。《涑水記聞》卷七。《青瑣高議》後集卷二。《宋朝事實類苑》卷十三。《群書類編故事》卷十六。《昨非庵日纂》一集卷六。《宋稗類鈔》卷四。

4 張文定公齊賢，河南人。少爲舉子，貧甚，客河南尹張全義門下，飲啖兼數人。自言平時未嘗飽，遇村人作願齋方飽。嘗赴齋後時，見其家懸一牛皮，取煮食之無遺。太祖幸西都，文定公獻十策於馬前，召至行宫，賜衛士廊飡。文定就大盤中以手取食，帝用拄斧擊其首，問所言十事。文定且食且對，略無懼色，賜束帛遣之。帝歸，謂太宗曰：「吾幸西都，爲汝得一張齊賢，宰相也。」太宗即位，齊賢方赴廷試，帝欲其居上甲，有司置於丙科，帝不悦，有旨：一榜盡除京官通判。《邵氏聞見録》卷七。《群書類編故事》卷二十二。《宋名臣言行録》前集卷一。

5 太祖幸西都，肆赦。張文定公齊賢時以布衣獻策，太祖召至便座，令面陳其事。文定以手畫地，條陳十策：一下并、汾，二富民，三封建，四敦孝，五舉賢，六大學，七籍田，八選良吏，九懲姦，十恤刑。

内四説稱旨，文定堅執其六説皆善，太祖怒，令武士拽出。及車駕還京，語太宗曰：「我幸西都，惟得一張齊賢耳。我不欲爵之以官，異日，汝可收之，使輔汝爲相也。」至太宗初即位，放進士榜，決欲置於高等，而有司偶失掄選，寘第三甲之末，太宗不悦。及注官，有旨一榜盡與京官通判。文定釋褐將作監丞，通判衡州，不十年，累擢遂爲相。《東軒筆録》卷一。《東都事略》卷三十二。《宋名臣言行録》前集卷一。

6　張文定公齊賢，洛陽人，少時家貧，父死，無以葬，有河南縣史某甲爲辦棺斂，公深德之，遂展兄事，雖貴不替。後趙普密薦齊賢於太宗，太宗未用，普具列前事，以爲陛下若擢齊賢，則齊賢他日感恩過於此，太宗大悦，未幾擢齊賢爲相。《青箱雜記》卷二。

7　張僕射齊賢爲相，其母晉國夫人，年八十餘，尚康强。太宗方眷張，時召其母入内，親款如家人。余嘗於張氏家見賜其母詩云：「往日貧儒母，年高壽太平。齊賢行孝侍，神理甚分明。」又一手詔云：「張齊賢拜相，不是今生，宿世遭逢。本性於家孝，事君忠。婆婆老福，見兒榮貴。」祖宗誠意待大臣，簡質不爲飾。《石林燕語》卷三。《石林避暑録話》卷三。

8　張司空齊賢，前後治獄，全活甚衆。在相位，事有涉干請，辭連李沆，而齊賢獨任責。物論甚美。《厚德録》卷四。

9　見張詠50。

10　張齊賢真宗時爲相，戚里有争分財不均者，更相訴訟。又因入宫，自理於上前，更十餘斷，不能服。齊賢曰：「是非臺府所能決也，臣請自治之。」上許之。齊賢坐相府，召訟者曰：「汝非以彼所分財多，汝所分財少乎？」皆曰：「然。」即命各供狀結實，乃召兩吏趣徙其家，令甲家入乙舍，乙家入甲舍，貨財皆按堵如故，分書則交易之，訟者乃止。明日奏狀，上大悦，曰：「朕固知非君莫能定者。」《涑水記聞》卷七。《宋朝事實類苑》卷二十三。《宋名臣言行録》前集卷一。《東都事略》卷三十二。《名賢氏族言行類稿》卷二十五。《仕學規範》卷十八。《自警編》卷八。《言行龜鑑》卷六。《折獄龜鑑》卷八。《昨非庵日纂》一集卷十五。《宋稗類鈔》卷三。

11 張僕射齊賢，以吏部尚書知青州六年，其治安静，民頗安之。好事者或謗其居官弛慢，朝廷召還。公或語人曰：「向作宰相，幸無大過，今典一郡，乃招物議，正如監御厨三十年，臨老反煮粥不了。」士大夫聞之，深罪謗者。《澠水燕談録》卷二。《宋稗類鈔》卷五。

12 齊賢相太宗、真宗，皆以亮直重厚稱，及晚娶薛氏婦，真宗不悦。一旦元會上壽，齊賢已微醺，進止失容，坐是謫安州，其麻曰：「仍復酣醟杯觴，敧傾冠弁。」蓋爲是也。《青箱雜記》卷二。

13 李文靖，賢相也，與張齊賢稍不協。齊賢竟以被酒失儀罷相，時人語曰：「李相太醒，張相太醉。」《楓窗小牘》卷上。《古謡諺》卷六十一。

14 張文定公齊賢以右拾遺爲江南轉運使，一日家宴，一奴竊銀器數事于懷中，文定自簾下熟視不問。爾後文定三爲宰相，門下廝役往往皆得班行，而此奴竟不霑禄。奴乘間再拜而告曰：「某事相公最久，凡後於某者皆得官矣，相公獨遺某何也？」因泣下不止。文定憫然語曰：「我欲不言，爾乃怨我。爾憶江南宴日，盗吾銀器數事乎？我懷之三十年，不以告人，雖爾亦不知也。吾備位宰相，進退百官，志在激濁揚清，安敢以盗賊薦耶？念汝事我久，今予汝錢三百千，汝其去吾門下，自擇所安，蓋吾既發汝平昔之事，汝宜有愧於吾，而不可復留也。」奴震駭，泣拜而去。《東軒筆録》卷二。《厚德録》卷一。《自警編》卷四。《言行龜鑑》卷四。《賢弈編》卷一。《何氏語林》卷三。《昨非庵日纂》二集卷十。

15 齊賢常作詩自警，兼遺子孫，雖詞語質朴，而事理切當，足爲規戒。其詩曰：「慎言渾不畏，忍事又何妨。國法須遵守，人非莫舉揚。無私仍克己，直道更和光。此箇如端的，天應降吉祥。」余嘗廣其意，就每句一篇，命曰《八詠警戒詩》。《青箱雜記》卷二。

16 張司空齊賢致仕歸洛，康寧富壽，先得裴晉公午橋莊，鑿渠周堂，花竹照映，日與故舊乘小車攜觴游釣，牓於門曰：「老夫已毀裂軒冕，或公綬垂訪，不敢拜見。」造一卧輦，以視田稼。醉則甛於木陰，酒醒則起。嘗以詩戲示故人：「午橋今得晉公廬，花竹煙雲興有餘。師亮白頭心已足，四登兩府九尚書。」《玉壺清話》卷三。《宋朝事實類苑》卷三十六。《詩話總龜》前集卷四十六。《唐宋分門名賢詩話》卷八。《堯山堂外紀》卷四十三。

17 張齊賢形體魁肥，飲食兼數人……然常與王濟不相能。濟，剛峭之士也。其後，齊賢罷相歸洛陽，買得午橋裴晉公緑野堂，營爲别墅。一日，濟自洛至京師，公卿間有問及齊賢午橋别墅者，濟忿然曰：「昔爲緑野堂，今作屠兒墓園矣。」聞者皆笑。《歐陽文忠公試筆》。

18 張僕射齊賢體質豐大，飲食過人，尤嗜肥豬肉，每食數斤。天壽院風藥黑神丸，常人所服不過一彈丸，公常以五七兩爲一大劑，夾以胡餅而頓食之。淳化中罷相知安州，安陸山郡，未嘗識達官，見公飲啗不類常人，舉郡驚駭。嘗與賓客會食，厨吏置一金漆大桶於廳側，窺視公所食，如其物投桶中，至暮，酒漿浸漬，漲溢滿桶，郡人嗟愕，以謂享富貴者，必有異於人也。《歸田録》卷一。《宋朝事實類苑》卷十。《青瑣高議》後集卷二。

《宋稗類鈔》卷四。

19 淳化宰相張公齊賢，布衣時嘗春游嵩嶽，醉卧巨石上。夢人驅群羊於前，曰：「此張相公食料羊也。」既貴，每食數斤，猶未厭飫，健啖世無比者。《清波雜志》卷八。《能改齋漫録》卷十八。

20 見王禹偁 20。

張宗誨

1 慶曆中，張宗誨以祕書監致仕，居洛陽。一日，謁留守，其子庚言：「唐賀監知章以道士服歸會稽，明皇賜以鑑湖。今洛中嵩、少佳景雖非朝廷所賜，大人可衣羽服優游其間，何必事請謁？」宗誨曰：「吾作白頭老監枕書而眠，何必學賀老作道士服邪？」時以爲名言。《澠水燕談録》卷三。

呂端

1 呂丞相端，本自奏蔭而至崇顯，蓋器識遠大，有公輔之才。自爲司户參軍，便置外厨，多延食客。能知典故，凝然不動。年五十六七，猶爲太常丞，充開封府判官。時秦州楊平木場坊木筏沿程免税而至京，呂之親舊競託選買，呂皆從而買之。於是，入官者多揀退材植值。三司使、給事中侯陟急於富貴，於太宗前欲傾其衆人。無何，呂獨當之，認爲己買。太宗赫怒，俾臺司枷項送商於安置。滅耳後，猶簽書府中舊事，怡然曰：「但將來，但將來。著枷判事，自古有之。」洎後發往商州，身體魁梧，太宗傳宣，令不得騎馬，只令步去。尋相座傳語，且請認災。公曰：「不是某災，是長耳災。」談諧大笑如式，略不介撓。時有善算者：「吕公木在土下，宫又是方。主晚年大達，須位極人臣。此何用慮耳！」尋自商州量移汝州。上谷寇凖屢奏：「吕某器識非常，人漸老矣。陛下早用之。」太宗曰：「朕知此人是人家子弟，能喫大酒肉，餘何所能？」後近臣皆上言，稱「吕某宜朝廷大用」。尋自太常丞、知蔡州召入，拜户部員外郎，爲樞密直學士。時王二丈禹偁行誥詞，略曰：「多直道以事君，每援經而奏事。」後苑賞花宴，太宗宣臣僚賦詩。吕奏曰：「臣無出身，不敢應詔。」洎爲户部尚書、門下相，上谷猶爲諫議大夫、參政。忽一日，未後三棒鼓，吕上馬至門道裹立馬，候上谷多時。探上谷者曰：「參政方洗面裹。」吕乃徐謂從人曰：「餵得馬飽否？」其微旨如此。《丁晉公談録》。

2　相國吕公端任補闕，與一供奉官被命同往高麗。既達其國，宣朝命畢，以風信未便，在高麗將及半年。未幾，風便回棹，王加等贈遺奇珍異貨，盈載而歸。先是，供奉者以公所得，置之船底，已之所得在公物上，慮水氣見過也。公亦不問措置，委之而行。方至海心，風濤四起，舟欲傾倒，公神色自若，供奉者倉皇失圖。舟子前曰：「風濤之由，以公等所載奇異，海神必惜，不欲令到中國。但少拋水中，風必止矣。」公如其言，令左右擲之。纔半，風息，得達登州岸。遂開其載，則在下者，吕公之物咸在，而供奉之物居上者，略無孑遺矣。《友會談叢》卷上。

3　吕相端奉使高麗，過洋，祝之曰：「回日無虞，當以金書《維摩經》爲謝。」比回，風濤輒作，遂取經沉之，聞絲竹之聲，起于舟下，音韻清越，非人間比。經沉，隱隱而去。《孫公談圃》卷上。《玉芝堂談薈》卷十二。

4 呂正惠公端使高麗，遇風濤恍恍，摧檣折舵，舟人大恐。公恬然讀書，若在齋閣。時首台呂文穆蒙正，告老甚切，上宴後苑，作《釣魚》詩獨賜公，斷章云：「欲餌金鈎深未到，磻溪須問釣魚人。」意以首宰屬公。公和進云：「愚臣鈎直難堪用，宜問濠梁結網人。」文穆得謝，果冠台席。真宗初即位，居諒闇，每見公則肅然起敬，未嘗名呼，或以字呼，上對公但稱「小子」。公體貌魁梧，庭陛頗峻，命梓人别爲納陛。兩使外域，虜主欽重，後使虜者至，則問曰：「呂公作相未？」《玉壺清話》卷五。《宋朝事實類苑》卷七。《唐宋分門名賢詩話》卷五。《東都事略》卷三十一。《宋名臣言行録》前集卷二。《自警編》卷二。《東山談苑》卷四。

5 呂正惠端，太宗朝爲參知政事，多獨對便殿，語必移刻。因宴後苑，上《釣魚詩》斷句云：「欲餌金鈎殊未達，磻溪須問釣魚人。」意已屬公矣。公和詩進曰：「愚臣鈎直難堪用，宜用濠梁結網人。」不數日，拜平章事。《詩史》。《詩話總龜》前集卷一。《庚溪詩話》卷上。《堯山堂外紀》卷四十三。《宋詩紀事》卷一。

6 晉公言，凡士大夫而居大位者，先觀其器度寬厚，則無不中矣。昔趙普在中書，呂端爲參政，趙嘗覘其爲事而多之，曰：「吾嘗觀呂公奏事，得聖上嘉賞，未嘗喜，遇聖上抑挫，未嘗懼，亦不形言，真台輔之器也。」《宋朝事實類苑》卷十三引《晉公談録》。參見呂蒙正15。

7 太宗欲相呂正惠公，左右或曰：「呂端之爲人糊塗。」帝曰：「端小事糊塗，大事不糊塗。」決意相之。《能改齋漫録》卷二。

8 保安軍奏獲李繼遷母，太宗甚喜。是時寇準爲樞密副使，呂端爲宰相，上獨召準與之謀。準退，自宰相幕次前過不入，端使人邀入幕中，曰：「曏者主上召君何爲？」準曰：「議邊事耳。」端曰：「陛下戒君勿分言於端乎？」準曰：「不然。」端曰：「若邊鄙常事，樞密院之職，端不敢與知；若軍國大計，端備位宰相，不可以莫之知也。」準以獲繼遷母告，端曰：「君何以處之？」準曰：「準欲斬於保安軍北門之外，以戒凶逆。」端曰：「陛下以爲何如？」準曰：「陛下以爲然，令準之密院行文書耳。」端曰：「必若此，非計之得者也。願君少緩其事，文書勿亟下，端將覆奏之。」即召閤門吏，使奏「宰臣吕端請對」。上召入之，端見，具道準言，且曰：「昔項羽得太公，欲烹之，漢高祖曰：『願遺我一盃羹。』夫舉大事者，固不顧其親，況繼遷胡夷悖逆之人哉！且陛下今日殺繼遷之母，繼遷可擒乎？若不然，徒樹怨讎而益堅其叛心耳。」上曰：「然則奈何？」端曰：「以臣之愚，謂宜置於延州，使善養視之，以招徠繼遷，雖不能即降，終可以繫其心，而母死生之命在我矣。」上撫髀稱善，曰：「微卿，幾誤我事。」即用端策。其母後疾死於延州，繼遷尋亦死，其子竟納款請命。《涑水記聞》卷二。《宋名臣言行録》前集卷五。《東都事略》卷三十一。《宋稗類鈔》卷三。

9 有司歲調竹索以修河橋，其數至廣。太宗曰：「渭川竹千畝，與千户侯等，自河渠之役，歲調寖廣，民間竹園率皆蕪廢，爲之奈何？」吕端曰：「芟葦亦可爲索，後唐莊宗自揚留口渡河，爲浮梁，用葦索。」上然之，分遣使臣詣河上刈葦爲索，皆脆不可用，遂寖。當莊宗渡河，蓋暫時濟師也。《楊文公談苑》。《宋朝事實類苑》卷二。

10 太宗疾大漸，李太后與宣政使王繼恩忌太子英明，陰與參知政事李昌齡、殿前都指揮使李繼勳、知制誥胡旦謀立潞王元佐。太宗崩，太后使繼恩召宰相吕端，端知有變，鎖繼恩於閣內，使人守之而入。太后謂曰："宫車已宴駕，立嗣以長，順也，今將何如？"端曰："先帝立太子，正爲今日。今始棄天下，豈可遽違先帝之命，更有異議？"乃迎太子立之。《涑水記聞》卷六。《宋名臣言行録》前集卷二。

11 真宗既於大行柩前即位，垂簾引見群臣，宰相吕端於殿下平立不拜，請捲簾，升殿審視，然後降階，率群臣拜呼萬歲。《涑水記聞》卷六。《宋名臣言行録》前集卷二。《名賢氏族言行類稿》卷三十六。

石熙載

1 石元懿熙載，西洛人，家貧游學，事母以孝聞。嵩陽道中遇一叟，熟視之，稽顙曰："真太平良弼也。吾幼爲唐相房玄齡檢書蒼頭，公酷似之。"囑之曰："見子事契相投者，即真主也，善事之。"語訖即滅。後國初，太宗建太寧軍節，公謁之，傾意投接，爲掌書記。游從觴詠，情禮深厚。公長於太宗，簡墨尊俎，常以兄呼之。《玉壺清話》卷三。《宋朝事實類苑》卷六。

2 見徐鉉23。

李穆

1 李穆，字孟雍，陽武人。幼沉謹，温厚好學，聞酸棗王昭素先生善《易》，往師之。昭素喜其開敏，謂人曰："觀李生材能器度，他日必爲卿相。"昭素先時著《易論》三十三篇，秘不傳人，至是盡以授穆，穆由是知名。……太宗即位，累遷至中書舍人。宰相盧多遜得罪，穆坐與之同年登進士第，降授司封員外郎。

上惜其才，尋命之考校貢院。及御試進士，上見其顔色憔悴，憐之，復以爲中書舍人，職任皆如故。尋命知開封府事，有能名，遂擢參知政事。穆性至孝，母病累年，惡暑而畏風，穆身自扶持起居，能適其志，或通夕不寐，未嘗有倦惰之色。母卒，哀毁過人。朝命起復，固辭，不得已，視事，然終不飲酒食肉，未終喪而卒，年五十七。上甚惜之，謂宰相曰：「李穆，國之良臣，奄爾淪没，非穆之不幸，乃國之不幸也。」贈工部尚書。《涑水記聞》卷二。《宋朝事實類苑》卷六。

2　五鳳：李穆、宋白、賈黄中、呂蒙正、李至。同入翰林。扈蒙詩：「五鳳齊飛入禁林。」《小學紺珠》卷六。參見呂蒙正26。

3　見盧多遜16。

4　見徐鉉23。

賈黄中

1　賈黄中乃唐造《華夷圖》丞相耽四世孫，七歲舉童子，開頭及第。李文正昉以詩贈之：「七歲神童古所難，賈家門户有衣冠。七人科第排頭上，五部經書誦舌端。見榜不知名字貴，登筵未識管絃歡。從兹穩上青霄去，萬里誰能測羽翰。」後淳化中，參太宗大政。《玉壺清話》卷七。《宋朝事實類苑》卷十七。《邵氏聞見録》卷六。

2　〔賈黄中〕性極清畏。嘗知金陵，一日案行府寺，覩一隙舍扃鐍其嚴，公怪之，因發鑰，得寶貨數十巨積，乃故國宫闈所遺之物，不隸於籍，數不可計。公亟集僚吏，啓其封，悉籍之，以表上。上歎曰：「貪黷者，籍庫之物尚冒禁盜，況亡國之遺物乎？」賜錢三百萬，以旌其潔。事母孝，不幸年五十六先母而逝，太宗卹其家。既葬，其母入謝，上面撫之：「勿以諸孫及私門之窘自撓，朕常記之。」《玉壺清話》卷七。《宋朝事實類苑》卷十七。《邵氏聞見録》卷六。《仕學規範》卷六引《皇朝名臣四科事實》。《名賢氏族言行類稿》卷三十九。

3 見呂蒙正26。

4 見盧多遜9。

5 見宋太宗57。

6 見宋太宗59。

錢若水

1 錢文僖公若水少時謁陳摶求相骨法，陳戒曰：「過半月請子卻來。」錢如期而往，至則邀入山齋，地爐中，一老僧擁壞衲瞑目附火於爐旁，錢揖之，其僧開目微應，無遇待之禮，錢頗慊之。三人者嘿坐持久，陳發語問曰：「如何？」僧擺頭曰：「無此等骨。」既而錢公先起，陳戒之曰：「子三兩日卻來。」錢曰：「唯。」後如期謁之。摶曰：「吾始見子神觀清粹，謂子可學神仙，有昇舉之分，然見之未精，不敢奉許，特召此僧決之。渠言子無仙骨，但可作貴公卿爾。」錢問曰：「其僧者何人？」曰：「麻衣道者。」《湘山野録》卷下。《宋朝事實類苑》卷四十八。《新編分門古今類事》卷十。《邵氏聞見録》卷七。《宋名臣言行録》前集卷二。《群書類編故事》卷十四。

《清虚雜著補闕》。《貴耳集》卷中。《齊東野語》卷五。

2 〔錢〕若水謁華山陳摶，曰：「目如點漆，黑白分明，當作神仙。」有紫衣老僧曰：「不然。他日但能富貴，急流中勇退人也。」《齊東野語》卷五引《明道雜志》。

3 〔錢〕若水謁陳希夷，曰：「子神清氣一，可致神仙。」遂招白閣道者決之，乃以爲不然。《齊東野語》卷五引《畫墁録》。參見王曾4。

4 鄧州觀察使、太傅錢若水，雍容文雅，近世奇士。堅乞罷樞務，遂拜集賢殿學士。其日錢希白賀之，留坐後廳，因云：「某之此命，蓋亦前定。夜來方思二十年前白閣道者之言，固不虚矣！」詢之，乃曰：「某初應舉，往華陰謁陳摶先生，蒙倒屣相接。坐定，數目某，欲問中輟者數四，賓主情未洽，但啜茶而退，臨别執手，約後十日相訪。至期，延入山齋地爐中，先有一僧擁衲，對座良久，僧熟視某而謂陳曰：『無此骨法。但能得好官，能於急流中勇退耳。』陳又云：『此人在太白山，累歲方一到耳。』某欲再求一見，終不可得。人生萬事，固知不可以力取矣。」《新編分門古今類事》卷十引《洞微志》。

5 見吕蒙正8。

6 參知政事錢若水，少時讀書嵩山佛寺，有一童子，日來撓之，禁之不可。其師曰：「此田家子。此寺，其家所建也。昨爲啚校，家破，死亡略盡，將死，以此子見屬。吾憐其功，不忍禁也。」若水曰：「然則試以經授之。」不數日，誦寺中所有經殆遍，遂去，不知所在。若水既貴，護宗室葬事，轝者若干人，將宿，常失其一，行則復在。怪而閲之，則昔之童子在焉。若水曰：「子乃在是耶！子實何人也？」對曰：

「世之如我者多矣，顧公不識耳。姑置我，我將食而復見。」置之，則走入衆中，不復識。《龍川别志》卷下。

7 錢若水爲同州推官……有富民家小女奴逃亡，不知所之，奴父母訟於州，命録事參軍鞫之。録事嘗貸錢於富民，不獲，乃劾富民父子數人共殺女奴，棄屍水中，遂失其屍。或爲元謀，或從而加功，罪皆應死。富民不勝榜楚，自誣服。具上，州官審覆，無反異，皆以爲得實。若水獨疑之，留其獄，數日不決。録事詣若水廳事，詬之曰：「若受富民錢，欲出其死罪邪？」若水笑謝曰：「今數人當死，豈可不少留熟觀其獄詞邪？」留之且旬日，知州屢趣之，不得，上下皆怪之。若水一旦詣州，屏人言曰：「若水所以留其獄者，密使人訪求女奴，今得之矣。」知州驚曰：「安在？」若水因密使人送女奴於知州所。知州乃垂簾引女奴父母問曰：「汝今見汝女，識之乎？」對曰：「安有不識也？」因從簾中推出示之，父母泣曰：「是也。」乃引富民父子，悉破械縱之。其人號泣不肯去，曰：「微使君之賜，則某滅族矣！」知州曰：「推官之賜也，非我也。」其人趣詣若水廳事，若水閉門拒之，曰：「知州自求得之，我何與焉？」其人不得入，繞垣而哭，傾家貲以飯僧，爲若水祈福。知州以若水雪冤死者數人，欲爲之奏論其功，若水固辭，曰：「若水但求獄事正，人不冤死耳，論功非其本心也。且朝廷若以此爲若水功，當置録事於何地邪？」知州歎服曰：「如此尤不可及矣。」録事詣若水叩頭愧謝，若水曰：「獄情難知，偶有過誤，何謝也？」於是遠近翕然稱之。未幾，太宗聞之，驟加進擢，自幕職半歲中爲知制誥。《涑水記聞》卷二。《東齋記事》輯遺。《宋朝事實類苑》卷二十二。《宋名臣言行録》前集卷二。《東都事略》卷三十五。《厚德録》卷一。《樂善録》卷六。《棠陰比事》。《名賢氏族言行類稿》卷十七。《仕學規範》卷三十。《自警編》卷八。《折獄龜鑑》卷二。《何氏語林》卷六。《昨非庵日纂》一集卷一。《宋稗類鈔》卷一。

8 錢若水爲學士，一日，太宗自作祝辭，久而不成，令左左持詣翰院中，命即草之。若水對使者撰成，其首句云：「上帝之休，雖眇躬是荷；下民之命，乃明神所司。」上喜曰：「朕閣筆思久之矣，不能措辭。」尤激賞其才美。《楊文公談苑》。《宋朝事實類苑》卷四。

9 錢若水爲學士，太宗禮遇殊厚，嘗草賜趙保忠詔云：「不斬繼遷，存狡兔之三穴；潛疑光嗣，持首鼠之兩端。」太宗覽之甚悦，謂若水曰：「此四句正道著我意。」又與趙保忠詔有「既除手足之親，已失輔車之勢」，其辭甚美，太宗御筆批其後云：「依此詔本，極好。」至今其子延年寶藏之。《宋朝事實類苑》卷四十。

10 李繼隆與轉運使盧之翰有隙，欲陷之罪，乃檄轉運司，期八月出塞，令辦芻粟。轉運司調發方集，繼隆復爲檄言：「據陰陽人狀，國家八月不利出師，當更取十月。」轉運司遂散芻粟。既而復爲檄云：「得保塞胡偵候狀，言賊且入塞，當以時進軍，芻粟即日取辦。」是時，民輸輓者適散，倉卒不可復集，繼隆遂奏轉運司乏軍興。太宗大怒，立召中使一人，付三函，令乘驛騎取轉運使盧之翰、竇玭及某人首。丞相吕端、樞密使柴禹錫皆不敢言，惟樞密副使錢若水争之，請先推驗，有狀然後行法。上大怒，拂衣起入禁中。二府皆罷，若水獨留廷中不去。上既食，久之，使人偵視廷中有何人，報云：「有細瘦而長者，尚立焉。」上出詰之，曰：「爾以同州推官再期爲樞密副使，朕所以擢任爾者，以爾爲賢，爾乃不才如是邪？尚留此安俟？」對曰：「陛下不知臣無狀，使得待罪二府，臣當竭其愚慮，不避死亡，補益陛下，以報厚恩。李繼隆外戚，貴重莫比，今陛下據其一幅奏書，誅三轉運使，雖有罪，天下何由知之？鞫驗事狀明白，乃加誅，亦何晚焉？獻可替否，死以守之，臣之常分。臣未獲死，固不敢退。」上意解，乃召吕端等，奏請如若水議，先令責狀，許之，三人皆黜爲行軍副使。既而虜欲入塞事皆虛誕，繼隆坐罷招討，知秦州。《涑水記聞》卷二。《宋朝事實類苑》卷十七。《宋名臣言行録》前集卷二。

11 至道初，呂蒙正罷相，以僕射奉朝請，上謂左右曰：「人臣當思竭節以保富貴。呂蒙正前日布衣，朕擢爲輔相，今退在班列寂寞，想其目穿望復位矣。」劉昌言曰：「蒙正雖驟登顯貴，然其風望不爲忝冒。僕射師長百僚，資望崇重，非寂寞之地，且亦不聞蒙正之鬱悒也。況今巖穴高士，不求榮達者甚多，惟若臣輩，苟且官禄，不足以自重耳。」上默然。又嘗言：「士大夫遭時得位，富貴顯榮，豈得不竭誠以報國乎？」錢若水言：「高尚之人，固不以名位爲光寵，忠正之士，亦不以窮達易志操，其或以爵禄恩遇之故而効忠於上，此中人以下者之所爲也。」上然之。及劉昌言罷，上問趙鎔等曰：「頻見昌言否？」鎔等曰：「屢見之。」上曰：「涕泣否？」曰：「與臣等談，多至流涕。」上曰：「大率如此，當在位之時，不能悉心補職，一旦斥去，即汍瀾涕泗。」若水曰：「昌言實未嘗涕泣，鎔等迎合上意耳。」若水因自念，上待輔臣如此，蓋未嘗有秉節高邁、不貪名勢、能全進退之道，以感動人主，遂貽上之輕鄙。將以滿歲移疾，遂草章求解職，會晏駕，不果上。及今上之初年，再表遜位，乃得請。《楊文公談苑》。《宋名臣言行録》前集卷二。《西園聞見録》卷二十。

12 錢公若水爲樞密副使時，呂相端罷，太宗明日謂輔臣曰：「聞呂端命下哭泣不已。」錢公厲聲曰：「安有此？」退謂諸公曰：「我輩眷戀爵禄，上見薄如此。」遂力請罷。《舊聞證誤》卷一引《聞見近録》。

13 王曾罷相，章聖諭近臣曰：「曾廷辭既退矣，逡巡卻立，戀冀復用。」衆皆唯唯，若水挺身對曰：

「王曾以道去國，未見有持禄意，陛下料人何薄耶？顧臣等棄此如土芥耳！」憤而出，即日毁裂冠帶，被道士服，佯狂歸嵩山。上大駭，累召之，不起，以終其身。《澗泉日記》卷上。

14 錢文僖若水嘗率衆過河，號令軍伍，分布行列，悉有規節，深爲武將所伏。上知之，謂左右曰：「朕嘗見儒人談兵，不過講之於樽俎硯席之間，於文字則引孫、吴，述形勢皆閒暇清論可也，責之於用，則臨事罕見有成效者。今若水亦儒人，曉武可嘉也。」時北戎猶擾，上密以手劄訪之，公奏曰：「制邊滅戎之策無他，臣聞唐室三百年，而魏博一鎮屯戍甚少，不及今日之盛，犬戎未嘗侵境。蓋幽、薊爲唐北門，命帥屯兵以鎮之，稍有侵軼，則呼噏應敵。」時言者請城綏州，積兵以禦党項，詔公自魏乘傳疾往按，至則乞罷，時論韙之。上嘗謂左右曰：「朕觀若水風骨秀邁，神仙資格，苟用之，則才力有餘。朕止疑其壽部促隘，果至大用，恐愈迫之。」其後果夭。《玉壺清話》卷七。《宋朝事實類苑》卷十。

15 近世授觀察使者不帶金魚袋。初，名臣錢若水拜觀察使，佩魚自若，人皆疑而問之。若水倦於酬辯，録唐故事一番在袖中，人問者，輒示之。《宋景文公筆記》上。

16 錢若水因撰《昭應宫碑》成，賜之玉帶，上令服之而謝，三日而止。至今被賜者，閤門以爲例。《清虚雜著補闕》。

蘇協

1 僞蜀子城西南隅，有道士開卜肆，言人之生平休咎，皆如目覩。僞蜀廣政中，進士蘇協、杜希言同往訪之，道士謂蘇曰：「秀才明年必成名。」蘇未甚信之。道士曰：「成固定矣，兼生貴子。」時内饋方孕逼期，因是積以爲驗。……明年春，蘇于制誥賈舍人下及第……過杏園醼，生一子，即易簡也。《茅亭客話》卷二。

2 蘇易簡父協，蜀中舉進士，性滑稽。易簡任翰林學士，協爲京府掾，時親王爲尹。每朔旦，父子冠帶晨起，協詣府，易簡入禁中。協笑謂人曰：「父參其子，子朝其父，斯事亦倒置矣。」初，協爲汝州司户，易簡通判蘇州，書與易簡曰：「吾在汝，汝在吴，吾思汝，汝知之乎？」《楊文公談苑》。《宋朝事實類苑》卷六十三。

蘇易簡

1 畢景儒《幕府燕閒録》載：「蘇易簡初及第時，與母書，自稱岷岷。」亦小名也。《老學庵筆記》卷五。《詞林紀事》卷三。

2 蘇參政易簡取開封府解，時宋尚書白爲試官，是歲狀頭登第。後十年，白爲翰林學士，易簡亦繼召入，故易簡贈白詩云：「天子昔取士，先俾分嗤妍。濟濟俊兼秀，師師麟與鸞。小子最承知，同輩尋改觀。甲第叨薦名，高飛便凌煙。遂使拜宸坐，果得超神仙。迄今才七歲，相接乘華軒。」《蔡寬夫詩話》。《苕溪漁隱叢話》後集卷二十一。《宋詩紀事》卷三。

3 蘇參政易簡登科時，宋尚書白爲南省主文。後七年，宋爲翰林學士承旨，而蘇相繼入院，同爲學士。宋嘗贈詩云：「昔日曾爲尺木階，今朝真是青雲友。」《石林燕語》卷八。《翰苑群書》卷下《翰苑遺事》。

4 蘇易簡爲學士，最被恩遇。初與賈黄中、李沆同時上擢，黄中、沆參知政事，以易簡爲中書舍人，充承旨，並賜白金三千兩，諭旨曰：「朕之待卿，非必執政而爲重矣。」上作五七言詩各一首賜之，爲真、草、行三體，刻於石。又飛白書「玉堂之署」四字以賜本院，今龕於堂南門之上。易簡以御三體書石本，分遺秘書監李至及從祖脩撰江陵公洎梁周翰，知制誥柴成務、吕祐之、錢若水、王旦，直秘閣潘慎脩，翰林侍書王著，侍讀吕文仲等凡十五人。及召至等宴于翰林，以觀神筆之跡，上遣内司供擬坐客，各賦詩。宰相李昉等亦以詩貽易簡，易簡悉以奏御。上謂昉等曰：「易簡以卿等詩來上，有以見儒墨之盛，而學士之光也，可別録一本進入。」以其本賜易簡。《楊文公談苑》。《宋朝事實類苑》卷六。

5 太宗時，蘇易簡爲學士，上嘗語曰：「『玉堂』之設，但虛傳其説，終未有正名。」乃以紅羅，飛白「玉堂之署」四字賜之。易簡即扃鐍置堂上。每學士上事，始得一開視。《石林燕語》卷七、卷五。《香祖筆記》卷一。《堯山堂外紀》卷四十三。

6 蘇易簡在翰林，太宗一日召對，賜酒，甚歡暢，曰：「君臣千載遇。」蘇應聲曰：「忠孝一生心。」太宗大悦，以所御金器盡席賜之。《詩話總龜》前集卷一引《摭遺》。《國老談苑》卷二。《堯山堂外紀》卷四十一。《歷代吟譜》卷三十三。《宋詩紀事》卷三。《詞林紀事》卷三。參見宋真宗45。

7 蘇翰林易簡一日直禁林，得江南徐邈所造欹器，遂以水試於玉堂。一小璫傳宣於公，見之不識其名，因密奏。既曉，太宗召對，問曰：「卿所玩者，得非欹器乎？」公奏曰：「然。」亟取進之於便坐，上親試之以水，或增損一絲許，器則隨欹，合其中，則凝然不摇。上歎曰：「真聖人切誡之器也。」公奏曰：

「願陛下執大寶器，持盈守成，皆如此器，則王者之業，可與天地同矣。」上徐笑謂公曰：「若腹之容酒，得此器以節，安有沉湎之過耶？」蓋公嗜飲過中，故託此以規之。易簡泣謝慙佩，上親撰《欹器銘》及草書誡酒詩以賜焉。《玉壺清話》卷一。《宋朝事實類苑》卷六。《名賢氏族言行類稿》卷七。

8 太宗嘗夜幸玉堂。蘇易簡爲學士，已寢，遽起，無燭具衣冠。宮嬪自窗格引燭入照之。《翰苑群書》卷下《翰苑遺事》。《堯山堂外紀》卷四十三。《宋稗類鈔》卷一。

9 太宗命蘇易簡評講《文中子》，中有楊素遺子《食經》「羹黎含糗」之句，上因問曰：「食品稱珍，何物爲最？」易簡對曰：「臣聞物無定味，適口者珍，臣止知虀汁爲美。」太宗笑問其故，曰：「臣憶一夕寒甚，擁爐火乘興痛飲，大醉就寢，四鼓始醒，以重衾所擁，咽吻燥渴。時中庭月明，殘雪中覆一虀盎，不暇呼僮，披衣掬雪以盥手，滿引數缶，連沃渴肺，咀虀數根，燦然金脃。臣此時自謂上界仙厨，鸞脯鳳腊，殆恐不及。屢欲作《冰壺先生傳》紀其事，因循未暇也。」太宗笑而然之。《玉壺清話》卷五。《宋朝事實類苑》卷十五。《娱書堂詩話》卷下。《群書類編故事》卷二十二。

10 蘇易簡爲學士承旨日，太宗親書宋玉《大言賦》賜之。易簡因效玉，亦作《大言賦》以獻，曰：「皇帝書白龍牋，作《大言賦》，賜玉堂易簡。御筆煌煌，雄辭洋洋，瓌瑋博達，不可備詳。詔易簡升殿，躬指其理，歎宋玉之奇怪也。因伏而奏言，恨宋玉不與陛下同時。帝曰：『噫，何代無人焉，卿爲朕言之。』易簡曰：『聖人興兮告成功，登崑崙兮展升中，地爲席兮饗祖宗，天起籟兮調笙鏞。日烏月兔，曜文明也。參旗井鉞，嚴武衛也。執北斗兮，奠玄酒也。削西華兮，爲石礎也。迅雷三發，出神呼也。流電三激，爟火舉也。禮册獻兮淳風還，君百拜兮天神歡，四時一周兮萬八千年。泰山夷兮溟海乾，圓蓋空兮方輿穿，君王之壽兮無窮焉。』」殿上皆呼萬歲，上覽之大喜，又作《大言賦銘》四句以褒之，易簡刻石于院内之北壁。《楊文公談苑》。《宋朝事實類苑》卷三十九。

11　見張洎 7。

12　見王旦 6。

13　玉堂北壁舊有董羽畫水二堵，筆力遒勁，勢若摇動，其下一二尺頗有兩壞處。蘇易簡爲學士，尤愛重之，蘇適受詔知舉，將入南宫，囑於同院韓丕，使召名筆完葺之。蘇既去，韓乃呼工之赤白者，圬墁其半，而用朱畫欄檻以承之。蘇出見之，悵恨累日。《圖畫見聞志》卷六。

14　蘇内翰易簡在禁林八年，寵待之優，夐出夷等。李相沆入玉堂後於蘇，一旦先除參政，以公爲承旨，賚與參政等。蘇不甚悦，上謂公曰：「朕欲正舊典，先合用卿，即正台宰，然庶欲令卿延厚壽基，稔育聞望，乃先用沆，卿宜無慊。」蓋知其齡促也。公以母老，急於進用，因乾明聖節，進《内道場醮步虚》十首，中有「玉堂臣老非仙骨，猶在丹臺望泰階」。上悉其意，俾參大政，未幾卒，年三十九。上嗟悼，爲之雪涕，賜挽詞，斷云：「時向玉堂尋舊跡，八花磚上日空長。」《玉壺清話》卷八。《宋朝事實類苑》卷六。《雲谷雜記》卷三。

15　蘇易簡晚年急於進用，因召見，頗攻中書之短，遂參大政。《倦游雜録》。

16　易簡之執政也，太宗召其母薛氏入禁中，賜寶冠霞帔，命坐，問曰：「何以教子？」對曰：「幼則束以禮義，長則訓以《詩》、《書》。」太宗歎曰：「孟母也。」賜白金千兩。《名賢氏族言行類稿》卷七。

17　蘇易簡特受太宗顧遇，在翰林恩禮尤渥，其子作《續翰林志》，叙之詳矣。然性特躁進。罷參政，爲禮部侍郎、知鄧州，纔逾壯歲，而其心鬱悒，有不勝閑冷之歎。鄧州有老僧，獨處郊寺，蘇贈詩曰：「憔悴貳卿三十六，與師氣味不争多。」又移書於舊友曰：「退位菩薩難做。」竟不登强仕而卒。《東軒筆録》卷二。《讀書鏡》卷三。

18　蘇内翰易簡罷參政爲禮部侍郎知鄧州日，年未及强仕，而其心悒鬱，有不勝閑冷之歎。鄧州有一老僧，獨處郊寺，頗通儒典，亦時時爲詩，有可觀者。蘇公贈詩曰：「憔悴二卿三十六，與師氣味不争多。」未幾而卒。《雲齋廣録》卷二。《堯山堂外紀》卷四十三。《宋稗類鈔》卷二。

19　蘇易簡嗜酒，御筆戒之云：「卿若覆杯，朕有何慮？」易簡承詔斷酒，已而復飲，上亦不責。及參大政，見上不復叙待，但嚴顔色、責吏事而已。故易簡詩什之中多思禁林。《類説》卷二十二引《金坡遺事》。

20　易簡性嗜酒，太宗嘗以詩戒之。在翰林入直雖不敢飲，在私第未嘗不醉。及其死，太宗曰：「易簡果以酒敗，可惜也。」《名賢氏族言行類稿》卷七。

郭贄

1　〔郭〕贄初爲布衣時，肄業京師皇建院。一日方與僧對弈，外傳南衙大王至，以太宗龍潛日，嘗判開封府，故有南衙之稱。忘收棋局，太宗從容問所與棋者，僧以郭對。太宗命召至，郭不敢隱，即前拜謁。太宗見郭進趨詳雅，襟度朴遠，屬意再三。因詢其行卷，適有詩軸在案間，即取以跪呈。首篇有《觀草書》

詩云：「高低草木芽争發，多少龍蛇眼未開。」太宗大加稱賞，蓋有合聖意者。即載以後乘歸府第，命章聖出拜之。不閲月而太宗登極，遂以隨龍恩命官。爾後眷遇益隆，不十數年位登公輔。《春渚紀聞》卷七。

2 郭仲儀贄，真宗在藩，爲皇子侍讀。太宗幸東宫，御製《戒子篇》，命贄注解，且令委曲講論。真宗每以純厚長者遇之，在儲宫作詩贈之，略曰：「該明聖典通今古，發啓沖年曉典常。」後參大政，因論事朴直，上意不悦，後坐入對之際，宿酲未解，左遷荆南。因終身戒酒，至卒不飲，早暮餌藥亦斥之，其節剛若是矣。《玉壺清話》卷五。

3 見宋真宗11。

4 〔郭贄〕知荆南府，屬久旱，方盛陳禱雨之具。贄至，悉投之江，不數日，大雨。《名賢氏族言行類稿》卷五十一。

辛仲甫

1 太祖問趙韓王：「儒臣中有武勇兼濟者何人？」趙以辛仲甫爲對，曰：「仲甫才勇有文，頃從事於郭崇，教其射法，後崇反師之。瞻辨宏博，縱横可用。」遂召見。時太祖方以武臣戡定寰宇，更不暇他試，便令武庫以烏漆新勁弓令射。仲甫輕挽即圓，破的而中。又取堅鎧令擐之，若被單衣。太祖大稱愛。仲甫奏曰：「臣不幸本學先王之道，願致陛下於堯、舜之上，臣雖遇昌時，陛下止以武夫之藝試臣，一弧一矢，其誰不能？」上慰之曰：「果有奇節，用卿非晚。」後敭歷險易，雍熙三年參大政。公嘗爲起居舍人，使契丹，虜主曰：「中朝党進者，真驍將也。如進輩有幾？」虜所以固矜者，謂進本虜族，中國無之。公亟對：「若進輩鷹犬駑材爾，行伍中若進者，不可勝數。」虜主少沮，意欲執之，辛曰：「兩國以誠講好，今渝約見留，臣有死而已。嘗笑李陵輩苟生甘恥於羊酪之域，無足取也。」契丹因厚修禮遣送之，度其志必不可奪也。《玉壺清話》卷一。《宋朝事實類苑》卷五十四。

李至

1 李南陽至嘗作《亢宮賦》，其序略曰：「予少多疾，羸不勝衣。庚寅歲冬夕，忽夢游一道宮，金碧明焕，一巨殿，一寶牀巋然於中。一金龍蟠踞於牀之上，碧髯金鬣，光射天地。旁有緑衣道士，轉眄若嵓電，謂余曰：『此亢宿之宮也。大象無停輪，宜速拜之，汝將事此龍，積疾亦消。』予將拜，龍輒先拜至。」至道初，太宗立真宗爲皇太子，命公與李沆相竝爲賓客。太宗戒真皇曰：「二臣皆宿儒重德，不可輕待，吾選正人輔導於汝，宗基國本，吾無慮矣。」真宗恭禀皇訓，見必先拜，符亢宮之兆也。《玉壺清話》卷一。《宋朝事實類苑》卷四十七。

2 至道二年重陽，皇太子、諸王宴瓊林苑，教坊以夫子爲戲者，賓客李至言於東朝，曰：「唐大和中，樂府以此爲戲，文宗遽令止之，笞伶人以懲其無禮。魯哀公以儒爲戲尚不可，況敢及先聖乎？」東朝驚歎，言於上而禁止之，此戲遂絶。《楊文公談苑》。《宋朝事實類苑》卷十七。

3 太宗將親攻范陽，李南陽至參大政，以二策抗疏爲奏：「願陛下選將帥中威武有謀、敦龐多福、克荷功名者，授宸算，付鋭兵，俾往征之，大駕不出京轂，恭守宗祧，慰撫黔庶，示敵人以閒暇，策之上也。大名，河朔之咽喉，或蹔駐清蹕，揚天威以壯軍聲，策之中也。若其邊霜朔雨，朝塵夕埃，飄龍鳳於旗常，擁貔貅於鑾輅，勞侵黼扆，士失耕農，非愚臣所知也。」疏既入，繼以目疾求退，士論嘉之。《玉壺清話》卷一。《宋朝事實類苑》卷十七。

4 李至爲參知政事，今上初即位，朝士韓見素、彭繪、淳于雍等數人，連乞致仕。上頗訝之，謂宰相曰：「搢紳中多求退跡，何也？」至對曰：「退跡者幾何人？躁進者蓋甚衆矣。」上默然。後或引疾者，皆遂其請，亦仁者之言也。《楊文公談苑》。《宋朝事實類苑》卷十五。

5 見徐鉉23。

6 見呂蒙正26。

7 見李昉15。

王沔

1 王沔，字楚望，端拱初參大政，敏於裁斷。時趙韓王罷政出洛，呂文穆公蒙正寬厚，自任中書，多決於沔。舊例，丞相待漏於廬，燃巨燭尺盡始曉，將入朝，尚有留桉遺決未盡。沔當漏舍，止燃數寸，事都訖，猶徘徊笑談方曉。上每試舉人，多令公讀試卷。素善讀書，縱文格下者，能抑揚高下，迎其辭而讀之，聽者無厭，經讀者高選。舉子當納卷，祝之曰：「得王楚望讀之，幸也。」《玉壺清話》卷八。《宋朝事實類苑》卷八。《齊東野語》卷二十。

2 見宋太宗48。

温仲舒

1 見吕蒙正7。

2 見李沆12。

3 見王禹偁25。

陳　恕

1 陳恕長於心計，爲鹽鐵使，釐宿弊，大興利益。太宗深器之，嘗御筆題殿柱曰：「真鹽鐵陳恕。」《國老談苑》卷二。《紺珠集》卷十二。《類説》卷五十二。

2 陳晉公爲三司使，將立茶法，召茶商數十人，俾各條利害，晉公閲之，第爲三等，語副使宋太初曰：「吾觀上等之説，取利太深，此可行於商賈而不可行於朝廷。下等固滅裂無取。惟取中等之説，公私皆濟，吾裁損之，可以經久。」於是爲三説法，行之數年，貨財流通，公用足而民富實。世言三司使之才，以陳公爲稱首。《東軒筆録》卷十二。

3 太宗任陳恕爲三司使，心竿詳給。人有言茗榷遺利欲更法者，上以問恕，恕言：「國家用度無所窘匱，恐此法一摇，則三十年不可再定。」上怒，起入禁中，恕不敢退，久之復坐，方可其議。後馬元方主計，遂變前法。迄今三十餘年，是非紛然無所歸準，如其言焉。《儒林公議》。

4　尚書左丞陳公恕峭直自公，性靡阿順，總領計司，多歷年所。每便坐奏事，太宗皇帝或未深察，必形誚讓，公斂裾蹴踖，退至殿壁，負墻而立，若無所容。俟上意稍解，復進，慤執前奏，終不改易，或至三四。上察其忠亮，多從其議，當時言稱者，公爲之首。《王文正公筆録》。《宋朝事實類苑》卷十六。

5　陳恕爲三司使，真宗命具中外錢穀大數以聞，恕諾而不進。久之，上屢趣之，恕終不進。上命執政詰之，恕曰：「天子富於春秋，若知府庫之充羨，恐生侈心，是以不敢進。」上聞而善之。《涑水記聞》卷六。《宋名臣言行録》前集卷三。

6　陳晉公恕自升朝入三司爲判官，既而爲鹽鐵使，又爲總計使，洎罷參政，復爲三司使，首尾十八年，精於吏事，朝廷藉其才。晚年多病，乞解利權，真宗諭曰：「卿求一人可代者，聽卿去。」是時寇萊公罷樞密副使歸班，晉公即薦以自代。真宗用萊公爲三司使，而晉公爲集賢殿學士判院事。萊公入省，檢尋晉公前後沿革創立事件，類爲方册，及以所出榜示，別用新板題扁，躬至其第，請晉公判押。晉公亦不讓，一一與押字既，而萊公拜於庭下而去，自是計使無不循其舊貫。《東軒筆録》卷二。

7　陳恕領春官，以王文正爲舉首，歲中，拔劒子儀於常選，自云：「吾得二俊，名世才也。是不媿於知人。」楊文公以爲然，謂王揚休山立，宗廟器也。《後山談叢》卷五。

8　王克正仕江南，歷貴官，歸本朝，直舍人院。及死，無子，其家修佛事爲道場，唯一女十餘歲，縗絰跪捧手爐於像前。會陳搏入弔，出語人曰：「王氏女，吾雖不見其面，但觀其捧爐，手相甚貴。若是男子，當白衣入翰林；女子，嫁即爲國夫人矣。」後數年，陳晉公恕爲參知政事，一日，便殿奏事，太宗從容問曰：「卿娶誰氏？有幾子？」晉公對曰：「臣無妻，今有二子。」太宗曰：「王克正，江南舊族，身後唯一女，頗聞令淑，朕甚念之，卿可作配。」晉公辭以年高，不願娶。太宗敦諭再三，晉公不敢辭，遂納爲室。不數日，封郡夫人，如陳之相也。《東軒筆録》卷二。《宋朝事實類苑》卷四十八。

9 晉公素不喜釋氏，嘗請廢譯經院，辭甚激切。真宗曰：「三教之興，其來已久，前代毀之者多矣，但存而不論可也。」《宋名臣言行録》前集卷三。

10 張忠定閲邸報，忽再言「可惜許」。門人李畋請問之，曰：「參政陳恕亡也！斯人難得！唯公唯正，爲國家斂怨于身。斯人難得！」退爲詩哭之。《宋名臣言行録》前集卷三引《乖崖語録》。

劉昌言

1 劉樞密昌言，泉人。爲起居郎，太宗連賜對三日，幾至日旰。捷給詼詭，善揣摩捭闔，以迎主意。未幾以諫議知密院，然士論所不協。君臣之會，亦隆替有限，一旦聖眷忽解，謂左右曰：「劉某奏對皆操南音，朕理會一句不得。」因遂乞郡，允之。《玉壺清話》卷五。《西塘集耆舊續聞》卷十。《古今事文類聚》前集卷三十九。《茶香室叢鈔》卷三。

2 劉昌言，泉州人。先仕陳洪進爲幕客，歸朝，願補校官。舉進士，三上始中第，後判審官院，未百日，爲樞密副使。時有言其太驟者，太宗不聽。言者不已，乃謂：「昌言，閩人，語頗獠，恐奏對間陛下難會。」太宗怒曰：「我自會得！」其眷如此。《青箱雜記》卷六。《宋朝事實類苑》卷六。

趙昌言

1　見柳開2。

2　〔趙昌言〕擢爲樞密副使。是時陳象輿、董儼俱爲鹽鐵副使，胡旦爲知制誥，盡同年生，俱年少，爲一時名俊。梁顥又嘗與公同幕。五人者旦夕會飲於樞第，棋觴弧矢，未嘗虚日，每每乘醉夜分方歸，金吾吏逐夜候馬首聲諾。象輿醉，鞭揖其吏曰：「金吾不惜夜，玉漏莫相催。」都人諺曰：「陳三更，董半夜。」趙公因是坐貶崇信軍司馬。淳化中，以諫議起知天雄，大河貫府，蓋豪猾輩畜芻茭者利厚價，欲售之，誘姦人穴其堤使潰。公知之，仗劍露刃，盡取豪芻廩積給用，其蠹遂絶。又忽澶河漲，流入御河，陵府城，公籍禁旅，殺牛爲酒，募豪右出資，散卒負土護之，皆樂從。不數日，水退城完，就加給事、參政召還。上渴佇，詔乘疾置赴中書。太宗笑謂公曰：「半夜之會，不復有之。」公叩陛泣謝。《玉壺清話》卷五。《宋朝事實類苑》卷十一。《東都事略》卷三十八。《仕學規範》卷十四引《真宗朝名臣傳》。《堯山堂外紀》卷四十三。《宋詩紀事》卷一百。

3　見曹彬18。

4　李順作亂於蜀，詔以參知政事趙昌言監護諸將討之。至鳳州，是時寇準知州事，密上言：「趙昌言素有重名，又無子息，不可征蜀，授以利柄。」太宗得疏大驚，曰：「朝廷皆無忠臣，言莫及此。賴有寇準憂國家耳。」乃詔昌言行所至即止，專以軍事付王昭宣，罷知政事，以工部侍郎知鳳翔府，召寇準參知政事。《涑水記聞》卷二。《宋朝事實類苑》卷七十四。

5 李順反，太宗命參知政事趙昌言爲元帥。昌言爲人辯智，於上前指畫破賊之策，上悦之，恩遇甚厚。既行，時有峨眉山僧茂貞以術得幸，謂上曰：「昌言折頞，貌有反相，不宜委以蜀事。」上悔之，遽遣使者追止其行，以兵付諸將，留少兵，令昌言駐鳳州爲後援。事平，罷參知政事，知鳳翔府。《涑水記聞》卷二。

李昌齡

1 李參政昌齡家，女多得貴婿。參政范公仲淹、樞副鄭公戩，皆自小官布衣選配，爲連袂。及都官公晉卿，有二女，其長子太廟齋郎逖，與前岳州判官王陶樂道、布衣滕甫元發相善，多會於許之長葛。一旦李死，附家人語云：「吾二女，長者配樂道，次者元發。我家得二婿，足矣。」然時二君，一雖仕，一尚在場屋，皆非常士也。而李陰有所知，家人及二君亦樂從，遂皆連袂。次舉，元發第三人登科，而王尚幕職。不日進擢，相繼爲翰林學士，已而遂爲兩府。故世多傳李氏之門女多貴焉。《能改齋漫録》卷十八。

王化基

1 王參政化基，興國二年及第於吕蒙正牓，釋褐授贊善，知嵐州。趙韓王學術平淺，議以驟進之少年，無益於治，特詔改淮幕。公歎曰：「不幸丞相以元勳自恃，特忌晚進，男兒既逢明時，豈能事幕府，承迎於婉畫之末乎？」抗疏自薦，表稱「真定男子」。公常慕范滂有攬轡澄清天下之志，遂撰《澄清疏略》，皆切於時要。太宗壯之，曰：「化基自結人主，慷慨之俊傑也。」亟用之，由著作郎、三司判官、左拾遺，召試中丞，補闕，知制誥。翹楚有望，尤善爲詩，《感懷》有「美璞未成終是寶，精鋼寧折不爲鉤」之句，可見其志矣。後參大政，趙鎔以宣徽使知密院，上特命參政班在宣徽之上。《玉壺清話》卷八。《宋朝事實類苑》卷九。

2　鞠詠爲進士，以文受知於王公化基。及王公知杭州，詠擢第，釋褐爲大理評事，知杭州仁和縣。將之官，先以書及所作詩寄王公，以謝平昔奬進，今復爲吏，得以文字相樂之意。王公不答，及至任，略不加禮，課其職事甚急。鞠大失望，於是不復冀其相知，而專修吏幹矣。其後王公入爲參知政事，首以詠薦。人或問其故，答曰：「鞠詠之才，不患不達，所憂者氣峻而驕，我故抑之，以成其德耳。」鞠聞之，始以王公爲真相知也。《東軒筆録》卷二。《宋朝事實類苑》卷五十七。《自警編》卷四。《群書類編故事》卷五。《昨非庵日纂》二集卷十四。《宋稗類鈔》卷三。

3　王化基言，任中丞日，鞫祖吉獄。吉知晉州，受賕事敗。詢其土豪王某者云：「吾小民，見州將貧乏，相醵率爲一日之壽，豈知其犯法哉？」悵歎不已。化基詰其前後郡守，王某言，三十年已來，唯梁都官不受一錢，餘無免者。乃梁勗也。勗，漢乾祐中司徒詡下進士及第，有文詞，太祖欲令知制誥，爲時宰所忌，遂止。化基言於太宗，時勗以老病不任吏事，特授華州行軍司馬，給郎中俸料。其子昭璉，亦舉進士，得杭州從事。化基送以詩曰：「文章换柱雙枝秀，清白傳家兩地貧。」人多傳誦。《楊文公談苑》。《宋朝事實類苑》卷三十六。

4　王化基爲人寬厚。嘗知某州，與僚佐同坐，有卒過庭下，爲化基喏，而不及幕職，幕職怒，退召其卒答之。化基聞之，笑曰：「我不知欲得一喏如此之重也。齃或知之，化基無用此喏，當以與之。」人皆服其雅量。《涑水記聞》卷八。《宋朝事實類苑》卷十四。《自警編》卷一。

王舉正　黄鑑

1 天聖中修國史，王安簡、謝陽夏、李邯鄲、黄唐卿爲編修官，安簡神情沖澹，唐卿刻意篇什，謝、李嘗戲爲句曰：「王貌閑如鶴，黄吟苦似猿。」《春明退朝録》卷中。《宋詩紀事》卷八引《職官分紀》。

王　顯

1 王顯，太宗在藩，與周瑩爲給侍。赤脚道者相顯曰：「此兒須爲將相，但無陰德爾。」及長，太宗愛之曰：「爾非儒家，奈寡學問，他日富貴，不免面牆。」取《軍誡》三篇，令誦之。咸平三年，使相出帥定州，便宜從事。忽一日，一道士通刺爲謁，破冠敝褐，自稱「酆都觀主」，笑則口角至耳，亂鬢若剛鬣。謂顯曰：「昨日上帝牒番魂二萬至本觀，未敢收於冥籍，死於公之手者，公果殺之，則功冠於世，然減公算十年，二端請裁之。」顯謂風狂，叱起。後日，契丹引數萬騎獵于威虜軍境，即梁門也，會積雨，虜弓皆皮弦，緩弱不可用。顯引兵剿襲，大破之，梟名王貴將十五輩，獲僞羽林印二紐，斬二萬級，築京觀於境上。露布至闕，朝廷以樞相召歸，赴道數程而卒。《玉壺清話》卷五。《宋朝事實類苑》卷五十四。

楊業

1 楊業，麟州人，少倜儻任俠，以射獵爲事，所獲比同輩嘗倍。謂人曰：「我他日爲將用兵，亦如用鷹犬逐雉兔耳。」仕太原劉氏，至建雄軍節度，頻立戰功，國人號爲無敵。太原平，太宗得之甚喜，釋縛授大將軍，數月擢爲鄭州防禦使。以其知邊事，俾爲三交部署知代州。虜寇雁門北，日南嚮，業從後擊之，虜大敗，以功遷雲州觀察使。雍熙中，副潘美進討，自雲應路，以王侁、劉文裕監其軍，連接雲、應、寰、朔四州，次築乾羽。會歧溝大軍不利，班師，美部遷四州民於内地。虜齊妃及耶律漢寧、北皮室、五押惕隱衆十餘萬，復陷寰州。業謂美等曰：「賊盛，未可戰。朝廷止令取四州民，今但領兵出大石路，先遣告雲朔守將，俟大軍離代州，即雲州之衆先出。我師次應州，虜必悉衆來拒，即令朔州吏民悉入石碣谷，分强弩千人覘谷口，騎士援於中路，三州之衆萬全矣。」侁沮之曰：「今精兵數萬，何畏懦如此？趍雁門北川中，鼓行而往可也。」文裕亦贊成之，業曰：「不可，必敗之勢也。」侁曰：「君侯素號無敵，逗撓不戰，豈有他志乎？」業泣下曰：「業非愛死耳，但時有未利，殺傷士衆，而功不立。今君責業以不死，當爲諸君先死耳。」即部帳下騎兵數百人，自石碣路趍朔州，將行，泣謂美曰：「業本太原降將，當死，上不殺，寵以爵位，委我以兵柄，固願立尺寸功爲報，豈肯縱虜不擊，而懷他志哉？今諸君責以避敵，當先死於虜。」因指陳家谷口曰：「公於此張步兵，分强弩，爲左右翼爲援，業轉戰至此，以步兵擊之，不然無遺類矣。」美如其言，與侁等陳谷口，自寅至巳，侁使人登託邏臺望，以爲虜寇遁走，欲争其功，領兵離谷口，美不能制。

乃沿灰河而西南行二十里，聞業敗，麾兵却走。業至暮達谷口，望見無人，撫膺大哭，再率帳下決戰，身被十數鎗。業撫下有恩，時從卒尚百餘人，業謂曰：「汝等各有父母妻子，儻鳥獸散，尚有還報天子者，無與我俱死。」軍士皆泣不肯去。其子延昭死之，業獨手刃數百人後就擒，太息曰：「上遇我厚，爲姦臣所逼致敗，何面目虜中求活哉？」遂不食三日，死。天下寃之，聞者爲流涕。上聞之，侁、文裕並除名，配隸諸州。厚賵業家，録其五子，詔褒贈業太尉、大同軍節度使。業子延朗驍勇，爲邊將有威名，戎人畏之。

《楊文公談苑》。《宋朝事實類苑》卷五十五。

李重貴

1 李重貴，孟州人。五路討繼遷，爲麟府州濁輪寨路都部署，得對。因言：「賊居砂磧，逐水草，便於戰鬬，利則進，不利則退，今五路齊入，彼聞兵勢，不來接戰，欲追則人馬乏，將守則地無堅壘，賊若未平，重貴等何顔復見陛下？」太宗喜，出御劍賜之。後果無功，追念其言，命爲并代副都部署。《宋朝事實類苑》卷五十六引《東軒筆録》。

呼延贊

1 呼延贊以武勇爲衛士直長，自言受國恩深，誓不與契丹同生，徧刺其體，作赤心殺契丹字，涅以黑文，反其唇内，亦刺之。鞍韉兵仗，戎具什器，皆作其字，或刺繡刻朱重爲之。召善黥之卒，横劍於膝，呼其妻，責以受重禄，無補報，當黥面爲字，以表感恩之意，苟不然者，立斷其首。舉家皆號泣，以謂婦人黥面非宜，願刺臂，許之。諸子及僕妾亦然。嘗延一舉子，亟走不敢還顧，贊曰：「是家心與我異，卒不留之矣。」贊作破陣刀、降魔杵、鐵鞭，幞頭兩旁有刃，皆重數十斤，乘烏騅馬，緋抹額，慕尉遲鄂公之爲人，自稱小尉遲。母姓李，拜鄭州靈顯王像爲舅，自稱甥以祭。子病，割股肉以爲羹食之。數子亦有勇力，日夕課其擊劍、馳射、槍鬭、蹶張、挽强，持箠梃相擊撻，殆無完膚。幼子纔百晬，服襁褓，持登城樓，擲於地不死。人問其故，曰：「聊試其命耳。」爲忠佐都軍頭，每至直舍中，内侍近臣多環繞之。贊取佩刀刺胸出血，召從吏濡墨爲書，奏言乞捍邊殺虜。内侍或戲曰：「何不割心以明忠？」贊笑曰：「我非愛死，但契丹未滅，徒虚擲其軀耳。」《楊文公談苑》。《宋朝事實類苑》卷五十五。

尹繼倫

1　端拱中，或言威虜軍糧運不續，虜乘其虚，將欲窺取。朝廷亟遣大將李繼隆發鎮、定卒萬餘，護送芻糧數千輜車，將實其廩。虜諜報之，率精鋭萬餘騎邀於中道。時尹繼倫爲沿邊都巡檢，領所部數千巡徼邊野，忽當虜鋒，虜蔑視而不顧，勁欲前掠。倫謂麾下曰：「虜氣鋭於進，吾當卷甲銜枚，掩其後以擊之。蛇貪前行，必忘其尾，豈虞我之至耶？」遂飽秣飫膳，伺其夕，懷短兵暗逐其後。至唐河，天未明，虜騎去我軍將近，遂釋鞅會食，食罷，將戰，倫舉兵一麾，如拉枯折朽。胡雛越旦舉匕方食，短兵擊折一臂，乘馬先遁。一皮室擊死之，皮室者，虜相也。分飛潰亂，自蹂踐，北窺之患遂已。繼倫面色黧，胡人相戒曰：「『黑大王』不可當。」後淳化中，著作孫崇諫陷北歸，太宗召見，面詰虜庭事，崇諫備奏唐河之役，上始盡知，歎曰：「奏邊者忌其功，不狀其實以昧朕，非卿安知？」遽加防禦使。《玉壺清話》卷七。《宋朝事實類苑》卷五十五。

趙延進

1 趙延進屯定州，契丹入寇，與崔翰、李繼隆將兵八萬，太宗賜八陣圖，使按圖從事。歸次蒲城，虜大至，翰等按圖布陣，相去各百步，衆懼，無鬭志。延進曰：「不如合而擊之，違令而獲利，不猶愈於辱國乎？」遂改爲二陣，三戰，大破之，獲人馬、牛羊、鎧甲數十萬，遷右監門衛將軍。《宋朝事實類苑》卷五十六引《涑水記聞》。

楊繼勳

1 楊繼勳閤門祇候、知邛州。王均反，繼勳集軍民，置刀於前，使殺己及妻子，衆不可，乃斂民財以賞兵。賊攻州，繼勳伏兵於竹林，殲之，乘勝逼成都，檄諸州皆會，賊由是不能陷它州。幕僚不説繼勳，賂中貴人，因毀之，故功不録。《温公日記》卷三。

王延範

1 廣西轉運使王延範本江陵貴家子，又富於財，嘗以豪傑自許，精於卜者如劉昂則許之曰：「君素有偏方王霸之分。」精於算者如徐肇則許之曰：「君當八少一，當大貴不可言。」精於風鑑者如田辨則許之曰：「君形如坐天王，眼如嚬伽，鼻如仙人，耳如雌龍，望視如虎，當大有威德。」延範皆然之，不知其言之不足據也。於是日益矜負，因寓書左拾遺韋務昇，作隱語諷朝廷事，爲人所告，鞫實抵罪，籍没其家，藁葬南海城外。《楊文公談苑》。《樂善録》卷上。

王繼恩

1　見宋太祖129。

2　内侍王繼恩平李順之亂，中書議欲以爲宣徽使，太宗曰：「宣徽者，執政之階也。朕覽前籍多矣，皆不欲宦者預政，止可授以他職。」宰相等懇言，繼恩有大功，今任昭宣使、河北團練使，非此拜不足以爲貴。上不悦，因召翰林學士張洎、錢若水，議置宣政之名，班在昭宣使之上，以授之，加領順州防禦使。《楊文公談苑》。《事物紀原》卷六。《宋朝事實類苑》卷二。

3　見潘閬3。

4　見趙子崧1。

李符

1　盧多遜貶朱崖，諫議大夫李符適知開封府，求見趙普，言朱崖雖在海外，而水土無他惡，流竄者多獲全。春州在内地而近，至者必死。望追改前命，亦以外彰寬宥，乃置於必死之地。普頷之。後月餘，符坐事貶宣州行軍司馬，上怒未已，令再貶嶺外，普具述其事，即以符知春州，到郡月餘卒。《楊文公談苑》。《宋朝事實類苑》卷七十四。《清波雜志》卷十。《樂善録》卷一。《自警編》卷九。《癸辛雜識》前集。《宋稗類鈔》卷七。

袁廓

1　袁廓，梓潼人，敢大言，太祖奇之。太祖即位，遷殿中丞，掌市征，歲中增緡錢數萬，特賜錢百萬。會錢俶納土，詔廓按行府庫倉廩，所至公宴，令别席而坐以寵之。《宋朝事實類苑》卷七引《范蜀公蒙求》。

滕中正

1　泰州推官滕宗諒有知人之鑒。向侍中珙，本路下丁操刀者，最無行檢，滕布衣日偏與親狎，不以封宰待之。向私一婦人，相得頗厚。其婦人患厥夫窺，伺寘堇毒斃之。洎向之來，具道其實，云：「茲後無礙矣。」向聞之大怒，捽婦人至市，具疏其事而逸。人義之而亦不逐。或謂滕曰：「向凶穢若此，而與之交，豈不累盛德乎？」滕曰：「似向公者，真奇士也，爾輩碌碌，焉能知之？」才十數年，果奮發遭遇，出建旌鉞，首辟滕公入幕。《友會談叢》卷中。案：據《宋史·滕中正傳》判斷，此爲滕中正事。下條同。

2　户部張侍郎雍，滕之婿也。張本河朔人，世作田業，值犬戎入寇，盡室爲虜，……孑然無依，因游學洛中。滕時退居，見張於門側，召至，而奇之曰：「有前程人也，吾女可以妻之。」歸告夫人，夫人怒曰：

「嘗謂此女奇相，當擇佳婿，如何許與丐者，是棄之耳。」滕曰：「非卿所知，況已言約在官，法不可移，違之必貽咎矣。」夫人信而從焉。乃促張定物，張曰：「懷無百錢，何力可至？」滕笑曰：「但酒數升足矣。」依而餉之。答以襲衣束素，延於清浄院，俾勤志焉。……厥後歷踐清顯。《友會談叢》卷中。

陳象輿　董儼

1 見趙昌言2。

2 見胡旦4。

姚坦

1 見宋太宗24、宋真宗7。

楊允元

1 楊允元年二十一歲，爲光禄寺丞，太宗極愛之。三日後苑曲宴，未得貼職，不得與，以詩貼寄館中諸公曰：「聞説宫花滿鬢紅，上林絲管侍重瞳。蓬萊咫尺無由到，始信仙凡迴不同。」諸公進呈，太宗訝有司不召，左右以未得貼職爲奏。即日直集賢院，與晚宴。《古今詩話》。《詩話總龜》前集卷四。《宋詩紀事》卷四。

葉齊

1 見宋白1。

2 淳化中，崇文院西序直廬絶高處，有人題一聯云：「秋風送炎去，庭樹葉齊落。」是年立秋日，史館檢討宋炎罷職。來年立秋日，葉齊黜。《新編分門古今類事》卷四引《國史補遺》。

魏咸熙

1 魏咸熙，仁浦之子，性寬厚，任太僕少卿，累典藩郡。知杭州日，晨朝視事，掌舍卒掛油釭中間簾鈎上，正中其額，翻汙冠綬，咸熙戒左右勿得輒言，使老卒亟還卧内，易衣巾而出。歸朝大治酒具，賓友集饌，陳越中銀釦陶器，僮僕數人，共舉食案而前，相嘲誚，足跌，盡碎之。坐客皆失色，咸熙殊不變容，但令易它器，别具蔬菓，亦不加笞責。人皆服其量，以爲劉寬之比。《宋朝事實類苑》卷九。《仕學規範》卷八引《楊文公談苑》。

侯仁寶

1 見盧多遜11。

周渭

1 周渭，連州人。湖南與廣南戰，渭爲廣南所虜，其妻莫氏并二子留在家。渭仕廣南有官禄矣。太祖平廣南，得渭，喜，以爲平廣南得一人耳。後以爲侍御史、廣南轉運使。渭久已改娶，使人訪其故妻，先與之别二十七年矣。妻固不嫁，育二子皆長。渭欲復迎之，妻曰：「君既有室，我不可復往。且吾有婦孫，居此久，不可去。」渭爲具奏，詔特爵爲縣君，并其二子，渭皆爲奏官。《涑水記聞》卷一。

2 周渭爲白馬縣主簿，大吏有罪，渭輒斬之，太祖奇其材，擢爲贊善大夫。後通判興州事，有外寨軍校縱其士卒暴犯居民，渭往責而斬之，衆莫敢動。上聞益壯之，詔褒稱焉。《涑水記聞》卷一。

魏廷式

1 魏廷式爲益州路轉運使，入奏事，太宗令以事先詣中書，廷式曰：「臣乘傳來三千七百里之外，所奏事固望陛下宸斷决之，非爲宰相來也，奈何詣中書？」上悦，即非時出見之，賜錢五十萬，遣還官。《涑水記聞》卷二。

許驤　張鑑

1 許驤知益州歸，首奏曰：「乞預爲劒外之備。」上怪問之，驤曰：「臣解秩時，實無烽警。蜀民浮窳，易擾難安，以物情料之，但恐狂嘯不測。」既而不久，李順果叛，時皆伏其先見。朝廷遣王繼恩討之，既平，除張乖崖知益州。繼恩等素失督御之略，師旅驕狠。詠密奏，乞命近臣分屯師旅，以殺其勢。朝廷命張鑑往，上召對後苑，鑑雖進士，本出身將家，奏曰：「成都新復，軍旅未和，聞使命遽至，貿易戎伍，慮有猜懼，變生不測。乞假臣一安撫之命，臣至彼自措置。」上嘉納。後果以川峽分爲益、梓、利、夔四路。代還，拜諫議。《玉壺清話》卷八。《宋朝事實類苑》卷五十五。

趙文度

1 河東僞相趙文度，歸向朝廷，便授華州節度使。時同州節度使宋相公移鎮邠州，道由華下。趙張筵宴宋。宋以趙自河東來，氣燄凌之，帶隨使樂官一百人入趙府署庭所，使排立于東廂。將舉盞，趙之樂官立于西廡。時東廂先品數聲，趙謂曰：「於此調吹《採蓮》送盞！」皆吹不得。卻令西廡吹之。送盞畢，東廂之樂由是失次，宋亦覺其挫鋭。洎中筵起，移於便廳再坐。宋自吹笙，送趙一盞。趙遂索笛，復送一盞，聲調清越，衆所驚歎。其笛之竅，宋之隨使樂工，手指按之不滿。洎席闋，宋回驛，趙又於山亭張夜宴，召之不至，宋於是宵遯。《丁晉公談録》。

劉 吉

1 劉吉，江左人，有膂力，尚氣。……太平興國中，河大決，吉護之，與丁夫同甘苦。使者至，訪吉不獲，甚怒，乃著皂帩頭短布褐，獨負二囊土爲先道，戒從吏勿敢言。使者密訪得之，白太宗，太宗厚賜之。內侍石全振者，領護河堤尤苛急，自謂石爆裂，言其性多暴怒也。居常侵侮吉，吉默然不校。一日，與吉乘小艇督役，至中流，吉語之曰：「君恃貴近，見凌已甚，我不畏死，當與君同見河伯耳。」遂蕩舟覆之，全振號哭，搏頰求哀乞命，乃止，自是不復敢侵吉。《楊文公談苑》。《詩話總龜》前集卷一。《宋朝事實類苑》卷五十五。

2 〔劉吉〕以其塞決河有方略，人目爲「劉跋江」，名震河上。《楊文公談苑》。《詩話總龜》前集卷五十五。《宋朝事實類苑》卷五十五。案：《陔餘叢考》卷三十八「劉跋江」作「劉跋河」。

3 劉吉護治京東河決，時張去華任轉運使，巡視河上，方會食，坐客數十人，鱠鯉爲饌。去華顧謂四坐曰：「南人住水鄉，多以魚爲食，殊不厭其腥也。」意若輕鄙南士。吉奮然對曰：「運使舉進士狀元，曾不讀書，何自彰其寡學？《尚書》：禹決九川，有魚鼈，使民鮮食，『淮夷蠙珠暨魚』。《易》姤之九二『庖有魚』，又下繫『庖犧氏以畋以漁，蓋取諸離』。《周官·𢿎人》：『掌以時𢿎爲梁，辨魚物，供王膳羞。』《詩》載《嘉魚》、《魚藻》、《九罭》之篇，《小雅》云『庖鼈膾鯉』，『張仲孝友』。《國風》云：『豈其食魚，必河之魴？』又曰：『誰能烹魚？溉之釜鬵。』《戴記》云：『小潦降，不獻魚鼈。不中殺，不鬻於市。居山者，不以魚鼈爲禮。』『三月，天子乘舟，薦鮪于寢廟。孟秋，天子食稻與魚。又食魚者，去乙。』孔子，魯人，云：魚餒不食。趙盾，晉人，魚飧。田文，齊人，其上客皆食有魚。子產，鄭人，而人獻生魚。子公，亦鄭人，解黿染指於鼎。公父文伯，魯人，羞鼈致客怒而出。大舜漁於雷澤，呂望釣於渭濱，又何必皆南州之人？況今太官之盛饌，宗祊之備物，皆薦是品，而商旅販鬻，閭閻啖食，其濟民食廣矣。何談之容易？」

去華色沮，不能酬其言。《楊文公談苑》。《宋朝事實類苑》卷五十九。

戴恩

1 戴恩爲御龍弓箭直都虞候。一日，西蜀進青龍城道觀《長壽仙人圖》，其本吴道元之迹，太宗閲之，酷肖戴恩，又恐所見有殊，亟召數班軍校近侍内臣徧示之，曰：「汝輩且道此圖似何人？」群口合奏曰：「似戴恩。」上笑而異之，因是進用。後建寧遠軍節，舉朝止呼「戴長壽」。《玉壺清話》卷四。《宋朝事實類苑》卷六。

王隱

1 王隱，本期門健步，隷皇城司。太平興國中，河大決，調發緣河丁夫數十萬塞之，將下大楗合堤口，日遣健步數輩來往偵報。將合龍門，凡健步兩輩至，上召問，云：「河決已塞，水復故道。」隱續至，其言亦然，且云：「初來時，頗見津流未斷，恐尚煩聖念。」上怒，令拘之。少頃，報至，果水勢猛暴，衝大楗，復潰注數郡。上召隱慰諭，立遷小校。自是或補擬親從列校，必首記其名，多蒙超擢。至道初，東宫建，擇親衛指揮使二人，已得劉謙，尚闕一名，上曰：「王隱忠直不妄語，可以補之。」後至侍衛步軍都指揮使、保順軍節度使。隱無他能，由一言之不誑人主，而克享世福，况積德者乎？《楊文公談苑》。《宋朝事實類苑》卷五十五。

穆彦璋

1 端拱二年，河南府言：前郢州刺史穆彦璋，以愛子死，不願生，挺身入山林飼餓虎。異哉！《清波雜志》卷十二。

田錫

1 太宗嘗謂侍臣曰：「朕欲以皇王之道御圖，愧無稽古深學，舊有《御覽》，但記分門事類，繁碎難檢。令諫臣以治亂興亡急要寫置一屏，欲常在目。」時知雜田錫奏曰：「皇王之道，微妙曠闊，今且取軍國要機二事以行之。師平太原，逮兹二載，未賞軍功，願因郊籍，議功酬之；乞罷交州之兵，免驅生靈爲瘴嶺之鬼。此二者雖不繫皇王之治，陛下宜念之。」上嘉納曰：「錫真得鯁直之體，而此尤難爲答。」趙普當國，錫謁於中書，白曰：「公以元勳當國，宜事損斂。有司群臣書奏，盡必先經中書，非尊王之體也。諫官章疏，令閤門填狀，大弱臺諫之風，尤爲不可。」普引咎正容厚謝，皆罷之。錫將卒，自草遺表，猶勸上以慈儉納諫爲意，絶無私請。上厚卹之。《玉壺清話》卷四。《宋朝事實類苑》卷十七。《澠水燕談録》卷一。

2 田錫訐直好諫，太宗或不能容，錫奏曰：「陛下日往月來，養成聖性。」太宗知其言忠，終不怒，嘗曰：「如此諫官，亦甚難得，朝廷有闕政，方在思慮，錫奏疏已至。不顧身，爲國家事，是誰肯如此！朕每覽其章，必特與語，以奬激之。」《類説》卷十九引《三朝聖政録》。又《宋名臣言行録》前集卷九引《聖政録》。《涑水記聞》卷二。《曲洧舊聞》卷七。

3 田錫知制誥。太宗命三班奉職出使回，上殿，因訪民間利病。錫上言曰：「陛下苟令三班奉職上殿言事，未審設吕蒙正已下何用？」乃罷之。《國老談苑》卷二。

4 田錫，字表聖，嘉州人。……真宗即位，屢召對言事，嘗請抄略《御覽》三百六十卷，日覽一卷。又采經、史要言，爲御屏風十卷，以便觀覽。及卒，真宗謂劉沆曰：「田錫直臣也，何天奪之速？朝廷每有小缺失，方在思慮，錫之章奏已至矣。」特贈工部侍郎。……故事：諫議大夫卒，無贈典。《宋朝事實類苑》卷十七引《范蜀公蒙求》。

5 真宗見〔田〕錫，色必莊，嘗目之曰：「朕之汲黯也。」《宋名臣言行録》前集卷九引《名臣傳》。

6 田錫爲諫議大夫，疾亟，進遺表。真宗宣御醫賫上藥馳往，已無及矣。俄召宰相對，袖其表而示之，且曰：「朕自臨大寶，閲是表多矣，非祈澤宗族，則希恩子孫，未有如錫生死以國家爲慮，而儆戒於朕。」興歎久之，命優其贈典。《國老談苑》卷一。《昨非庵日纂》二集卷一。

7 太宗嘗幸龍圖閣閲書，指西北架一漆函上親自署鑰者，謂學士陳堯咨曰：「此田錫章疏也。」已而愴然久之。《國老談苑》卷一。《宋名臣言行録》前集卷九引《拾遺》。《類説》卷四十五。《昨非庵日纂》二集卷十三。案：太宗，爲「真宗」之誤。

張詠

1 張乖崖布衣時客長安旅次，聞鄰家夜聚哭甚悲，訊之，其家無它故。乖崖詣其主人，力叩之，主人遂以實告曰：「某在官失不自慎，嘗私用官錢，爲家僕所持，欲娶長女。拒之則畏禍，從之則女子失身。約在朝夕，所以舉家悲泣也。」乖崖明日至門首，候其僕出，即曰：「我白汝主人，假汝至一親家。」僕遲遲，强之而去。出城使導馬前，至崖間，即疏其罪，僕倉皇間，以刃揮墜崖中。歸告其鄰曰：「盛僕已不復來矣，速歸汝鄉，後當謹于事也。」《聞見近録》。《宋稗類鈔》卷四。參見柳開7。

2 張乖崖未第時，嘗游湯陰，縣令賜束帛萬錢，張即時負之于驢，與小僮驅而歸。或謂曰：「此去遇夜道店，陂澤深奥，人煙疎闊，可俟徒伴偕行。」張曰：「秋夜矣，親老未授衣，安敢少留邪？」但淬一短劍而去。行三十餘里，日已晏，止一孤店，惟一翁洎二子。見詠來甚喜，密相謂曰：「今夜好箇經紀。」張亦心動，竊聞之，因斷柳枝若合拱者爲一棓，置室中。店翁問曰：「持此何用？」張曰：「明日早行，聊爲之備耳。」夜始分，翁命其子呼曰：「鷄已鳴，秀才可去矣。」張不答，即來推户。張先以坐床拒左扉，以手拒右扉。店夫既呼不應，即再三排闥，張忽退立，其人閃身踉蹡而入，張摘其首，斃之，曳入闥。少時，其次子又至，如前復殺之。及持劍視翁，方燎火爬痒，即斷其首，老幼數人，併命于室。呼僮牽驢出門，乃縱火，行二十餘里，始曉。後來者曰：「前店人失火，舉家被焚。」《倦游雜録》。《宋朝事實類苑》卷九。《青瑣高議》後集卷二。

3 乖崖公張詠家在濮州，少時尚氣節，喜飲酒。每游京師，寄封丘之逆旅，有一道人與之鄰房，初不相識，而意相喜也，日會飲酒。及將去，復大飲至醉，張公曰：「與子傾蓋於此，不知何人，異日何以相識？」客曰：「吾隱者，何用姓名？」固問之，曰：「我，神和子也。異日見子成都矣。」至甲午歲，成都亂，張公爲成都守，始異其言。西行常以物色訪之，然一時入蜀，終無所見。後修天慶觀，以家財建一閣，榜曰望仙閣，每暇日輒出游焉，屏騎從門外，步而登閣，燕坐終日，冀有所遇。如此者二年，代者將至，復一登之，將絶意於此。日暮，出東廡下，得一小逕，入，得一小院。堂中四壁，多古人畫像，掃塵視之，中有一道人，髣髴逆旅所見，題曰神和子。公悵然自失，所見正此也。《龍川別志》卷下。

4 公布衣時常至鄭州，宿於逆旅，遇一人氣貌甚古，與之語皆塵外事，不言姓氏，自稱神和子。質明爲別，語公曰：「他日相公候於益州。」後公典益部，瘍生於首，禱于龍興觀，夜夢昔年神和子告之曰：「頭瘡勿疑，不是死病。」及覺，語道士文正之嘗收得鄭詔處士《贈神和子歌》，因索而閱之，益異其事。公乃建大閣上下十四間，號仙游閣，歌至今刻石存焉。《青箱雜記》卷十。

5 祝舜俞察院言：其伯祖隱居君與張乖崖公居處相近，交游最密，公集首編《寄祝隱居》二詩是也。隱居東垣有棗合拱矣，挺直可愛。張忽指棗謂隱居曰：「子匄我勿惜也。」隱居許之，徐探手袖間，飛一短劍，約平人肩，斷棗爲二。隱居驚愕問之，曰：「我往受此術於陳希夷而未嘗爲人言也。」又一日，自濮水還家，平野間，遥見一舉子乘驢徑前，意甚輕揚，心忽生怒。未至百步而舉子驢避道。張因就揖，詢其姓氏，蓋王元之也。問其引避之由，曰：「我視君昂然飛步，神韻輕舉，知必非常人，故願加禮焉。」張亦語之曰：「我初視子輕揚之意，忿起于衷，實將不利於君。今當回宿村舍，取酒盡懷。」遂握手俱行，共話通夕，結交而去。《春渚紀聞》卷三。

6 乖崖少喜任俠，學擊劍，尤樂聞神仙事。爲舉子時，常欲從陳希夷，欲分華山一半。希夷以紙筆蜀牋贈之，公笑曰：「吾知先生之旨矣，殆欲驅我入鬧處乎？」然性極清介，居無媵妾，不事服玩，朝衣之外，燕處惟紗帽皂縧、一黄土布裘而已。至今人傳其畫像，皆作此飾。《蔡寬夫詩話》。《苕溪漁隱叢話》後集卷十九。

《詩話總龜》後集卷十九。

7 乖崖公太平興國三年科場試《不陣成功賦》，蓋太宗明年將有河東之幸，公賦有「包戈卧鼓，豈煩師旅之威；雷動風行，舉順乾坤之德。」自謂擅場，欲奪大魁。夫何有司以對耦顯失，因黜之，選胡旦爲狀元。公憤然毁裂儒服，欲學道於陳希夷摶，趨豹林谷，以弟子事之，決無仕志。希夷有風鑒，一見之謂曰：「子當爲貴公卿，一生辛苦。譬猶人家張筵，方笙歌鼎沸，忽中庖火起，座客無奈，惟賴子滅之。然禄在後年，此地非棲憩之所。」乖崖堅乞入道。陳曰：「子性度明躁，安可學道？」果後二年，及第於蘇易簡榜中。希夷以詩遺之云：「征吴入蜀是尋常，鼎沸笙歌救火忙。乞得江南佳麗地，卻應多謝腦邊瘡。」初不甚曉。後果兩入蜀定王均、李順之亂，又急移餘杭翦左道僧紹倫妖蠱之叛，至則平定，此征吴入蜀之驗也。累乞閑地，朝廷終不允，因腦瘡乞金陵養疾，方許之。《湘山野録》卷上。《宋朝事實類苑》卷四十五。《新編分門古今類事》卷十。《北軒筆記》。《宋稗類鈔》卷七。

8 張忠定少時謁華山陳圖南，遂欲隱居華山。圖南曰：「他人即不可知。如公者，吾當分半以相奉。然公方有官職，未可議此。其勢如失火家待君救火，豈可不赴也？」乃贈以一詩曰：「自吴入蜀是尋常，歌舞筵中救火忙。乞得金陵養閑散，亦須多謝鬢邊瘡。」始皆不諭其言。後忠定更鎮杭、益。晚年有瘡發於項後，治不瘥，遂自請得金陵，皆如此詩言。《夢溪筆談》卷二十。《古今詩話》。《詩話總龜》前集卷三十三。《苕溪漁隱叢話》前集卷二十五。《唐宋分門名賢詩話》卷九。《南濠詩話》引《乖厓遺事》。《堅瓠己集》卷一。

9 公布衣時素善陳摶，嘗因夜話謂摶曰：「某欲分先生華山一半住得無？」摶曰：「餘人則不可，先輩則可。」及旦取別，摶以宣毫十枝、白雲臺墨一劑、蜀牋一角爲贈。公謂摶曰：「會得先生意，取某入鬧處。」去曰：「珍重。」摶送公回，謂弟子曰：「斯人無情於物，達則爲公卿，不達爲王者師。」公常感之，後尹蜀，乘傳過華陰，寄摶詩曰：「性愚不肯林泉住，强要清流擬致君。今日星馳劍南去，回頭慙愧華山雲。」《青箱雜記》卷十。《澠水燕談録》卷二。《宋朝事實類苑》卷三十六。《堯山堂外紀》卷四十四。《宋詩紀事》卷六。

10〔公〕嘗訪三峰，陳先生摶一見公，厚遇之，顧謂弟子曰：「此人于名利澹然無情，達必爲公卿，不達則爲帝王師。」《宋名臣言行録》前集卷三。

11張詠在白土間，意概不群。秋試，求薦於大名，上書府公曰：「昨日公府試罷，群口騰議，以詠名在張覃之右。且覃内寔敏直，外示謙和，樂貧著書十五年，未嘗一日變節，事繼母恭慎，猶初授教時，一家熙熙有若太和之俗。且魏，大都也，萬人同辭謂之君子。」聞者無不佳詠善讓，謂可以勸薄俗。又嘗作《聲賦》，雖未能高致絶俗，然豪邁有理致。朋游有勸詠以《聲賦》贄先達者，詠曰：「取一第乃欲用吾《聲賦》耶？」其自負如此。《儒林公議》。

12張忠定公言：「吾頃與今丞相寇公、南陽張覃，取大名府解試罷，衆謂吾名居覃之右。吾上府帥書，言覃之德行於鄉里，有古人風。將以某之文近覃之文，則未知覃之行，遠某之萬萬矣。」遂薦覃爲解元。公曰：「士君子當以德義相先，不然未足爲士矣。」《厚德録》卷二。

13忠定張尚書曾令鄂州崇陽縣。崇陽多曠土，民不務耕織，唯以植茶爲業。忠定令民伐去茶園，誘之使種桑麻。自此茶園漸少，而桑麻特盛於鄂、岳之間。至嘉祐中改茶法，湖、湘之民，苦於茶租，獨崇陽茶租最少，民監他邑，思公之惠，立廟以報之。民有入市買菜者，公召諭之曰：「邑居之民，無地種植，且有他業，買菜可也。汝村民，皆有土田，何不自種而費錢買菜？」笞而遣之。自後人家皆置圃，至今謂蘆菔爲「張知縣菜」。《夢溪補筆談》卷二。《後山談叢》卷五、卷六。《宋名臣言行録》前集卷三。《自警編》卷七。《塵史》卷上。《昨非庵日纂》一集卷一、卷九。

14 張乖崖爲崇陽令，一吏自庫中出，視其鬢傍巾下有一錢，詰之，乃庫中錢也。乖崖命杖之，吏勃然曰：「一錢何足道，乃杖我耶？爾能杖我，不能斬我也！」乖崖援筆判曰：「一日一錢，千日一千，繩鋸木斷，水滴石穿。」自仗劍，下堦斬其首，申臺府自劾。崇陽人至今傳之。《鶴林玉露》乙編卷四。《何氏語林》卷六。《堯山堂外紀》卷四十四。《宋稗類鈔》卷一。

15 張忠定公詠知通進銀臺司，并州有軍校笞他部卒至死，獄具，奏上。法官謂非所部，當如凡人。公執奏之曰：「并接羌、胡，兵數十萬，一旦因一卒法死一校，卒有輕所部之心，且生事，不若杖遣，於權宜爲便。」上如法官議。不數日，并卒怨本校，白晝五六輩提刀趍喧，争前刺校，心胃狼籍尸下，遂竄去。朝廷方以公向所執爲是。《澠水燕談録》卷二。

16 張詠當太宗朝，時望漸高。執政者忌之，恐有大用，言於上，謂詠有威名，欲以武爵處之，詠聞不樂。一日燕見，自請爲武臣，别求三千人貲糧，親募拳勇之士自衛以備出戰。上不許。自是執政無敢議者。《儒林公議》。

17 命公知成都府事。時關中率民負糧以餉川師，道路不絶。公至府，問城中所屯兵尚三萬人，而無半月之食。公訪知鹽價素高，而廩有餘積，乃下其估，聽民得以米易鹽，於是民爭趨之。未踰月，得米數十萬斛。軍中喜而呼曰：「前所給米皆雜糠土，不可食，今一一精好。此翁真善幹國事者。」公聞而喜曰：「吾今可行矣。」《宋名臣言行録》前集卷三。《自警編》卷七。《昨非庵日纂》二集卷一。

18 張乖崖守成都，兵火之餘，人懷反側。一日，合軍旅大閲，始出，衆遂嵩呼者三，乖崖亦下馬東北望而三呼，復攬轡行，衆亦不敢讙。趙濟畏之龍圖，乖崖孫婿也，嘗以此事告於韓魏公。公曰：「當是時，某亦不敢措置。」《麈史》卷中。《宋朝事實類苑》卷十四。《宋名臣言行録》前集卷三。《自警編》卷七。《鶴林玉露》乙編卷六。《賢弈編》卷二。《昨非庵日纂》一集卷十五。

19 張詠守益部，時經王小波之亂，遺寇未殄。中貴人宣政使王繼恩總兵柄，驕不急賊，詠因教主者不給兵糧。群校訴於詠，詠曰：「即今出則給，若不出則不給。要反，但聽之。」繼恩翊日遂出捕賊。《儒林公議》。

20 樞密直學士張詠知益州，有巡檢所領龍猛軍人潰爲群盜。龍猛軍者，本皆募群盜不可制者充之，慓悍善鬭，連入數州，俘掠而去。蜀人大恐。詠一日召鈐轄以州牌印付之，鈐轄愕然，請其故，詠曰：「今盜勢如此，而鈐轄晏然安坐，無討賊心，是必欲令詠自行也。鈐轄宜攝州事，詠將出討之。」鈐轄驚曰：「某今行矣。」詠曰：「何時？」曰：「即今。」詠顧左右張酒具於城西門之上，曰：「鈐轄將出，吾今餞之。」鈐轄不得已，勒兵出城，與飲於樓上。酒數行，鈐轄曰：「某願有謁於公。」詠曰：「何也？」曰：「某所求兵糧，願皆應副之。」詠曰：「諾。老夫亦有謁於鈐轄。」曰：「何也？」詠曰：「鈐轄今往，必滅賊；若無功而返，必斷頭於此樓之下矣。」鈐轄震慄而去。既而與賊遇，果敗，士衆皆還走幾十里。鈐轄召其將校告之曰：「觀此翁所爲，真斬我，不爲異也。」遂復進，力戰，大破之，賊遂平。《涑水記聞》卷七。《宋朝事實類宛》卷二十二。《宋名臣言行録》前集卷三。

21 平李順賊明年，有廣武指揮劉旰者，自懷安軍劫巡檢使率衆叛，全帶衣甲，衝破漢州，西往彭州路去。公曰：「可也。」日與上官正及僚屬往大慈寺弈棋偶射，民間憂喜相半，不知其由。公料賊經永康軍，將至蜀州，謂上官曰：「可出兵擊之。公如不行，吾則親往。」上官請行，公約曰：「此去新津，抵方井，必遇賊。彼疲我鋭，擊之必剋。」翌日至方井，果與賊相遇，掩殺殆盡。上官凱旋，公迎之，歡醺盡日。或謂公曰：「賊襲破數郡，不逐之，何也？」公曰：「彼賊勢方盛，三日而四郡不守，五日而兩川震驚，若襲之與鬬，必彼勇而我怯。曷若俟其氣衰擊之，則勢如破竹。」《宋朝事實類苑》卷十四引《忠定公語録》。

22 討劉旰兵士迴，有以帶賊首級而來，欲謀爲戰功者。公曰：「當奔突交戰之際，豈暇獲其首邪？此必戰後翦來，知復是誰？」殿直段倫曰：「如學士之言，果神明矣。當時隨倫爲先鋒，入賊用命者，皆中傷被體，主帥令付營切要將理。」公曰：「豈若是邪？」遂遣令悉擡舁來，既至，公先録中傷兵士功，以其帶首級來者次之。是時軍情仰公賞罰至當，相顧歡躍，公先於廳前分垛錢絹，充卸甲例物。公遂出迎上官，醺于衙署，引甲士坐於東西廂，勞之曰：「喜汝等殺賊勝迴，各各卸下衣甲，領取例物歸營去。」衆皆肩抱錢絹，歡躍盈衢，百姓不限親疎，迎之相賀。《宋朝事實類苑》卷十四引《忠定公語録》。

23 川界既安，兵未凱旋，頗有驕色，食必肥鮮，衣必華煥，而妻子是戀。公慮其抽迴日，有顧望心，遂密奏乞差上前心腹近臣，可以彈壓得主帥者，分其權勢，然後抽兵，即無虞矣。尋詔崇儀副使、入内内侍押班衛紹欽充同西川捉賊招安使。衛風儀峻整，詞氣讜直，折衝行事，帥不能違，幕下軍吏，悉皆畏憚，遂旋抽兵赴闕，一無顧戀者。改元至道春二月，衛入覲，奏劍門部署上官正守關有功，遂詔授峯州團練使，充西川招安使，替主帥歸京。公與上官氣義相得，謀無不臧，由是川界路無拾遺矣。公乃作悼蜀詩四十韻，見本集。《宋朝事實類苑》卷十四引《忠定公語録》。

24 淳化甲午，李順亂蜀，張乖崖鎮之。僞蜀僭侈，其宮室規模皆王建、孟知祥乘其弊而爲之。公至則盡損之，如列郡之式。郡有西樓，樓前有堂，堂之屏乃黄筌畫雙鶴花竹怪石，衆名曰「雙鶴廳」。南壁有黄氏畫湖灘山水雙鷺。二畫妙格冠於兩川。賊鋒既平，公自壞壁盡置其畫爲一堂，因名曰「畫廳」。《湘山野録》卷上。

25 張公鎮成都。一日，見一卒抱小兒在廊下戲，小兒忽怒扯其父。張公見之，集衆，語曰：「此方悖逆，乃自習俗，幼已如此，況其長成，豈不爲亂！」遂殺之。《宋名臣言行録》前集卷三。《餘冬序録》卷一。

26 張忠定知益州，……主帥帳下寵卒恃勢嚇民暴取財物，民有訴者。其人縋城夜遁。張忠定公差衙校往捕之，戒曰：「爾生擒得，則渾衣撲入井中，作逃走投井申來。」是時群黨詾詾，聞自投井，故無他説。又免與主帥有不協名。《自警編》卷七。《宋稗類鈔》卷三。

27 乖崖知益州時，有小吏忤乖崖。乖崖械其頸，吏恚曰：「枷即易，脱即難。」乖崖曰：「脱亦何難？」即就枷斬之。吏俱悚懼。《宋稗類鈔》卷一。

28 乖崖張公詠尹益部日，值李順兵火之後，群政未舉。因決一吏，詞不伏，公曰：「這漢要劍喫？」彼云：「決不得，喫劍則得。」公命斬之以狥。軍吏愕眙相顧，自是始服公威信。李順黨中有殺耕牛避罪亡逸者，公許其首身。拘母十日，不出，釋之。復拘其妻，一宿而來。公斷云：「禁母十夜，留妻一宵。倚門之望何疎？結髮之情何厚？舊爲惡黨，因之逃亡。許令首身，猶尚顧望。」就市斬之。於是首身者繼至，並遣歸業，蜀民由此安居。《青箱雜記》卷十。《宋朝事實類苑》卷二十二。《宋名臣言行録》前集卷三引《語録》。

29 乖崖公鎮蜀時，主帥平賊，如風悸草亂，久不寧息。公謂主帥曰：「有平民無告者，在黨中，亦宜治之。」翌日，帥送賊二十餘人，請公治之。公悉給公憑遣之，曰：「各著業去。」帥怒曰：「何擅縱賊人？」公曰：「昨日李順脅民爲賊，今日僕與足下化賊爲民，用固邦本。」《宋朝事實類苑》卷十四引《忠定公語録》。《言行龜鑑》卷七。

30 民間訛言，有白頭老翁午後食人男女。公召犀浦，謂曰：「近訛言惑衆，汝歸縣去，訪市肆中歸明人尚爲鄉里患者，必大言其事，但立證解來。」明日果得之，公遂戮于市。即日帖然，夜市如故。公曰：「妖訛之興，沴氣乘之。妖則有形，訛則有聲。止訛之術，在乎識斷，不在厭勝。」《宋名臣言行録》前集卷三。《自警編》卷七。《古事比》卷十六。

31 張詠時，有僧行止不明，有司執之以白詠，詠熟視，判其牒曰：「勘殺人賊。」既而案問，果一民也，與僧同行於道中，殺僧，取其祠部戒牒三衣，因自披剃爲僧。寮屬問詠：「何以知之？」詠曰：「吾見其額上猶有繫巾痕也。」《涑水記聞》卷七。《宋名臣言行録》前集卷三。《宋朝事實類苑》卷二十二。《自警編》卷七。《言行龜鑑》卷七。

32 張乖崖知江寧府，僧陳牒出，公據判送司理院，勘殺人賊。翌日，群官聚廳，不曉其故。乖崖召僧至，訊云：「作僧幾年？」對：「七年。」復訊之云：「何故額有繫頭巾痕？」僧惶怖服罪。至今案牘尚在。初知益州，斬一猾吏，前後郡吏所倚任者，吏稱無罪誅。封判，令至〔市〕曹方讀示之。既聞斷辭，告市人曰：「爾輩得好知府矣。」李順嘗有死罪繫獄，此吏故縱之也。《江鄰幾雜志》。《宋名臣言行録》前集卷三。《棠陰比事》。《仕學規範》卷二十八。

33 見范文度1。

34 公寢室中，張燈炷香，通夕宴坐，郡樓上鼓番漏水，歷歷分明，儻一刻差，必詰之。守籤者指名伏辜，謂公爲神明。公曰：「鼓角爲中軍號令，在前尚不分明，其餘外事將如何也！」《宋名臣言行録》前集卷三。

35 初，蜀人雖知向學，而不樂仕宦。張公詠察其有聞於鄉里者，得張及、李畋、張逵，屢召與語民間事，往往延入卧內，從容款曲，故公於民情無不察者，三人佐之也。其後，三人皆薦於朝，俱爲員外郎，而蜀人自此寖多仕宦也。《東齋記事》卷四。《宋朝事實類苑》卷九。

36 李畋苦痁既瘳，請謁，公曰：「子于病中，曾得移心法否？」對曰：「未也。」公曰：「人能于病中移其心，如對君父畏之，慎之，静久自愈。」《宋名臣言行録》前集卷三引《語録》。

37 〔公〕每斷事，有情輕法重、情重法輕者，必爲判語，讀以示之。蜀人鏤版，謂之《戒民集》，大底以敦風俗、篤孝義爲本也。《宋朝事實類苑》卷九。

38 張尚書詠在蜀時，米斗三十六文，絹疋三百文。公計兵食外，盡令輸絹。米之餘者，許城中貧民買之，歲凡若干，貧民頗不樂。公曰：「他日當知矣。」今米㪷三百，絹疋三貫，富人納貴絹，而貧人食賤米，皆以當時價，於官無所損益，而貧富乃均矣。此張公之惠，於蜀之人懷思之不能已也。《東齋記事》卷四。

39 張詠守蜀，仲春官糶米，仲夏糶鹽以惠民。《後山談叢》卷六。

40 張詠在成都，嘗感異夢，召黃丞事兼濟，問其有何陰德，黃曰：「無他，但每歲禾麥熟時，以三萬緡收糴，至明年民或艱食，即照原價糶之。在己無損，於人頗獲濟。」乖崖嘉歎，遂坐黃而拜焉。《昨非庵日纂》二集卷三。

41 自王均、李順之亂後，凡官於蜀者，多不挈家以行，至今成都猶有此禁。張詠知益州，單騎赴任，是時一府官屬，憚張之嚴峻，莫敢蓄婢使者。張不欲絶人情，遂自買一婢，以侍巾幘，自此官屬稍稍置姬屬矣。張在蜀四年，被召還闕，呼婢父母，出貲以嫁之，仍處女也。張在蜀，一日，有術士上謁，自言能煅汞爲白金。張曰：「若能一火煅百兩乎？」術士曰：「能之。」張即市汞百兩俾煅，一火而成，不耗銖兩。張歎曰：「若之術至矣，然此物不可用於私家。」立命工鍛爲一大香爐，鑿其腹曰：「充大慈寺殿上公用。」尋送寺中。以酒榼遺術者而謝絶之，人伏其不欺也。《東軒筆録》卷十。《宋朝事實類苑》卷九。《宋名臣言行録》前集卷三。《青瑣高議》後集卷二。《厚德録》卷一。《席上腐談》卷下。《言行龜鑑》卷四。《何氏語林》卷三。《昨非庵日纂》一集卷十七。《宋稗類鈔》卷三。

42 張詠帥蜀日，選一小女浣滌紉縫。張悦其人，中夜心動，厲聲自呼曰：「張詠小人，不可！」《堯山堂外紀》卷四十四。《宋稗類鈔》卷三。

43 蔡君謨嘗書小吴牋云：……張乖崖鎮蜀，當遨游時，士女環左右，終三年未嘗回顧。此君殊重厚，可以爲薄夫之檢押。《夢溪筆談》卷二十五。《東山談苑》卷七。

44 公寢室中無侍婢服玩之物，闃如也。李畋嘗侍坐廡下，因謂公寢襌室不如，公哂曰：「吾不爲輕肥爲官，以至此。吾往年及第後，以詩寄傅霖逸人云：『前來失脚下漁磯，苦戀明時未得歸。寄與巢由莫相笑，此心不是愛輕肥。』豈今日之言也！」《宋名臣言行録》前集卷三引《忠定公語録》。《言行龜鑑》卷四。

45 張忠定知成都府日，有一生，忘其姓名，爲京寺丞，知録事參軍，有司責其庭趨，生堅不可。忠定怒曰：「唯致仕即可免。」生遂投牒乞致仕，自袖牒立庭中，仍獻一詩辭忠定，其間兩句曰：「秋光都似官情薄，山色不如歸意濃。」忠定大稱賞，自降階執生手曰：「部内有詩人如此而不知，詠罪人也。」遂與之升階置酒，歡語終日，還其牒，禮爲上客。《夢溪續筆談》。《霏雪録》卷下。《堯山堂外紀》卷四十四。

46 張尚書鎮蜀時，承旨彭公乘始冠，欲持所業爲贄，求文鑒大師者爲之容。鑒曰：「請君遇旌麾游寺日，具襴鞹與文候之，老僧先爲持文奉呈，果稱愛，始可出拜。」一日果來，鑒以彭文呈之。公默覽殆遍，無一語褒貶，都擲於地。彭公大沮。後將赴闕，臨岐託鑒召彭至，語之曰：「向示盛編，心極愛嘆，不欲形言者，子方少年，若老夫以一語奬借，必淩忽自惰，故擲地以奉激。他日子之官亦不減老夫，而益清近。留鐵緡抄二百道爲縑緗之助，勉之。」後果盡然。《湘山野録》卷下。《宋朝事實類苑》卷五十七。《宋稗類鈔》卷三。

47 張忠定公視事退後，有一廳子熟睡。公詰之：「汝家有甚事？」對曰：「母久病，兄爲客未歸。」訪之果然。公翌日差場務一名給之，且曰：「吾廳上有敢睡者耶，此必心極幽濾使之然爾。」故憫之。《厚德録》卷二。《宋朝事實類苑》卷十四。《昨非庵日纂》一集卷十七。《宋稗類鈔》卷一。

48　乖崖公在蜀，設厨刲羊及百口，具毛角，召行人估賣，納錢送一僧院，令與羊子轉經。有一學禪僧得錢來謝，公與之坐，且曰：「微僧自來不轉經，昨日亦爲羊子轉經兩卷。」公厲聲曰：「和尚轉則便轉，和尚如了得，便莫轉，爲甚恰爲羊子轉？」呵起之，公動不容佞，皆若此類。《宋朝事實類苑》卷四十四。

49　張乖崖性剛多躁，蜀中盛暑食餛飩，項巾之帶屢垂於盌，手約之，頗煩急，取巾投器中曰：「但請喫。」因捨匕而起。少年慷慨，學擊劍，喜立奇節，謂友人曰：「張詠賴生明時，讀典墳以自律，不爾則爲何等人耶？」《玉壺清話》卷四。《宋朝事實類苑》卷九。

50　忠定公爲御史中丞，一日於行香所，宰相張齊賢呼參知政事温仲舒爲鄉弟，及它語尤鄙。公以非所宜言，失大臣體，遂彈奏之。齊賢深以爲恨，後於上前短公曰：「張詠本無文，凡有章奏，皆婚家王禹偁代爲之。」禹偁前在翰林，作齊賢罷相麻詞，其辭醜詆。及再入中書，禹偁亦再知制誥，故兩中傷之。公聞，自辯曰：「臣苦心文學，縉紳莫不知，今齊賢以臣假手於人，是掩上之明，誣臣之非罪也。」上曰：「卿平生著述幾多？可進來。」公遂以所著進。上閲於龍圖閣，未竟，賜坐，曰：「今日暑甚。」顧黄門於御几取常所執紅綃金龍扇賜公，且稱文善。公起，再拜，乃納扇於几，上曰：「便以賜卿，美今日獻文事也。」《澠水燕談録》卷二。《宋朝事實類苑》卷七。

51　乖崖自成都召爲參知政事，既至而腦疽大作，不可巾幞。乖崖自陳求補外，真宗使軟裹赴朝，乖崖曰：「豈可以臣一人而壞朝廷法制耶！」乃知杭，而疾愈，上聞之，使中人往伺之，言且將召也。丁晉公以白金千兩貽使者，還言如故，乃不召。《後山談叢》卷四。《容齋隨筆》卷八有考辨之言。

52 張詠守餘杭，時方歉凶，飢民多犯鹽禁。詠無問多少，皆笞而遣之，由是犯者益衆。邏捕者群入白詠，以爲亂國法。詠怡然納之，遂留夜飲，因自行酒，謂之曰：「錢塘十萬户，饑者八九，苟不以私鹽自活，忽焉蠡螘屯熾，以死易生，則諸君將奈何？吾止佇秋成，則繩之以法。」坐者皆服其言，至有泣下者，燭屢跋乃罷。是歲至秋，杭無盜賊，民命以濟。又有民家子與姊之贅婿争家財者，婿訴曰：「妻父遺命，十之七歸婿，三與子。手澤甚明耳。」詠竦然，命酒酹之，謂其子曰：「爾父可謂有智者矣。死之日，爾甫三歲，故託育於婿也。若爾有七分之約，則爾死於婿之手矣。今當七分歸爾，三分歸婿也。」其子與婿皆號泣再拜而去，人稱神明焉。《儒林公議》。

53 〔張詠〕在餘杭，有富民病將死，子方三歲，乃命婿主其貲，而與婿遺書曰：「他日欲分財，即以十之三與子，而以七與婿。」子時長立，果以財爲訟。以其遺書詣府，請如元約。公閲之，以酒酹地曰：「汝之婦翁明智人也，時以子幼，故以此屬汝，不然子死汝手矣。」乃命其財三與婿而子與其七，皆泣謝而去。《名臣碑傳琬琰集》上卷十六。《仕學規範》卷二十三。《自警編》卷八。《西湖游覽志餘》卷七。《餘冬序録》卷二。

54 尚書張公詠知杭州。有沈章訟兄彦約割家財不平，求公治之。公曰：「汝異居三年矣，前政何故不言也？」章曰：「嘗以告前太守，反受罪。」公曰：「若然，汝之過明矣。」復撻而遣之。後半載，公因行香，四顧左右曰：「向訟兄沈章，居於何處？」左右對：「祇在此巷中。與其兄對門居。」公下馬，召章家人並彦家人對立。謂彦曰：「汝弟訟汝。言汝治家掌財久矣，伊幼小，不知貲之多少，汝又分之不等。」

果均平乎，不平乎？」彥曰：「均平。」詢章，曰：「不均。」公謂彥曰：「終不能滅章之口。兄之族，入於弟室；弟之族，入於兄室。更不得入室，即時對換。」人莫不服公之明斷焉。《青瑣高議》前集卷一。

55 張詠鎮永興，有父老訴牛舌爲人所割，詠詰之：「爾於鄰仵誰氏最隙？」訴者曰：「有甲氏嘗貸粟於某家，不遂，構怨之深。」詠遽遣去，戒云：「至家徑解其牛貸之。」父老如教。翌日，有百姓訴殺牛者，詠謂之曰：「爾割某氏牛舌，以償貸粟之怨，而反致訟耶。」其人遂伏罪而謂神明焉。《國老談苑》卷二。

56 張乖崖再治蜀。一日，問其客李畋，外間百姓頗相信服否？畋言：「相公初鎮，民已服矣，何待今日！」乖崖曰：「不然。人情難服，前未，今次或恐，然只這『信』字，五年方做得成。」《石林燕語》卷十。《宋名臣言行録》前集卷三引《忠定公語録》。

57 張尚書詠再知益州，轉運使黃觀以治狀條奏，下詔褒美。時賊鋒方斂，紀綱過肅，蜀民尚懷擊柝之惴。而嘉、邛二州新鑄景德大鐵錢，利害未定，橫議蜂起，朝廷慮之。遣謝賓客濤爲西川巡撫，上臨軒諭之，曰：「詠之性剛决强勁，卿之性仁明和恕，卿往濟之，必無遺策。宜以朕意諭詠：『賴卿在彼，朕無西顧之憂，每事宜與濤協心精議，副朕倚囑。』」謝公至蜀，明宣寬詔，尚書公抃蹈泣拜。舉率從稟，並轡抗勞，西蜀遂安。《玉壺清話》卷六。《宋朝事實類苑》卷二十二引《筆談》。

58 張乖崖再任成都日，夜分時，城北門申有中貴人到，要請鑰匙開門。公令開，既入見，公謂曰：「朝廷還知張詠在西川否？況川中兩經兵寇，差詠治亂。令中貴人入川，比欲申地主之禮。如何須得中夜入城，使民驚擾，不知有何急公幹當？」中貴曰：「銜命往峨眉山燒香。」公曰：「待要先斬後奏，或先奏後斬耶？」中貴悚懼曰：「念某乍離班行，不知州府事體。」公曰：「若如此道即是。」卻令出北門宿。來早入衙，下牓子云：「奉敕往峨眉山燒香，入内内侍省王某參。」公判牓子：「既銜王命，不敢奉留。請于小南門出去。」其嚴正如此。《能改齋漫録》卷十二。《宋稗類鈔》卷一。

59 張乖崖云：「治蜀如用十張牛皮，縫作一大氣毬，如有蹋得起，須用撩得轉，即是能做。」故兩治蜀民，至今有去思。《類説》卷十九引《駭聞録》。

60 張乖崖常稱：「使寇公治蜀，未必如詠。至於澶淵一擲，詠亦不敢爲也。」深歎服之。《涑水記聞》卷五。《宋名臣言行録前集》卷四。

61 見寇準29。

62 張詠自益州寄書與楊大年，進奏院監官竊計之云：「益州近經寇亂，大臣密書相遺，恐累我。」發視之，無它語，紙尾批云：「近日白超用事否？」乃繳奏之，真宗初亦訝之，以示寇準。準微笑曰：「臣知開封府有伍伯姓白，能用杖。都下但翹楚者，以白超目之，每飲席，浮大觥，遂以爲況。」真宗方悟而笑。《孔氏談苑》卷一。

63 有范延貴者爲殿直，押兵過金陵，張忠定公詠爲守，因問曰：「天使沿路來，還曾見好官員否？」延貴曰：「昨過袁州萍鄉縣邑宰張希顔著作者，雖不識之，知其好官員也。」忠定曰：「何以言之？」延貴曰：「自入萍鄉縣境，驛傳橋道皆完葺，田萊墾闢，野無墮農，及至邑則鄽肆無賭博，市易不敢誼争，夜宿邸中，聞更皷分明，以是知其必善政也。」忠定大笑曰：「希顔固善矣，天使亦好官員也。」即日同薦於朝。《東軒筆録》卷十。《宋朝事實類苑》卷二。《宋名臣言行録》前集卷三。《群書類編故事》卷五。《宋稗類鈔》卷一。

64 見蕭楚才1。

65 忠定公後自金陵入，苦腦疽，未陛見，御史閤門累有奏，上寬其告，俾養疾。公恨不得面陳所懷，乃抗論「近年以來，虚國家帑藏，竭生民膏血，以奉無用之土木，皆丁謂、王欽若啓上侈心之所爲也，不誅死，無以謝天下。」章三上，不報，出知陳州。《澠水燕談録》卷二。

66 真宗造玉清昭應宫，張詠上言：「不審造宫觀，竭天下之財，傷生民之命。此皆賊臣丁謂誑惑陛下，乞斬丁謂頭置於國門，以謝天下。然後斬詠頭置於丁氏之門，以謝丁謂。」上亦不罪焉。《涑水記聞》卷七。《類説》卷十九引《三朝聖政録》。

67 乖崖公張詠，嘗典陳州。漕使檢點米倉，見近納不當支者有新印。疑而詰主吏，吏答以月支官吏俸米。漕移文詰公，公批于後曰：「國家養賢，不與士卒同，付案不行。」即時遣送漕，自出衙門，坐于樓下，俟送漕使。漕使不得已，倉皇而行。《能改齋漫録》卷十二。

68 張尚書詠鎮陳臺，一日，邸報同年王文正公旦登庸，乖崖色不甚悦，奮鬚振臂謂客曰：「朝廷安肯用經綸康濟人乎？賴余素以直節自誓，束髮登仕無兩府之志。」時幕中杜壽隆者，乘其語而悦之曰：「賤子素知公無兩府意。」遽問曰：「此吾胸中藴畜，子安得預其知乎？」杜曰：「某蓋昔嘗誦公《柳》詩『安得辭榮同范蠡，緑絲和雨繫扁舟』之句，因所以知之。」愠少解。《湘山野録》卷上。

69 乖崖在陳，一日方食，進奏報至，且食且讀，既而抵案慟哭久之，哭止，復彈指久之，彈止，罵詈久之，乃丁晉公逐萊公也。乖崖知禍必及己，乃延三大户於便坐，與之博，袖間出彩骰子，勝其一坐，乃買田宅爲歸計以自汙。晉公聞之，亦不害也。《後山談叢》卷四。《宋名臣言行録》前集卷三。《容齋隨筆》卷八。

70 楊文公由禁林爲汝守，張尚書詠移書云：「張老子今年七十矣，氣血衰劣，湎然沉昏，入静自守，以真排邪。忽覩來緘，不審大年官若是，而守若是。又思大年氣薄多病，應遂移疾之請，盛年辭榮，是名高格。若智不及，氣屑屑罹禍者，自古何限。大年素養道氣，宜終寠埽地，莫致潤屋，得君得時，無害生民。大年知張老子乎？老子心無藴畜，絶情絶思，顧身世若脱屣，豈能念他人乎？大年自持，不宣。詠白。」其語直氣勁，如乖崖之在目。干寶《晉書》稱王獻之嘗云：「吾於文章書札，識人之形貌情性。」真所謂也。《湘山野録》卷中。《宋朝事實類苑》卷四十一。

71 乖崖張公詠，晚年典淮陽郡，游趙氏西園，作詩曰：「方信承平無一事，淮陽閑殺老尚書。」後一年捐館，詩讖也。《青箱雜記》卷七。《宋朝事實類苑》卷四十六。

72 張詠爲兵部尚書，臨終上疏言：「丁謂姦邪，用之亂國，願斬之以謝天下。」《國老談苑》卷一。《類説》卷四十五引《聖宋掇遺》。

73 張乖崖少時，任俠擊劍，心隘六合，將遺世仙去。始與逸人傅霖者同學，霖隱不仕。公中第日光顯，散遣親密，四方求霖同學者，三十年不可得。嘗作憶霖詩：「寄語巢由莫相笑，此生終不羨輕肥。」晚歲罷成都，轉寄守宛丘，詬訟簡稀。一日卧鈴閣，有被褐騎蹇驢，氣貌高勝者，叩門大呼曰：「尚書！青州傅霖來。」閽吏異之，走白，公聞驚且喜，倒屣出迎。召吏責曰：「傅先生，天下賢士，乃守尚不得友，汝何人，敢姓名乎？」霖即從容笑曰：「别子一世，尚爾童心，是豈知世間有我耶？」公道舊，且問何昔隱今出。霖曰：「子將去矣，來報子爾。」曰：「詠亦自知之。」霖曰：「知復何言。」翌日而去。後一月，公薨于鎮云。《宋朝事實類苑》卷四十二。《西清詩話》卷上。《苕溪漁隱叢話》前集卷二十五。《東都事略》卷四十五。《名賢氏族言行類稿》卷二十五。《新編分門古今類事》卷十。《宋詩紀事》卷六。

74 傅霖，乃乖崖之友也，交甚密。開寶中嘗會於幹城，終夕談話，鄰有病痁者，爲之不作。公每有書與傅，傅必先夢之，故傅有詩云：「劇談驅瘧鬼，幽夢得鄉書。」叙實事也。《苕溪漁隱叢話》後集卷十九引《復齋漫録》。《宋詩紀事》卷三。

75 忠定在蜀日，與一僧善。及歸，謂僧曰：「君當送我至鹿頭，有事奉託。」僧依其言，至鹿頭關，忠定出一書封角付僧曰：「謹收此。後至乙卯年七月二十六日，當請於官司，對衆發之，慎不可私發。若不待其日及私發者，必有大禍。」僧得其書，至大中祥符七年歲乙卯，時凌侍郎策帥蜀，僧乃持其書詣府，具陳忠定之言。其僧亦有道者，凌信其言，集從官共開之，乃忠定真容也。其上有手題曰：「詠當血食於此。」後數日，得京師報，忠定以其年七月二十六日捐館。凌乃爲之築廟於成都。蜀人自唐以來，嚴祀韋南康，自此乃改祠忠定至今。《夢溪筆談》卷二十。《茶香室四鈔》卷十。

76 張乖崖成都還日，臨行封一紙軸付僧文鑒大師者，上題云：「請於乙卯歲五月二十一日開。」後至祥符八年，當其歲也。時凌侍郎策知成都，文鑒至是日持見凌公曰：「先尚書向以此囑某，已若干年，不知何物也，乞公開之。」洎開，乃所畫野服攜筇，黄短褐，一小真也。凌公奇之，於大慈寺閣龕以祠焉。蓋公祥符七年甲寅五月二十一日薨，開真之日，當小祥也。《湘山野録》卷上。《宋朝事實類苑》卷四十五。《宋稗類鈔》卷一。

77 公離蜀日，以一幅書授蜀僧希白，其上題「須十年後開」。其後公薨于陳，凶訃至蜀，果十年。啟封，乃乖崖翁真子一幅，戴隱士帽，褐袍絹帶，其傍題云：「依此樣寫於仙游閣。」兼自撰《乖崖翁真贊》云：「乖則違衆，崖不利物。乖崖之名，聊以表德。徒勞丹青，繪寫凡質。欲明此心，服之無斁。」至今川民皆依樣家家傳寫。《青箱雜記》卷十。《東齋記事》補遺「僧希白」，作「僧正」。

78 初，蜀新亂，張尚書至，公宇襲舊制，周列更鋪凡數百所，公即日命罷之，人心大安。及代去，留一卷實封文字與僧正希白，且云：「候十年觀此。」後十年，公薨于陳州，訃至，希白爲公設大會齋，請知府凌諫議策發開所留文字，乃公畫像，衣兔褐，繫絛草裹，自爲贊曰：「乖則違俗，崖不利物。乖崖之名，聊以表德，因號乖崖。」公遂畫于天慶觀仙游閣。又九曜院皆畫公像，府衙之東南隅，又有祠堂，皆後人思公而爲之也。《宋朝事實類苑》卷九。《宋名臣言行録》前集卷三。《堯山堂外紀》卷四十四。

79 張乖崖浴爲猿。《能改齋漫録》卷十八。

80 洛陽周公濟葬母，躬修塋域。見艮方多磚，公曰：「此必古者不封之墓。」即掩之，因增土數尺。是夜夢一老人，衣冠甚偉，揖謝曰：「感公修吾宅。」問其名，乖崖也。既覺悟，曰：「乖崖乃宋張忠定公詠之號也。」已而考之，實葬其地。周公，正統時人，由監察御史官至安慶府知府。《西園聞見録》卷一百四。

蕭楚才

1　蕭楚才知溧陽縣時，張乖崖作牧。一日召食，見公几案有一絶云：「獨恨太平無一事，江南閒殺老尚書。」蕭改「恨」作「幸」字，公出視稿，曰：「誰改吾詩？」左右以實對。蕭曰：「與公全身。公功高位重，奸人側目之秋。且天下一統，公獨恨太平，何也？」公曰：「蕭弟，一字之師也。」《陳輔之詩話》。《類説》卷五十七。《苕溪漁隱叢話》前集卷二十五。《讀書鏡》卷八。《昨非庵日纂》一集卷十四。

竇元賓

1　王元之謫黄州，實由宰相不悦，交親無敢私見，惟竇元賓握手泣言於閤門曰：「天乎，使公屢出，豈非命耶！」士大夫高之。元之以詩謝之云：「惟有南宫竇員外，爲予垂淚閤門前。」《澠水燕談録》卷七。參見王禹偁24。

2　見盛度12。

王小波

1　本朝王小波、李順、王均輩嘯聚西蜀，蓋朝廷初平孟氏，蜀之帑藏歸京師，其後言利者争述功利，置博易務，禁私市，商賈不行，蜀民不足，故小波得以激怒其人曰：「吾疾貧富不均，今爲汝均之。」貧者附之益衆。《澠水燕談録》卷八。

李　順

1　蜀父老言：王小皤之亂，自言「我土鍋村民也，豈能霸一方？」有李順者，孟大王之遺孤。初，蜀亡，有晨興過摩訶池上者，見錦箱錦衾覆一襁褓嬰兒，有片紙在其中，書曰：「國中義士，爲我養之。」人知其出於宫中，因收養焉，順是也，故蜀人惑而從之。未幾，小皤戰死，衆推順爲主，下令復姓孟。及王師薄城，城且破矣，順忽飯城中僧數千人以祈福。又度其童子亦數千人，皆就府治削髮，衣僧衣。晡後分東西門兩門出。出盡，順亦不知在，蓋自髡而遁矣。明日，王師入城，捕得一髯士，狀頗類順，遂誅之，而實非也。有帶御器械張舜卿者，因奏事，密言：「臣聞順已逸去，所獻首非也。」太宗以爲害諸將之功，叱出將斬之。已而貸之，亦坐免官。及真廟天禧初，順竟獲於嶺南。初欲誅之於市，且令百官賀。吕文靖爲知雜御史，以爲不可，但即獄中殺之。人始知舜卿所奏非妄也。蜀人又謂：順逃至荆渚，入一僧寺，有僧熟視曰：「汝有異相，當爲百日偏霸之主，何自在此？汝宜急去，今年不死，尚有數十年壽。」亦可怪也。又云方順之作，有術士拆順名曰：「是一百八日有西川耳，安能久也。」如期而敗。《老學庵筆記》卷九。《宋稗類鈔》卷一。

2　蜀中劇賊李順陷劍南，兩川、關右震動，朝廷以爲憂。後王師破賊，梟李順收復兩川，書功行賞，了無間言。至景祐中，有人告李順尚在廣州，巡檢使臣陳文璉捕得之，乃真李順也。年已七十餘，推驗明白，囚赴闕，覆按皆實。朝廷以平蜀將士功賞已行，不欲暴其事，但斬順，賞文璉二官，仍閤門祗候。文璉，泉州人。康定中，老歸泉州，予尚識之。文璉家有《李順案欵》，本末甚詳。順本味江王小博之妻弟。始王小博反于蜀中，不能撫其徒衆，乃共推順爲主。順初起，悉召鄉里富人大姓，令具其家所有財粟，據其生齒足用之外，一切調發，大賑貧乏，録用材能，存撫良善，號令嚴明，所至一無所犯。時兩蜀大饑，旬日之間，歸之者數萬人。所向州縣，開門延納，傳檄所至，無復完壘。及敗，人尚懷之，故順得脱去，三十餘年乃始就戮。《夢溪筆談》卷二十五。《揮麈後録》卷五。《志雅堂雜鈔》卷上。

3 淳化四年十二月，蜀寇王小波死，李順繼之。明年正月己巳，即蜀王位。五月丁巳，兩川招安使王繼恩克成都，順就擒。開禧三年正月，大將吴曦叛蜀，歸款於虜，甲午，即蜀王位，丁酉，受虜册。二月乙亥，隨軍轉運安丙奉密詔梟曦於興州。説者析順字，謂居川之傍一百八日；析曦字，謂三十八日，我乃被戈。較其即位、受册之日，不差毫髮，又俱終始於蜀。《桯史》卷二。《宋稗類鈔》卷二。

4 成都江瀆廟北壁外，畫美髯一丈夫，據銀胡床坐，從者甚衆，邦人云蜀賊李順也。《老學庵筆記》卷五。

胡旦

1 見呂蒙正13。

2 胡旦少有俊才，尚氣凌物，嘗語人曰：「應舉不作狀元，仕宦不作宰相，乃虚生也。」隨計之秋，郡守坐中聞雁，旦賦詩曰：「明年春色裏，領取一行歸。」詩人皆壯其言。明年果魁天下。《澠水燕談録》卷四。《古今事文類聚》前集卷二十六。《堯山堂外紀》卷四十三。《宋詩紀事》卷五。

3 胡旦作《長鯨吞舟賦》，其狀鯨之大曰：「魚不知舟在腹中，其樂也融融；人不知舟在腹内，其樂也洩洩。」又曰：「雙鬚竿直，兩目星溢。」楊孜覽而笑曰：「舟入魚腹，恨何小也。」《東軒筆録》卷十五。

4 胡大監旦知明州，道出維揚。時同年董給事儼知揚州，遇之特歡，截篙投艣以留之。一日，延入後館，出姬侍，列殽餗，其宴豆皆上方貴器。飲酣，胡謂董曰：「吾輩出於諸生，所享若此，麤亦忝矣。弊舟亦有衰鬟二三，容止玩飾，不侔同年之家，人生會合難得，或不棄，來日能枉駕弊舟數杯可乎？」董感其意，大喜，徐又曰：「三品珍器，貧家平生未識，可略假舟中，聊以誇示荆釵得否？」董笑曰：「狀元兄見外之甚也。」亟命滌濯，以巨奩盡貯之，對面封訖，令送舟中。明日五鼓，張帆乘風，瞥然不告而行。不旬至杭州，薛大諫映亦牓下生也，首問胡曰：「過維揚，見董同年否？」胡曰：「見。」又曰：「董望之材器英邁，奇男子也，然止是性貪。」一日尊前，胡謂薛曰：「聊假二千緡，創立鑑湖别墅，鄞麾才罷，便當謝病，一扁舟釣於越溪，豈能隨蝸蠅競吻角乎？」薛公不得已，贈白金三百星，聊爲釣溪一醉。旦顣頷領之，不爲少謝。《玉壺清話》卷三。《宋朝事實類苑》卷七十。《類説》卷五十五引《雜説》。

5 見李沆13。

6 胡祕監周甫貶坊州團練副使，擅離徙所，至鄜州謁宋太素尚書，被劾，特置不問。《老學庵筆記》卷六。

7 陳洪進請謚于朝，胡旦揚言曰：「宜謚忠靖。」忠靖乃下軍之名，其子慚懼，賂以白金數鎰，乃改之。《能改齋漫録》卷十三。

8 胡祕監旦，學冠一時，而輕躁喜玩人。其在西掖也，嘗草《江仲甫升使額誥詞》云：「歸馬華山之陽，朕雖無愧；放牛桃林之野，汝實有功。」蓋江小字芒兒，俚語以牧童爲「芒兒」。胡又嘗行巨璫誥詞云：「以爾久淹禁署，克慎行藏。」由是諸豎切齒。范應辰爲大理評事，且畫一布袋，中藏一丐者，以遺范，題云：「袋裏貧士。」《澠水燕談録》卷十。《宋朝事實類苑》卷六十四。

9 胡旦爲兵部郎中、知制誥，將獲罪前數日，禁中忽報云：「召對，賜鞍馬。」偵者悉白有位邸吏，傳報四方，既而詰之，虚也，並不知所得之自。後數日，貶安州行軍司馬。《宋朝事實類苑》卷四十六引《名賢詩話》。

10 胡秘監旦自知制誥落職，通判襄州時，謝學士泌知州事，嘗因過廳飲酒，胡面色發赤，謝戲曰：「舍人面色如衫色。」胡應聲答曰：「學士心頭似幞頭。」胡時衣緋。《倦游雜録》。《宋朝事實類苑》卷六十七。《續墨客揮犀》卷五。

11 夏英公鎮襄陽，遇大赦，賜酺宴，詔中有「致仕高年，各賜束帛」。時胡大監旦瞽廢在襄，英公依詔旨選精縑十疋贈之。胡得縑以手捫之，笑曰：「寄語舍人，何寡聞至此！奉還五匹，請檢《韓詩外傳》及服虔、賈誼諸儒所解『束帛戔戔，賁於丘園』之義，自可見證。」英公檢之，果見三代束帛、束脩之制。若束脩則十挺之脯，其實一束也。若束帛則卷其帛，屈爲二端，五疋遂見十端，表王者屈折於隱淪之道也。夏亦少沮。《湘山野録》卷下。《宋朝事實類苑》卷五十九。《宋稗類鈔》卷五。

12 〔夏英公竦〕鎮襄陽時，胡秘監旦喪明居襄，性多狷躁，譏毀郡政。英公昔嘗師焉，至貴達，尚以青衿待之，而不免時一造焉。一日，謂公曰：「讀書乎？」曰：「郡事鮮暇，但時得意則爲絶句。」胡曰：「試誦之。」公曰：「近有《燕雀》詩，云：『燕雀紛紛出亂麻，漢江西畔使君家。空堂自恨無金彈，任爾啾啾到日斜。』」胡頗覺，因少戢。《湘山野録》卷上。

13 寇萊公南遷，道過襄州，留一絶句於驛亭曰：「沙隄築處迎丞相，驛使催時送逐臣。到了輸他林下客，無榮無辱自由身。」「林下客」，大概言之，初無所主名也。胡秘監旦素不爲公所喜，適居郡下，既聞之，遂以林下客謂公爲己發，且有稱快之語，聞者無不皆笑。《石林詩話》卷中。《堯山堂外紀》卷四十四。

14 胡大監旦喪明歲久，忽襄陽奏入，胡某欲詣闕乞見。真宗許之。既到闕，王沂公曾在中書，謂諸公曰：「此老利吻，若獲對，必妄訐時政。」因先奏曰：「胡某瞽廢日久，廷陛蹈舞失容，恐取笑於仗衛，乞令送中書問求見之因。」真宗令中人閤門傳宣，送旦於中書，或有陳叙，具封章奏上。胡知必廟堂術也。至堂方及席，沂公與諸相具諸生之禮，列拜於前，旦但長揖。方坐，沂公問丈曰：「近目疾增損如何？」胡曰：「近亦稍減，見相公、參政只可三二分來人。」其凉德率此。再問所來之事，堅乞引對。中人再傳聖語，既無計，但言襄陽元書乞賜一見。諸相曰：「此必不可得。」急具劄子奏，批下，奉聖旨依奏，乞見宜不允。《湘山野録》卷中。

15 楊庶幾孜言：胡祕監旦退居襄陽，鑱大硯以著《漢春秋》。書成，瘞其硯。每聞大臣名士薨卒，必作傳以紀其善惡，然世不傳。《春明退朝録》卷上。《宋朝事實類苑》卷五十九。

16 胡旦作大硯，可數尺，鑱其旁曰：「宋胡旦作《漢春秋》硯。」遺命埋塚中。《東齋記事》補遺。《東都事略》卷三十八。《剡溪野語》。《何氏語林》卷十一。

17 胡旦文辭敏麗，見推一時。晚年病目，閉門閑居。一日，史館共議作一貴侯傳，其人少賤，嘗屠豕豬。史官以爲，諱之即非實録，書之即難爲辭，相與見旦，旦曰：「何不曰『某少嘗操刀以割』？示有宰天下之志。」莫不歎服。《澠水燕談録》卷四。

18 見柳開11。

樂史

1 樂史，字子正，撫州宜春人也。母夢異人，令吞五色珠而生史。《名賢氏族言行類稿》卷五十。

宋白

1 端拱初，宋白知舉，取二十八人。物論喧然，以爲多遺材。詔復取落下人試於崇政殿，於是再取九十九人。而葉齊猶擊登聞鼓自列。朝廷不得已，又爲覆試，頗惡齊囂訟，考官賦題，特出「一葉落而天下秋」，凡放三十一人而齊仍第一。《石林燕語》卷八。

2 見李慶孫1。

3 見麻仲英1。

4 見蘇易簡3。

5 見吕蒙正26。

梁周翰

1 見宋太祖62。

2 藝祖嘗以梁周翰補闕管綾錦院，多決工匠，不能處。及駕幸本院，即欲決周翰。周翰急曰：「臣天下名士。」既而宰相救解。藝祖言：「欲決，教知滋味。」遂釋之。《東原録》。

3 梁修撰周翰，一歲後苑讌，凡從臣各探韻賦詩，梁得「春」字，曰：「百花將盡牡丹坼，十雨初晴太液春。」上特稱之。《玉壺清話》卷五。

4 梁周翰，真宗即位，始知誥，《贈柳開詩》曰：「九重城闕新天子，萬卷詩書老舍人。」時楊大年、朱昂同在禁掖，楊未及滿三十，而二公皆老，數見靳侮。梁謂之曰：「公毋侮我老，此老亦將留與公爾。」朱昂聞之，背面摇手掖下，謂梁曰：「莫與，莫與！」大年死不及五十。《中山詩話》。《詩話總龜》前集卷四十一。《宋朝事實類苑》卷六十六。參見楊億15。

5 梁周翰少有文譽，及入禁林，年已七十。景德中，答宰相待罪表不稱旨，上别令趙安仁撰，曰：「不可令周翰知，恐其愧恨。」《類説》卷二十二引《金坡遺事》。

朱昂

1 朱昂侍郎甫弱冠，辭親游學，其父給錢二千以爲行資。徑入衡山書院服勤學問，孜孜不怠，夜則拾桐油子燃以誦書。三年業成而歸，復以二千納于父，封識宛然。《仕學規範》卷一引《皇朝名臣四科事實》。

2 見陳彭年1。

3 太宗一日幸禁林，謂朱翰林昂曰：「漢宣帝最好勤政，尚五日一視朝，萬務寧無壅積耶？朕則不敢輒怠也。」公因得建言：「臣聞堯、舜優游巖廊之上，亦萬機允正；唐太宗天下太平，房喬請三日一視朝臨政。高宗寰宇寧静，長孫无忌請隔日視事。悉從。自後，雙日不坐，隻日御視，五日一開延英，遂爲通式。今庶政清簡，百執猶寧居於私殿，惟陛下凝旒聽覽，靡無暫暇，宜三五日一臨軒，養洪算，蹈太和，合動直静專之道，扃攝思慮，保御真氣。」後中書知之，與臺諫繼陳奏請：「臣等切見朱昂之請對，深協至治，仍乞徇所陳。」久而纔允。《玉壺清話》卷六。

4 見梁周翰4。

5 開寶塔成，欲撰記，太宗謂近臣曰：「儒人多薄佛典，向西域僧法遇自摩竭陁國來，表述本國有金剛坐，乃釋迦成道時所踞之坐，求立碑坐側。朕令蘇易簡撰文賜之，中有鄙佛爲夷人之語，朕甚不喜。詞臣中獨不見朱昂有譏佛之迹。」因詔公撰之。文既成，敦崇嚴重，太宗深加歎獎。公舉進士之時，趙韓王深所器重，謂人曰：「朱有君子之風，壽德遠到。」時宗人朱遵度有學名，謂之「朱萬卷」，目公爲「小萬卷」。敭歷清貴三十年，晚以工部侍郎懇求歸江陵，逾年方允。止令謝於殿門外，復詔賜坐。時方劇暑，恩旨寵留，詔秋涼進程。時吴淑贈行詩，有「浴殿夜涼初閤筆，渚宫秋晚得懸車」之句，尤爲中的。錫宴玉津園，中人傳詔，令各賦詩爲送。若李承旨維有「清朝納禄猶彊健，白首還家正太平」，及陳文惠公堯佐

「部吏百函通爵里，送兵千騎過荆門」之句。凡四十八篇，皆警絶一時，朝論榮之。《玉壺清話》卷二。

6 荆南朱昂，博學有清德，晚年以工部侍郎乞骸骨，既得謝，真宗賜坐，寵詔留候秋涼還荆南，故吴淑贈行詩曰：「浴殿夜涼初閣筆，渚宫秋晚得懸車。」比行，賜宴玉津園，侍臣皆赴，坐中，内侍傳詔各賦詩餞行。凡四十八篇，獨李翰長維詩最奇絶，云：「清朝納禄猶强健，白首還家正太平。」昂弟協亦退居里中，年皆八十餘，時謂「渚宫二疏」。主帥表其閭曰東、西致政坊。昂薨，門人謚曰正裕先生。《澠水燕談録》卷四。

7 〔朱昂〕買奇書於所居，爲二亭，曰「知止」、曰「幽棲」，自號曰「退叟」。《東都事略》卷三十八。《堯山堂外紀》卷四十四。

楊徽之

1 楊侍讀徽之，以能詩聞於祖宗朝。太宗知其名，索其所著。以百篇獻上，卒章曰：「少年牢落今何幸，叨遇君王問姓名。」太宗和賜，且語近臣曰：「徽之文雅可尚，操履端正。」拜禮部侍郎，選十聯寫於御屏。梁周翰貽之詩曰：「誰似金華楊學士，十聯詩在御屏風。」《江行》云：「犬吠竹籬沽酒客，鶴隨苔岸洗衣僧。」《寒食》云：「天寒酒薄難成醉，地迥樓高易斷魂。」《塞上》云：「戍樓煙自直，戰地雨長腥。」《嘉陽川》云：「青帝已教春不老，素娥何惜月長圓。」又云：「浮花水入瞿塘峽，帶雨雲歸越嶲州。」《哭江爲》云：「廢宅寒塘水，荒墳宿草煙。」《元夜》云：「春歸萬年樹，月滿九重城。」《僧舍》云：「偶題巖石雲生筆，閑繞庭松露濕衣。」《湘江舟行》云：「新霜染楓葉，皓月借蘆花。」《宿東林》云：「開盡菊花秋色老，落遲桐葉雨聲寒。」《澠水燕談録》卷七。《玉壺清話》卷五。《宋朝事實類苑》卷三十四。《宋詩紀事》卷二。

趙鄰幾　趙延嗣

1　趙鄰幾好學善著述，太宗擢知制誥，逾月，卒。子東之亦有文才，前以職事死塞下。家極貧，三女皆幼，無田以養，無宅以居。僕有趙延嗣者，久事舍人，義不忍去，竭力營衣食以給之，雖勞苦不避。如是者十餘年，三女皆長，延嗣未嘗見其面，至京師訪舍人之舊，謀嫁三女。見宋翰林白、楊侍郎徽之，發聲大哭，具道所以。二公驚謝曰：「吾被衣冠，且與舍人友，而不能恤舍人之孤，不迨汝遠矣。」即迎三女歸京師，求良士嫁之。三女皆有歸，延嗣乃去。徂徠先生石守道爲之傳以厲天下云。《澠水燕談録》卷三。《宋朝事實類苑》卷五十三。《北軒筆記》。《厚德録》卷二。《仕學規範》卷七。

夏侯嘉正

1　夏侯嘉正，荆南人。劉童子者，幼瞽，善聲骨及命術，謂曰：「將來須及第，亦有清職，惟持聲貴，自餘俱弱。己俸外，别有百金橫入，不病則死。」後至正言、直館，充益王生辰使，得金幣，方輦歸私第，欲留之爲潤屋，忽緡自地起立，久而後仆，遂感疾，月餘而卒。太宗上元御樓觀燈，嘉正進十韻，末句云：「兩制誠堪美，青雲侍玉輿。」不懌，賜和以規之，有「薄德終慚舉，通才例上居」之句。喜丹竈，嘗曰：「使我乾得水銀半兩，知制誥一日，平生足矣。」二願俱不遂而卒。《玉壺清話》卷七。《宋朝事實類苑》卷四十八。《東軒筆録》卷二。《續墨客揮犀》卷四。《席上腐談》卷下。《野客叢書》卷十三。《讀書鏡》卷三。《宋稗類鈔》卷二。

麻仲英

1 麻先生仲英，幼有俊才，七歲能詩，隨侍父官鄜州。時宋翰林白方謫官鄜時時，聞而召之。坐賦詩十篇，宋大稱賞。翌日，宋以浣溪牋、李廷珪墨、諸葛氏筆遺之，乃贈以詩曰：「宣毫歙墨川箋紙，寄與麻家小秀才。七歲能吟天骨異，前生已折桂枝來。」十七，一試禮部歸。以二親既喪，禄不及養，無復仕宦意，退居臨淄辨士里别墅，久而記覽該洽，行義高潔，鄉黨化服。鄰里有争訟者，不決於有司而聽先生辨之。雖凶年，盜不入其家。富韓公、文潞公守青，皆嘗致書幣。龐莊敏公出鎮，遣其子奉書召至府中，禮之極厚，屢以詩貽之，薦其行義于朝。詔以爲國子四門助教、州學教授，東方學者争師之。《澠水燕談録》卷四。《宋朝事實類苑》卷四十一。《宋詩紀事》卷二。

韓浦

1 韓浦，長安人，唐相休之裔孫。博學，善持論，詳練臺閣故事，多知唐朝氏族，與人談，亹亹可聽，號爲「近世肉譜」。《宋朝事實類苑》卷五十九。《東都事略》卷一百十五。《古事比》卷十一。《宋詩紀事》卷二。

2 韓浦、韓洎，晉公滉之後，咸有辭學。浦善聲律，洎爲古文，意常輕浦，語人曰：「吾兄爲文，譬如繩樞草舍，聊庇風雨。予之爲文，是造五鳳樓手。」浦性滑稽，竊聞其言，因有親知遺蜀牋，浦題作一篇，以其牋貽洎曰：「十様蠻牋出益州，寄來新自浣溪頭。老兄得此全無用，助爾添修五鳳樓。」《楊文公談苑》。《宋詩紀事》卷二。

刁　衎

1　太宗皇帝嘗内出古畫三百軸，雜以山川、人物、鳥獸、花木，糊其名氏，詔參政賈黄中、直院舍人張洎、直祕閣刁衎，各領一百軸，不同日而給，謂曰：「卿可分高下等第進來。」刁得之，尋以品藻。一日，參政退朝，召刁衎曰：「聖旨出畫一百軸令觀，某於此藝未嘗經心，學士多能，幸與銓決。」既而盡辨之。它日，舍人亦召刁衎，出畫，如賈所説。盡踰月，相次進納，備言郡國所畫，復以九品第之。上覆視，與舊題不差，大喜曰：「卿何爲各能旌别？」二臣對曰：「臣等不曉繪事，俱是刁衎所定。」祕閣由是擅博識之名焉。《野説》。

李慶孫

1　李慶孫有文名，所謂「洛陽才子安鴻漸，天下文章李慶孫」。時翰林學士宋白亦以文名，慶孫嘗謁白，弗爲禮，曰：「翰長所以得名者，《仙掌賦》耳，以某觀之，殊未爲佳。」白愕然，問其故，曰：「公賦云：『旅雁宵征，訝控弦於碧漢；行人早起，疑指路於雲間。』此乃拳頭賦也。」白曰：「君行欲何？」云：「某一聯云：『賴是孤標，欲摩挲於霄漢；如其對峙，應撫笑於人寰。』」白遂重之。《庶齋老學叢談》卷四。

安鴻漸

1　見李慶孫1。

2　安鴻漸有滑稽清才，而復内懼。婦翁死，哭於柩，其孺人素性嚴，呼入繐幕中詬之曰：「汝哭何因無淚？」漸曰：「以帕拭乾。」妻嚴戒曰：「來日早臨，定須見淚。」漸曰：「唯。」計既窘，來日以寬巾濕紙置於額，大叩其顙而慟。慟罷，其妻又呼入窺之。妻驚曰：「淚出於眼，何故額流？」漸對曰：「僕但聞自古云『水出高原』。」鴻漸《秋賦》警句曰：「陳王閣上，生幾點之青苔；謝客門前，染一溪之寒水。」《湘山野録》卷中。《拊掌録》。《宋稗類鈔》卷六。

3　見釋贊寧4。

4　安鴻漸滑稽輕薄。或傳凌侍郎策世緒本微，其父曾爲鎮所由，公方成童，父攜拜鴻漸，爲立一名。漸因命名曰「教之」，安言所由生也。鴻漸老爲教坊判官，凌公判宣徽院，樂籍隷焉，亦微憾之。一日，謂之曰：「汝今世之一禰衡爾，才雖不逮，偶免一烹焉。」《玉壺清話》卷八。

錢熙

1　錢熙，泉南才雅之士。進《四夷來王賦》萬餘言，太宗愛其才，擢館職，有司請試，上笑曰：「試官前進士趙某親自選中。」嘗撰《三釣酸文》，舉世稱精絶，略曰：「渭川凝碧，早拋釣月之流；商嶺排青，不逐眠雲之侶。」又曰：「年年落第，春風徒泣於遷鶯；處處羈游，夜雨空傷於斷雁。」其文千言，率類於此。卒，鄉人李慶孫爲詩哭之曰：「《四夷》妙賦無人誦，《三釣酸文》舉世傳。」《玉壺清話》卷七。

柳開

1 〔柳開〕幼警悟豪勇。父顯德末爲南縣令，有盜入其家，衆不敢動。開年十三，亟取劍逐之。盜踰垣，開揮劍斷其足二指。及就學，講説能究經旨。《東都事略》卷三十八。《名賢氏族言行類稿》卷四十。

2 柳崇儀開，家雄於財，好交結，樂散施，而季父主家，多靳不與。時趙昌言方在布衣，旅游河朔，因以謁開，開屢請以錢乞趙，季父不與，開乃夜搆火燒舍，季父大駭，即出錢三百緡乞趙，由此恣其所施，不復吝也。《青箱雜記》卷六。

3 河東先生柳仲塗，少時縱飲酒肆，坐側有書生，接語，乃以貧未葬父母，將謁魏守王公祐，求資以給襄事。先生問所費幾何。曰：「得錢二十萬可矣。」先生曰：「姑就舍，吾且爲子營之。」罄其資，得白金百兩，錢數萬，遺之，議者以郭代公之義不能遠過。《澠水燕談録》卷三。《仕學規範》卷二。案：王祐，當爲「王祐」。

4 自五代以來，學者少尚義理。有趙生者，得韓文數十篇，未達，乃攜以示開。開一見，遂知爲文之趣，自是屬辭必法韓愈。《名賢氏族言行類稿》卷四十。

5 柳開慕韓愈、柳宗元爲文，因名肩愈。《郡齋讀書志》卷十九。

6 〔柳〕開著書，號東郊野夫，又號補亡先生，作二傳以見意。《名賢氏族言行類稿》卷四十。

7 柳仲塗開赴舉時，宿驛中，夜聞婦人私哭，其聲婉而哀，曉起詢之，乃同驛臨淮令之女。令在任恣貪墨，委一僕主獻納，及代還，爲僕所恃，逼其女爲室。令度勢難免，因許之，女故哭。柳素負節義，往見令，詰其實，令不能諱，悉告柳。柳忿怒曰：「願假此僕一見，爲子除害。」僕至柳室，則令往市酒果鹽梅等物，俟夜闌呼僕入，叱問曰：「脇主人女爲婦，是汝邪？」即奮匕首殺而烹之。翌日召令及同舍飲，共食僕肉，飲散亟行。令往追謝，問僕安在，柳曰：「適共食者乃其肉也。」《談撰》。《宋稗類鈔》卷四。參見張詠1。

8 柳開少好任氣，大言淩物。應舉時，以文章投主司於簾前，凡千軸，載以獨輪車。引試日，衣襴自擁車以入，欲以此駭衆取名。時張景能文有名，唯袖一書簾前獻之，主司大稱賞，擢景優等。時人爲之語曰：「柳開千軸，不如張景一書。」《夢溪筆談》卷九。《何氏語林》卷十八。《宋稗類鈔》卷五。

9 國朝取士，猶用唐故事，禮部放牓。柳開少學古文，有盛名，而不工爲詞賦，累舉不第。開寶六年，李文正昉知舉，被黜下第。徐士廉擊鼓自列，詔盧多遜即講武殿覆試，於是再取宋準而下二十六人，自是遂爲故事。再試自此始。然時開復不預，多遜爲言開英雄之士，不工篆刻，故考校不及。太祖即召對，大悦，遂特賜及第。《石林燕語》卷八。

10 〔柳〕開知常州。開至治所，招誘群盗，以俸金給賞之，又解衣與賊首置之。左右或謂不可，開曰：「彼失所則盗，不爾則吾民也。」……半歲，境内輯寧。《名臣碑傳琬琰集》下卷七。

11 柳仲塗開知潤州，胡旦秘監爲淮漕，二人者，俱喜以名驚於時。旦造《漢春秋編年》，立五始先經、後經，發明凡例之類，切侔聖作。書甫畢，邀開於金山觀之，頗以述作自矜。開從其招而赴焉，方拂案開編，未暇展閱，開拔劍叱之曰：「小子亂常，名教之罪人也。生民以來，未有如夫子者，至若丘明而下，公、穀、鄒、郟數子，止取傳述而已，爾何輩，輒敢竊聖經之名冠於編首，今日聊贈一劍，以爲後世狂斐之戒！」語訖，勇逐之。旦闊步攝衣，急投舊艦，鋒幾及身，賴舟人擁入，參差不免，猶斫數劍於舷，聊以快憤。《玉壺清話》卷三。《宋朝事實類苑》卷七十四。

12 柳開知潤州，有監兵錢供奉者，亦忠懿之近屬也。乃父方奉朝請，在京師。開乘間來謁，造其書閣，見壁有繪婦人像甚美，詰以誰氏，監兵對曰：「某之女弟也，既笄矣。」柳喜曰：「開喪偶已踰期，願取爲繼室。」錢曰：「俟白家君，敢議姻事。」柳曰：「以開之材學，不辱于錢氏之門。」遂强委禽焉，不旬日而遂成禮。錢不之敢拒，走介白其父，乞上殿面訴柳開劫取臣女。仁宗問曰：「卿識柳開否？」曰：「不識。」上曰：「真奇傑之士也。卿家可謂得嘉婿矣。吾爲卿媒，可乎？」錢父不敢再言，但拜謝而退。《倦游雜録》。《宋朝事實類苑》卷七。《墨客揮犀》卷四。

13 柳仲塗開以殿中侍御史改崇儀使、知寧邊軍。寧邊，定州博野縣是也，扼虜境之要。柳纔至，間者惑邊州郡，馳告契丹將犯境。獨柳馳書陳五事與軍帥郭宣徽守文，逆料蕃情必無犯邊之事，敢以族保。後果無動。有真定人白萬德者，邊豪也，蕃族七百餘帳，萬德以威愛轄之。慕仲塗才名，願欲親之，凡出入界上，設帳劇飲，間以詩書講摩，信重仰服。一夕，與之飲於邊帳，謂萬德曰：「中原乃君父母之邦，棄以臣胡虜，奈禮義何？觀君氣貌雄特，南朝大侯伯不過此爾。中原失幽、薊六十年，將興師取之。君能順動先自南歸，則裂茅土，封公侯，不絕其世，炳焉書其功於方册，豈不韙歟？」萬德大喜，將定日率豪傑請約於境，各以所授告命交而爲質。議方合，會急召知全州，萬德與仲塗別曰：「君不集其事者，天乎！」《續湘山野録》。

14 如京使柳開與處士潘閬爲莫逆之交，而尚氣自任，潘常嗤之。端拱中，典全州，途出維揚，潘先世卜居於彼，迎謁江涘，因偕往傳舍，止於廳事。見中堂扃鐍甚秘，怒而問吏，吏曰：「凡宿者多不自安，向無人居，已十稔矣。」柳曰：「吾文章可以驚鬼神，膽氣可以讋夷夏，何畏哉！」即啓户埽除，處中而坐。閬潛思曰：「豈有人不畏鬼神乎？」乃託事告歸，請公獨宿。閬出門密謂驛吏曰：「柳公，我之故人，常輕言自衒，今作戲怖渠，無致訝也。」閬薄暮以黛染身，衣豹文犢鼻，吐獸牙，被髮執巨箠，由外垣而入，據廳脊俯視堂廡。是夕，月色倍霽，洞鑒毛髮，柳曳劍循階而行。閬忽變聲呵之，柳悚然舉目。再呵之，似覺惶懼，遽云：「某假道赴任，暫憩此館，非意干忤，幸賜恕之。」閬遂疏柳生平幽隱不法之事，厲聲曰：「陰府以汝積戾如此，俾吾持符追攝，便須急行。」柳忙然設拜，曰：「事誠有之，其如官序未達，家事未了，倘垂恩庇，誠有厚報。」言訖再拜，繼之以泣。閬徐曰：「汝識吾否？」柳曰：「塵土下士，不識聖者。」閬曰：「只我便是潘閬也。」柳乃速呼閬下。閬素知公性躁暴，是夕潛遁。柳以慙恧，詰朝解舟。《續湘山野録》。《友會叢談》卷中。

15 柳開，魏郡人，性凶惡，舉進士，至殿中侍御史。後授崇儀使，知全州道，膾人肝。每擒獲溪洞蠻人，必召宴官僚，設鹽截，遣從卒自背割取肝，抽佩刀割啖之，坐客悚慄。知荆州，常令伺鄰郡，凡有誅殺戮，遣健步求取肝，以充食。《宋朝事實類苑》卷七十四。

16 見徐鉉12。

17 朝廷授〔柳〕開崇儀使、知寧邊軍，聲壓沙漠。其子涉，及第於咸平三年陳堯咨牓。唱名日，真宗召至軒陛，親謂涉曰：「夜來報至，汝父已卒，今賜汝及第。」給錢三萬，俾戴星而奔，給護旅櫬，特加軫悼。《玉壺清話》卷三。

18 見李迪2。

19 河東柳先生開，以高文苦學爲世宗師，後進經其題品者，翕然名重于世。嘗有詩贈諸進士曰：「今年舉進士，必誰登高第？孫何及孫僅，外復有丁謂。」未幾，何、僅連牓狀元，謂亦中甲科。先生之知人也如此。《澠水燕談録》卷三。

范　杲

1 藝祖收河東，凱旋，范杲叩馬進詩曰：「千里版圖來浙右，一聲金鼓下河東。」上愛歎不已，增秩，賜章服。杲，魯公質之姪，好學有文，時稱「高、梁、柳、范」，謂高弁、梁周翰、柳開與杲也。《澠水燕談録》卷七。《宋朝事實類苑》卷三十四。《玉壺清話》卷二。《宋詩紀事》卷二。

王禹偁

1 王元之，濟州人，年七八歲已能文。畢文簡公爲郡從事，始知之，問其家以磨麵爲生，因令作《磨》

詩。元之不思以對：「但存心裏正，無愁眼下遲。若人輕着力，便是轉身時。」文簡大奇之，留於子弟中講學。一日，太守席上出詩句：「鸚鵡能言争似鳳。」坐客皆未有對。文簡寫之屏間，元之書其下：「蜘蛛雖巧不如蠶。」文簡歎息曰：「經綸之才也。」遂加以衣冠，呼爲小友。至文簡入相，元之已掌書命矣。《邵氏聞見後録》卷十七。《宋名臣言行録》前集卷九。《宋朝事實類苑》卷三十四。《名臣碑傳琬琰集》下卷四。《西清詩話》卷下。《堯山堂外紀》卷四十三。《堅瓠庚集》卷一。《宋詩紀事》卷四。參見梁顥1。

2　王元之内翰，五歲已能詩。因太守賞白蓮，倅言元之能與，語於太守。因召而吟一絶云：「昨夜三更後，姮娥墮玉簪。馮夷不敢受，捧出碧波心。」又云：「佳人方素面，對鏡理新粧。」守曰：「天授也。」《古今詩話》。《詩話總龜》前集卷二。《堯山堂外紀》卷四十三。《堅瓠庚集》卷一。

3　見張詠5。

4　姑蘇南園，錢氏廣陵王之舊圃也。老木皆合抱，流水奇石，參錯其間，最爲上。王翰林元之爲長洲縣宰時，無日不攜客醉飲，嘗有詩曰：「他年我若功成後，乞取南園作醉鄉。」今園中大堂，遂以醉鄉名之。大觀末，蔡魯公罷相，欲東還，詔以園賜公，公即戲以詩示親黨云：「八年帷幄竟何爲，更賜南園寵退師。堪笑當時王學士，功名未有便吟詩。」《石林詩話》卷下。

5　王禹偁，濟州人，生十餘歲，能屬文。太平興國八年，進士及第，補成武主簿，改大理評事、知長洲縣。太宗方獎拔文士，聞其名，召拜右拾遺、直史館，賜緋。故事，賜緋者給銀帶，上特命以文犀帶賜之。禹偁獻《端拱箴》以爲誡。尋以左司諫知制誥。上嘗稱之曰：「王禹偁文章，當今天下獨步。」《涑水記聞》卷三。《宋朝事實類苑》卷七。

6 王元之素不喜釋氏，始爲知制誥，名振一時。丁晉公、孫何皆游門下，元之亦極力延譽，由是衆多側目。有僞爲元之《請汰釋氏疏》及何《無佛論》者，未幾有商洛之貶。歐陽文忠公丁母憂，服除召還。公嘗疾士大夫交通權近，至是亦有僞作公《乞罷斥宦官章》傳播者，遂出知同州。會有辨其誣，遂復留。《石林燕語》卷十。

7 見孫何1。

8 見孫何2。

9 見孫何4。

10 王元之淳化中在禁從，八月晦日夢賦詩上前。既寤，惟記一句云：「九日山中見菊花。」莫喻其然也。翌日，授商州團練副使。孟冬初抵官所，菊紛盈於目。《珍席放談》卷下。

11 太宗欲周知天下之事，雖疎遠小臣，苟欲詢訪，皆得登對。王禹偁大以爲不可，上疏，略曰：「至如三班奉職，其卑賤可知，比因使還，亦得上殿。」云云。當時盛傳此語。未幾，王坐論妖尼道安、救徐鉉事，責爲商州團練副使。一日，從太守赴國忌行香，天未明，彷彿見一人紫袍秉笏，立於佛殿之側，王意恐官高，欲與之敍位，其人斂板曰：「某即可知也。」王不曉其言而問之，其人曰：「公嘗上疏云『三班奉職，卑賤可知』，某今官爲借職，是即可知也。」王憮然自失，聞者莫不笑。《東軒筆録》卷二。《宋朝事實類苑》卷六十六。《雲齋廣録》卷一。《宋稗類鈔》卷六。

12 王元之在翰林，太宗恩遇極厚，嘗侍燕瓊林，獨召至御榻顧問。帝語宰相曰：「王某文章獨步當代，異日垂名不朽。」元之有詩云：「瓊林侍游宴，金口獨褒揚。」《澠水燕談録》卷七。《宋朝事實類苑》卷七。

13 王元之在翰林，嘗草夏州李繼遷制，繼遷送潤筆物數倍於常，然用啓頭書送，拒而不納。蓋惜事體也。近時舍人院草制，有送潤筆物稍後時者，必遣院子詣門催索，而當送者往往不送。相承既久，今索者、送者皆恬然不以爲怪也。《歸田録》卷一。

14 太宗時，禹偁爲翰林學士，嘗草〔李〕繼遷制，送馬五十疋以備濡潤，禹偁以《狀》不如式，却之。及出守滁州，閩人鄭褒徒步來謁，禹偁愛其儒雅，及別，爲買一馬。或言買馬虧價者，太宗曰：「彼能却繼遷五十馬，顧肯此虧價哉！」禹偁之卒，諫議大夫戚綸誄曰：「事上不回邪，居下不諂佞。見善若己有，疾惡過仇讎。」世以爲知言。《涑水記聞》卷三。《宋朝事實類苑》卷七。《宋名臣言行録》前集卷九。《澠水燕談録》卷二。《自警編》卷二。《東山談苑》卷三。

15 太宗末，王禹偁上言，請明數繼遷罪狀，募諸胡殺之。真宗即位，詔群臣論事，禹偁上疏陳五事。一曰：謹邊防，通盟好。因嗣統之慶，赦繼遷罪，復興夏臺，彼必感恩内附，且使天下知屈己而爲人也。二曰：減冗兵，併冗吏，使山澤之饒稍流於下。開寶前，諸國未平，而財賦足，兵威强，由所畜之兵鋭而不衆，所用之將專而不疑，設官至簡而事皆舉。興國後，增員太冗，宜皆經制之。三曰：難選舉，使入官不濫。先朝登第僅萬人，宜糾以舊制，還舉場於有司。吏部銓擇官，亦非帝王躬親之事，宜依格勅注擬。四曰：澄汰僧尼，使疲民無耗。恐其驚駭，且罷度人、修寺一二十載，容自銷鑠，亦救弊之一端。五曰：親大臣，遠小人。使忠良謇諤之士，知進而不疑；姦憸傾巧之徒，知退而有懼。其後，潘羅支射死繼遷，平夏款附，卒如禹偁策。而歲限度僧尼之數，及病囚輕繫，得養治於家，至今行之。《涑水紀聞》卷三。《宋朝事實類苑》卷十六。《宋名臣言行録》前集卷九。

16 王元之嘗請宰相於政事堂、樞密於都堂同時見客，不許本廳私接，議者以爲是疑大臣以私也，遂寢。或以元之所請爲當，但難其率宰相于政事堂共見耳。其後，二府乞以朝退時聚廳見客，以杜請謁，從之，卒如元之之言。《澠水燕談録》卷五。

17 真宗末年，嘗游禁中，見翰林學士王禹偁倚宫木若吟詠，命宫使亟探之，果預作《賞花釣魚》詩。明日百官赴宴，迨題出，乃《千葉石榴花》，百官皆失所擬，禹偁首進一絶云：「王母庭中親見栽，張騫偷得下天來。誰家巧婦殘針綫，一撮生紅熨不開。」上稱賞，謂真才。《詩話總龜》前集卷三。《堯山堂外紀》卷四十三。

18 王元之初自掖垣謫商州團練副使，未幾，入爲學士。至道中，復自學士謫守滁州。真宗即位，以刑部郎中召爲知制誥。凡再貶還朝，不能無怏怏，時張丞相齊賢、李文靖沆當國，乃以詩投之曰：「早有虚名達九重，宦途流落漸龍鍾。散爲郎吏同元稹，羞見都人看李邕。舊日謬吟紅藥樹，新朝曾獻皂囊封。猶祈少報君恩了，歸卧山林作老農。」然亦竟坐張齊賢不悦，繼有黄州之遷，蓋雖困而不屈也。《石林燕語》卷七。《宋詩紀事》卷四。

19 見張詠50。

20 〔王元之〕在朝，與宰相不相能，作《江豚》詩刺之，譏其肥大云：「食啖魚蝦頗肥腯。」又云：「江雲漠漠江雨來，天意爲霖不干汝。」俗云江豚出能致風雨也。《宋朝事實類苑》卷三十四。

21〔王〕元之初知制誥，上疏雪徐鉉，貶商州。召入爲學士，坐辨孝章皇后不實，謫滁州。復召知制誥，撰太祖尊號册，坐輕誣，謫黄州。作《三黜賦》以自述。時蘇易簡知舉，適放牓，奏曰：「禹偁翰苑名儒，今將全牓諸生送於郊。」上可其奏。諸生别元之。口占一絶，付狀元孫何曰：「爲我謝蘇易簡云：『綴行相送我何榮，老鶴乘軒愧谷鶯。三入承明不知舉，看人門下放諸生。』」《澠水燕談録》卷七。《堅瓠補集》卷五。《宋詩紀事》卷四。

22 王内翰禹偁，字元之，性狷介，數忤權貴，宦官尤惡之。上累召至中書戒諭之，禹偁終不改。咸平初，修《太祖實録》，與宰相論不合，又以謗責落職，出知黄州，作《三黜賦》以見志，其卒章曰：「屈于身而不屈于道兮，雖百謫其何虧；吾當守正直而佩仁義兮，惟終身而行之。」《言行龜鑑》卷五。

23 真宗初即位，召王禹偁於揚州，復知制誥，修《太宗實録》。執政疑禹偁輕重其間，落職出知黄州。州境有二虎鬭，食其一，冬雷，群雞夜鳴。禹偁上疏引《洪範傳》陳戒，且自劾。上以問司天官，對以守臣任其咎，上乃命移知蘄州。尋召還朝，禹偁已卒。《涑水記聞》卷三。《宋朝事實類苑》卷七。《宋名臣言行録》前集卷九。

24 王元之禹偁嘗作《三黜賦》以見志。初爲司諫、知制誥，疏雪徐鉉，貶商州團練副使。方召歸爲學士，坐爲孝章皇后遷梓宫於燕國長公主之第，群臣不成服，元之私語賓友曰：「后嘗母儀天下，當奉舊典。」坐訕謗，出守滁州。方召還，知制誥，撰太祖徽號玉册，語涉輕誣，會時相不悦，密奏黜黄州。洎近郊將行，時蘇易簡内翰榜下放孫何等進士三百五十三人，奏曰：「禹偁禁林宿儒，累爲遷客，漂泊可念，臣欲令榜下諸生罷期集，綴馬送於郊。」奏可之。至日行，送過四短亭，諸生拜别於官橋。元之口占一闋，付狀元曰：「爲我深謝蘇公，偶不暇取筆硯。」其詩云：「綴行相送我何榮，老鶴乘軒愧谷鶯。三入承明不知舉，看人門下放諸生。」時交親縱深密者，循時好惡，不敢私近，惟竇元賓執其手泣於閤門曰：「天乎，得非命歟？」公後以詩謝，略云：「惟有南宮竇員外，爲余垂淚閤門前。」至郡未幾，忽二虎鬭於郡境，一死之，食殆半；群雞夜鳴；冬雷雨雹。詔内臣乘驛勞之，命設禳謝。司天奏：「守土者當其咎。」即命徙蘄。上表略曰：「宣室鬼神之問，不望生還；茂陵封禪之文，止期生後。」上覽曰：「噫，禹偁其亡乎？」御袖掩涕。至郡，踰月果卒。嘗侍宴瓊林，太宗獨召至御榻，面誡之曰：「卿聰明，文章在有唐不下韓、柳之列，但剛不容物，人多沮卿，使朕難庇。」禹偁泣拜，書紳而謝。《玉壺清話》卷四。《西塘集耆舊續聞》卷九。《小草齋詩話》卷四。案：《二老堂詩話》有考辨之言。

25 真宗時，并州謀帥，上謂輔臣曰：「如張齊賢、温仲舒皆可任，但以其嘗歷樞近，或有固辭，宜召至中書詢問，願往則授之。」及召二人至，齊賢辭以恐爲人所讒。仲舒曰：「非敢有辭，但在尚書班已十年，若得改官端揆，賜都部署添給，敢不承命！」輔臣以聞。上曰：「是皆不欲往也，勿强之。」王元之自翰林學士以本官刑部郎中知黄州，遣其子嘉祐獻書于中書門下，以爲：「朝廷設官，進退必以禮，一失錯置，咎在廊廟。某一任翰林學士，三任制誥舍人，以國朝舊事言之，或得給事中，或得侍郎，或爲諫議大夫。某獨異於斯，斥去不轉一級，與錢穀俗吏，混然無別，執政不言，人將安仰！」予謂仲舒嘗爲二府，至於自求遷轉及增請給；元之一代剛正名臣，至於公移牋書，引例乞轉。唯其至誠不矯僞故也。《容齋隨筆》卷五。

26 王元之謫齊安郡，民物荒凉，殊無況。營妓有不佳者，公作詩曰：「憶昔西都看牡丹，稍無顔色便心闌。而今寂寞山城裏，鼓子花開也喜歡。」《能改齋漫録》卷十一。《宋詩紀事》卷四。

27 王元之在黄日作《竹樓》與《無愠齋記》，其略云：「後人公退之餘，召高僧道士，烹茶煉藥則可矣。若易吾齋爲廄庫厨傳，則非吾徒也。」〔安〕信可始至，訪其齋則已爲馬廄矣。求其《記》，則庖人亦取其石壓羊肉。信可歎曰：「元之豈前知耶？抑其言遂爲讖耶？」於是樓、齋皆如舊，而命以其《記》龕之於壁。《曲洧舊聞》卷八。《宋稗類鈔》卷一。

28 真宗聖性好學，尤愛文士，即位之初，王禹偁爲知制誥，坐事謫守黄州，謝上表有「宣室鬼神之問，豈望生還；茂陵封禪之書，惟期身後」之語。真宗覽表，驚其詞之悲，方欲内徙，會黄州境有二虎鬭而食其一，占者以爲咎在守土之臣。遽有旨移守蘄州，以避其變，敕下而禹偁死矣。《東軒筆録》卷一。

29 王元之知黄州日，有兩虎入郡城夜鬭，一虎死，食其半。又群雞夜鳴。司天占之曰：「長吏災。」時元之已病，未幾，移刺蘄州，到任謝上表兩聯曰：「宣室鬼神之問，絶望生還；茂陵封禪之書，付之身後。」上聞之愕然，顧近侍曰：「禹偁安否？何以爲此語？」不踰月，元之果卒，年四十八。《夢溪續筆談》。《澠水燕談録》卷六。《新編分門古今類事》卷十四。《王公四六話》卷下。

30 王禹偁徙蘄州，到任謝上表曰：「宣室鬼神之問，敢望生還；茂陵封禪之文，已期身後。」李淑到河中府，謝上表曰：「長安日遠，戴盆之望徒深；宣室夜闌，前席之期不再。」王陶再來河南府，謝上表曰：「田園僅足，二疏那見其復來；羽翼已成，四皓寧聞於再起。」三公表意一同，到任未幾皆卒。《青箱雜記》卷八。

31 元之自黄移蘄州，臨終作遺表曰：「豈期游岱之魂，遂協生桑之夢。」蓋昔人夢生桑，而占者云：「桑字乃四十八。」果以是歲終。元之亦以四十八而歿也。臨歿用事精當如此，足以見其安於死生之際矣。《王公四六話》卷下。

32 王二丈禹偁，忽一日閣中商較元和、長慶中名賢所行詔誥，有勝於《尚書》者，衆皆驚而請益之，曰：「只如元稹行牛元翼制云：『殺人盈城，汝當深誡；孥戮示衆，朕不忍聞。』且《尚書》云『不用命，戮於社』，又云『予則孥戮汝』，以此方之，《書》不如矣。」其閱覽精詳也如此，衆皆伏之。《丁晉公談録》。

33 胸山有花類海棠而枝長，花尤密，惜其不香無子。既開，繁麗裊娜，如曳錦帶，故淮南人以錦帶目之。王元之以其名俚，命之曰海仙。有詩曰：「春憎窈窕教無子，天爲妖嬈不與香。」又曰：「錦帶爲名卑且俗，爲君呼作海仙花。」《澠水燕談録》卷八。《宋朝事實類苑》卷六。

34 元之本學白樂天詩，在商州嘗賦《春日雜興》云：「兩株桃杏映籬斜，裝點商州副使家。何事春風容不得，和鶯吹折數枝花。」其子嘉祐云：「老杜嘗有『恰似春風相欺得，夜來吹折數枝花』之句，語頗相近。」因請易之。王元之忻然曰：「吾詩精詣，遂能暗合子美邪？」更爲詩曰：「本與樂天爲後進，敢期杜甫是前身。」卒不復易。《蔡寬夫詩話》。《苕溪漁隱叢話》前集卷二十五。《詩林廣記》卷四。《詩人玉屑》卷八。《宋詩紀事》卷四。

35 王禹偁在太宗末年以事謫守滁州，到任謝表略曰：「諸縣豐登，苦無公事；一家飽暖，全荷君恩。」禹偁有遺愛，滁州懷之，畫其像于堂以祠焉。慶曆中，歐陽修責守滁州，觀禹偁遺像而作詩曰：「偶然來繼前賢迹，信矣皆如昔日言。諸縣豐登少公事，一家飽暖荷君恩。想公風采猶如在，顧我文章不足論。名姓已光青史上，壁間容貌任塵昏。」蓋用其表中語也。《東軒筆録》卷四。

36　王禹偁嘗作《病鶴》詩云：「埋没肯同鸚鵡塚，飛鳴不到鳳凰池。」以公之文學才望，歷顯官，登金門玉堂，不爲難也。竟不至其地，豈非前定歟！而其讖已先見於詩矣。《新編分門古今類事》卷十四。

37　王元之有童，名青猿。《研北雜志》卷下。

38　祥符中，真宗觀書龍圖閣，得〔王〕禹偁章奏，嘆美切直，因訪其後，宰相稱其子嘉言以進士第爲江都尉，即召對，擢大理評事。皇祐中，其曾孫汾第進士甲科，以免解例當降，仁宗閲其世次，曰：「此王禹偁孫也。」令無降等。面問其子孫仕者幾人，汾具以對。及汾改京官，又命優進其秩。《涑水記聞》卷三。《澠水燕談録》卷二。《香祖筆記》卷十。

王嘉祐

1　王元之之子嘉祐爲館職，平時若愚騃，獨寇萊公知之，喜與之語。萊公知開封府，一旦問嘉祐曰：「外人謂劣丈云何？」嘉祐曰：「外人皆云丈人旦夕入相。」萊公曰：「於吾子意何如？」嘉祐曰：「以愚觀之，丈人不若未爲相爲善，相則譽望損矣。」萊公曰：「何故？」嘉祐曰：「自古賢相，所以能建功業、澤生民者，其君臣相得，皆如魚之有水，故言聽計從，而功名俱美。今丈人負天下重望，相則中外有太平之責焉，丈人之於明主，能若魚之有水乎？此嘉祐所以恐譽望之損也。」萊公喜，起執其手曰：「元之雖文章冠天下，至於深識遠慮，殆不能勝吾子也。」《涑水記聞》卷二。《東都事略》卷三十九。《宋名臣言行録》前集卷四。《清波雜志》卷五。

潘閬

1 潘逍遥閬有詩名，所交游者皆一時豪傑。盧相多遜欲立秦邸，潘預其謀。混迹於講堂巷，開藥肆，劉少逸、鮑少孤二人者爲藥童，唐巾韋帶，氣貌爽秀。後太宗登極，秦邸之謀不集。潘有詩曰「不信先生語，剛來帝里游。清宵唐好夢，白日有閑愁」之句。事敗，已環多遜宅，斯須將捕於閬，閬覺之，止犇其鄰曰：「吾謀逆事彰，吾若就誅，止一身，奈汝並鄰，皆知吾謀，編竄屠戮者不下數十人。今若匿得吾一身，則脱汝輩數家之禍。然萬無捜近之理，所謂弩下逃箭也。吾出門則擒之，汝輩自度宜如何？」其鄰無可奈何，遂藏於壁。少頃，捕者四集，至則失之矣，朝廷下諸路畫影以捜。獄既具，投多遜於崖。已而沸議漸息，閬服僧服髡鬚，五更持磬，出宜秋門至秦亭，挈檐爲箍桶匠，投故人。阮思道爲秦理掾，陰認之，遂呼至庭，俾葺故桶。阮提錢三鍰，明示於閬，大擲於案，乘馬遂出。閬諭其意，提金直入於室，因匿焉。既歸，責閽者曰：「案上三鍰及桶匠安在？」皆曰：「不知。」遂痛杖閽者，令捕之。閽恨之，遍尋於市，數日不得其踪。阮後徐諷秦帥曹武惠彬曰：「朝廷捕潘閬甚急，聞閬亦豪邁之士，竄伏既久，欲逭死地，稍裂網他逸，則何所不至。公，大臣也，可奏朝廷少寬捕典，或聊以一小官召出，亦羈縻之一端也。」帥然之，遂削奏，太宗以四門助教招之，因遂出。《湘山野録》卷下。《宋朝事實類苑》卷七十一。

2 潘閬居錢塘，今太學前有潘閬巷。閬工唐風，歸自富春，有「漁浦風波惡，錢塘燈火微」之句，識者稱之。唯落魄不檢。爲秦王記室參軍，王坐罪下獄，捕閬急甚。閬自髡其髮，易緇衣，持磬出南薰門。上怒既息，有爲閬説上者曰：「閬不南走粵，則北走胡爾。惟上招安之。」上旋悟。時閬已再入京，敕授四門助教。閬以老嬾不任朝謁爲辭，自封還敕命。時文法疎簡猶若此。未幾，論者謂閬終秦黨，語多怨望，編置信上。至信上，勺道旁聖泉，題詩柱上曰：「炎天□□熱如焚，恰恨都無一點雲。不得此泉□□□，幾乎渴殺老參軍。」猶稱記室舊銜也。先是，盧多遜與潘善，故有四門之命。多遜譖趙普不行，普相，多遜罷，故閬終不免。嘉定間，臨安守建先賢祠於西湖，欲祀閬於列。有風不宜預者，遂黜閬。《四朝聞見録》甲集。

3 潘閬，字逍遥，疎蕩有清才，最善詩。王繼恩都知待之甚厚，往往直造卧内，飲笑于婦女間，未嘗信宿不見也。忽去半歲，不知所詣。俄而王生辰，閬擕香合來謁，王大喜，延之中堂共宴。席罷，王留之，詢其所適，潘曰：「雖然游歷山水，訪尋親舊，亦爲太尉謀一長守之策耳。」問其策謂何，潘曰：「上顧君侯恩禮之厚，天下莫不知。君侯恃上之遇，於人亦有不足者矣。況復綰時權，席天寵，媢而疾者，不止南北之朝臣，與諸王戚里亦有不善者。一旦宫車晏駕，君侯之富貴，安得如舊邪？」王瞿然曰：「吾亦憂之，先生何以教我？」潘曰：「上春秋高，諸子皆賢。何不乘間建白，乞立儲嗣？異日有天下，知策自君侯出，何懼富貴之替乎？」王曰：「我欲乞立南衙大王，如何？」時章聖以襄陽判開封府。潘曰：「南衙自謂當立，豈有德于君侯邪？立其不當者，善也。」王繇是屢以白神功，乞别擇諸王嗣位，神功竟不聽。其後繼恩得罪，章聖嗣位，即逐出閬，閬遂亡命，詔天下捕之。其後會赦方出。《倦游雜録》。《宋朝事實類苑》卷七十一。

4 潘閬，字逍遥，咸平間有詩名，與錢易、許洞爲友，狂放不羈。嘗爲詩曰：「散拽禪師來蹴踘，亂拖游女上鞦韆。」此其自序之實也。後坐盧多遜黨亡命，捕跡甚急，閬乃變姓名，僧服入中條山。許洞密贈之詩曰：「潘逍遥，平生才氣如天高。仰天大笑無所懼，天公嗔爾口呶呶。罰教臨老投補衲，歸中條。我願中條山神鎮長在，驅雷叱電依前趕出這老怪。」後會赦，以四門助教召之，閬乃自歸，送信州安置，仍不懲艾，復爲《掃市舞》詞曰：「出砒霜，價錢可，贏得撥灰兼弄火，暘殺我。」以此爲士人不齒，放棄終身。《夢溪筆談》卷二十五。《墨客揮犀》卷一。《古今詩話》。《詩話總龜》前集卷三。《中吴紀聞》卷一。

5 見柳開14。

6 太宗晚年，燒煉丹藥，潘閬嘗獻方書。及帝升遐，懼誅，匿舒州潛山寺爲行者，題詩於鐘樓云：「繞寺千千萬萬峯，忘第二句。頑童趁暖貪春睡，忘卻登樓打曉鐘。」孫僅爲郡官，見詩曰：「此潘逍遥也。」告寺僧呼行者，潘已亡去。《中山詩話》。

7 魏野之門人潘閬欲往京師，其師止之，不聽。既至，而後悔之，作詩曰：「不信先生語，剛來帝里游。清宵無好夢，白日有閒愁。」真宗聞之不悦。他日，自華山東來，倒騎驢以行，曰：「我愛看華山。」其實不喜入京也。故當時有「潘閬倒騎驢」之説。《吕氏雜記》卷下。

8 近世有好事者，以潘閬遨游浙江詠潮著名，則亦以輕綃寫其形容，謂之《潘閬詠潮圖》。閬酷嗜吟詠，自號逍遥子……故宋尚書白贈詩曰：「宋朝歸聖主，潘閬是詩人。」又王禹偁亦贈詩云：「江城賣藥常將鶴，古寺看碑不下驢。」其爲名公賞激如此。《宋朝事實類苑》卷三十六。《澗泉日記》卷下。《玉几山房聽雨録》卷上。

9 〔潘〕閬有清才，嘗作《憶餘杭》一闋，曰：「長憶西湖，盡日凭闌樓上望。三三兩兩釣魚舟。島嶼正清秋。笛聲依約蘆花裏。白鳥幾行忽驚起。别來閑想整漁竿。思入水雲寒。」錢希白愛之，自寫於玉堂後壁。《湘山野録》卷下。《宋朝事實類苑》卷七十一。《堯山堂外紀》卷四十三。案：《詞品》卷三云：「東坡愛之，書於玉堂屏風。」《古今詞話》云：「石曼卿見此詞，使畫工綵繪之，作小景圖。」

10 〔潘〕閬與王元之、孫何、柳開、魏野最厚，暇則放懷湖山，隨意吟詠，人目爲謫仙云。《西湖游覽志餘》卷十二。

11 潘閬，字逍遥，錢塘人。今武學前有潘閬巷，即其所居之里。巷内三將軍廟，有閬祠堂。閬工唐風，歸自富春，有「漁浦風波惡，錢塘燈火微」之句，人多稱之。《梅磵詩話》卷上。

12 潘閬初居錢塘太廟東，後徙前洋街，今所稱潘閬巷是也。潘本大谷人，卒于泗。其友道士馮德之，歸骨葬天柱山，錢唐張逵碣其墓。《玉几山房聽雨録》卷上。

釋惠崇

1 惠崇詩有「劍静龍歸匣，旗閒虎繞竿」。其尤自負者，有「河分岡勢斷，春入燒痕青」。時人或有譏其犯古者，嘲之：「河分岡勢司空曙，春入燒痕劉長卿。不是師兄多犯古，古人詩句犯師兄。」進士潘閬嘗謔之曰：「崇師，爾當憂獄事，吾去夜夢爾拜我，爾豈當歸俗邪？」惠崇曰：「此乃秀才憂獄事爾。惠崇，沙門也，惠崇拜，沙門倒也，秀才得毋詣沙門島邪？」《温公續詩話》。

2 僧惠崇詩云：「河分岡勢斷，春入燒痕青。」然唐人舊句。而崇之弟子吟贈其師詩曰：「河分岡勢司空曙，春入燒痕劉長卿。不是師偷古人句，古人詩句似師兄。」《中山詩話》。《江隣幾雜志》。

3 宋九釋詩惟惠崇師絶出，嘗有「河分崗勢斷，春入燒痕青」之句，傳誦都下，籍籍喧著。餘緇遂寂寥無聞，因忌之，乃厚誣其盜。閩僧文兆以詩嘲之，曰：「河分崗勢司空曙，春入燒痕劉長卿。不是師兄偷古句，古人詩句犯師兄。」《湘山野録》卷中。

4 寇萊公一日延詩僧惠崇於池亭，探鬮分題，丞相得「池上柳」，「青」字韻；崇得「池上鷺」，「明」字韻。崇默遶池徑，馳心於杳冥以搜之，自午及晡，忽以二指點空微笑曰：「已得之，已得之。此篇功在『明』字，凡五押之俱不倒，方今得之。」丞相曰：「試請口舉。」崇曰：「照水千尋迥，棲煙一點明。」公笑曰：「吾之柳，功在『青』字，已四押之終未愜，不若且罷。」《湘山野録》卷中。《宋詩紀事》卷九十一。

王著

1 王著爲僞蜀明經，善正書行草，深得家法。爲翰林侍書與侍讀更直，太宗令中使持御札示著，著曰：「未盡善也。」上臨學益勤，後再示之，著曰：「止如前爾。」中人詰其故，著曰：「帝王始工書，吾或褒稱，則不復留意矣。」後歲餘，復示之，奏曰：「功已至矣，非臣所及。」後真宗聞之，謂宰臣曰：「善規益者也，宜居臺憲。」後終于殿中侍御史。《玉壺清話》卷五。參見宋太宗64。

2 王著，字知微，一字成象，成都人。即模閣帖者。有《研格書奩銘》云：「爰有愚叟，棲此陋室。風雨可蔽，户庭不出。知足爲富，娱老爲逸。貂冠蟬冕，虎皮羊質。處之弗疑，永爾終吉。」《研北雜志》卷上。《宋稗類鈔》卷八。案：「一字成象」爲《研北雜志》誤記。字「成象」者，爲另一自後周入宋之王著。

孫知微

1 見馬知節1。

郭延卿

1 郭延卿，洛陽人。少以文行稱於鄉里，呂公蒙正、張公齊賢未第時，皆以師友事之。太平興國中，陳摶自華州被召，摶素以知人名天下，及道西洛，三人者皆進謁。摶倒屣迎之，目呂曰：「先輩當狀元及第，位至宰相。張先輩科名雖在行間，而福禄延永又過於呂。」然殊不言延卿。於是二人相與言曰：「郭君文行鄉里所推，幸與一目。」摶曰：「固知之，然亦甚好。」遂草草别去。摶送之門，顧張、呂曰：「二君今晚更過訪。」及期往，摶曰：「二君前程，某固已言，然所惜延卿禄薄。伺呂君作相，始合得一命；張君作相，當得職官耳。」既而呂果狀元中第。及爲相，薦延卿，得試校書郎。及張作相，益念郭之潦倒，一夕語其子宗誨曰：「爲我作奏札子，薦郭延卿京官。」及翌日造朝，遽索奏札。宗誨草奏，誤書「京」字爲「職」字，及書可降制，乃職官，皆如摶言也。《括異志》卷二。

2 見呂蒙正7。

3 見呂蒙正8。

4 見錢惟演7。

麻希夢

1 端拱初，太宗詔訪天下高年，前青州録事參軍麻希夢，年九十餘，居臨淄，召至闕下，延見便殿，賜坐，語極從容，詢及人間利害，對之尤詳，多蒙聽納。它日，訪以養生之理，對曰：「臣無他術，惟少寡情慾，節聲色，薄滋味，故得至此。」詔以爲尚書工部郎中致仕，賜金紫。《澠水燕談録》卷三。《宋朝事實類苑》卷三。

傅霖

1 見張詠73。

2 見張詠74。

丁文果

1 丁文果，司天監丞，無他學，惟善射覆，太宗時以爲娱。一日，置一物品器中，令射之，果乃課其經曰：「藹藹華華，山中採花，雖無官職，一日兩衙。」啓之，乃數蜂也。又令壽王邸取一物，令射之，果曰：「有頭有足，不石即玉，欲要縮頭，不能入腹。」啓之，乃壓書石龜也。即日賜緋，並錢五萬。《玉壺清話》卷七。

田　琮

1 太常音律官田琮，家庭中嘗有光怪，掘地得古鐸三枚，一黄鐘，一中吕，一土死無聲；又一玉管，校長于古玉管，蓋漢、晉間物也。其年遂遷職。《楓窗小牘》卷上。

陳從信

1 太宗居晉邸，知客押衙陳從信者，心計精敏，掌功官帑，輪指節以代運籌，絲忽無差。開寶初，有司秋奏：「倉儲止盡明年二月。」太宗因詰之。信曰：「但令起程即計往復日數，以糧券併支，可責其必歸之限。運至陳留，即預關主司，戒運徒先候於倉，無淹留之弊，每運可減二十日。楚、泗至京，舊限八十日，一歲止三運，每運出淹留虚程二十日，歲自可增一運。」太宗以白太祖，遂立爲永制。一歲，晉邸歲終籌攢年費，何啻數百萬計，惟失五百金，屢籌不出。一蒼頭偶記之：「晉王一日登府樓，遥觀尋橦者，賞嘆精捷，令某府取庫金與之。」時信不在，後失告之。」魏丕爲作坊使，舊制，床子弩止七百步，上令丕增至千步，求規於信。信令懸弩於架，以重墜其兩端，弩勢負，取所墜之物較之，但於二分中增一分以墜新弩，則自可千步矣。如其制造後，果不差。《玉壺清話》卷八。《宋朝事實類苑》卷十四。

喻浩

1 錢氏據兩浙時，於杭州梵天寺建一木塔，方兩三級，錢帥登之，患其塔動。匠師云：「未布瓦，上輕，故如此。」方以瓦布之，而動如初，無可奈何。密使其妻見喻皓之妻，貽以金釵，問塔動之因，皓笑曰：「此易耳，但逐層布板訖，便實釘之，則不動矣。」匠師如其言，塔遂定。蓋釘板上下彌束，六幕相聯，如胠篋，人履其板，六幕相持，自不能動。人皆伏其精練。《夢溪筆談》卷十八。

2 東都相國寺樓門，唐人所造，國初木工喻浩曰：「他皆可能，惟不解卷檐爾。」每至其下，仰而觀焉，立極則坐，坐極則卧，求其理而不得。門内兩井亭，近代木工亦不解也。寺有十絶，此爲二耳。《後山談叢》卷二。

3 開寶寺塔，在京師諸塔中最高，而制度甚精，都料匠預浩所造也。塔初成，望之不正，而勢傾西北。人怪而問之，浩曰：「京師地平無山，而多西北風，吹之不百年，當正也。」其用心之精蓋如此。國朝以來木工，一人而已。至今木工皆以預都料爲法。有《木經》三卷行於世。世傳浩惟一女，年十餘歲，每卧則交手於胸爲結構狀，如此踰年，撰成《木經》三卷，今行於世者是也。《歸田録》卷一。《宋稗類鈔》卷七。

4 見郭忠恕3。

嚴儲

1 蜀人嚴儲者，與蘇易簡之父善。儲之始舉進士，而蘇之子易簡生。三日爲飲局，有日者同席，儲以年月詢之，日者曰：「君當俟蘇公之子爲狀元乃成名。」坐客皆笑。後歸朝累亦不捷，太平興國五年，果於易簡榜下登第。《續湘山野録》。

周琬

1 周琬，湘中人。端拱二年進士及第。歸後將赴闕再調，至澤州，宿次，夢二吏云：「大王請。」遂行，至南岳廟，升殿見王，曰：「知員外將入調，只欲辟在此中，與人間不殊，且無衣食之念，如何？」琬辭，王乃索筆吟詩送之，云：「住此既非樂，捨此去何圖？若問青氊事，惟留一角書。」琬覺，異之。既至京師，乃病於客邸，琬慮不起，遂扶力爲書以寄其家，凡一角，封訖而卒，與詩意無異。《新編分門古今類事》卷七引《名賢雜録》。

張詡

1 進士張詡，臨淮郡洪儒也。……雍熙初，與二三子同拔本州解，赴京師。是歲十月初，淮水已淺澁，旬日方到符離，宿於闢門外舟中。夜夢上岸盤旋間，有人安放交椅一隻在岸次，詡乃就坐之，忽爲推墮於地，曰：「此是全火交椅，爾安得獨坐！」遂覺。至春榜，果全登第，其它同解俱及第焉。《新編分門古今類事》卷七引《脞説》。

朱　嚴

1　國初，官舟數少，非達官不可得。太宗時，朱嚴第三人及第，税舟赴任至。王禹偁送詩曰「賃舟東下歷陽湖，榜眼科名釋褐初」是也。《臨漢隱居詩話》。《東軒筆録》卷十三。

歐陽程

1　歐陽程，初名和，嘗道人。……赴試，路間逢一青衣童子云：「以今科省榜走報各處城隍。」因問道州歐陽和中否，應曰：「有歐陽程，無和。」和因更名程，是年登王世則榜進士，時太平興國八年也。《湖廣通志》卷一百二十。《宋詩紀事》卷四引《湖廣通志》。

趙昌國

1　見宋太宗63。

劉少逸

1　劉少逸少有俊才，年十三，端拱二年中禮選，及御試，詩賦外別召升殿，賜御題，賦詩數首，皆有旨意，授校書郎，令於三館讀書。故王元之愛其少俊，而贈之詩曰：「待學韓退之，矜夸李長吉。」《澠水燕談録》卷四。

丁慶

1 丁慶充禁旅，太宗克幽薊，慶至幕，被甲而見。上曰：「日晚何不解甲？」慶曰：「帝王之甲，不可輒去。」上喜之，遂擢用。《類説》卷十九引《見聞録》。

劉式妻陳氏

1 劉工部妻陳氏，世居袁州新淦。嫁劉式，俸薄家貧，陳氏曰：「但奉清白，吾身執爨，毋爲身累也。」夫死，聚書千餘卷，示諸子曰：「此汝父嘗謂此爲墨莊，今貽汝曹爲植學之具。」不數年，立言、立之、立德、立禮相繼登進士科。《黄氏日抄》卷四十五。